Wolfgang Schuller

Die deutsche Revolution 1989

Rowohlt · Berlin

1. Auflage Juli 2009
Copyright © 2009 by Rowohlt · Berlin
Verlag GmbH, Berlin
Karte auf Seite 130 Peter Palm, Berlin
Register Philipp Koch, Berlin
Satz Sabon PostScript (InDesign)
bei Pinkuin Satz und Datentechnik, Berlin
Druck und Bindung CPI – Clausen & Bosse, Leck
Printed in Germany
ISBN 978 3 87134 573 9

In memoriam Melvin J. Lasky

Tagtraum in B.

Zwischen rauchgefleckten Säulen, auf
der oberen Stufe der Treppen des
kuppellosen Gebäudes, oder auf dem
Balkon hinter der Brüstung, ein Mann
den ich kenne, der sagt:

Weint Leute, das Land kann wieder
lachen, er sagt: Singt, Leute, die
Mauern sind gefallen, er sagt: Glaubt,
Leute, endlich dem Träumer, er sagt:
Geht, Leute, von nun an stiller
durch diese Stadt

                              23. September 1985
Ulrich Schacht

Inhalt

Einleitung   13

1. Von der deutschen Teilung bis zur KSZE   17
Stalins DDR 17 – Tauwetter 24 – Die Basis bewegt
sich 28 – Der ökonomische Hebel 32 – Latente
Opposition 35

2. Vorboten des Herbstes   40
Offene Proteste 40 – Versorgungskatastrophe 52 –
Reisen mit und ohne Erlaubnis 55 – Druck diesmal
von Osten 62 – Die DDR blutet aus 64

3. Der Beginn der Revolution   66
Die Opposition formiert sich 66 – Flucht als gesellschaftliche Kraft 76 – Die ersten Demonstrationen 80 – Hilfloses Politbüro 88 – Republikgeburtstag zwischen Fiktion und Wirklichkeit 92

4. Die Staatsmacht weicht zurück   107
Plauen 107 – Dresden 115 – Leipzig 117 – Isolierungs-
lager gibt es nicht 124 – Erste Rückwärtsschritte der
Partei 126

5. Die DDR in Aufruhr   129
Die Partei schwankt 131 – Der Norden wacht auf 135
– Ergreifende Stille im ehrwürdigen Dom 147 – «Un-
seren Leipziger Montagslauf hält weder Ochs noch
Esel auf» 159 – Berlin 173 – Die Partei läuft hin-
terher 178

6. Der 9. November 185

Das 10. Plenum und das Reisegesetz 186 – Die Öffnung 191 – Die Symbolik des 9. November 195 – Grenzenlose Freude mitten in Deutschland 200

7. Die Revolution festigt sich 205

Korruption und Privilegien 207 – Modrow 211 – Die Partei kollabiert 217 – Wiedervereinigung? 219

8. Die Revolution regiert mit 226

Sturm auf das MfS 227 – Runde Tische 238 – Der Zentrale Runde Tisch 242 – Die Partei und die Parteien 246

9. Die Revolution auf dem Weg in die parlamentarische Demokratie 253

Restauration von SED und MfS? 253 – Eine Regierung der ganz großen Koalition 257

10. Demokratie und Wiedervereinigung 267

Kurs auf die Einheit 267 – Siegermächte und Nachbarn 272 – Der Beitritt 274

11. Die Gestalt der Revolution 280

Das Volk 280 – Revolution ohne Helden 283 – Theater und Kirche 284 – Die alte Macht 287 – Ziele der Revolution 289 – Gewaltfrei, nicht friedlich 292 – Pathos und Glücksgefühl 294 – Der osteuropäische Kontext 298 – Symbole der Revolution 302 – Wir sind das Volk 304

**12. Die Bedeutung der Revolution für die
deutsche Geschichte**   307

Isolation und Entfremdung 311 – Gemeinsames Geschichtsbewusstsein? 316

Kurzbiographien	319
Quellenangaben	337
Literaturverzeichnis	345
Abkürzungsverzeichnis	358
Sach- und Ortsregister	360
Personenregister	376
Danksagung	382
Bildnachweise	384

Einleitung

Vor dem Brandenburger Tor in Berlin posieren im Jahr 2007 die europäischen Staats- und Regierungschefs zu einem Erinnerungsfoto. Sie sind aus Anlass des 50. Jahrestages der europäischen Einigung zusammengekommen, und in der Mitte steht unübersehbar die deutsche Bundeskanzlerin. Der davor gelegene Pariser Platz ist elegant und großzügig und wird, neben anderem, eingefasst von der Akademie der Künste, dem Max Liebermann-Haus und dem traditionsreichen Hotel Adlon. Die amerikanische, die britische, die französische Botschaft schließen sich an, ein paar hundert Meter weiter die russische. Hinter dem Tor erhebt sich das Reichstagsgebäude, das den Bundestag beherbergt, und ein paar Schritte weiter liegt das deutsche Bundeskanzleramt. Der Verkehr fließt, durch das Brandenburger Tor fahren Taxis und Busse. Alles das ist selbstverständlich, wie sollte es in einer europäischen Hauptstadt auch sonst sein?

Es ist nicht selbstverständlich. Hinter dem Reichstag stehen nämlich, etwas versteckt, zahlreiche Kreuze. Sie tragen die Namen und Daten von Menschen, die bei dem Versuch ihrer Flucht aus dem früheren Ost-Berlin von Grenzsoldaten der DDR erschossen wurden oder auf andere Weise zu Tode kamen. Vor zwanzig Jahren sah es am Brandenburger Tor noch ganz anders aus. Eine riesenhafte Betonmauer grenzte das Tor in einem vorspringenden Halbkreis vom Westen ab. Links und rechts erstreckte sich ein Todesstreifen, der nachts gleißend hell angeleuchtet wurde. Schwerbewaffnete Grenzsoldaten patrouillierten. Scharfe Hunde bellten in ihren Zwingern. Auf der westlichen Seite befand sich ein Ausguck, von dem aus sich Staatsbesucher überzeugen konnten, mit welchen Gewaltmaßnahmen die Diktatur ihre Untertanen an der Flucht hinderte.

Auch auf der östlichen Seite gab es etwas Ähnliches, da wurde Staatsgästen gezeigt, wie die kommunistischen Machthaber ihre Grenze angeblich gegen Angriffe von außen sicherten. In Wirklichkeit war unübersehbar, dass die Grenzanlagen und die sogenannten Soldaten gegen die eigene Bevölkerung gerichtet waren. Wer doch eine Flucht versuchte, wurde erschossen – *vernichtet* hieß das im Jargon des Staatsmarxismus.

Für die Ewigkeit sollte das sein. Harter Stein. So auch der Staat, der das gebaut hatte, die Deutsche Demokratische Republik. Und doch dauerte es seit Beginn des Umbruchs nur ein Jahr, und alles war vorbei. Davon handelt dieses Buch. Es handelt von einer Revolution, die in kürzester Zeit scheinbar Unerschütterliches zum Einsturz brachte, von ihren Voraussetzungen und Bedingungen, von ihrem Verlauf, ihrem Abschluss. Von einer Revolution, die eine frühere DDR-Bürgerin zur deutschen Regierungschefin werden ließ. Von einer Revolution, die ohne ihren europäischen Zusammenhang nicht möglich gewesen wäre und die ihrerseits Europa grundlegend verändert hat. Von einer Revolution, die der deutschen Geschichte einen neuen Bezugspunkt gegeben hat.

Zwei grundlegende Eigenschaften der Erhebung werden im Folgenden besonders herausgehoben. Die Revolution in der DDR erstreckte sich über das ganze Land, sie wirkte überall, in großen und kleinen Städten und Dörfern. Zahllose Menschen waren an ihr beteiligt, nicht nur bekannte Personen. Sie hätte nicht stattfinden können, wenn nicht alle Schichten und Berufe, also vor allem auch ungezählte Durchschnittsbürger, aktiv an ihr teilgenommen hätten: an den vielen Demonstrationen, aber auch – weniger spektakulär, jedoch genauso konstitutiv – in ungezählten Gruppen, Komitees und Untersuchungsausschüssen, an Runden Tischen und schließlich als gewählte Abgeordnete. Diesem Umstand versucht die Darstellung durch eine charakteristische Auswahl von Personen gerecht zu werden, um die verschiedenen Teilnehmergruppen und Formen der Teilnahme an der Herbstrevolution beispielhaft abzubilden.

Ebenso stehen die im Buch genannten Orte, an denen die Revolution stattgefunden hat, stellvertretend für alle anderen. Außerdem wird kurz oder ausführlicher auch von einigen wenig oder gar nicht bekannten Orten und Ereignissen die Rede sein, um an diesen Beispielen die Verbreitung der Revolution über die ganze DDR anschaulich zu machen. Ebenfalls aus Gründen der Anschaulichkeit sollen drei Städte unterschiedlicher Größe und geographischer Lage in ihrer Entwicklung ausführlich gewürdigt werden: Crivitz in Mecklenburg, Magdeburg in Sachsen-Anhalt und Rudolstadt in Thüringen.

Obwohl ich mit vielen Personen gesprochen habe – von führenden Politikern wie Helmut Kohl, Egon Krenz, Lothar de Maizière, Hans Modrow, Günter Schabowski bis zu fast völlig Unbekannten –, musste ich mich doch häufig auf vorhandene Publikationen stützen. Dabei habe ich festgestellt, dass die Ereignisse außerhalb Leipzigs, Berlins oder etwa auch Rostocks viel zu wenig erschlossen sind, und auch für diese Städte nur sehr partiell. Über Magdeburg und Chemnitz, das in dem Buch aus Authentizitätsgründen Karl-Marx-Stadt genannt wird, liegt jeweils nur eine einzige umfassende Darstellung von unmittelbar Beteiligten vor, beide aus dem Jahre 1991. Zu den kleineren Städten gibt es meist nur knappe Texte in längst vergriffenen Broschüren, Heimatkalendern oder Ähnlichem, die kurz nach den Ereignissen – oder zum zehnten Jahrestag 1999 – von Teilnehmern als Erlebnisberichte oder kleine Chroniken geschrieben wurden.

Es ist dringend nötig, dass sich die doch sehr ausgedehnte Forschung über die DDR bald auch diesen Ereignissen zuwendet, bevor die Erinnerung an sie weiter verblasst. Der bevorstehende zwanzigste Jahrestag der Revolution 1989 wird gewiss neue Kenntnisse und Erkenntnisse erbringen, und hoffentlich gibt auch dieses Buch einen Anstoß dazu.

1. Von der deutschen Teilung bis zur KSZE

Die deutsche Revolution des Jahres 1989 richtete sich zunächst nur gegen den kommunistischen Staat auf deutschem Boden, bald aber auch gegen die Spaltung Deutschlands. Beides hing miteinander zusammen. Denn es war ja die Installierung einer Parteidiktatur in der sowjetischen Besatzungszone, die zur Abtrennung dieses Teiles Deutschlands führte – die Beseitigung der kommunistischen Herrschaft hatte daher auch die Beseitigung der Zweistaatlichkeit zur Folge. Deshalb müssen zunächst die Machtergreifung der kommunistischen Partei, dann die sich daraus ergebende Spaltung und schließlich das Fundament des neuen Staates beschrieben werden, das über 40 Jahre weitgehend stabil blieb und trotz offenkundiger Risse erst unter dem Druck der Ereignisse im Oktober und November 1989 nachzugeben begann.

Stalins DDR

Nach Deutschlands vollständiger – auch moralischer – Niederlage im Zweiten Weltkrieg fiel es 1945 unter die gemeinsame Verwaltung der vier Siegermächte USA, Großbritannien, Frankreich und Sowjetunion, die jeweils eigene Besatzungszonen einrichteten. Deutschland östlich der Oder-Neiße-Linie unter Einschluss Stettins kam nach der Vertreibung seiner Bewohner an Polen und zu einem kleinen Teil an die UdSSR; Frankreich stellte das Saargebiet unter einen Sonderstatus. Regiert wurde das besetzte Land durch den Alliierten Kontrollrat, doch förderten die drei Westmächte die Entwicklung ihrer Zonen ganz allmählich im Sinne einer freiheitlichen Demokratie, wie sie sich in West- und Mitteleuropa herausgebildet hatte. Auch Berlin wurde von den Alliierten gemeinsam verwaltet und in vier Sektoren aufgeteilt, die eine ähnliche Entwicklung wie ganz Deutschland nahmen.

Die Sowjetunion ließ zwar zunächst mehrere Parteien und herkömmliche staatliche Strukturen zu, begann jedoch sehr bald, wie in den ost- und ostmitteleuropäischen Staaten, schrittweise das Sowjetsystem einzuführen. Dies musste zwangsläufig zur Trennung von den drei Westzonen führen. Auch wenn sich die UdSSR zunächst die Option eines einheitlichen Deutschland unter ihrem starken Einfluss offenhalten wollte, setzten die Sowjetisierungsmaßnahmen mit Hilfe der deutschen Kommunisten schon bald ein. Die SPD musste sich im April 1946 unter sowjetischem Druck und ohne Mitgliederbefragung mit der KPD vereinigen, die sehr schnell ihr Versprechen der Parität brach und die Sozialistische Einheitspartei (SED) zu einer kommunistischen Partei mit Politbüro und Generalsekretär formte; daher nennt Hermann Weber diese Vereinigung mit Recht eine *Zwangs- und Betrugsvereinigung.*

Die Besatzungsmacht veranlasste die bürgerlichen Parteien CDU und LDP, sich der SED unterzuordnen. Die einzigen freien Landes- und Kommunalwahlen fanden im Herbst 1946 statt, danach wurden Einheitslisten eingeführt, auf denen die SED und kommunistisch geführte Massenorganisationen wie die Einheitsgewerkschaft FDGB und die Jugendorganisation FDJ eine klare Mehrheit hatten; öffentliche Kritik an ihnen war nicht möglich. So kam im Mai 1949 ein Volkskongress zustande, aus dem sich schließlich am 7. Oktober die provisorische Volkskammer bildete, die eine Verfassung verabschiedete und einen Staat gründete: die Deutsche Demokratische Republik.

Wirtschaft und Gesellschaft wurden in derselben Weise umgestaltet. Auf die Verstaatlichung der Banken im Juli 1945 folgte im September eine Bodenreform, die jeden Grundbesitz ab hundert Hektar vollständig und entschädigungslos enteig-

nete und das Land an Einzelbauern verteilte, die sich später
zu Produktionsgenossenschaften nach dem Vorbild der sowjetischen Kolchosen zusammenschließen mussten. Die Enteig-
nungen gingen in großem Stil weiter, sodass ab März 1948 eine
Deutsche Wirtschaftskommission die zumeist in Staatseigentum
übergegangene Wirtschaft zentral lenken konnte. Im Mai 1948
beschloss die SED einen Zweijahresplan. Die Partei war zur
einzig entscheidenden politischen Instanz geworden, die die anderen politischen Kräfte nur aus propagandistischen Gründen
duldete. Rasch sollte sich diese Parteidiktatur verfestigen.

Die westdeutsche Währungsreform vom Juni 1948 und die
Vorbereitungen zur Gründung eines westdeutschen Staates im
Mai 1949 waren vor allem eine Reaktion auf die schrittweise
Einführung des staatssozialistischen Systems in der Sowjetzo-
ne, hinzu kamen die parallelen Vorgänge im östlichen Europa
und der von der UdSSR geförderte Bürgerkrieg in Griechen-
land. Diese Entwicklung wirkte sich auch auf die gemeinsame
Verwaltung Deutschlands durch die Siegermächte aus. Auf der
Potsdamer Konferenz im August 1945 waren noch gemeinsame Institutionen geschaffen worden, es wurden sogar einheitliche deutsche Briefmarken ausgegeben. Die Spannungen
nahmen aber so sehr zu, dass die Sowjetunion am 20. März
1948 den Kontrollrat und am 16. Juni desselben Jahres die Berliner Kommandantur verließ – die sie erst 1990 zu einer kurzen
Abschlusssitzung wieder betreten sollte.

Wie intensiv die UdSSR die Sowjetisierung ihrer Zone betrieben hatte, die den Zusammenhalt Deutschlands immer unwahr-
scheinlicher machte, zeigen ihre Maßnahmen zur physischen und
geistigen Isolierung der Bevölkerung. Im Sommer 1946 wurden
die meisten Grenzübergänge zur britischen und amerikanischen
Zone geschlossen, am 18. Juni 1948 verhängte die Sowjetunion
eine Blockade über West-Berlin, das bis zu deren Aufhebung im
Mai 1949 nur durch die Luft versorgt werden konnte. Zudem
wurde das kulturelle und wissenschaftliche Leben immer mehr

auf die Sowjetideologie ausgerichtet. Werke von Marx, Engels, Lenin und Stalin erschienen in gewaltiger Auflagenhöhe, ein pathologischer Stalinkult begann. Rundfunk, Zeitungen und Verlage wurden zunehmend unter SED-Kontrolle gestellt – selbst Kirchenzeitungen blieben bis zum Schluss scharf zensiert –, westliche Medien wurden behindert oder ausgeschlossen. In den Schulen war schon 1945 der Russischunterricht eingeführt worden; sie sollten Kindern und Jugendlichen mit besonderer Intensität marxistische Ideen aufoktroyieren – und damit langfristig der gesamten Bevölkerung.

Nach Gründung der DDR setzte sich diese Entwicklung verstärkt fort. Im Februar 1950 entstand das Ministerium für Staatssicherheit, im selben Jahr begann die Justiz systematisch und mit terroristischen Mitteln, vermeintliche und wirkliche Gegner zu verfolgen. Im Mai 1952 beschloss die SED die «planmäßige Errichtung der Grundlagen des Sozialismus» mit verheerenden wirtschaftlichen Folgen. Noch im selben Monat wurde eine fünf Kilometer breite Sperrzone an der Zonengrenze errichtet, mit nackter Gewalt ging man gegen die evangelische Kirche vor, die Flüchtlingszahlen nach Westdeutschland stiegen an, und weil die Grenze innerhalb Berlins noch verhältnismäßig offen war, flüchteten die meisten über Berlin. Am 5. März 1953 starb der vergottete Stalin – die KPdSU veranlasste die Ost-Berliner Genossen zu einer Mäßigung des Terrors, doch am 17. Juni brach ein Aufstand aus, der nur unter Einsatz der Sowjetarmee unterdrückt werden konnte. Die Diktatur der Partei erholte sich, immer mehr Menschen flohen in den Westen, aber statt die Politik zu ändern, baute die Partei unter Leitung Erich Honeckers am 13. August 1961 in Berlin eine Mauer. Die Zonengrenze wurde ebenfalls immer weiter ausgebaut und tief gestaffelt, mit Minenfeldern, Todesstreifen, scharfen Hunden und Grenztruppen, deren Aufgabe es war, Flüchtlinge zu ergreifen oder zu *vernichten*. Insgesamt sollte diese Grenze bis 1989 fast eintausend Todesopfer fordern.

Das Brandenburger Tor und seine Absperrungen in den sechziger Jahren, aus dem wenige Schritte benachbarten Reichstagsgebäude heraus fotografiert. Undurchdringlich jetzt schon, später wurde eine übermannshohe Betonmauer mit einer großen Röhre als Krönung errichtet, an der die Hände von Flüchtlingen keinen Halt finden konnten.

Wie jede Despotie hatte auch die kommunistische Parteidiktatur ihre inneren Gesetze. Die entscheidenden Herrschaftsmittel waren die Isolation der Bevölkerung von der Außenwelt und das Fehlen von Öffentlichkeit, sodass das politische Bewusstsein der Unterworfenen weitgehend von den Herrschenden geprägt werden konnte. Die äußere Abschottung der Bevölkerung wurde durch das generelle Verbot der Ausreise bewirkt, konkret durchgesetzt durch das Grenzregime. Niemand sollte die Lebensverhältnisse außerhalb der DDR kennenlernen, von denen viele Menschen annahmen, dass sie denen in der Heimat vorzuziehen seien. Welche Wirkung schon ein kurzer Besuch im Westen haben konnte, verdeutlicht ein Eintrag aus dem Tagebuch der Schriftstellerin Brigitte Reimann vom 15. Dezember 1964. Sie durfte – von einem DDR-Funktionär gut betreut – zu einer Lesung in ein West-Berliner Studentenheim fahren und schreibt:

> Der Kudamm ist einfach Wahnsinn. Man sieht die Häuserwände nicht mehr, sie sind von oben bis unten mit grellen Lichtreklamen bedeckt, eine Orgie von buntem Licht ... auf der Fahrbahn ein unabsehbarer Strom von Autos, dollen Schiffen, rollenden Diwans. Heckflossen wie Tragflächen ... ich war völlig zerrüttet. Wie kann man da bloß leben, sich über den Damm wagen, als Mensch existieren zwischen Lichtschreien und flachschnäuzigen gefräßigen Stacheltieren. Ich zittere vor Aufregung, war den Tränen nahe – nun ja, Provinz.

Zur selben Zeit lebte der Autor dieses Buches in West-Berlin, fuhr mit seinem VW Standard eher entspannt über den Kurfürstendamm, hatte aber durchaus ähnlich starke Empfindungen, wenn er, oft genug, im Ostsektor Berlins unterwegs war, also in der Hauptstadt der DDR: Das, was für Brigitte Reimann die Normalität war, empfand er als grau und trist.

Durch die Abschottung der Bevölkerung von der Außenwelt gelang es den Machthabern, ihre Herrschaft auch nach innen zu sichern. Die fehlende Öffentlichkeit gewährleistete, dass nur die Stimme der Partei zur Geltung kam. Die Einheitslisten wären nicht ganz undemokratisch gewesen, wenn für und wider ihre Annahme hätte Stellung genommen werden können, aber das wurde von vornherein verhindert. Ein freier politischer Diskurs fand nicht statt. Jeder, der eine andere Auffassung vertrat, konnte diese schon deshalb nicht öffentlich machen, weil es keine Zeitung, keinen Sender, keinen Verlag gab, der ihn zu Wort kommen ließ; kein einziger kritischer Leserbrief wurde gedruckt. Die Maßnahmen der Partei wurden geheim vorberei-

Einwohner der Bernauer Straße im Norden Berlins fliehen am Abend des 13. August 1961 in den Westen. Die Sektorengrenze verlief vor den Häusern, die Straße selbst war schon Westsektor. Die Häuser wurden später abgerissen, um freies Schussfeld zu schaffen.

tet und dann – meist in Nacht-und-Nebel-Aktionen wie im Fall des Mauerbaus – ausgeführt.

Das Verschweigen war ein weiteres Herrschaftsmittel. Beispielsweise wurde der Bevölkerung und, was besonders verwerflich ist, den betroffenen Sportlerinnen und Sportlern verschwiegen, dass sie planmäßig und zum Teil mit schweren gesundheitlichen Folgen gedopt wurden; auf diesem Betrug beruhten viele internationale sportliche Erfolge der DDR, die ihr Prestige entscheidend steigerten. Der Verfall der Städte und die mörderischen Umweltsünden waren nur denjenigen bekannt, die sie unmittelbar zu Gesicht bekamen. Viele Entscheidungen der Partei- und Staatsorgane ergingen mündlich. Selbst innerhalb der Partei wurden Informationen nur

selektiv bekanntgegeben, noch auf der 10. Sitzung des Zentralkomitees im November 1989 war die Empörung unter den
Delegierten groß, dass man systematisch *belogen* worden sei.
Die Verheimlichungs- und Verschweigepolitik bewirkte, dass
die Menschen den Staat als eine undurchschaubare, fast all-
mächtige Institution erlebten, und auch darauf beruhte seine
Macht. Unberechenbarkeit war ein weiteres Herrschaftsmittel,
und das Gefühl des Ausgeliefertseins konnte sich bis zur Angst
steigern.

Tauwetter

All das waren Phänomene, die in unterschiedlicher Gestalt überall auftraten, wo marxistisch-leninistische Parteien herrschten,
einschließlich der Sowjetunion, die diese Herrschaftsform nach
Ost- und Ostmitteleuropa exportiert hatte – und diese auch
mit Waffengewalt durchzusetzen bereit war, wenn sich in den
Bruderländern Widerstand regte. Das geschah gleich nach Stalins Tod. So monolithisch die kommunistische Herrschaft in
der Sowjetunion selbst und in den anderen Ländern erscheinen
mochte, so unübersehbar waren doch die Aufstände, die fast
mit einer Art Regelmäßigkeit das ganze System erschütterten
und ausnahmslos mit Gewalt beendet wurden. Den Aufstand
des 17. Juni 1953 in der DDR schlug die sowjetische Besatzungsmacht nieder; ebenso wurde der ungarische Aufstand
im Spätherbst 1956 durch den Einmarsch der Sowjetarmee
erstickt; im Sommer 1961 verhinderte die DDR selbst mit
Unterstützung der UdSSR und des Warschauer Paktes das eigene Ausbluten durch den Bau der Mauer; und der Versuch
der Tschechoslowakei, sich aus dem sozialistischen Lager zu
lösen, wurde im Hochsommer 1968 durch die Truppen der
Sowjetunion und einiger Warschauer-Pakt-Staaten gestoppt;
die innere antikommunistische Revolution in Polen schließlich

Im Sommer 1962 wurde der Ost-Berliner Peter Fechter bei einem Fluchtversuch an der Kochstraße im Bezirk Mitte erschossen. Auch amerikanische Soldaten folgten seinen Hilferufen nicht – es wäre ja ein Übertritt in das andere Imperium gewesen.

durfte im Spätherbst 1981 die kommunistisch geführte polnische Armee durch die Verhängung des Kriegsrechts niederschlagen.

In der Sowjetunion selbst fanden zwar keine Aufstände von diesem Ausmaß statt, aber nach einigen Vorläufern kamen mit den Veröffentlichungen des Schriftstellers Alexander Solschenizyn 1962 («Ein Tag im Leben des Iwan Denissowitsch») und des Physikers Andrej Sacharow 1968 («Gedanken über den Fortschritt, die friedliche Koexistenz und die geistige Freiheit») mächtige Impulse, die auf geistigem Gebiet die Parteidiktatur wirksam und auf Dauer in Frage stellten. Bezeichnenderweise kommt das Wort Samisdat, das «private Herausgabe» bedeutet und im ganzen Ostblock einschließlich der DDR übernommen wurde, aus dem Russischen, weil es diese teils illegalen Publikationen in der Sowjetunion zuerst gab.

Aus ganz anderen Zusammenhängen entwickelte sich dann eine Bewegung, deren systemsprengendes Potenzial von den Führungen der Warschauer-Pakt-Staaten zunächst gar nicht erkannt wurde: Sie entstand aus der großangelegten Konferenz für Sicherheit und Zusammenarbeit in Europa (KSZE), für die sich die kommunistischen Machthaber mit Nachdruck engagierten, um sich den äußeren Besitzstand, den sie im Laufe der Nachkriegsjahrzehnte erreicht hatten, von den westlichen Staaten festschreiben zu lassen. Auch die DDR hatte wegen der damit verbundenen weiteren Akzeptanz durch die internationale Gemeinschaft voller Stolz an den KSZE-Verhandlungen teilgenommen. Das war auch alles in allem erfolgreich. Der Westen verabschiedete sich im Geiste und in der Außenpolitik von der Vorstellung, die kommunistische Herrschaft in Europa beseitigen zu können, und die Teilung Deutschlands wurde als ein selbstverständliches Faktum hingenommen, nicht selten auch begrüßt. Dasselbe geschah innerhalb Deutschlands. Die in Westdeutschland ohnehin meist auf Sonntagsreden beschränkten Bekenntnisse zur Wiedervereinigung wurden schwächer, die Ostpolitik der Regierung Brandt, die die Teilung vorläufig hinnahm, um sie später besser überwinden zu können, wurde zum Selbstzweck. Man glaubte, die

Anerkennung der DDR werde der Stabilität und dem Frieden in Europa dienen.

Die KSZE setzte aber gleichzeitig eine Entwicklung in Gang, die Frieden und Stabilität im Ergebnis dadurch sicherte, dass sich die Völker Ost- und Ostmitteleuropas von der kommunistischen Herrschaft befreiten. Im Schlussdokument von Helsinki vom 1. August 1975 wurden nämlich neben der Garantie des politischen Status quo Prinzipien zur Wahrung der Menschenrechte festgeschrieben, deren Einzelbestimmungen in späteren Folgekonferenzen verfeinert wurden. Damit verpflichteten sich alle Unterzeichnerstaaten, eben jene Freiheitsrechte zu gewähren oder einzuhalten, deren Unterdrückung ein existenzielles Herrschaftselement der Parteidiktaturen war. In den folgenden anderthalb Jahrzehnten wurde die Berufung auf «Helsinki» zum Sprengsatz innerhalb dieser Diktaturen.

Eine Folge des KSZE-Prozesses war, dass sich die Opposition in der Tschechoslowakei nach dem Trauma der Besetzung von 1968 erneut organisieren konnte – wenn auch verdeckt. Am 1. Januar 1977 verabschiedete sie die Charta 77, welche die Verwirklichung der KSZE-Prinzipien forderte. Auch ihre Unterzeichner wurden erneut verfolgt, aber gerade diese Charta wirkte weiter und hatte vor allem eine große Bedeutung für oppositionelle Kreise in der DDR. Erst recht galt das für die polnische Gewerkschaft Solidarność, auf Deutsch Solidarität. Sie war 1980 von der Danziger Lenin-Werft ausgegangen und hatte das politische Leben Polens so sehr im freiheitlichen Sinn beeinflusst, dass nach einigen Versuchen der innerkommunistischen Stabilisierung Ende 1981 das Kriegsrecht ausgerufen und damit immerhin sowjetisches Eingreifen vermieden wurde. Trotz der Verfolgung blieb die polnische Opposition weiter aktiv, sodass nach Jahren des Verbots und des heimlichen Fortbestands die Solidarność doch wieder zugelassen werden musste und 1989 rasch die politische Macht errang.

Die Basis bewegt sich

Dass es in der DDR zunächst keine solche Opposition gegeben hat wie in den anderen Staaten des Ostblocks, lässt sich kaum bestreiten. Dabei ist aber auch in Rechnung zu stellen, dass ein Teil des potenziellen politischen Widerstands in die Bundesrepublik gegangen war. Insofern hatte die DDR-Opposition nur andere Formen angenommen als anderswo, was damit zusammenhing, dass Deutschland geteilt war und West-Deutschland direkten und indirekten Einfluss ausüben konnte. Immerhin bildete sich später der Kreis um Robert Havemann, und wichtig war auch Rudolf Bahro; vor allem Havemanns Ideen hatten eine langfristige Wirkung auf die Bürgerbewegung im Land.

Über die Jahre entstanden immer mehr Basisgruppen, die existenzielle gesellschaftliche Fragen aufwarfen, die im öffentlichen Leben der DDR unzureichend oder überhaupt nicht behandelt wurden. Diese Bewegung schwoll seit Anfang der achtziger Jahre auf Hunderte von Gruppierungen an. Zunächst waren es Friedensgruppen, die seit den 1980 zuerst abgehaltenen kirchlichen Friedensdekaden, beginnend jährlich am 10. November, dem Geburtstag Martin Luthers, vornehmlich im Rahmen der Kirche auftraten oder die, wie etwa die Kirche von unten oder der Soziale Friedensdienst, spezifische Formen kirchlichen Lebens verkörperten. Friedensgruppen hatten auch deshalb eine besondere Funktion, weil sich das öffentliche Leben der DDR zunehmend militarisierte. Einen Zivildienst gab es nicht, erst 1964 wurde mit den «Bausoldaten» wenigstens die Möglichkeit geschaffen, keine Waffe tragen zu müssen, sie gehörten jedoch der Armee an. 1978 wurde der Wehrkundeunterricht in den Schulen eingeführt, 1982 der Wehrdienst für Frauen im Verteidigungsfall, und deren Abschaffung sowie die Forderung nach einem Zivildienst waren immer wieder vorgebrachte Forderungen des Herbstes 1989.

Bald traten Umweltgruppen hinzu, wie der «Wolfspelz» in Dresden oder die Gruppe um die Umweltbibliothek in Berlin. Schließlich gründeten sich Menschenrechtsgruppen wie etwa die äußerst wirksame Initiative Frieden und Menschenrechte, die von Juni 1986 bis Dezember 1987 die Samisdat-Zeitschrift «Grenzfall» herausgab, in der Oppositionelle furchtlos mit Namen und Adresse auftraten – wobei der «Grenzfall» nur eines von über 100 Samisdat-Blättern war. All diese Gruppen verdankten sich der Eigeninitiative ihrer Mitglieder, jedoch hatten viele mit den Bürgerrechtsbewegungen in Polen und der Tschechoslowakei Kontakt und erhielten Anregungen von ihnen. Die westdeutsche Friedensbewegung und dann die Grünen hielten enge Verbindungen zu vielen dieser Gruppen, und das Paradoxe war, dass zwar für beide Seiten die Wiedervereinigung nicht in Frage kam, dass aber durch die engen persönlichen Beziehungen sozusagen wider Willen eine besondere Art der Wiedervereinigung praktiziert wurde.

Ende 1987 gab es zum ersten Mal ein breites Echo auf die Oppositionsbewegung, und zwar durch das Vorgehen der Staatsmacht selbst. In der Nacht vom 24. auf den 25. November besetzte die Staatssicherheit in der Berliner Zionskirche die Umweltbibliothek in der irrigen Annahme, zu diesem Zeitpunkt würde dort der illegale «Grenzfall» gedruckt, es waren jedoch die erlaubten «Umweltblätter» – der «Grenzfall» wäre erst später in der Nacht produziert worden. Dennoch kam es zu Festnahmen und zur Beschlagnahme der Druckmaschinen. Daraufhin wurde nicht nur eine dauernde Mahnwache vor der Zionskirche eingerichtet; die Protestaktionen weiteten sich vielmehr aus und erfassten erstmals die ganze DDR; und dank West-Berliner Medienvertreter nahm sich auch die internationale Öffentlichkeit der Affäre an.

Kurz darauf errang die Staatssicherheit einen Pyrrhussieg. Für den 17. Januar 1988 planten zahlreiche Oppositionelle, sich an der traditionellen SED-Demonstration zum

Gedenken an die Ermordung von Karl Liebknecht und Rosa Luxemburg zu beteiligen. Die Staatssicherheit verhaftete im Vorfeld 160 Personen, darunter den Liedermacher Stephan Krawczyk. Dennoch kamen einige durch, denen es gelang, unter anderem ein Transparent hochzuhalten, auf dem Rosa Luxemburgs berühmter Satz *Die Freiheit ist immer die Freiheit des Andersdenkenden* stand. Das rief – allerdings nur vereinzelt – Solidarisierungsaktionen und Mahnwachen für die Inhaftierten hervor. Eine Woche später kam es zu weiteren Verhaftungen, so auch von Freya Klier, Bärbel Bohley, Ralf Hirsch, Lotte und Wolfgang Templin; Vera Wollenberger wurde zu einer Haftstrafe verurteilt. In undurchsichtigen Verhandlungen, an denen auch der Rechtsanwalt Wolfgang Schnur und der Kirchenjurist Manfred Stolpe beteiligt waren, drängte man Freya Klier und Stephan Krawczyk, gegen ihren Willen in den Westen zu gehen – *Irgendetwas stimmt nicht ... unser Rechtsanwalt – hat er nicht doch gemeinsame Sache mit ihnen gemacht?*, so Freya Klier kurz darauf. Bohley, die Templins, Hirsch, Wollenberger und andere bekamen unterschiedlich terminierte Ausreisevisa in den Westen und konnten nach deren Ablauf sogar wieder zurückkehren. Folgeprotesten und Solidaritätskundgebungen wurde damit der Boden entzogen, zumal da niemand genau erfahren konnte, was wirklich vorgegangen war und wie die Betreffenden zu diesen Maßnahmen standen. Die Staatssicherheit schien gesiegt zu haben.

Eine spezifische und frühe Erscheinungsform der Opposition muss besonders hervorgehoben werden. Die pazifistische Bewegung «Schwerter zu Pflugscharen» begann 1980 als Strömung innerhalb der Kirche und weitete sich schnell aus. Ihr Symbol war ein Standbild, das einen Schmied darstellt, der ein Schwert zu einem Pflug umschmiedet. Die Sowjetunion hatte es ursprünglich als Symbol ihres Friedenswillens der UNO geschenkt; das Standbild versinnbildlichte einen Vers aus dem

Buch des Propheten Micha, Kapitel 4, in welchem das Wirken des Messias auf die Heiden geschildert wird:

> Sie werden ihre Schwerter zu Pflugscharen und ihre Spieße zu Sicheln machen.

Innerhalb kurzer Zeit verbreitete sich dieses Symbol als Lesezeichen und dann als Aufnäher an Jackenärmeln, zunächst innerhalb der Kirche, dann aber vor allem unter Jugendlichen; über 100 000 Aufnäher waren in Umlauf. Obwohl es nun ein sowjetisches Propagandakunstwerk war und obwohl das Emblem und der Spruch auch im offiziellen Buch zur Jugendweihe – der Konkurrenz zu Konfirmation und Erstkommunion – enthalten waren, witterte die Staatsmacht Widerstand und ging immer brutaler dagegen vor. Das Symbol wurde allgemein verboten, nicht nur in Schulen und Universitäten, denn auch Ältere trugen es in der Öffentlichkeit. Die Volkspolizei attackierte Träger sogar physisch, zwang sie, die Aufnäher abzutrennen, oder entfernte sie selbst; die Druckstöcke wurden vernichtet. Neben weiteren Einschüchterungen wurde auch ein Mittel eingesetzt, das in der Bekämpfung der Opposition und des Widerstandes eine besondere Rolle spielte, die «Zuführung». Diese Maßnahme war in keiner gesetzlichen Bestimmung definiert und bestand darin, dass Sicherheitsorgane unliebsame Personen «zur Klärung eines Sachverhalts», wie die Standardformulierung lautete, und ohne weitere Voraussetzungen mitnehmen, festhalten und vernehmen konnten.

Genau dieses Vorgehen der Staatsmacht aber hatte zur Folge, dass das Emblem «Schwerter zu Pflugscharen» endgültig zu einem Zeichen des Widerstandes wurde, es bewirkte aber auch, dass die Kirche allmählich selbst gegen den Aufnäher vorging, weshalb die Bewegung ab Herbst 1982 abflaute; innerkirchlich konnte das Symbol indes weiterverwendet werden. Die Reaktion auf «Schwerter zu Pflugscharen» ist ein besonders ein-

Kurz vor Honeckers Besuch in Bonn 1987 duldete die DDR oftmals Transparente der unabhängigen Friedensbewegung anlässlich des Olof-Palme-Marsches. Sogar «Schwerter zu Pflugscharen» konnte gezeigt werden. Danach wurde wieder zugeschlagen.

drückliches Beispiel dafür, wie gefährlich es für den Staat war, wenn die Opposition Propagandabegriffe beim Wort nahm – ein Verfahren, das sich im Verlauf der Herbstrevolution noch einige Male bewähren sollte.

Der ökonomische Hebel

Weitere Risse im Beton entstanden auf ganz andere Weise. Die Planwirtschaft der DDR war immer weniger imstande, mit der allgemeinen wirtschaftlichen und technischen Entwicklung in der Welt Schritt zu halten, die Situation spitzte sich mehr und mehr zu. Hinzu kam, dass die UdSSR ebenfalls in eine immer schwierigere Lage geriet und dem sozialistischen Bruderstaat DDR beispielsweise für Öllieferungen nicht mehr wie bisher einen weit unter Weltmarktniveau liegenden Preis gewähren konnte. Das bedeutete, dass die DDR im Westen und vor allem in der Bundesrepublik Kredite aufnehmen musste, die sie zunehmend weniger bedienen konnte. Um an Devisen zu kommen, erhöhte sie daraufhin die Transitpauschale, die die Bundesrepublik für den Reiseverkehr durch die DDR nach Berlin entrichtete, und ließ sich, was besonders abstoßend war, die Freilassung von politischen Häftlingen und ihre Ausreise in die Bundesrepublik in harter Währung bezahlen – insgesamt flossen für den Freikauf von 33 755 Häftlingen und für 250 000 Familienzusammenführungen 3,5 Milliarden D-Mark an die DDR. Weitere Leistungen wurden von den sogenannten «menschlichen Erleichterungen» abhängig gemacht. Für zwei Milliardenkredite rühmte sich der Generalsekretär Honecker, die Selbstschussanlagen an der Zonengrenze abgeschafft zu haben, und wollte das sogar als humanitären Akt verstanden wissen.

Die fast völlige Einstellung des Reiseverkehrs durch Honeckers Vorgänger Ulbricht wurde zunehmend gelockert. Zum einen wurde es Westdeutschen und West-Berlinern zum Schluss sogar gestattet, im Rahmen eines Kleinen Grenzverkehrs in die DDR zu reisen. Aber auch Reisen von DDR-Bewohnern in die Bundesrepublik nahmen zu, nachdem in den ersten Jahren nach dem Mauerbau nicht einmal der Besuch von engsten Familienangehörigen erlaubt war, ja selbst für Begräbnisse keine Reisegenehmigung erteilt wurde. Die durch die Lockerung des Reisegesetzes sich ergebenden Informationsmöglichkeiten für DDR-Bewohner durchbrachen die Isolation immer mehr. Vor diesem Hintergrund ist es kaum verwunderlich, dass deren restriktivere Handhabung im Jahr 1989 einer der entscheidenden Faktoren für den Ausbruch der Revolution war.

Brüchiger wurde der Beton auch durch die allmähliche, wenn auch nie vollständige Öffnung der DDR für westdeutsche, vor allem elektronische Medien. Der Empfang westlicher Radio- und später Fernsehsendungen war lange Zeit bestraft und mit

Gewalt verhindert worden, doch schließlich kapitulierte die Führung vor dieser unmöglichen Aufgabe, weshalb Honecker sich in einem Interview sogar einmal mit dieser angeblichen Liberalität brüsten konnte; im Übrigen hieß es, dass Bewohner der wenigen Teile der DDR, in denen Westsendungen nicht empfangen werden konnten, besonders oppositionell eingestellt seien. Von großer Bedeutung für die Aufweichung des staatlichen Informationsmonopols aber war, dass seit dem Jahr 1973 westdeutsche Medienvertreter in Ost-Berlin akkreditiert waren und auch aus der DDR berichten konnten, wofür sie allerdings immer eine Genehmigung brauchten.

Zeitungen und Zeitschriften aus dem Westen waren bis zum Schluss verboten, und ihr Verbringen in die DDR wurde nach Möglichkeit an der Grenze verhindert. Dennoch gelang es in sehr vielen Fällen, Presseerzeugnisse einzuführen, ebenso wie in umgekehrter Richtung Manuskripte an westdeutsche Verlage und Zeitschriften zu bringen. Sogar die deutschsprachige sowjetische Zeitschrift «Sputnik» wurde noch 1988 verboten, weil sie an der Geschichte der KPdSU Kritik übte. Am nachhaltigsten aber wirkten sich Fernsehberichte über Missstände in der DDR aus, über politische Ereignisse und über oppositionelle Aktionen. Was im Westfernsehen nicht gemeldet wurde, war so gut wie wirkungslos, was hingegen eine Würdigung erfuhr, von umso größerer Durchschlagskraft. Berichte aus der DDR gab es meist in den normalen Nachrichtensendungen, aber auch in besonders dafür gedachten Politmagazinen. Das «ZDF-Magazin» von Gerhard Löwenthal fand großen Anklang, mehr noch vielleicht die Politsendung «Kontraste» im SFB unter entscheidender Mitarbeit von Roland Jahn – es war ein großer taktischer Fehler der DDR gewesen, ihn 1983 aus Jena ausgebürgert zu haben. Jedenfalls gilt hier die Abwandlung eines Marx-Wortes durch Karl Wilhelm Fricke: *Die Information wird zur materiellen Gewalt, wenn sie die Massen ergreift.* Das tat sie mehr und mehr. Der Riss im Beton wurde größer.

Dass die Diktatur dies nicht effektiver verhinderte, hatte zwei sehr handgreifliche Gründe. Bis in die siebziger Jahre hinein konnten oppositionelle Bestrebungen ungehindert unterdrückt werden. Dann bewirkten der Helsinki-Prozess und die damit zusammenhängende allmähliche internationale Anerkennung der DDR sowie als zweiter Ursachenstrang die zunehmende wirtschaftliche Abhängigkeit insbesondere von der Bundesrepublik, dass der Gewaltapparat zurückhaltender eingesetzt und Aktivitäten zähneknirschend geduldet wurden, die unter dem früheren Generalsekretär Ulbricht sofort mit langjährigen Zuchthausstrafen geahndet worden wären. Das MfS modifizierte seine Taktik und baute das Spitzelnetz der Inoffiziellen Mitarbeiter (IM) in beispiellosem Umfang aus; auch entwickelte es die Methode der geheimen «Zersetzung», deren Ziel es war, politische Gruppen und Ehen auseinanderzubringen sowie berufliche Karrieren zu blockieren oder gezielt zu zerstören.

Latente Opposition

Gewiss gab es in der DDR lange Zeit keine spektakulären Oppositionsbewegungen, doch ein Teil der Bevölkerung nahm die Verhältnisse nicht einfach dumpf hin. Die Basisgruppen sind ein Indiz dafür. Aber auch das Bestehen der Mauer und des Grenzregimes in seiner furchtbaren, sehr konkreten Realität spricht deutlich dafür, dass die Partei- und Staatsführung sicher wusste, dass mit der Beseitigung dieser Anlagen auch das Regime selbst fallen werde. Die Partei hätte die Mauer lieber heute als morgen abgerissen, weil sie die Machthaber Tag für Tag und Nacht für Nacht vor den Augen der Welt bloßstellte. Das ging aber nicht, weil sie ein Erstarken der Opposition fürchten musste – und weil die DDR sonst ausgeblutet wäre.

Für die Existenz einer latenten Opposition gibt es weitere

Beispiele. Leider noch nicht systematisch erforscht sind die vielen Fälle, in denen Personen eine Zusammenarbeit mit der Staatssicherheit verweigerten und ganz selbstverständlich nein sagten, wenn man versuchte, sie als Spitzel anzuwerben. Trotz unserer lückenhaften Kenntnisse beeindruckt es zu sehen, aus wie vielen und vor allem welchen Berufsgruppen der Mut zur Verweigerung kam: Die Publikation eines kleinen Verlages nennt Postbotin, Näherin, Hochseefischer, Ökonomin, Rentnerin, Hauptbuchhalter, Kellner, Catering-Angestellte und andere.

Hinlänglich bekannt sind die öffentlichen Proteste prominenter Oppositioneller gegen den Einmarsch in die ČSSR. Schon lange weiß man, dass und wie sehr Intellektuelle in der DDR unter der Niederschlagung des Aufstandes gelitten haben, zumal die Staatsführung ja laut verkündete, dass auch die DDR mit Armee-Einheiten beteiligt gewesen sei – was sich nach 1989 allerdings als unzutreffend erweisen sollte. Bernd Eisenfeld etwa erhielt wegen des Verteilens von Flugblättern zweieinhalb Jahre Freiheitsstrafe. Weniger geläufig sind die zahlreichen Fälle, in denen unbekannte Angehörige verschiedener, keineswegs nur intellektueller Berufe protestiert haben und dafür ins Gefängnis kamen. Aufschluss darüber geben seit neuestem die Akten des MfS aus Thüringen: Es gab demonstrativen Straßenprotest, Aufrufe zu Kundgebungen, Flugblätter, Straßen-Inschriften, offenen mündlichen Protest, anonyme Briefe und Telefonate, etwa in Mühlhausen, Erfurt, Weimar, Gotha, Jena, Gera, Saalfeld, Römhild und in zahlreichen kleineren Orten. In ungelenker Handschrift war etwa an Hauswänden und auf Straßenpflastern zu lesen: *Es lebe Dubček* oder *Okkupanten raus aus der ČSSR!/Unterstützt das tschechoslowakische Volk/Hoch lebe Dubček!,* und ein auf Karopapier mit der Hand in Druckbuchstaben geschriebener Aufruf eines Jugendlichen aus Weimar lautete:

ČSSR
Unterstützen Sie den Kampf aller
demokratischen und freiheitslieben (sic)
Menschen in der ČSSR durch einen
Solidaritätsmarsch Er findet am
30. 8. um 19.00 Uhr statt Er
geht vom Ring-Hotel bis zum
Theater dort lassen wir uns eine
halbe Stunde nieder

Der Aufruf wurde in mehreren Exemplaren verteilt, die Staatssicherheit ermittelte den Verfasser, er wurde zu 18 Monaten
Freiheitsstrafe verurteilt. Unter den Protestierenden waren nach
heutigem Kenntnisstand Schüler (12), Maurer, LPG-Bauer, Arbeiter (7), Chemieanlagenbauer, Lehrling (15), Kranken-Hilfs-
pfleger, Dachdecker, Polizist, Maler (3), Dreher, Student, Stanzer
(2), Schlosser (5), Krankenpfleger, Kfz-Schlosser, Maschinist,
Kellnerin, Museums-Mitarbeiterin, Lehrer, Glaskugelmacher.
    Der andere berühmte Fall ist der Protest nach der Aus-
bürgerung des Dichters und Liedermachers Wolf Biermann
im November 1976. Hier waren die Reaktionen weit umfang-
reicher als auf den Einmarsch in die ČSSR. Allgemein bekannt
sind die kritischen Äußerungen prominenter Schriftsteller und
anderer Intellektueller in Berlin, weitaus weniger die Tatsache,
dass überall in der DDR ein Sturm der Entrüstung losbrach.
So gab es etwa eine Solidaritätsaktion um den Diakon Thomas
Auerbach in Jena, in deren Verlauf viele Teilnehmer verhaftet
und nach internationalen Protesten in den Westen abgeschoben
wurden. Auch im Bezirk Halle kam es zu zahlreichen Sym-
pathiebekundungen für Wolf Biermann, die ebenfalls erst nach
1989 durch die Akten der Staatssicherheit bekannt geworden
sind. Hunderte von Flugblättern waren dort im Umlauf, dazu
kamen Inschriften («Schmierereien» im MfS-Jargon), monatelang war die Stasi voll im Einsatz, langjährige Gefängnisstrafen

wurden verhängt. Zwei Beispiele: Ein Lehrling des Bunawerks verfasste eine *Protestresulution* (sic!), sprach in Gaststätten, am Bahnhof und unter Mitlehrlingen insgesamt 90 Personen an und erhielt 66 Unterschriften:

> Protestresulution
> Wir, die Unterzeichneten, erklären uns nicht mit dem Einreiseverbot Wolf Biermanns einverstanden. Wolf Biermann hat zwar die DDR aufs schärfste kritisiert aber ist er deshalb ein Klassengegner des Sozialismus? Diese Frage sollten sich einige Herren einmal überlegen. Wir fordern sofortige Einreise von Wolf Biermann.

Das MfS erfuhr durch einige der Angesprochenen von der Aktion, der Lehrling kam in Haft. Es folgten tagelange Verhöre unter Schlafentzug, er bekam zwei Jahre Freiheitsstrafe, die zur Bewährung ausgesetzt wurden, musste sich aber zur Umerziehung einen Tag lang westdeutsche Agitprop-Lieder von Franz-Josef Degenhardt anhören, die ihm von einer Schallplatte vorgespielt wurden. Während der Stasihaft brachte man ihn dazu, sich dem MfS als Inoffizieller Mitarbeiter, also als Spitzel, zu verpflichten. Er wollte später aussteigen, holte sich Rat bei der Pfarrerin, wagte aber wegen eines möglichen Widerrufs der Bewährung nicht, von der Verpflichtung zurückzutreten. Schließlich unternahm er einen Selbstmordversuch, zwei Jahre nach seiner Genesung begann er eine kirchliche Ausbildung und ist heute Katechet.

Zur Identifizierung der fünf Verfasser und Verteiler des folgenden mit einem Kindersetzkasten vervielfältigten und verteilten Flugblattes aus Halle setzte die Staatssicherheit über Wochen ein Massenaufgebot von Fahndern ein, die rund tausend Hallenser befragten und Geruchsproben von Verdächtigen nahmen. Alles war erfolglos, die Staatsanwaltschaft stellte das Verfahren zehn Jahre später ein.

BÜRGER VON HALLE – Bitte bedenkt, dass
gerade in diesem Augenblick, wo Ihr
Eurer ARBEIT nachgeht, Wo Ihr in
deR Weihnachtszeit im KREIS EURER
Familien seid, BÜRGER dieses Staates,
weil sie Öffentlich und ehrlich ihre
Meinung zu Problemen, diE uns ALLE
AngehEn, GESAGT HABEN, in GEFÄNG-
nissen sitZen – Die fragwürdige AUS-
BÜRGERUNG BIERMANNS hinterliess
Menschenschicksale. Der SCHRIFT-
STELLER FUCHS, die MUSiker PANACH,
KUHNERT und viele UNBEKANNTE Leute
wurden inhaftiert – HELFT MIT, dass
sie zu ihren Familien zurückkönnen.
Beschäftigt EUCH mit dem Thema, macht
Euch nicht durch Euer SCHWEIGEN zu
MITSCHULDIGEN – Diskutiert am Ar-
Beitsplatz, mit Freunden, in der Fa-
milie – Gemeinsam sind wir STÄRKER.

Diese Beispiele spontaner, individueller Aktionen belegen
deutlich, dass das Bild von einer stumm und stumpf alles hin-
nehmenden DDR-Bevölkerung keineswegs den Tatsachen entspricht. Was 1989 geschah, kam nicht aus heiterem Himmel.

2. Vorboten des Herbstes

Zwar sah es zu Beginn des für Deutschland und Europa so entscheidenden Jahres keineswegs so aus, als würde schon in Kürze eine Revolution losbrechen, doch im Frühling und Sommer 1989 staute sich der Unmut in der DDR-Gesellschaft immer mehr an.

Auf der Berliner Gedenkfeier für Karl Liebknecht und Rosa Luxemburg blieb die SED zwar diesmal unter sich, aber in Leipzig wurde dieser Tag in besonderer Weise begangen. In der noch immer weltoffenen Handelsstadt, lange eines der Hauptzentren der deutschen Kulturgeschichte, forderte eine aus verschiedenen Basisgruppen zusammengesetzte «Initiative zur demokratischen Erneuerung unserer Gesellschaft», der Verhaftungen in Berlin vor einem Jahr zu gedenken. Mit Hilfe technisch längst überholter Geräte wurden 10 000 Flugblätter hergestellt, die die Leipziger aufriefen, am 15. Januar um 16 Uhr auf dem Markt vor dem Alten Rathaus zu demonstrieren, und zwar

> für das Recht auf freie Meinungsäußerung
> für die Versammlungs- und Vereinigungsfreiheit
> für die Pressefreiheit und gegen das Verbot der Zeitschrift «Sputnik»
> und kritischer sowjetischer Filme …

Das MfS war durch Spitzel informiert, damit allerdings rechneten auch die Initiatoren, denen es durch die Bildung von mehreren Einzelgruppen gelang, ein Großteil der Flugblätter zu verteilen. Elf Angehörige der Gruppe wurden verhaftet, doch das Wagnis hatte sich gelohnt: Zum angegebenen Zeitpunkt erschienen Hunderte zur Kundgebung.

Offene Proteste

In wenigen Worten erinnerte Fred Kowasch, einer der Initiatoren, an Rosa Luxemburg, protestierte aber auch gegen die jüngsten Verhaftungen, Hausdurchsuchungen und Zuführungen, die mit den Forderungen Rosa Luxemburgs nicht zu vereinbaren seien. Die Polizei, die Staatssicherheit und sogenannte «gesellschaftliche Kräfte» – speziell für solche Anlässe abkommandierte zuverlässige Leute, meist SED-Genossen – standen bereit, dennoch setzte sich ein Demonstrationszug in Bewegung. Die Teilnehmer hatten sich untergehakt und konnten in die Petersstraße ziehen, durch verschiedene Straßensperren wurde der Zug aber zum Stehen gebracht und schließlich aufgelöst. 53 Personen wurden zugeführt, vernommen und bis 22 Uhr wieder freigelassen – auf «zentrale Weisung», also Honeckers. Gerichtsverfahren fanden trotzdem statt.

Am nächsten Tag setzte Mielke das ZK ausführlich ins Bild, und der Erste Sekretär der SED-Bezirksleitung, Horst Schumann, informierte Honecker. Diese nach der Anzahl der Beteiligten eigentlich nebensächliche Angelegenheit wurde also ernst genommen. Allerdings auch von anderer Seite: Bereits am 14. Januar hatten die «Tagesschau», der «Rias» und die «Berliner Abendschau» über die angekündigte Demonstration und von den Verhaftungen im Vorfeld berichtet. Am Abend des 15. Januar fand dann das erste Fürbittgebet in der Leipziger Lutherkirche statt, auf das weitere Solidaritätskundgebungen in der ganzen DDR folgten. Zudem wurde am selben Tag durch polnische Mittelsmänner und Freunde der Charta 77 die KSZE informiert, die gerade in Wien ihre letzte Folgesitzung abschloss. Tags darauf berichteten und kommentierten dann schon zahlreiche westdeutsche Zeitungen über die sich ausweitenden Protestaktionen.

Auch die DDR-Staatsmacht widmete sich zunächst intensiv der Aufarbeitung der Ereignisse, die Kirche wurde mehrfach ermahnt, und die Staatssicherheit nahm sich vor, beim nächsten Mal gleich energischer durchzugreifen. Aber am 25. Januar erging wieder eine interne Weisung Honeckers, diesmal zur Einstellung der Ermittlungsverfahren, mit der Begründung, die DDR sei ja gefestigt. Wie sehr das offenbar seine Überzeugung war, hatte er eine Woche zuvor auf einer Thomas-Müntzer-Gedenkfeier zum Ausdruck gebracht, auf der er stolz verkündete, die Mauer sei nach wie vor gerechtfertigt und werde auch *in 50 oder auch in 100 Jahren noch bestehen.* Doch meinte er das wirklich? Immerhin wurde am selben Tag, dem 18. Januar, in Polen durch Beschluss des ZK die Solidarność zugelassen.

Die DDR-Staatsmacht hielt zunächst unerbittlich an ihrem Grenzregime fest. Am 5. und 7. Januar sowie am 8. April konnte man vom Westen aus beobachten, wie verschiedene Fluchtversuche durch Schüsse verhindert wurden. Das gelang nicht immer. Am 14. Februar durchbrachen drei Männer mit einem LKW die Grenzbefestigungen in Berlin, einer von ihnen wurde festgenommen, zwei konnten noch schwimmend durch die Spree fliehen; am 16. Februar gelang einem Mann der Durchbruch mit einem PKW auf den Parkplatz der Ständigen Vertretung; vom 7. auf den 8. März überquerte ein Mann mit einem Ballon die Grenze nach West-Berlin, stürzte dort ab und starb; am 31. März scheiterte ein Durchbruch mit einem Personenwagen bei Drewitz, drei Männer wurden festgenommen. Eines der letzten Husarenstücke beim Überwinden der Mauer gelang aber noch am 26. Mai: Zwei Männer holten mit einem Motordrachen ihren Bruder aus Ost-Berlin und landeten sicher mit ihm vor dem Reichstag. Aber es gab auch ein letztes Todesopfer durch Grenzposten.

Am 5. Februar 1989 wurde der 20-jährige Chris Gueffroy an der Mauer in Berlin erschossen. Wieder musste sich die DDR international dafür rechtfertigen, denn sie hatte in brutalstmöglicher Weise genau gegen die Vereinbarung gehandelt, die sie noch im Januar auf der KSZE-Folgekonferenz in Wien selbst unterschrieben hatte. Im April wurde dann unter Hinweis auf die KSZE der Schießbefehl intern aufgehoben, das aber blieb geheim und ist erst nach der Revolution überhaupt bekannt geworden. Für die Öffentlichkeit hieß es nach wie vor, dass der Versuch des unerlaubten Überschreitens der Grenze mit dem Einsatz von Schusswaffen geahndet würde – also ein tödliches Risiko barg.

Die Unruhe hielt an. Beispielhaft sei zunächst wieder Leipzig genannt, wo DDR-Bürger auf der halbjährlich stattfindenden Messe relativ problemlos mit westlichen Medienvertretern in Kontakt treten konnten. Zur Frühjahrsmesse zogen Gruppen von Personen, denen die Ausreise verwehrt wurde, am Montag, dem 13. März, nach dem Friedensgebet in der Nikolaikirche über den Markt bis zur Thomasgasse. Auf diesem nicht sehr langen Weg wurde die Demonstration mehrfach *durch den konzentrierten Einsatz von ca. 850 Angehörigen der Schutz- und Sicherheitsorgane sowie gesellschaftlicher Kräfte* – wie Mielke in seinem Bericht an das ZK schrieb – behindert und schließlich aufgelöst. Verhaftet wurde niemand, denn westliche Korrespondenten sowie Fernsehteams waren zugegen und dokumentierten sogar, wie uniformierte Volkspolizei junge MfS-Männer in Zivil an allzu großer Gewalttätigkeit hinderten. Ein Demonstrant hielt kurzfristig ein DIN-A3-Blatt mit der Aufschrift «Reisefreiheit statt Behördenwillkür» in die Höhe; laut den internen MfS-Rapporten wurden Parolen gerufen wie *Stasi weg! Laßt uns raus!*, *Stasi raus!*, *Stasischweine!* und *Freiheit – Menschenrechte*.

Im weiteren Verlauf des Jahres mehrten sich in Leipzig die «Vorkommnisse», wie die Staatssicherheit diese an sich harmlosen, sehr überschaubaren Aktionen nannte. Allerdings war es die völlig überzogene und fast panische Reaktion der Staatsmacht selbst, die diese kleinen Manifestationen nicht nur aufwertete, sondern überhaupt erst zu politischen Aktionen machte. Anlässlich des Weltumwelttages 1988 wollten einige

Basisgruppen auf die völlige Verschmutzung der teilweise unterirdisch durch Leipzig fließenden Pleiße aufmerksam machen. Die Sicherheitskräfte trafen vorbeugende Maßnahmen, es gab einige Zuführungen und Verhöre, aber schließlich fand der Umzug gleichzeitig mit einem Wildparkfest statt. Ein VP-Wagen begleitete ihn, und die anwesenden zivilen Staatssicherheitsleute, die als solche leicht zu erkennen waren, nahmen Brot und Kuchen, die ihnen vereinzelt angeboten wurden, freundlich dankend an. Das war klug, kaum jemand nahm Notiz von dem Umzug, erst recht nicht die westlichen Medien.

Ganz anders im Sommer 1989. Die Veranstaltung Pleißepilgerweg wurde offiziell angemeldet und nach langem Hinauszögern viel zu spät verboten. Die Staatssicherheit lud 63 Mitglieder von Basisgruppen vor, die sie nicht nur verhörte, sondern auch nötigte, eine Unterlassungserklärung zu unterschreiben, 19 weitere Personen wurden später unter Hausarrest gestellt oder «offensiv beschattet», dazu kamen weitere Zuführungen. Mielke persönlich leitete Maßnahmen ein, um zu verhindern, dass Teilnehmer von außerhalb nach Leipzig gelangten, und schickte sogar seinen Stellvertreter Generaloberst Mittig dorthin.

Als am 4. Juni in der Paul-Gerhardt-Kirche in Connewitz ein Gottesdienst mit tausend Besuchern stattfand, wurde vor der Kirche ein großes Aufgebot von Bereitschaftspolizei und Staatssicherheit postiert, um durch Polizeiketten und Einkesselungen zu verhindern, dass die Menschen die Richtung des Pleißepilgerweges einschlugen. Teilnehmer wurden auf LKWs geladen und abtransportiert, insgesamt gab es 83 Zuführungen. Dennoch fand unter intensiver Beobachtung am späten Nachmittag ein Umweltgottesdienst in der Reformierten Kirche unweit des Hauptbahnhofs statt – sie wird später noch eine wichtige Rolle spielen; in einer Nebenstraße standen sieben vollbesetzte Mannschaftswagen der Polizei. Über die Festnahmen berichteten der «Tagesspiegel», die «Süddeutsche

Offene Proteste   45

Zeitung» und die «Frankfurter Rundschau», die DDR-Medien nicht. Harmloseste Veranstaltungen in der Provinz waren der Staatsmacht plötzlich verdächtig. Im sächsischen Kreis Oschatz hatte das Akkordeonorchester «Klingende Harmonikafreunde» ohne Erlaubnis des Staates durch verschiedene Anschläge für den 5. August in Malkwitz zu einem privaten Volksfest auf der Festwiese eingeladen. Bürgermeister, Volkspolizei und Staatssicherheit traten in Aktion, ein VP-Hauptmann in Zivil überwachte die Veranstaltung, die Akten des MfS wurden im Herbst vernichtet. Es gab aber Ernsteres. Bisher hatte es trotz mehrerer Anträge bei der Staatsverwaltung noch nie Vorführungen von jugendlichen Musikern auf öffentlichen Straßen gegeben, ein Mangel, dem ein DDR-weit privat propagiertes Festival für den 10. Juni abhelfen wollte. Die Initiatoren hatten schon seit längerer Zeit versucht, eine staatliche Genehmigung zu bekommen, doch der Staat reagierte wie üblich zuerst überhaupt nicht. Seit Mai allerdings waren Polizei und Staatssicherheit tätig, und nach vielem Hin und Her wurde das Festival am 2. Juni mündlich verboten. Es gab Straßenkontrollen, Musikgruppen wurden zu «Disziplinierungsgesprächen» vorgeladen, Zufahrtswege nach Leipzig überwacht.

Trotzdem waren am Vormittag des 10. Juni zahlreiche Musikgruppen auch aus anderen Teilen der DDR eingetroffen und musizierten zum Vergnügen der Passanten an mehreren Plätzen der Innenstadt zwischen Markt und Thomaskirche. Die Staatsmacht, vertreten durch «gesellschaftliche Kräfte» und Polizei, hielt sich wegen der Fülle der aktiven und passiven Teilnehmer zunächst zurück; um die Mittagszeit griff sie ein. Über hundert Bereitschaftspolizisten verfolgten die Musiker und luden sie auf bereitstehende Lastwagen. Einfache Passanten solidarisierten sich und kamen teils mit, teils folgten sie, «Dona nobis pacem» – «Gib uns Frieden» – singend, bis vor das Polizeirevier Mitte. Nach mehrfacher Aufforderung auseinanderzugehen zogen die Teilnehmer zum Markt, dann zur Thomaskirche, wo sie eingekreist und schließlich von über hundert Bereitschaftspolizisten gewaltsam verladen wurden. Insgesamt 84 Personen wurden zugeführt und bis in den nächsten Tag hinein verhört. Es gab Mitteilungen an Mielke und an Honecker. Alle großen westdeutschen Tageszeitungen berichteten.

Schon vorher hatte es den ersten landesweiten, explizit politischen Einbruch in das Herrschaftssystem gegeben. Im Vorfeld der Kommunalwahlen vom 7. Mai regte sich die Opposition. Wie bisher gab es nur Einheitslisten, allerdings war der Kreis derer, die Kandidaten vorschlagen durften, erweitert worden. Die folgende Aufzählung mutet parodistisch an, doch genau diese Organisationen wurden im Zuge der scheinbaren Lockerung zugelassen: Kammer der Technik, Verband der Konsumgenossenschaften, Volkssolidarität, der Turn- und Sportbund, die wissenschaftliche Vortragsorganisation Urania, das Rote Kreuz, die Freiwilligen Feuerwehren und der Verband der Kleintierzüchter, Siedler und Kleingärtner, an einigen Orten kam auch der Anglerverband der DDR hinzu. Lag es da nicht nahe, dass verschiedene Kirchgemeinden Berlins meinten, für Friedens- und Umweltgruppen sollte das Gleiche gelten wie für Kleingärtner, Sportler und Feuerwehrleute? Natürlich galt es nicht, und auch vereinzelte Versuche, unabhängige Kandidaten zu nominieren, scheiterten unter zum Teil unwürdigen Umständen. Immerhin wurden die Antragsteller nicht weiter strafrechtlich verfolgt.

Die Abstimmung fand unter langfristig geplanter Bewachung durch die Staatsmacht statt. In einem Erlass vom 6. März setzte Mielke «Wahloffiziere» ein, und der Leipziger MfS-Chef Generalleutnant Hummitzsch erklärte bei einer Dienstbesprechung am 24. Februar, die *Hauptaufgabe* bestehe darin, *ein eindeutiges Bekenntnis ... zur Politik der Partei zu organisieren.* Dennoch wagten es bei der Abstimmung anscheinend viel mehr Personen als bisher, sich wie freie Wähler zu verhalten, nämlich

Offene Proteste

in die Kabine zu gehen und die Liste abzulehnen; vorher waren von den oppositionellen Gruppen und teilweise auch von der Kirche präzise Hinweise darauf gegeben worden, wie eine Ablehnung trotz vieler Schikanen eindeutig ausgedrückt werden konnte. Das weiß man deshalb, weil, ebenfalls anders als zuvor, zahlreiche Personen von dem bisher nur auf dem Papier stehenden Recht Gebrauch machten, den Stimmenauszählungen beizuwohnen und sie zu kontrollieren. Das traf die Stimmenauszähler und Überwachungsbehörden offenbar so überraschend, dass diesem Verlangen zumeist stattgegeben wurde. Dennoch wurde vom Wahlleiter Egon Krenz republikweit ein höchst fiktives offizielles Wahlergebnis verkündet: Danach betrug die Wahlbeteiligung 98,77 Prozent, und die Jastimmen lagen bei 98,85 Prozent.

Da dies ganz offensichtlich nicht dem tatsächlichen Abstimmungsverhalten entsprach, wurden die verschiedensten Einsprüche gegen die Fälschung der Wahlergebnisse erhoben, von harmlosen Eingaben bis hin zu Strafanzeigen. Sie wurden sämtlich zurückgewiesen, wobei der Minister für Staatssicherheit höchstpersönlich den Wortlaut vorschrieb. In seiner Anweisung 38/89 hieß es:

Die Sekretäre der Wahlkommission werden wie folgt antworten: Die Wahlkommission hat anhand der von den Wahlvorständen entsprechend § 39 Abs. 1 des Wahlgesetzes exakt gefertigten Niederschriften die ordnungsgemäße Durchführung der Wahlen geprüft, das Wahlergebnis festgestellt und veröffentlicht. Dem ist nichts hinzuzufügen.

Das Wichtigste an diesen Vorgängen aber ist, dass diejenigen, die gegen die Wahlfälschungen protestierten, ihre Beschwerden personalisierten und daher Name und Adresse angaben. Die Angst, eines der wichtigsten Herrschaftsmittel der Diktatur, begann nachzulassen. Gerade die Wahlfälschungen sind es, deretwegen Funktionäre noch vor der Wiedervereinigung von DDR-Gerichten strafrechtlich verfolgt wurden.

Dennoch gab es einen Rückschlag durch ein fernöstliches Ereignis und vor allem durch die Art und Weise, in der die SED und ihre Medien damit Furcht verbreiteten. Am 4. Juni walzten auf dem Platz des Himmlischen Friedens in Peking Panzer der Armee – sie hieß und heißt Volksbefreiungsarmee – eine Demonstration für mehr Demokratie nieder. Bis zu 5000 Menschenleben forderte das Massaker, bis zu 30000 Personen wurden verletzt, genaue Zahlen sind bis heute nicht bekannt. Die gleichgeschalteten Medien lobten in der Folgezeit immer wieder die vorbildliche Weise, in der die Chinesen die Konterrevolution bekämpft hätten, und auch die Volkskammer begrüßte, natürlich einstimmig, diese Gewalttat. Der Bevölkerung sollte unmissverständlich vor Augen geführt werden, welche Sanktionen sie bei ähnlichen Versuchen zu erwarten hatte, und wohl auch deshalb wurden die Sendungen über das chinesische Massaker im weiteren Verlauf des Sommers im Fernsehen wiederholt. Das Säbelrasseln sollte sich zwar als leere Drohung erweisen, lange Zeit aber musste man damit rechnen, dass es ernst gemeint war. Nicht wenigen waren der 17. Juni 1953 und der 13. August 1961 noch deutlich in Erinnerung. Und trotzdem wurde, abermals unter Nennung des Absenders und der Adresse, in der ganzen DDR offen protestiert. So schrieb etwa der «Friedensarbeitskreis bei der Evangelischen Studentengemeinde» in Karl-Marx-Stadt am 20. Juni an die Volkskammer:

> Mit Bestürzung haben wir am 8. Juni 1989 die «Erklärung der Volkskammer der DDR zu den aktuellen Ereignissen in der VR China» zur Kenntnis genommen. … Selbst der Auslandsdienst des Pekinger Rundfunks berichtete nach dem Angriff des Militärs noch eine Stunde lang über das blutige Vorgehen von Angehörigen der «Volksbefreiungsarmee» gegen die wehrlosen Demonstranten und

von zahlreichen Opfern auf dem Tienanmen-Platz, ehe dann plötzlich auf die bis heute verbreitete Version zurückgegriffen wurde ... Wir jedenfalls verurteilen auch die jüngsten Gewaltakte ... energisch ... Wir stehen mit unserer Meinung nicht allein.

Die Entwicklung verlief aber nicht geradlinig. So sah sich die SED-Führung noch immer durch eine Reihe von Vorgängen in ihrem Kurs bestätigt. In der altehrwürdigen pommerschen Universitätsstadt Greifswald verfolgte der evangelisch-lutherische Bischof Horst Gienke eine Politik des Wohlverhaltens gegenüber dem Staat, die um kurzfristiger Vorteile für die Kirche willen *an den Rand der Kollaboration* mit der Staatssicherheit ging, wie es der spätere Oberbürgermeister Greifswalds, Pastor Reinhard Glöckner, formulierte. Das drückte sich auch darin aus, dass die pommersche Landeskirche in Greifswald Oppositionellen und Ausreisern keine Zuflucht bot. Zudem lud Gienke zur Feier der Weihung des – großenteils mit westlichen Geldern – restaurierten Domes unter Umgehung kirchlicher Instanzen Erich Honecker ein, der eilends anreiste, um die Fata Morgana des Einvernehmens zwischen Partei und Kirche zu zelebrieren; anschließend wurden sogar Artigkeiten im «Neuen Deutschland» ausgetauscht. Das war zugleich der letzte negative Höhepunkt einer SED-freundlichen Kirchenpolitik. Später stellte sich heraus, dass Gienke unter dem Decknamen «Orion» Inoffizieller Mitarbeiter des MfS gewesen war.

Der Protest gegen die umweltzerstörende Industriepolitik der DDR, vor allem gegen den Uranbergbau in Aue, spitzte sich 1989 im Kampf um die Reinstsiliziumanlage in Dresden-Gittersee zu, deren Bau das Politbüro im Mai 1987 beschlossen hatte. Das blieb zunächst geheim, erst im Herbst 1988 sickerten die ersten Informationen durch. Ein Ingenieur wandte sich an seinen Pfarrer, der jedoch ein geheimer Mitarbeiter der Staatssicherheit war. Dennoch sprach sich der Plan herum, der Ökologische Arbeitskreis der Dresdner Kirchenbezirke (ÖAK) wurde aktiv, es kam zu Eingaben an staatliche Stellen. Pfarrer Weißflog informierte anlässlich der Weihnachtsfeier 1988 in Gittersee seine Kirchengemeinde. In den folgenden Monaten nahm der Widerstand immer mehr zu. Es gab verschiedene Gespräche und Versuche staatlicher Stellen, insbesondere durch Indienstnahme der Kirche, den Protest zu verhindern oder wenigstens einzudämmen. Als die Teilnehmerzahlen an den Protestversammlungen und den Bittandachten auch in der Kreuzkirche immer weiter anstiegen – von 300 auf mehrere tausend –, versuchte die Staatsmacht durch Absperrungen, Einschüchterung und Zuführungen den Widerstand zu unterdrücken. MfS, Volkspolizei und Kampfgruppen wurden eingesetzt. Am 2. Juli verhinderte die Anwesenheit eines ARD-Kamerateams der Sendung «Kontraste» ein energischeres Durchgreifen. Mehrfach wurden Ordnungsstrafen verhängt, die durch Sammlungen in den Gottesdiensten aufgefangen wurden. Mit der Revolution kam schließlich das Aus für die Siliziumanlage. Am 6. November beschloss der Ministerrat der Regierung Stoph die Einstellung der Bauvorhaben, einen Tag vor seinem Rücktritt.

Der Widerstand innerhalb der Kirche nahm zu und wurde mehr und mehr sichtbar. Vom 6. bis 9. Juli 1989 fand in Leipzig der Kirchentag der Evangelisch-Lutherischen Landeskirche Sachsen statt. Schon lange im Vorfeld hatte es innerhalb der Kirche und mit Vertretern des Staates zahlreiche Gespräche darüber gegeben, ob sich der Kirchentag ausschließlich auf Sachsen und auf rein religiöse Themen beschränken sollte. Der Staat hatte ein Interesse daran, dass der Kirchentag keine Strahlkraft entfaltete, der Kirche hingegen war daran gelegen, Konflikte mit dem Staat zu vermeiden, zugleich aber die Betätigung oppositioneller kirchlicher Gruppen möglichst wenig einzuschränken. Ob dieser Balanceakt letztlich glückte, soll hier nicht abschließend entschieden werden. Jedenfalls konnten die Basisgruppen in der Leipziger Lukaskirche einen Statt-Kirchentag mit rund 2500 Teilnehmern organisieren. Dort kamen Gruppen aus der ganzen DDR und selbst Menschenrechtsgruppen aus dem Westen zu einem Gesprächsaustausch zusammen, bei dem es auch um die bisherigen Repressionsmaßnahmen der DDR-Behörden ging. Da auch westliche Medien zugegen waren, hielt sich die Staatssicherheit zurück, ja, selbst eine Podiumsdiskussion mit dem SPD-Politiker Erhard Eppler konnte stattfinden. Auf der ersten Pressekonferenz des Kirchentages distanzierte sich die Kirche von den Umtrieben in der Lukaskirche, und ein Sprecher erklärte sogar, bei den Teilnehmern handele es sich um *Trittbrettfahrer, mit denen wir nichts zu tun haben.* Das Konzept der Kirchenvertreter schien aufgegangen zu sein: Während sich auf dem Statt-Kirchentag die oppositionellen Gruppen konzentrierten, konnte der offizielle Kirchentag in dem engen Rahmen abgehalten werden, der den Vorstellungen des Staates entgegenkam.

Mit einer Ausnahme: Beim öffentlichen Abschlussgottesdienst auf der Leipziger Rennbahn wurde ein Transparent mit der Losung *Nie wieder Wahlbetrug* entrollt sowie ein anderes mit der Inschrift *Demokratie*, auch in chinesischen Schriftzeichen. Die kleine Protestgruppe zählte zunächst nur 20 bis 25 Personen, die sich demonstrativ setzten und dadurch Widerstand bekundeten; es kam zum Einsatz kirchlicher Ordnungskräfte, worauf die Gruppe zum Ausgang zog, wo sie durch Zulauf von Sympathisanten schon bald auf gut 1000 Personen angewachsen war. Auf dem Weg in die Leipziger Innenstadt stießen die Demonstranten schließlich auf Polizeiketten und MfS-Angehörige in Zivil, die die Transparente herunterrissen und versuchten, Teilnehmer zuzuführen und in einen Straßenbahnwagen zu ziehen, das wurde von anderen Mitdemonstranten verhindert; es kam sogar zum Einsatz eines Polizeihubschraubers. Schließlich löste sich die Gruppe langsam auf, wobei die Demonstration damit endete, dass etwa 150 Personen in die Peterskirche zogen. All das wurde von einem ARD-Team aufgenommen, allerdings nie gesendet.

Leipzig war auch sonst ein Ort wachsender Unruhe, und das Zentrum bildete die Nikolaikirche mit ihren regelmäßigen Friedensgebeten. Schon die Ausreiserdemonstration zur Frühjahrsmesse hatte dort ihren Ausgang genommen, und in der Folgezeit stiegen die Teilnehmerzahlen an den Friedensgebeten ständig an. Sie waren zunächst unauffällig und unspektakulär. So versammelten sich die Teilnehmer nach dem Gebet in der Kirche regelmäßig schweigend auf dem Nikolaikirchhof, woran sich gelegentlich eine stumme Demonstration anschloss, die aber stets von Sicherheitskräften aufgelöst wurde. Dabei kam es zu Zuführungen, außerdem wurden außergewöhnlich hohe Geldstrafen verhängt. An der Demonstration vom 8. Mai nahmen 300 Menschen teil, am 22. 450, ebenso viele am 29. Mai; am 12. Juni waren es 600, am 19. Juni 650. Nach dem 28. Juni rückten die Vorgänge zusehends ins Visier von Staatssicherheit und Partei, die ein energischeres Vorgehen beschlossen. Dennoch kamen am 3. Juli 800 Teilnehmer zusammen, und das Bemerkenswerte war, dass die Zahl der Hierbleiber die der Ausreiser allmählich bei weitem übertraf. Durch den Statt-Kirchentag und die Sommerpause setzten die Friedensgebete zeitweilig aus, doch nicht nur die Initiatoren dürften sich gefragt haben, wie es im Herbst wohl weitergehen würde.

Versorgungskatastrophe

Neben dem Verschweigen lebensgefährdender Umweltschäden und der politischen Unterdrückung trug auch die wirtschaftspolitische Inkompetenz der kommunistischen Machthaber zum Unmut der Bevölkerung bei und sorgte dafür, dass die allgemeine Unzufriedenheit wuchs. Die mangelhafte Versorgung mit elementaren Lebensgütern war schon immer ein Charakteristikum des niedrigeren Lebensstandards in den Staaten des sozialistischen Lagers gewesen. Das Ausmaß der Missstände war gewiss von Land zu Land unterschiedlich, und die DDR scheint in diesem Punkt sogar der UdSSR gegenüber einen Vorsprung gehabt zu haben. Aber was nutzt es, den Mangel zu relativieren, wenn etwa Obst, Gemüse oder Ersatzteile für Betriebe fehlen? Zudem scheint die allgemeine Versorgung in den Monaten vor Ausbruch der Revolution ungewöhnlich schlecht gewesen zu sein. Besonders eindringlich bezeugen das Äußerungen aus der Partei selbst. Als Beispiel mögen die innerparteilichen Beschwerden bei der Kreisleitung Oschatz der SED im Sommer 1989 dienen, die Kupke und Richter in einer Publikation zusammengefasst haben:

> Die schlechte Versorgungslage und Probleme in wirtschaftlichen Bereichen bildeten ständige Gesprächsthemen. ... So klagten am Tag der Erntebereitschaft sämtliche LPGen, dass die Ersatzteilversorgung schlechter geworden sei. In der LPG Oschatz fehlte seit einem Dreivierteljahr eine Achse für einen dringend benötigten Lkw konnten mehrere Traktoren ... nicht zum Stroheinfahren eingesetzt werden, weil Auspuffrohre fehlten ... völlig unzureichende Versorgung selbst mit Grundnahrungsmittel ... gebe es auf dem Gemüsemarkt außer Kraut, Tomaten und Gurken nichts zu kaufen ... Nach Ungarn führen die Leute nur, weil sie mal wie im Westen einkaufen wollten ... wurde sarkastisch gefragt, weshalb keine Bürger aus dem Westen in die DDR übersiedeln wollten ... fehlten Marmelade, Kekse, Suppen, Linsen, Reis ... Ebenso wenig gebe es die «vielen kleinen Dinge» wie Fahrradschläuche, Felgen, Ventile und Kleinstersatzteile für Pkw Angesichts des Mangels an Ersatzteilen sei eine vernünftige Arbeit nicht mehr möglich ... Beim Betriebsessen gebe es seit Monaten keinerlei Gemüse mehr ... nicht genügend Milch, Brot, Quark und Kindersäfte ...

Dieser Einschätzung der Verhältnisse auf der untersten Parteiebene konnte auch die Führung kaum widersprechen, doch beurteilte sie die Lage aus etwas anderer Perspektive. Während der krankheitsbedingten Abwesenheit Honeckers und des gleichzeitigen Urlaubs von Krenz fertigte dessen enger Mitarbeiter Wolfgang Herger eine Mitschrift der Politbürositzungen zur späteren Information von Krenz an. Da heißt es in voller Kenntnis der Sachverhalte einigermaßen hilflos:

> 29. 8.: Manchmal gibt es bei uns eine regelrechte Versorgungspsychose (Sindermann); Die Versorgungsdiskussion wird z. T. bis zur Psychose geführt. 3,5 Millionen DDR-Bürger waren im Westen. Sie kommen mit dem Bild von der BRD als Überflussgesellschaft zurück (Tisch); Wir müssen die Versorgung in Ordnung bringen. Das ist keine einmalige Aktion. Wir müssen dem Gegner die Argumente nehmen, indem wir z. B. die Versorgung in Ordnung bringen. Der Gegner wird jeden Mangel bei uns ausnutzen. Deshalb dürfen wir ihm keine Handhabe geben (Stoph); Zur Versorgung ist unsere Argumentation zuerst: Wir leben in der DDR gut. Es sollte auch keine allgemeine Versorgungsdiskussion geben. Sie bezieht sich auch weniger auf den eigenen Bedarf. Am meisten geht es um Ersatzteile beispielsweise für Pkw, Baumaterialien und Dienstleistungen (Müller); Die Versorgung ist nach wie vor der größte Angriffspunkt. Wir müssen alle staatlichen Organe zu ihrer Verantwortung bringen. ... Ersatzteile sind Dauerbrenner in der Diskussion (Mittag, der sogar berichtet, was der verbohrteste Antikommunist nie zu behaupten gewagt hätte): In Leipzig waren Anfang August ⅓ aller Fleischerläden geschlossen.
> 5. 9.: Wir müssen die Probleme im Inneren noch besser lösen – besonders die Versorgung. Wir müssen viele kleine Dinge besorgen, die die Leute verärgern. Ich will das nächste Woche mit den Ratsvorsitzenden besprechen (Stoph); Das Gros derer, die zum Feind gehen, sind junge Leute zwischen 17 und 27 Jahren. ... Was fasziniert sie? Vor allem das äußere Bild, auch in Ungarn. Die Läden sind voll. Auch wenn es teuer ist, die Läden sind voll. Man hat das Gefühl, dass es alles gibt. Das wirkt auf die Leute. ... Und das gehört eigentlich an die Spitze: Unsere Anstrengungen zur Versorgung reichen – vor allem in den Kreisen – nicht aus (Keßler); Wir müssen die Versorgung sichtbarer, spürbarer verbessern (Lange).

Im November übrigens sah der Vorsitzende der Jungen Pioniere und Mitglied im FDJ-Zentralrat Wilfried Poßner solche Absichtserklärungen auf der 10. Tagung des ZK viel realistischer:

> Ich schlage ... vor, im Aktionsprogramm auf Versprechungen zum Beispiel in Sachen tausend kleiner Dinge, Obst und Gemüse, Ersatzteile zu verzichten, das haben wir so zigmal angekündigt, nie gehalten.

Unfähig zu handeln, hatten die Politbürokraten zumindest erkannt, dass der objektive Mangel für die Bevölkerung durch die Reisen in den Westen noch fühlbarer wurde.

Reisen mit und ohne Erlaubnis

Schon die früheren Besuche aus dem Westen hatten die Bevölkerung der DDR mit anderen Lebensverhältnissen vertraut gemacht, ja, der Staat selbst hatte durch die Spezialläden für Westwaren gezeigt, dass der Westen wirtschaftlich überlegen war, und Handwerker arbeiteten zunehmend nur gegen Bezahlung in D-Mark. Das westdeutsche Fernsehen brachte außerdem eine andere, nicht nur wirtschaftlich verlockende Welt in die Wohnzimmer. Ausschlaggebend aber war der eigene Augenschein, und durch die steigende Zahl von Besuchsreisen in die Bundesrepublik konnte sich ein immer größerer Teil von DDR-Bewohnern handgreiflich davon überzeugen, was möglich war und was ihnen die SED-Führung durch ihre Inkompetenz vorenthielt.

Das Innenministerium übermittelte dem ZK-Sekretär für Sicherheit, Egon Krenz, regelmäßig die Besuchsreisestatistiken, die er dem Generalsekretär Honecker zur Kenntnisnahme weiterleitete. Im Juli 1989 erreichten die Besuchsreisen danach ihren bisher höchsten Stand: 171 360 Anträge, von denen 168 262 genehmigt und 3098 abgelehnt wurden. 32 494 Anträge jedoch wurden gar nicht erst angenommen, das sind 15,9 Prozent. Es gab 787 Beschwerden gegen die Ablehnungen, davon wurde 166 stattgegeben. Die für August gemeldeten Zahlen sahen ähnlich aus: 171 895 Anträge, 168 517 Genehmigungen, 3378 Ablehnungen, 33 230 nicht angenommen. Die erhebliche Zahl von Nichtannahmen, die ja einer Ablehnung gleichkamen, stieß auf so viele und so heftige Proteste, dass sie sogar dem Ministerium einen Bericht wert waren, in dem auf zwei Seiten eine Auswahl der Beschwerden nachzulesen ist. Zusammenfassend heißt es, eine westdeutsche *Medienkampagne* sei die Ursache dafür, dass

> bei Zurückweisungen von Reiseanliegen die Hartnäckigkeit und auch die Aggressivität im Auftreten vieler Bürger zugenommen haben. Viele Bürger fordern oft sehr resolut, ihren Reiseantrag entgegenzunehmen und zu bearbeiten. Sie drohen immer öfter mit Beschwerden und Antragstellungen auf ständige Ausreise sowie der Einschränkung ihres beruflichen und gesellschaftlichen Engagements.

Gravierender waren die Anträge auf ständige Ausreisen, also auf Übersiedlung in die Bundesrepublik. Durch eine «zentrale Entscheidung» hatte der Generalsekretär persönlich Quoten festgelegt. Für das Jahr 1988 bedeutete das eine Steigerung von monatlich 1000 auf 2000 bis 3000 Personen. Man erhoffte sich davon, dass mit den Menschen auch die Unruhe aus dem Land verschwinden würde. Das geschah aber nicht. Der Staatssicherheitsminister Erich Mielke teilte in einer *streng geheimen* parteiinternen *Information über die Lage und Entwicklungstendenzen* der ständigen Ausreise und der Flucht für das erste Halbjahr 1989 mit, dass es 125 429 Anträge gegeben habe, davon 18,3 Prozent Neuanträge. Die Genehmigung wurde in 38 917 Fällen erteilt (1988 waren es 10 255), abgelehnt wurden

15 469, *noch nicht entschieden* waren 72 066 Fälle. Mit den
Personen, deren Anträge abgelehnt wurden, aber auch jenen,
die man zum Teil jahrelang hängengelassen hatte, war, wie
Mielke zu Recht feststellte, *ständig zu rechnen, da sie die Ablehnung in der Regel nicht respektieren und weitere Aktivitäten
ankündigten.* Auf einer Dienstbesprechung beim Minister vom
31. August äußerte sich der MfS-Chef von Karl-Marx-Stadt,
Genosse Generalleutnant Gehlert, unverblümt:

> Die Ablehnungssituation ist so – ich kann das konstatieren – dass
> nicht ein einziger, der bisher abgelehnt wurde, die Ablehnung ak-
> zeptiert hat. Im Gegenteil, es werden spektakuläre Handlungen an-
> gedroht, und durch viel Aufwand muss man dann verhindern, dass
> die Leute in die Botschaft gehen oder an die Grenze.

Was Gehlert als *spektakuläre Handlungen* bezeichnete, waren zunächst demonstrative Äußerungen der Betroffenen, die
einen Ausreiseantrag gestellt hatten, der entweder überhaupt
nicht angenommen, verschleppt oder abgelehnt worden war.
Am geräuschlosesten konnten sich diese Ausreiser öffentlich
zu erkennen geben, indem sie an der Antenne ihres Autos –
wenn sie denn eines hatten – ein weißes Band befestigten. Das
sagte für sich betrachtet gar nichts aus, doch da jeder, auch die
Polizei, die Bedeutung des weißen Bandes kannte, wurden die
Fahrzeughalter nicht selten «zur Klärung eines Sachverhalts»
vernommen und eingeschüchtert. Ebenfalls völlig geräuschlos,
aber ebenso wirkungsvoll waren die kleinen Versammlungen
von Ausreisern an zentralen Punkten einer Stadt, wo sie einen
Kreis bildeten oder im Kreis herumgingen, wie etwa in Jena.
Das war nicht nur ein geräuschloser Akt, sondern auch kaum
als eine Manifestation des politischen Willens zu erkennen, unter den Bedingungen der Diktatur jedoch unmissverständlich.
Explizitere Formen nahm der Widerstand von Ausreisern an,
wenn sie sich zusammentaten und sich gegenseitig zu helfen

versuchten. Das geschah meist in evangelischen Kirchenräumen oder Kirchen unter Zuspruch eines Geistlichen – gewiss hatten diese Zusammenkünfte keinen unmittelbar religiösen Bezug, entsprachen aber dennoch dem Auftrag der Kirche, sich um Menschen zu kümmern, die in Not waren. Aus solchen Treffen ergab es sich oft, dass man zusammen schweigend ein Stück weit durch die Stadt ging. Diese scheinbaren Spaziergänge als Schweigemarsch oder gar Demonstration zu bezeichnen führte eigentlich schon zu weit. Doch der SED war bereits das zu viel: Sie reagierte mit Zuführungen und Einschüchterungen.

Wie sich die Lage um die Ausreiser und ihren stillen Protest zuspitzte, soll am Beispiel Magdeburgs erzählt werden, jener stolzen Stadt ruhmreicher Geschichte, die zusammen mit dem Dom vom Sachsenkaiser Otto dem Großen gegründet wurde und jahrhundertelang ein Zentrum des mittelalterlichen deutschen Reiches war. Friedensgebete fanden zunächst regelmäßig am 16. Januar im Hohen Chor des Doms statt, dann wöchentlich immer donnerstags zum sogenannten «Schalom im Dom» bei zunächst mäßiger Resonanz. Schließlich gaben die Verhaftungen anlässlich der Liebknecht-Luxemburg-Demonstration in Berlin im Januar 1988 Veranlassung zu täglichen Fürbittandachten vor dem Ehrenmal Ernst Barlachs für die Opfer des Ersten Weltkriegs. Allmählich kamen immer mehr Personen hinzu, die erfolglos Ausreiseanträge gestellt hatten oder von den Behörden zum Teil schon lange hingehalten wurden. Damit änderte sich teilweise die Funktion der Gebete. Neben den Bitten um Frieden oder um Freilassung von Inhaftierten rückte immer mehr der gegenseitige Gedankenaustausch in den Mittelpunkt und die Aussprache gegenüber den Geistlichen, den Dompredigern. Die Kirche akzeptierte diesen Rollenwandel im Allgemeinen, dennoch wurde auch hier das Verbleiben in der DDR angemahnt.

Diese Vorgänge waren natürlich auch der Staatsmacht bekannt, die in unterschiedlicher Weise gegen sie vorging. Zum einen mischten sich auffallend unauffällige Personen unter die Teilnehmer, die manchmal sogar ein Gesangbuch in die Hand nahmen. Die Domprediger versäumten es nicht, sie gelegentlich öffentlich auf ihre wirkliche Funktion anzusprechen. Mehrfach wurde daraufhin der Domprediger Giselher Quast zur Abteilung Inneres der Stadtverwaltung vorgeladen und zur Zurückhaltung ermahnt. Es gab aber auch weiter gehende Maßnahmen. Dem zuständigen Polizeirevier wurden zugunsten der Staatssicherheit Kompetenzen entzogen. Die Polizei hatte Anweisungen der Stasileute zu befolgen und sogar regelmäßig vor den Friedensgebeten die Diensträume für das MfS frei zu machen, sechs Videoanlagen wurden installiert, mit denen man den gesamten Dombereich überwachen konnte. Zu diesen Maßnahmen hatte die Staatssicherheit gegriffen, nachdem die Anzahl der Ausreiser im Sommer dramatisch zugenommen hatte und diese mehr und mehr Aufmerksamkeit erregten und in die Öffentlichkeit drängten.

Schon seit einiger Zeit hatte es sonntags nach den Gottesdiensten «Sonntagsspaziergänge» von Ausreiserfamilien gegeben, die vom Dom über die Karl-Marx-Straße (heute wieder Breiter Weg) zum Alten Markt vor dem Rathaus führten. Immer wieder wurden Teilnehmer zugeführt, verhört und Hausdurchsuchungen unterzogen. Das verstärkte sich, als im Sommer nach den Donnerstagsgebeten vor dem Barlachdenkmal regelrechte Schweigemärsche vom Dom zum Alten Markt stattfanden, wobei die Volkspolizei auf Befehl des MfS in teilweise sehr sichtbaren und dramatischen Aktionen zahlreiche Zuführungen provozierte. Ein Polizeioffizier erklärte später, ihm sei einmal befohlen worden, auf dem Alten Markt – neben dem Magdeburger Reiter, dem Denkmal für Kaiser Otto den Großen – 25 Ausreiser auf einen Lastwagen zu verladen und abzutransportieren. Er habe den Befehl verweigern wollen und habe sich nur dadurch aus der von ihm so empfundenen schwierigen Lage befreit, dass er die Ladeklappe des Wagens

herguntergelassen habe und ostentativ langsam im Rückwärts-
gang auf die Demonstranten zugefahren sei. Dadurch hätten sie
sich der Zuführung entziehen können.

Gewiss waren es oft äußere Faktoren, die junge Leute zur
Ausreise drängten. Doch kann man es jemandem verargen,
wenn er sich sein Kostbarstes, das Leben, nicht von einer diktatorischen Macht ruinieren lassen will? Das mag in dem jetzt
exemplarisch in Auszügen wiedergegebenen Brief eines Acht-
zehnjährigen an seine Freundin zum Ausdruck kommen, der
sich entschlossen hatte:

> ... einen Ausreiseantrag zu stellen ... Ich habe mich – Gott sei
> Dank – in keiner Weise mit der Unterdrückung in der DDR ab-
> finden können. Ich weiß, wie tief die Wunden sind, die ich inner-
> halb von 18 Jahren und 2 Monaten durch die Indoktrinierung in
> diesem Land davongetragen habe und ich bin nicht bereit, die für
> mich wertvollen Jahre meiner Jugend dieser Diktatur zu opfern. ...
> Wir erhalten dosiertes, zensiertes, ideologisiertes Wissen und das
> innenpolitische System zwingt einen in die Stellung des permanent
> Entmündigten. ... Die Utopie des Marxismus ... kann ... nur ins ge-
> sellschaftliche und ökologische Chaos führen ...Wenn ich von dem
> Entschluss rede, einen Ausreiseantrag zu stellen, muss ich das große,
> belastende Gefühl erwähnen, meine Verantwortung hier in diesem
> Land nicht (ausreichend) wahrzunehmen. ... Diesen Weg kann ich
> nur in der Freiheit gehen, ... um nicht beim Beobachten meiner ei-
> genen Verkümmerung in diesem Land kaputtzugehen ...

Die genehmigte Ausreise, also die legale Übersiedlung, wurde deshalb angestrebt, weil man auf diesem Wege nicht nur
sein Vermögen einigermaßen retten konnte – obwohl vieles
zu einem Schleuderpreis an davon profitierende Institutionen
oder gar Personen verkauft werden musste –, sondern später
als Bundesbürger die Heimat wieder besuchen konnte. Erst
wenn dieser Antrag, oft nach Jahren des Abwartens, Bittens,
Antichambrierens und der demütigenden Behandlung durch

Amtspersonen, fruchtlos geblieben war, entschlossen sich viele zur Flucht, im SED-Jargon zum «ungesetzlichen Verlassen der DDR». Die unmittelbare Flucht über die bewachte Grenze kam nur für wenige in Frage. Dennoch spricht die Zahl von nahezu tausend Mauertoten eine deutliche Sprache. Ungefährlicher war es, bei genehmigten Besuchs- oder Geschäftsreisen im Westen zu bleiben, vergeblich hingegen meist die Hoffnung, die Familie später nachzuholen. Manche versuchten, mit falschen Papieren über Staaten des Warschauer Pakts in den Westen zu gelangen. Doch auch das war riskant; allein für das erste Halbjahr 1989 berichtet Mielke, dass immerhin 677 *Personen in das sozialistische Ausland* gelangten, *wo ihre Festnahme durch befreundete Sicherheitsorgane erfolgte.*

Es gab noch eine andere Möglichkeit, die Ausreise zu erzwingen, von der in geringem Maße schon einige Zeit Gebrauch gemacht wurde. Das war die Flucht in bundesdeutsche Auslandsvertretungen, also in die Ständige Vertretung der Bundesrepublik in Berlin sowie in die bundesdeutschen Botschaften in Warschau, Prag und Budapest, die 1989 ihren Höhepunkt erreichte. Solange die Zahl dieser Flüchtlinge noch überschaubar war, reagierte die DDR dadurch, dass sie sich der Ausreiser so schnell wie möglich entledigte, ohne dabei ihr Gesicht zu verlieren. Sie versprach Straffreiheit bei Rückkehr und eine schnelle positive Entscheidung des Ausreiseantrags, und sie hielt – was man bei ihr eigens betonen muss – dieses Versprechen auch ein.

Ein direkter Weg in den Westen begann sich im Sommer 1989 über die ungarisch-österreichische Grenze aufzutun. Ungarn hatte im Zuge seiner allmählichen Abkehr vom Kommunismus begonnen, seine Grenze durchlässiger zu machen. Am 2. Mai beschloss die ungarische Regierung, die Befestigung der Grenzanlagen abzubauen. Es war ein sehr öffentlichkeitswirksames Bild, als am 27. Juni im Fernsehen zu sehen war, wie die Außenminister Horn und Mock mit großen Zangen die Stacheldrahtanlagen durchschnitten. Ein vorläufiger und außerordentlich symbolträchtiger Höhepunkt war das «Picknick», das der uralte Otto von Habsburg und der ungarische Staatsminister Imre Pozsgay am 19. August im Grenzgebiet zwischen beiden Staaten veranstalteten. Otto war der Sohn und Erbe Karls VI., nicht nur in dessen Eigenschaft als Kaiser von Österreich, sondern auch als König von Ungarn und König von Böhmen, und Pozsgay war Mitglied des kommunistischen Politbüros gewesen. Während dieses Picknick stattfand, flohen mehr als 600 DDR-Bürger in den Westen, ein Ereignis, das die SED und ihre Medien außerordentlich erbitterte.

Druck diesmal von Osten

Dass all das von Ungarn aus geschah, war nur folgerichtig. Das Zentralkomitee der Kommunistischen Partei hatte bereits auf seiner Sitzung vom 10. und 11. Februar auf den Führungsanspruch verzichtet und freie Wahlen in einem Mehrparteiensystem beschlossen. Eine kommunistische Partei, die ihren eigenen Abschied von der Macht erklärt hatte und ihr Land in die Europäische Union führen wollte, konnte nicht mehr in stalinistischer Manier den Gefängniswärter für die DDR spielen. Auch sonst war Ost- und Ostmitteleuropa immer mehr in Bewegung geraten. Am 6. Februar war in Polen der Runde Tisch zusammengetreten, dem auch die Solidarność angehörte; die baltischen Staaten schüttelten Schritt für Schritt den Kommunismus und die russische Herrschaft ab und waren auf dem Weg in die Unabhängigkeit. In der UdSSR fanden am 26. März Wahlen statt, bei denen das Volk zwischen verschiedenen Kandidaten entscheiden konnte, und wer im Fernsehen gesehen hatte, wie der sowjetische Generalsekretär eine Wahlkabine benutzte, dem musste sich die Frage aufdrängen, warum das nicht auch in der DDR möglich sei. Als der ungarische Ministerpräsident Németh bei einem Moskau-Besuch im März 1989 seinem Gastgeber Gorbatschow mit einiger Beklemmung gestehen musste, dass die ungarische Partei dabei war, ihre Herrschaft in ein Mehrparteiensystem zu überführen, sprach sich der sowjetische Generalsekretär zwar dagegen aus und meinte, eine Rückkehr zu Lenins Neuer Ökonomischer Politik sei besser, sagte aber auch: *Solange ich auf diesem Stuhl sitze, wird sich 1956 nicht wiederholen.*

Am 12. April löste sich das ungarische Politbüro auf, am 8. Mai trat János Kádár, Generalsekretär seit 1956, zurück (er starb am 6. Juni), am 16. Juni wurde in Budapest Imre Nagy, der Held des Volksaufstandes von 1956, in einer bewegenden Zeremonie bestattet, und am 23. und 24. Juni wurde eine neue Parteiorganisation ohne Politbüro beschlossen. Bei der Wahl vom 18. Juni errang in Polen die Solidarność alle frei zu wählenden Parlamentssitze bei den noch halbfreien Wahlen; auf einer Tagung des Warschauer Paktes am 7. und 8. Juli in Bukarest verzichtete die UdSSR verbindlich auf ein militärisches Eingreifen in den Bruderländern nach dem Muster von 1953, 1956 und 1968; am 23. August durchzog eine Menschenkette von Reval (Tallinn) bis Wilna (Vilnius) die drei baltischen Länder, 1,7 Millionen Menschen, einer neben dem anderen, Hand an Hand gefasst; und am 24. August wurde Tadeusz Mazowiecki polnischer Ministerpräsident, der erste Nichtkommunist der Nachkriegszeit, oder vielmehr ein Antikommunist, der in der Solidarność gegen die Kommunisten gekämpft hatte.

Am 25. August schließlich, und hier berühren sich sehr konkret die deutsche und die ungarische Entwicklung innerhalb des in Auflösung befindlichen Ostblocks, reisten der ungarische Ministerpräsident Németh und der Außenminister Horn nach Bonn und erhielten von der Bundesrepublik einen Kredit von 500 Millionen Mark. Es heißt oft, das sei eine Gegenleistung dafür gewesen, dass Ungarn die DDR-Flüchtlinge ausreisen ließ, was es zwei Wochen später tat. Doch so einfach ist das nicht. Dieser Kredit stand in Zusammenhang mit der bisherigen Entwicklung, er sollte Ungarn auf seinem ohnehin schon eingeschlagenen, gefährlichen und auch wirtschaftlich riskanten Weg unterstützen, der zur Abschaffung des Kommunismus, Loslösung aus dem Ostblock und Rückkehr nach Europa führen würde.

Die DDR blutet aus

Inzwischen hatte die Ausreisebewegung die ganze DDR-Gesellschaft erfasst. Wichtige Berufszweige verloren immer mehr Angehörige, besonders spürbar und folgenreich war das Abwandern von Ärzten. Fast in jedem Betrieb, in jedem Freundeskreis, in jeder Familie taten sich Lücken auf. Wenn plötzlich Arbeitskollegen fehlten, hatte das tiefer greifende gesamtgesellschaftliche Wirkungen als in einem westdeutschen Unternehmen, denn die meisten Betriebe waren staatlich und in engen Arbeitszusammenhängen organisiert. Zudem hatte die Partei in jedem nicht ganz kleinen Betrieb eine Parteigruppe, die zusätzlich auf den Zusammenhalt zu achten hatte. Wenn immer mehr Betriebsangehörige von einem Tag auf den anderen wegblieben, wurde das den Parteigruppen als Versagen ausgelegt und hatte eine stärkere psychologische Wirkung als in einem locker organisierten Unternehmen.

Angesichts all dieser Schwierigkeiten wäre zu erwarten gewesen, dass die Partei die Probleme des Landes durch eigene Initiativen zu lösen oder doch wenigstens die Entwicklung in ihr genehme Bahnen zu lenken versuchte. Nach ihrem Selbstverständnis und ihrem Verhalten in den zurückliegenden Jahrzehnten hätte das geschehen müssen, aber das Spektakuläre war: Es geschah nichts, wenn denn Nichtstun spektakulär sein kann. Lähmung und Sprachlosigkeit hatte die Partei befallen. Zum Teil war das dadurch verursacht, dass Honecker am 8. Juli wegen einer Gallenkolik die Bukarester Konferenz vorzeitig verlassen musste, operiert wurde, erst am 25. September wieder seinen Dienst antreten konnte und daher monatelang ausfiel. Natürlich ließ er sich – von Egon Krenz, dann von Günter Mittag – vertreten, da aber in den kommunistischen Parteien alles vom Generalsekretär in Person abhing, konnten schon aus diesem Grunde keine wie auch immer gearteten durchdachten Entscheidungen gefällt werden.

Die unteren Ränge der Partei beklagten einmütig und unablässig die Sprachlosigkeit der Führung, ohne dass etwas geschah. Es fehlte die sonst von oben vorgegebene Parteilinie, und es fehlten die von oben erteilten Anweisungen, die schon seit Jahrzehnten Voraussetzung zum Handeln waren. Einen Eindruck von der politischen Hilflosigkeit bekommt man bei der Lektüre der Sitzungsprotokolle des Politbüros dieser Zeit. Da wird gejammert, dass Ungarn keine Solidarität übe, und es werden samt und sonders untaugliche Gegenmaßnahmen erwogen; ab und zu wird ratlos und folgenlos gefordert, man müsse die Gründe für die Abwanderung analysieren – als ob sie nicht klar auf der Hand gelegen hätten. Im Übrigen müsse man energisch und optimistisch sein und nach vorne blicken; mehrfach empfohlen wird die Verleihung von «Ehrenbannern» an Betriebe, denen anscheinend eine fast magische Wirkung zugeschrieben wurde.

Die DDR begann wieder auszubluten. Auf welche gewaltsame Lösung sollte man verfallen? Eine Mauer konnte man nicht mehr bauen, sie gab es ja schon.

3. Der Beginn der Revolution

Diejenigen, die nicht den riskanten Weg über Ungarn wählten, sondern legal ausreisen wollten, gaben dann zusammen mit den illegalen Flüchtlingen den Anstoß für die weitere Zuspitzung der Lage und verursachten schließlich den Ausbruch der Revolution – sie waren, nach der ironischen Formulierung von Heiko Lietz und in Abwandlung des Slogans von der Partei als der «Avantgarde der Arbeiterklasse», die «Avantgarde der Revolution». Längere Zeit hindurch bestanden starke Spannungen zwischen den Oppositionellen, die im Lande bleiben und dort die Verhältnisse ändern wollten, und den Ausreisern, denen vorgeworfen wurde, nur für sich eine bessere Lage zu erstreben. Dabei wurde zunächst übersehen, dass es genau dieser Vorgang in seiner Gesamtheit war, der die Herrschaft der SED in ihren Grundlagen gefährdete, dass also letztlich beide Gruppen von Demonstranten zusammenwirkten: diejenigen, die riefen «Wir wollen raus», und diejenigen, die riefen «Wir bleiben hier». Der Trotz, der sich in diesem Ruf ausdrückte und der ursprünglich als Replik auf die Parole der Ausreiser gedacht war, richtete sich bald gegen die SED und wurde zur Drohung – die alles andere als leer war. Während des Sommers hatte sich die Entstehung oppositioneller Gruppen unabhängig von der Kirche verfestigt, und jetzt war die Zeit gekommen, dass in schneller Folge eine Gründung auf die andere folgte.

Die Opposition formiert sich

Eine konsequente Weiterentwicklung dessen, was sich an oppositionellen Zusammenschlüssen herausgebildet hatte, war

zunächst das Neue Forum (NF). Formell wurde es am 9. und
10. September im Hause Katja Havemanns in Grünheide bei
Berlin gegründet. Zu den Erstunterzeichnern gehörten Bärbel
Bohley, Frank und Katrin Eigenfeld, Katja Havemann, Rolf
Henrich, Martin Klähn, Christine und Sebastian Pflugbeil, Eva
und Jens Reich, Hans-Joachim Tschiche – ein IM war auch
dabei, der namentlich nur *Bärbel Bohley, Ralf Henrich, Reinhardt Schult, Sebastian Pflugbeil, Martin Böttger, Prof. Reich,
Armin Tschische und Reinhard Pumb ... ein Jahn aus Brandenburg* identifizieren konnte. Der Gründungsaufruf stellte nicht
eigentlich konkrete politische Forderungen, sondern legte das
Gewicht auf das öffentliche Gespräch, auf einen grundlegenden
gesellschaftlichen Dialog – allerdings war schon allein das bei
der Monopolisierung der Öffentlichkeit durch die SED ein Generalangriff auf ein existenzielles Herrschaftsmittel der Partei.
Dennoch versuchte das NF lange Zeit, sich formell im legalen
Rahmen zu bewegen, und meldete sich vielerorts offiziell an.
Einige zentrale Passagen des Gründungsaufrufs lauten:

> ... die Kommunikation über die Situation ... ist gehemmt ... Im privaten Kreis sagt jeder leichthin, wie seine Diagnose lautet und nennt
> die ihm wichtigsten Maßnahmen ... wir wollen geordnete Verhältnisse, aber keine Bevormundung ... Wir wollen ... nicht einen
> Staat von Bütteln und Spitzel ertragen müssen ... Über diese Fragen
> müssen wir in aller Öffentlichkeit, gemeinsam und im ganzen Land,
> nachdenken und miteinander sprechen. ...

Innerhalb kürzester Zeit wurden die Initiatoren von Briefen,
Anrufen und Besuchen überschwemmt, und weil die Zahl der
Kontaktpersonen ebenfalls sofort zunahm, breitete sich die Bewegung mit rasender Geschwindigkeit über die ganze Republik
aus. Die Nichtzulassung des Neuen Forums, zunächst sogar mit
der Begründung, es sei «staatsfeindlich», wirkte nicht abschreckend, sondern war im Gegenteil eine besondere Ermunterung,

sich furchtlos mehr und mehr öffentlich für das NF einzusetzen. Der häufigste Ruf und die häufigste Transparentinschrift lauteten lange Zeit in der ganzen DDR:

Neues Forum zulassen!

Auch die Bürgerbewegung Demokratie Jetzt (DJ) entstand aus früheren Zusammenschlüssen. Sie wandte sich in ihrem *Aufruf zur Einmischung in eigener Sache* vom 12. September sehr konkret gegen den

Staatssozialismus, das Machtmonopol einer zentralistischen Staatspartei, die staatliche Durchdringung und Uniformierung der Gesellschaft und die Entmündigung der Bürgerinnen und Bürger.

Bemerkenswert ist der Hinweis auf die Entwicklung nicht nur in der UdSSR und Polen, sondern auch in Ungarn.

Die direkteste und daher riskanteste Opposition war die Sozialdemokratische Partei der DDR, die SDP. Zum einen deshalb, weil sie als reguläre Partei auftrat. Das war eine offene Kriegserklärung an das bisherige Parteiensystem. Als Partei eigenen Charakters durfte es nur die als SED firmierenden Kommunisten geben, denen die Blockparteien CDU, LDPD, NDPD und DBD Hilfsdienste zwecks besserer Verankerung in der Bevölkerung leisten durften. Zum anderen machte eine sozialdemokratische Partei der SED den Anspruch streitig, die alleinige Vertreterin der Arbeiterklasse zu sein und sozialdemokratische Traditionen weiterzuführen – genau deshalb waren Sozialdemokraten in DDR-Zuchthäuser gekommen. Wenn in den letzten Jahren die SED mit der westdeutschen SPD herzliche Beziehungen pflegte, dann unter strikter Beachtung der territorialen Abgrenzung: In der DDR hatte sich, dem Dogma zufolge, eine Sozialdemokratie nach den angeblichen historischen Gesetzmäßigkeiten überflüssig gemacht, und in der

Die Opposition formiert sich   69

Bundesrepublik war es taktisch günstig, der SED Gehör zu verschaffen. Womöglich spielte immer noch der Hass auf die SPD aus den letzten Jahren der Weimarer Republik eine Rolle, als die Kommunisten die Sozialdemokraten sogar als «Sozialfaschisten» diffamiert hatten.

Das ganze Jahr über hatte es Vorgespräche zur Gründung der SDP gegeben, im August verlas Markus Meckel in der Golgathakirche in Berlin einen Gründungsaufruf, er wurde am 12. September durch hektographierte Blätter veröffentlicht, und schließlich wurde am 7. Oktober im Dorf Schwante nördlich von Berlin die Partei offiziell gegründet. Es war eine zusätzliche Provokation, dass dies ausgerechnet am 40. Jahrestag der Gründung der DDR geschah, an dem im ganzen Land Jubelfeiern stattfanden. Dass die Staatssicherheit all das zuließ, lag im Wesentlichen daran, dass sie aus einem ganz spezifischen Grund glauben konnte, die Entwicklung unter Kontrolle zu haben: Einer der vier Mitgründer neben Meckel, Martin Gutzeit und Arndt Noack war nämlich Ibrahim (richtig: Manfred) Böhme, der als IM Maximilian das MfS auf dem Laufenden hielt und Aufträge ausführte. Freilich nützte das, wie vieles andere auch, der SED wegen der Vitalität des revolutionären Prozesses nichts.

Der Aufruf vom 12. September war sehr konkret, und schon deshalb war er die politische Manifestation, die die SED-Herrschaft am unmittelbarsten angriff, weil er ein eindeutig westliches Programm vorstellte. Die SDP forderte *soziale Demokratie* und im Besonderen:

+ Rechtsstaat und strikte Gewaltenteilung
+ parlamentarische Demokratie und Parteienpluralität
...
+ soziale Marktwirtschaft mit striktem Monopolverbot zur Verhinderung undemokratischer Konzentration ökonomischer Macht
+ Demokratisierung der Strukturen des Wirtschaftslebens
+ Freiheit der Gewerkschaften und Streikrecht

Der Demokratische Aufbruch – sozial und ökologisch (DA) ging aus einer im Juli gegründeten Initiativgruppe mit überwiegend kirchlichen Vertretern hervor. Ende August wurden in Dresden die ersten programmatischen Festlegungen getroffen, am 16. September stellte Edelbert Richter die Vereinigung in einem «taz»-Interview vor, und am 1. Oktober fand eine zunächst rudimentäre Gründungsversammlung statt – rudimentär deshalb, weil die Staatssicherheit durch den führenden DA-Politiker Wolfgang Schnur, den IM Torsten oder Dr. Ralf Schirmer, die Zusammenkunft behindern konnte. Am 29./30. Oktober wurde der DA schließlich offiziell gegründet, obwohl er schon lange öffentlich aufgetreten war. Er war straffer organisiert als andere Bürgerbewegungen und sah sich als Sammelbecken für all jene, denen das Neue Forum zu unverbindlich war und die sich nicht den Sozialdemokraten anschließen wollten. In seinem schon im September verbreiteten Aufruf verlangte er neben anderem:

demokratische Umgestaltung, Meinungsfreiheit, Medienvielfalt, Schutz der Umwelt, ein Rechtssysten, das mehr Rechtssicherheit bietet.

Höhepunkt war der fest in der europäischen Geistesgeschichte verankerte Satz:

Die Menschenrechte hat der Staat nicht zu gewähren, sondern zu respektieren.

Neben den großen politischen Neugründungen bestand weiter und mit erneuerter Schwungkraft die Initiative Frieden und Menschenrechte, es entstanden aber auch die Vereinigte Linke (VL), eine Grüne Partei und andere. Diese Gruppen waren alle zunächst keine festen Zusammenschlüsse, vieles war improvisiert. Es gab Mitgliederwechsel und Spaltungen, aber gerade diese Offenheit war die Ursache für die spontane Gründung einer Vielzahl von demokratischen Vereinigungen fast um dieselbe Zeit. Am 4. Oktober gaben einige von ihnen – DJ, DA, Gruppe Demokratischer SozialistInnen, IFM, SDP, NF, einige Friedenskreise – eine «Gemeinsame Erklärung» heraus, die das konzertierte Eintreten für einige demokratische Grundprinzipien hervorhob, eine demokratische Wahl für vorrangig erklärte und deren Mindestbedingungen benannte:

Sie muss unterschiedliche politische Entscheidungen ermöglichen. Sie muss geheim sein, d. h. die Wähler sind verpflichtet, eine Wahlkabine zu benutzen. Sie muss frei sein, d. h. niemand darf durch Druck zu einem bestimmten Wahlverhalten genötigt werden.

Welch ein Staat war das, in dem derartige Forderungen erhoben werden mussten! Folgerichtig glaubten die Verfasser auch, vorsichtshalber das Folgende vorschlagen zu müssen: *Die nächsten Wahlen sollten unter UNO-Kontrolle stattfinden.*

Die Blockparteien waren durch einen jahrzehntelangen Prozess, der ebenfalls auf die Formel Zwang und Betrug gebracht werden kann, fest an die SED gebunden. NDPD und DBD waren sogar als Satellitenparteien gegründet worden. Das Führungspersonal war korrumpiert, Inoffizielle Mitarbeiter sorgten für weiteren Gehorsam. Doch unterhalb der Führungsebene gab es eine schwer zu quantifizierende Zahl von Mitgliedern, die nur deshalb in die jeweilige Partei eingetreten waren oder in ihr blieben, um im Leben weiterzukommen, etwa um einen Studienplatz zu ergattern, ohne gleich in die SED eintreten zu müssen. Das Verhalten der Blockparteien im revolutionären Prozess war zum Teil recht unterschiedlich. Besonders die LDPD tat sich hervor. Viele ihrer Mitglieder und örtlichen Amtsträger trieben mit eigenen Initiativen die Erneuerung voran, traten zusammen mit Oppositionsgruppen auf und boten auch dem noch als staatsfeindlich geltenden Neuen Forum Listen- und Abgeordnetenplätze an.

Auch der LDPD-Vorsitzende Manfred Gerlach verhielt sich anscheinend in diesem Sinne. Im Laufe des Jahres 1989 fiel er durch ungewohnt kritische Artikel in der Parteizeitung «Der Morgen» auf, sodass die Vermutung aufkommen konnte, er stehe für einen wirklichen Wechsel im politischen System zur Verfügung. Jedoch waren diese Äußerungen nur Anzeichen dafür, dass dieser Mann, der seit über dreißig Jahren alles, aber auch alles mitgemacht und im Interesse der SED durchgesetzt hatte, eine gute Witterung besaß und sich dem Geist der Zeit anpassen wollte – wenn man nicht sogar annehmen muss, dass er von wem auch immer als Teil einer fortbestehenden halbsozialistischen DDR in Reserve gehalten wurde. Jedenfalls blieb er trotz gelegentlicher Kritik bis zum Schluss der SED und dem politischen System der DDR aufs engste verbunden. Ganz anders verhielten sich einfache Mitglieder, die sich intensiv und initiativ am revolutionären Prozess beteiligten, ohne allerdings in den Vordergrund zu drängen.

Die Programme der neuen politischen Gruppierungen entsprachen genau den Verlautbarungen, die in immer häufigerer Frequenz, mit immer größerer Deutlichkeit und immer furchtloser im Laufe des Sommers und Frühherbstes von den verschiedensten Institutionen an die Öffentlichkeit gebracht und zum Teil mit erheblicher Breitenwirkung publiziert werden konnten.

Die *Ökumenische Versammlung der Christen und Kirchen in der DDR für Gerechtigkeit, Frieden und Bewahrung der Schöpfung*, die in Dresden, Magdeburg und dann wieder Dresden getagt hatte, verabschiedete zwölf «Ergebnistexte». Sie enthielten neben theologischen Aussagen auch unmittelbar politische Ausführungen, von denen das MfS in einem internen Bericht durchaus zutreffend meinte, sie stellten ein *sich Durchsetzen der feindlich-negativen Kräfte* dar, und dadurch seien *ideologische Grundlagen geschaffen* worden *für eine mögliche weitere Entwicklung oppositioneller Kräfte und der weiteren*

Profilierung und Politisierung kirchlicher Basisgruppen. Unter der Überschrift *Mehr Gerechtigkeit in der DDR – unsere Aufgabe, unsere Erwartung* hieß es etwa:

> Schon in der Schule wirken Zwänge zur Mitgliedschaft in der Pionierorganisation und in der FDJ, sowie zur Teilnahme an Jugendweihe und Wehrunterricht. ... Es fehlt in der DDR weithin an Ehrlichkeit und Wahrhaftigkeit. Weil vom Bürger erwartet wird, dass er sagt, was man hören will, hat er sich daran gewöhnt, etwas anderes zu sagen, als er denkt ... Es fehlt in der DDR die volle Rechtssicherheit. Das Eingabewesen macht den Bürger zum Bittsteller ... Wir brauchen eine Atmosphäre, die den Mut zur Teilnahme an den öffentlichen Angelegenheiten fördert. Diese wird beeinträchtigt durch geheime Überwachung ... Das Wahlrecht sollte so reformiert werden, dass die Wähler ... geheim unter mehreren auswählen können ...

Eine große Resonanz hatte der «Brief aus Weimar an die Mitglieder und Vorstände der Christlich-Demokratischen Union» vom 10. September, also vom selben Tag, an dem die Gründer des Neuen Forums sich zum ersten Mal in Grünheide trafen. In 30 Punkten skizzierten die Verfasser die politische Situation der Partei und forderten so grundlegende Reformen innerhalb der CDU und hinsichtlich ihrer Rolle im DDR-Herrschaftssystem, dass bereits grundlegende Prinzipien der SED-Herrschaft selbst in Frage gestellt wurden. Der Brief ist in einem maßvollen Ton gehalten, aber was er forderte, rührte an die Grundfesten des Staatssozialismus. Er ging von der Feststellung aus, dass durch die massenhafte Ausreise von *in unserem Staate herangewachsenen, von der DDR erzogenen und ausgebildeten Menschen der Kern unserer Gesellschaft betroffen* ist. Die CDU trage eine *Mitverantwortung*, und daher müsse sie ihre eigene innere Arbeit umstellen. Es müssten *Durchsichtigkeit* und *Öffentlichkeit* eingeführt werden, der *demokratische Zentralismus* gelte für sie nicht, es dürfe keine *vorbestellten, gar von den Sekretären kontrollierten «Diskussionsbeiträge»* mehr geben. Die Medien müssten ungeschminkt über die *Situation unseres Landes, wie sie wirklich ist,* berichten; die *Umweltproblematik* dürfe nicht mehr unter die *Geheimhaltungsvorschriften* fallen; der *mündige Bürger* müsse sich aus dem *Für und Wider der Meinungen ein eigenes Urteil* bilden können; man müsste *nach eigenem Ermessen ins Ausland reisen* können und vor allem: Ein *Wahlverfahren* sei anzustreben, das dem *Wählerwillen uneingeschränkt Ausdruck* verleihe, ja, es sei sogar *ganz ausgeschlossen,* dass die *nächsten Wahlen zur Volkskammer* unter den *alten Bedingungen* stattfänden.

Der Brief war von vier Personen unterzeichnet, darunter dem Oberkirchenrat Martin Kirchner, der später als IM enttarnt wurde, und Christine Lieberknecht, später langjährige Thüringer Ministerin. Er fand weite Verbreitung und Resonanz innerhalb der CDU, der altstalinistische – und korrupte – Parteichef Götting war nicht mehr in der Lage, ihn zu verhindern und die Autoren aus der Partei zu werfen. Auch Westmedien einschließlich des Fernsehens berichteten umfassend darüber.

Schon seit einigen Jahren waren Popgruppen mit kritischen Liedern aufgetreten. Es konnte daher nicht wundern, dass nun auch eine Resolution aus diesem Umfeld kam. Sie stammte von bekannten Unterhaltungskünstlern einschließlich einiger Rockgruppen und des Schlagersängers Frank Schöbel und wurde seit ihrem Erscheinen am 18. September unablässig bei Konzerten und Theaterveranstaltungen verlesen. Es hieß darin:

Wir … sind besorgt über … den massenhaften Exodus vieler Altersgenossen … und über die unerträgliche Ignoranz der Staats- und Parteiführung, die vorhandene Widersprüche bagatellisiert. … Wir begrüßen ausdrücklich, dass Bürger sich in basisdemokratisch organisierten Gruppen finden, um die Lösung der anstehenden Probleme in die eigene Hand zu nehmen; … So haben wir den Aufruf des Neuen Forums zu Kenntnis genommen und finden in dem Text vieles, was wir selber denken und noch mehr, was der Diskussion und des Austausches wert ist … es macht uns krank, tatenlos mitansehen zu müssen, wie Versuche einer Demokratisierung ... kriminalisiert bzw. ignoriert werden. Wir fordern jetzt und hier sofort den öffentlichen Dialog mit allen Kräften. Wir fordern eine Öffnung der Medien für diese Probleme ...

Die *Synode des Bundes der evangelischen Kirchen* in Eisenach verabschiedete am 19. September einen Beschluss, an dessen Abfassung der spätere Ministerpräsident de Maizière maßgeblich beteiligt war. Darin wurde unter anderem festgestellt:

> Die Massenauswanderung von Bürgern der DDR in die Bundesrepublik Deutschland zwingt dazu, Ursachen dafür zu benennen, dass offensichtlich viele, besonders auch junge Menschen in unserem Land und für unser Land keine Zukunft mehr sehen ... Alltagserfahrungen und die Berichterstattung in den Medien klaffen weit auseinander ... gewaltlose Demonstrationen junger Menschen werden gewaltsam unterdrückt, Beteiligte werden zu Unrecht und überdies unangemessen bestraft ... Wir brauchen ... verantwortliche pluralistische Medienpolitik ... demokratische Parteienvielfalt ... Reisefreiheit für alle Bürger ... Möglichkeit friedlicher Demonstrationen ... ein Wahlverfahren, das die Auswahl zwischen Programmen und Personen ermöglicht.

Wenn man bedenkt, dass in vierzig Jahren der Isolation einzig und allein positiv bis jubelnd über die offizielle Politik berichtet wurde, bedeutete schon die Tatsache, dass diese der herrschenden Staatsdoktrin strikt widersprechenden Verlautbarungen ohne nennenswerte Folgen für die Verfasser in Umlauf gebracht werden konnten, eine kleine Revolution. Das gilt für die christlichen und kirchlichen Texte, am meisten aber für die Resolution der Unterhaltungskünstler. In Frank Schöbel etwa hatte sie einen sehr bekannten und populären Unterzeichner, und vor allen Dingen wurde sie weit und dauerhaft verbreitet. Wochen- und monatelang wurde die Resolution Abend für Abend in der ganzen Republik verlesen, am wirkungsvollsten natürlich auf Veranstaltungen, die der Unterhaltung dienten, aber auch anlässlich von Theatervorstellungen.

Flucht als gesellschaftliche Kraft

Das spektakulärste Indiz für die tiefe Krise des SED-Staates aber war die dramatisch zunehmende Fluchtbewegung. Am 3. September gelang letztmals die Flucht eines Einzelnen direkt über die DDR-Staatsgrenze, allerdings auf ungewöhnlichem Wege: Ein Mann durchschwamm 20 Stunden lang die Ostsee vom Wohlenberger Wiek bis in die Lübecker Bucht. Am Tage zuvor hatte die Flut der in die bundesdeutschen Botschaften geflüchteten Menschen einen ersten Höhepunkt erreicht: 3500 Menschen befanden sich in Budapest in einem für sie eingerichteten Lager und waren auch schon mit bundesdeutschen Pässen ausgestattet; die nützten ihnen freilich nichts, weil Ungarn sich noch weigerte, die Inhaber ohne einen ungarischen Einreisestempel in die Bundesrepublik fahren zu lassen.

Am 5. September durfte die DDR neben dem Lager provisorische Beratungsstellen einrichten, deren Mitarbeiter den Flüchtlingen ihre Pläne ausreden sollten. Doch jeder Kontakt mit diesen unseligen Funktionären wirkte nur abschreckend und bestärkte noch den Entschluss zum Verlassen des SED-Staates. Lange mussten die Ausreisewilligen zudem nicht mehr warten. Ungarn gab mit Wirkung zum 11. September die «zeitweilige Aussetzung» der Abmachung mit der DDR auf Auslieferung eingefangener Flüchtlinge bekannt, sodass sie jetzt frei ausreisen konnten. Am 12. September nahmen die Anträge auf kurzfristige Ungarn-Reisen schlagartig zu, und bis Ende September hatten gut 25000 DDR-Bewohner den ummauerten Staat auf dem Weg über Ungarn verlassen.

Die Reaktionen des SED-Staates waren von nun an nur noch nervös und fahrig und verschlimmerten seine ohnehin ausweglose Situation. Am 21. September veröffentlichte das ND eine Räuberpistole, derzufolge ein Mitropa-Koch vom bundesdeutschen Geheimdienst mittels einer Menthol-Zigarette betäubt und nach Wien entführt worden sei. Das war in seiner Lächerlichkeit ebenso von jedem zu durchschauen wie der blanke Hass, der aus einem Artikel vom 2. Oktober sprach und nur dokumentierte, dass die Partei mit dem Rücken zur Wand stand: Die Flüchtlinge, hieß es dort, hätten *durch ihr Verhalten die moralischen Werte mit Füßen getreten und sich selbst aus unserer Gesellschaft ausgegrenzt.* Das war vom Generalsekretär persönlich redigiert, der eigenhändig noch Folgendes hinzufügte: *Man sollte ihnen deshalb keine Träne nachweinen.* Als ob er ein Gespür für genau das Falsche gehabt hätte, war es gerade dieser Satz, der die meiste Empörung auslöste.

Der Flüchtlingsstrom hatte sich in die Botschaften in Warschau und besonders in Prag verlagert, denn es bestand noch ein visafreier Reiseverkehr in die Tschechoslowakei. Am 26. September erschien der Honecker-Vertraute Rechtsanwalt Vogel in Prag und versprach eine zeitlich versetzte Ausreise bei Rückkehr in die DDR. Weil das aber natürlich nicht mehr greifen konnte und weil die Gefängniswärter-Rolle der tschechoslowakischen Genossen die eigene Opposition weiter anfachte, drängte die ČSSR immer energischer darauf, davon entbunden zu werden. Daher beschloss das Politbüro der SED am 29. September, die auf dem Gelände der Prager Botschaft kampierenden mittlerweile 10 000 Menschen in den Westen ausreisen zu lassen, in Warschau waren es etwa 4000. Diesen Beschluss des Politbüros verkündete einen Tag später der bundesdeutsche Außenminister Genscher unter großem Jubel in Prag. Freilich war die Bedingung, dass die Flüchtlinge in versiegelten Zügen über das Gebiet der DDR transportiert werden müssten. Das sollte nach Honeckers Logik dazu beigetragen, das Ansehen der DDR zu wahren, die auf diese Weise die Verfügungsgewalt des Regimes über seine Menschen ein letztes Mal dokumentie-

Am 29. September steigt eine Familie über den Zaun der westdeutschen Botschaft in Prag. Ohne es zu beabsichtigen, gaben sie und ihre Mitflüchtlinge den letzten Anstoß zum Kollaps der SED-Herrschaft.

ren konnte. Es hatte zudem den praktischen Zweck, dass man ihnen ihre Personaldokumente abnehmen und sich der Staat wenigstens noch an ihrem Vermögen gütlich tun konnte. Auch dieses Vorgehen erwies sich wieder als genau das Falsche und sollte zum Auslöser des endgültigen Aufruhrs werden.

Natürlich konnte die einmalige Ausreiseerlaubnis das Problem nicht lösen, denn die Ursachen der Flucht bestanden ja fort, die Menschen blieben «unzufrieden», um eine tiefgründige Formulierung des Politbüromitglieds Heinz Keßler zu gebrauchen. Das Gelände der Prager Botschaft füllte sich erneut, am 3. Oktober waren es bereits wieder 4500 Menschen. An diesem Tag nun – ein Jahr später sollte die Wiedervereinigung Deutschlands in Kraft treten – wurde Honecker ein Papier vorgelegt, in dem auf Veranlassung des Sicherheitssekretärs Krenz dessen Abteilungsleiter Wolfgang Herger drei Lösungsvarianten vorlegte: Erweiterung der Reisemöglichkeiten, wenn die Bundesrepublik die DDR-Staatsbürgerschaft anerkenne, dann hätten die Botschaften nicht mehr so leicht Flüchtlinge aufnehmen können; Schließung der Grenzen mit gleichzeitiger Ankündigung erweiterter Reisemöglichkeiten; Ankündigung ungehinderter Reisemöglichkeiten. Herger schlug Variante 3 vor, *weil sie auf eine strategische, also dauerhafte Lösung zielt. Sie würde allerdings den Verlust von weiteren Zehn- oder sogar Hunderttausenden Bürgern bedeuten.* Sehr wichtig war die Anregung zum Schluss, jede der möglichen Lösungen *sollte mit der Rede zum 40. Jahrestag der DDR veröffentlicht werden.* Krenz regte eine modifizierte zweite Variante an, Honecker entschied sich aber für eine vierte, ihm seit dem 13. August 1961 gemäße, nämlich für reine Repression: Noch am selben Tag wurde ohne jeden weiteren Hinweis auf Erleichterung der Situation die Grenze zur ČSSR geschlossen.

Honecker hatte schon aus der Rekonvaleszenz heraus begonnen, die Politik wieder maßgeblich zu bestimmen. Er war ja von der Führung der Partei nie völlig abgeschnitten gewesen; er wurde über alles informiert, äußerte sich dazu und wurde nötigenfalls tätig. Schon vor seiner am 25. September erfolgten offiziellen Rückkehr fasste er in einem vom 22. September datierten Fernschreiben eine Besprechung mit den Ersten Bezirkssekretären in einer Weise zusammen, die sein realitätsfernes, terroristisches Denken erschreckend deutlich macht:

In der letzten Zeit haben auf verschiedenen Ebenen Aktivitäten unserer Feinde stattgefunden, die darauf gerichtet sind, entsprechend der bundesdeutschen Propaganda konterrevolutionäre Gruppen zu organisieren. ... Es bestand Übereinstimmung, dass diese feindlichen Aktionen im Keime erstickt werden müssen, dass keine Massenbasis dafür zugelassen wird. ... gleichzeitig ist dafür Sorge zu tragen, dass die Organisatoren der konterrevolutionären Tätigkeit isoliert werden.

Ein hoher Funktionär im Kommunismus konnte es sich, seinem eigenen Selbstverständnis und seiner eigenen Praxis entsprechend, nicht anders vorstellen, als dass politische Bewegungen Drahtzieher haben müssten, die alles organisieren. Wie sehr er damit die Realität verkannte, mögen einige exemplarische Fälle zeigen, an denen die unterschiedlichen Anfänge der revolutionären Ereignisse deutlich hervortreten.

Die ersten Demonstrationen

An vorderster Stelle muss natürlich Leipzig stehen, wo der Wiederbeginn der Montagsgebete im Herbst von Partei und Sicherheit mit einiger Beklemmung erwartet worden war. Durchaus mit Recht, denn seit Wiederaufnahme der Friedensgebete am 4. September stieg Woche um Woche die Teilnehmerzahl, an den Gebeten und erst recht an den Demonstrationen. Schon am 4. September wurde, bei 1000 Teilnehmern, ein Plakat mit der Inschrift hochgehalten, die für die ganze revolutionäre Bewegung stehen kann:

Für ein offenes Land mit freien Menschen.

Sicherheitsleute entfernten es, und nur weil das Westfernsehen filmte, wurde die Demonstration nicht aufgelöst; wohl aber eine Woche später bei ebenfalls 1000 Teilnehmern, von denen 89 zugeführt wurden. Am 18. September war die Kirche mit 1200 Teilnehmern überfüllt, von ihnen demonstrierte niemand, jedoch später hinzukommende Passanten aus der Stadt, es gab 31 Zuführungen. Am 25. September nahmen 2000 Menschen am Gebet und 5000 an der Demonstration teil, die erstmals sogar auf dem Ring – der die Innenstadt umrundende breite Straßenzug – und am Hauptbahnhof stattfand. Danach druckte die SED-Zeitung «Leipziger Volkszeitung» empörte, freilich bestellte Leserbriefe gegen diese Ruhestörer. Am 2. Oktober schließlich musste das Gebet auch in der Reformier-

Die ersten Demonstrationen   81

ten Kirche neben dem Hauptbahnhof stattfinden, weil die Nikolaikirche überfüllt war. Die Demonstration mit 20000 Teilnehmern erstreckte sich jetzt auch auf den Karl-Marx-Platz
(heute wieder Augustusplatz). Die Staatsmacht stand diesem
Anschwellen der revolutionären Bewegung ratlos gegenüber,
das westliche Fernsehen konnte nicht flächendeckend an der
Einreise gehindert werden und berichtete. Aber wer konnte
wissen, ob nicht beim nächsten Mal mit nackter Gewalt zugeschlagen würde?

Im Gegensatz zu den Volksmassen in Leipzig war es in Arnstadt, einer der wundervollen thüringischen Residenzstädte, ein
einzelner junger Mann, der den Ausschlag gab. Am 17. September 1989 setzte sich Günther Sattler, der seinen Wehrdienst bei
der Bereitschaftspolizei gerade hinter sich hatte, an eine gelieh-
ne Schreibmaschine und schrieb nach mehreren Entwürfen ein
Flugblatt. Er verteilte es ab dem 20. September in zahlreichen
einfach hergestellten Durchschriften an vielen Stellen, steckte
es in Briefkästen und klebte es an Häuserwände. Es bestand aus
einem kunstlosen Gedicht und rief für den 30. September zu
einer Demonstration auf dem Holzmarkt in der Innenstadt
auf.

AN ALLE BÜRGER VON ARNSTADT!!!!! / KOMMT ALLE
AM 30, 9, 1989 um 14,00 UHR ZUR FRIEDLICHEN KUND-
GEBUNG ... treffpunkt – HOLZMARKT – ... was für ein Leben?
/ wo die wahrheit zur lüge wird, / wo der falsche das zepter führt. /
was für ein leben? / wo die freiheit tot geboren, / wo schon scheint
alles verloren. ... was für ein leben? / wo die angst den alltag bestimmt, / wo das ende kein ende nimmt. / was für ein leben? wo man
seinen nachbarn nicht mehr traut, / wo man nicht mehr aufeinander
baut ... wir fordern: MEINUNGSFREIHEIT / REFORMEN /
POLITICH SOWIE WIRTSCHAFTLICHE / SCHLUSS MIT DER
SCHLUDERWIRTSCHAFT ÜBERALL / REISEFREIHEIT FÜR
ALLE ...

Nicht überraschend war, dass MfS und Polizei eine umfangreiche Fahndungsaktion in Gang setzten und auch alle Schreibmaschinen kontrollierten, deren sie habhaft werden konnten. Angst verbreitete sich, bei Sattler, bei dem Eigentümer der Schreibmaschine, der sie ihm vorsichtshalber schenkte, und bei vielen anderen. Denn: Das Flugblatt wurde in und um Arnstadt weiter verbreitet und abgeschrieben, alles heimlich und ohne dass die Staatsmacht dem Verfasser auf die Spur kam.

Überraschend aber war die Wirkung des Flugblattes: Am 30. September, einem Samstag, kamen am Holzmarkt um 14 Uhr tatsächlich mehrere hundert Personen zusammen. Sattler selbst war nicht einmal dabei, er beobachtete die von ihm initiierte Versammlung aus der Wohnung eines Freundes, die Staatssicherheit war präsent und filmte heimlich aus einem benachbarten Gebäude. Zuerst geschah nichts. Die Leute waren einfach nur da. Es war ja nichts geplant, nichts organisiert. Ganz allmählich erst fingen Einzelne an, über das zu sprechen, was sie belastete, es entwickelten sich Gespräche, dann ging man auseinander. Anscheinend war also nichts passiert; doch das war ein Irrtum. So nahm der Mathematiker Arnd Effenberger, einer der Teilnehmer, Kontakt mit dem Neuen Forum auf. Es wurden Unterschriften gesammelt, und eine Woche später, am 7. Oktober, strömten deutlich mehr Menschen auf den Holzmarkt. Es war der Tag, an dem der 40. Jahrestag der DDR festlich begangen werden sollte. Die Staatsmacht hatte vorgesorgt, dass Arnstadt nicht aus der Reihe tanzte. Bewaffnete Bereitschaftspolizei mit Hunden kreiste die Demonstranten ein, drängte sie ab, prügelte auf sie ein, es gab Zuführungen. Das war aber das letzte Mal, dass in Arnstadt so reagiert wurde.

Effenberger verhandelte mit dem Bürgermeister, regelmäßige Kundgebungen und Demonstrationen, die nun nicht mehr behindert wurden, schlossen sich in den folgenden Wochen an. Ab dem 4. November waren die Demonstrationen genehmigt, an der vom 11. November nahmen 12 000 Menschen teil. Von

Die ersten Demonstrationen   83

selbst ging die Entwicklung nicht, der Staat versuchte eine Hinhaltetaktik. Dennoch wurde noch im Oktober das Neue Forum
gegründet, Arbeitskreise und ein vierzehntäglich erscheinendes
Informationsblatt «Arnstadt Forum aktuell» (AFA) entstanden,
die Übergriffe vom 7. Oktober wurden öffentlich gemacht. Ab
Anfang Dezember wurde das MfS besetzt, die Akten wurden
sichergestellt. Die Arnstädter Opposition mündete in die allgemeine Entwicklung ein – aber angefangen hat es mit der Initiative eines Einzelnen.

In Mühlhausen, der türmereichen thüringischen Reichs- und
Hansestadt, die nicht nur durch Thomas Müntzer eine große
Rolle in der Geschichte der Reformation gespielt hat, begannen
die Proteste auf wieder andere Weise. Dort hatten sich zwei Initiativen gleichzeitig gebildet, die schließlich bei einem Friedensgebet und einer ersten Demonstration zusammentrafen. Ärzte
zweier Krankenhäuser hatten am 26. September an der Erfurter
Informationsveranstaltung oppositioneller Gruppen im Augustinerkloster teilgenommen, am 2. Oktober fand über die dort
zur Sprache gekommenen Themen eine Betriebsversammlung in
einem Mühlhäuser Krankenhaus mit 60 Teilnehmern statt. Eine
Fortsetzung wurde für den 9. Oktober beschlossen, zu der auch
die Vertreter des politischen Establishments eingeladen waren.
Daraufhin wurden Ärzte und Pflegepersonal zunächst massiv
bedrängt, vom MfS beobachtet und vor der Teilnahme gewarnt;
dem Ärztlichen Direktor wurde mit Parteiausschluss gedroht.

Weil sich aber auch in Mühlhausen der politische Wind
leicht zu drehen begann, lenkte die SED in Gestalt ihres Ersten
Sekretärs ein, und eine Aussprache wurde für den 12. Oktober
festgelegt. Freilich durften nur Beschäftigte des Gesundheits-
wesens teilnehmen, MfS und VP riegelten ab, dennoch gab es
eine lebhafte Diskussion, in deren Verlauf die Staatsseite versuchte, nur Fragen von lokaler Bedeutung zu thematisieren,
die Veranstalter dagegen die gravierenden Probleme der DDR
überhaupt zur Sprache brachten. Immerhin berichtete die

Lokalausgabe der SED-Zeitung «Das Volk» am 17. Oktober, es habe eine *außergewöhnlich offene Aussprache über derzeit die Menschen in der DDR bewegende Probleme* gegeben. Voll hoher Symbolik war übrigens die Frage der Sitzordnung gelöst worden: Die Staatsmacht hatte ein Podium aufbauen lassen, zu dessen Füßen die anderen Teilnehmer hätten sitzen sollen, die ärztlichen Veranstalter machten daraus listenreich kreisförmig angeordnete Sitzreihen.

Die andere Entwicklung ging von dem Schlossermeister Siegfried Pietsch und seiner Frau Brigitte aus. Sie hatten eine Einladung zu einer Informationsveranstaltung vom 24. September in der Markuskirche in Leipzig erhalten, auf der sich vor 80 Teilnehmern NF, SDP und DA vorstellten. Sie schlossen sich dem Neuen Forum an und fuhren mit einem Pastorenehepaar und zwei weiteren Teilnehmern am 4. Oktober nach Weimar zu einer zweiten Informationsveranstaltung in der Stadtkirche Peter und Paul (Herderkirche) mit diesmal über 3000 Teilnehmern. Inzwischen hatte das Ehepaar über seine Pastorin Isgard Weigel ein ähnliches Treffen in einer der vielen Mühlhäuser Kirchen angeregt, und demgemäß beschloss der Gemeindekirchenrat des Kirchspiels Mühlhausen, am 20. Oktober ein Friedensgebet in der Martinikirche abzuhalten.

Außer durch Kanzelankündigungen oder mündliche Weitergabe – Buschfunk – erfuhr man von derartigen Veranstaltungen nichts, und auf diesem Wege fanden dann auch die beiden oppositionellen Bewegungen Mühlhausens zueinander. Der Ingenieur Matthias Fischer hatte an der Betriebsversammlung des Gesundheitspersonals teilnehmen wollen, wurde aber durch die Absperrung daran gehindert. Ein Arzt unterrichtete ihn jedoch später über den Inhalt, damit er seinerseits darüber berichten konnte. Das sollte am 18. Oktober in der Georgikirche geschehen, fiel aber aus, weil der Superintendent nicht unterrichtet war und weil Fischer noch nichts erfahren hatte. Immerhin konnte er den 150 im Freien Wartenden – und aus den umliegenden

Die ersten Demonstrationen   85

Hauseingängen vom MfS Beobachteten – den Termin für das Friedensgebet weitergeben. Um die anfänglichen Kommunikationsmängel etwas zu beheben, stellte der Bäckermeister Manfred Burkhardt sein Schaufenster für Bekanntmachungen der Oppositionsgruppen zur Verfügung. Obwohl alsbald das MfS bei ihm erschien und ihm eine Haftstrafe androhte, machte er weiter. Aus dem Friedensgebet des 20. Oktober ging dann die erste Mühlhäuser Demonstration hervor.

Am dramatischsten begannen jedoch die Demonstrationen in Dresden Anfang Oktober; sie sollten auch die folgenreichsten sein. Als Honecker entschied, die Flüchtlingszüge über die DDR umzuleiten, hatte er mangels Kenntnis der Stimmungslage der Bevölkerung nicht damit gerechnet, dass die durchfahrenden Züge eine Provokation darstellten. Da nun am 3. Oktober zusätzlich die Grenze zur ČSSR geschlossen und Züge zurückgeschickt wurden, war ein politischer Zusammenstoß vorprogrammiert. Am Dresdner Hauptbahnhof versammelten sich neben denen, die auf die durchfahrenden Züge springen wollten, nun auch noch jene, die schon auf dem Weg in die ČSSR gewesen waren. Zorn und Enttäuschung potenzierten sich. Dieser ohnehin explosiven Mischung traten Volkspolizei, Staatssicherheit, Kampfgruppen, Angehörige der Strafvollzugsschule und Volksarmee entgegen, und so bildete der 3. Oktober – der Tag der Wiedervereinigung ein Jahr später – den Auftakt zu einem Straßenkampf, den sich die Staatsmacht während mehrerer Tage mit Ausreisern und Demonstranten im und am Hauptbahnhof sowie in der nahe gelegenen Prager Straße lieferte und der sich zu furchtbaren Straßenschlachten ausweitete; erstmals waren auch Demonstranten dabei zunächst gewalttätig geworden, was landesweit die große Ausnahme blieb.

Die Dramatik der Situation vermittelt sich auch aus authentischen Lagefilmen der Volkspolizei, der Staatssicherheit und des Innenministeriums, aus denen hier Auszüge folgen:

Hauptbahnhof Dresden ca. 800 Personen auf Bahnsteigen, die in Schandau zurückgewiesen wurden, halten Bahnsteige 4 + 5 besetzt. Außerdem ca. 200 Schaulustige. 2 Waggons in Schandau abgehängt, wollen sich nicht kontrollieren lassen, gesonderte Rückführung nach Dresden wird eingeleitet ... Genosse Modrow informiert über Lage: ca. 1600 Personen auf dem Hauptbahnhof angesammelt. Sprechchöre: «Wir wollen raus» ... (3. Oktober) Hauptbahnhof: Demonstranten versuchen gewaltsam im Bahnhof vorzudringen ... ca. 5000 Demonstranten versuchen über Hinterfront des Bahnhofs in diesen vorzudringen ... Brennender Funkstreifenwagen abgelöscht, Demonstranten versuchen unter Gewaltanwendung auf Bahnsteige vorzudringen ... Gegenwärtig ist es noch nicht gelungen, den Bahnhof und Vorplatz von Demonstranten zu räumen ... 1. Zug 18.25 Uhr in Prag abgefahren. 14 Züge folgen (11000–12000 Menschen) ... 5000–8000 Menschen vor Bahnhof (Hbf.) angesammelt ... 15000–20000 Menschen vor dem Hauptbahnhof angesammelt ... Minister bestätigt, erst Bahnhof + Vorplatz räumen, dann erst Zugdurchfahrt in Dresden zulassen ... 00.01 Uhr ... Unruhe in den Zügen, die seit 20.30 Uhr in Schandau stehen (4. Oktober)

Volkspolizei Lage nicht beherrscht ... Einsatz der Nationale Volksarmee-Kräfte mit Maschinenpistole eine Weisung des Verteidigungsministers (5. Oktober) ... 8 Kompanien Volkspolizei im Einsatz, weitere 6 Kompanien, davon 2 Nationale Volksarmee ... Marsch 2000 Leute (800 Jugendliche), teilweise Steine geworfen und Sprechchöre «Freiheit, Freiheit». Zuführungen gemacht ... Durch Einsatz Volkspolizei-Kräfte wurde Prager Str. geräumt ... 2000–3000 Personen ... 300–500 Provokateure ... Genosse Generaloberst Mittig forderte, diese Bande von Provokateuren auseinanderzuhauen ... weitere Zuführungen gemacht ... Problem herangetragen, die Zugeführten noch schneller abzutransportieren ... 2 Nicht-Sozialistisches-Wirtschaftsgebiet-Journalisten zugeführt, haben Akkreditierung für 40. Jahrestag, CBS engl. Rundfunkstation (1 Engländer + 1 Franzose) standen in Menschenansammlung und filmten (Video) ... (6. Oktober)

Schon am 5., dann auch am 6. Oktober begann sich der Charakter der Demonstrationen langsam zu ändern. Der Zorn und auch die Gewaltbereitschaft enttäuschter Ausreiser trat allmählich hinter einer Entwicklung zurück, bei der die Menschen gewaltfrei für Änderungen in der DDR eintraten; die ersten Kerzen wurden mitgeführt, und aus dem Ruf *Wir wollen raus* wurde das viel gefährlichere *Wir bleiben hier*. Es gibt zahlreiche Berichte von Teilnehmern der Demonstrationen, auch von solchen, die zufällig in die Auseinandersetzungen geraten waren. In ihnen spiegelt sich die kaum glaubliche Brutalität der Sicherheitskräfte, auch und besonders gegenüber den Zugeführten; daraus wird gleich zitiert werden. Um individuelle Übergriffe kann es sich nicht gehandelt haben, weil auch bei anderen Gelegenheiten, von denen noch die Rede sein wird, ebenso vorgegangen wurde. Das deutet auf eine zentrale Weisung hin.

Der 7. Oktober brachte etwas Neues, allerdings auch viel Altes. Das Neue war, dass das Neue Forum zu einer Demonstration aufgerufen hatte, die zunächst ungehindert und friedlich verlief und vom Hauptbahnhof über die Prager Straße und die Ernst-Thälmann-Straße (heute wieder Wilsdruffer Straße) führte, dann über den Theaterplatz, den Platz der Einheit (heute wieder Straßburger Platz), die Rothenburger Straße, den Sachsenplatz sowie den Fučikplatz (heute wieder Albertplatz) und schließlich zurück ins Stadtzentrum. An Losungen wurde gerufen:

Schließt euch an, wir brauchen jeden Mann – Freiheit – Wir bleiben hier – Reformen brauchen wir! – Keine Gewalt! Keine Gewalt! – Schämt euch! Schämt euch! – Vater, schlag nicht! Bruder, schlag nicht! – Neues Forum! – Dialog!

So weit das Neue, dem das hässliche Alte entgegentrat:

Vor den Stufen des Kinos Prager Straße kamen zwei Zivilisten auf mich zu und zerrten mich durch die Polizeisperre. Ich erhielt einen mit Kraft geführten Knüppelhieb auf den Kopf ... Ich wurde gezwungen, einen Mannschaftswagen der Bereitschaftspolizei zu besteigen. Obwohl Sitzbänke vorhanden waren, mußte ich mich ... auf die Ladefläche setzen. Nach Drohungen, das sei erst das Vorspiel, wurde bald Ernst gemacht. Zwölf Festgenommene, darunter zwei junge Frauen, mußten das Fahrzeug verlassen und durch eine Gasse von Bereitschaftspolizisten laufen, die wahllos auf sie einschlugen. Auf der Ladefläche saßen Polizisten mit Gummiknüppeln, die auf alle einprügelten. Ich wurde in der Bedeutung des Wortes zu Boden geschlagen. Doch selbst auf der Ladefläche liegend wurde weitergeknüppelt. Schluchzen, Wimmern, Stöhnen, Angstrufe – das waren die Laute, Worte gab es nicht mehr. Ich zwängte den Kopf unter die Sitzbank, um vor den Schlägen Schutz zu suchen. Einer schrie erbärmlich auf, es mußte weithin hörbar sein. Die Bereitschaftspolizisten schlugen auf ihn ein, bis er verstummte. Über meinem Körper lagen andere ... Unter großen Schmerzen lag ich unter den Leibern. Der Ort des Geschehens war immer noch die Prager Straße, an der hinteren Ecke des Centrum-Warenhauses ... Nach 15 endlosen Minuten Prügelorgie wurden wir abtransportiert ... Während der Fahrt bewachte uns ein Hund ohne Maulkorb. Per Sprung oder hinabgeworfen kamen wir im Bepo-Hauptquartier an, wo wir uns mit im Nacken verschränkten Händen aufstellen mußten. Wir wurden in brutaler Weise geschlagen und auf die Füße getreten.

Das also am Republikgeburtstag, dem 40. Jahrestag der DDR am 7. Oktober 1989. Der nächste Tag sollte anders verlaufen.

Hilfloses Politbüro

Angesichts der allgemeinen Eskalation sollte man erwarten, dass das oberste Gremium der Parteidiktatur, das Politbüro, die Lage vollständig und in sachgerechter Differenzierung zur Kenntnis nahm, über Möglichkeiten der Abhilfe beriet und die Ergebnisse seiner Beratungen in die Tat umsetzte. Die schon herangezogenen Protokolle der Sitzungen des 29. August sowie des 5. und 12. September vermitteln aber ein ganz anderes Bild. In den Debatten wurde vor allem über den Gesundheitszustand

Honeckers diskutiert sowie die Art und Weise, wie man die Öffentlichkeit von den Fortschritten seines Gesundungsprozesses unterrichten sollte. Seine Abwesenheit hatte auch auf das Politbüro eine lähmende Wirkung, und so zeigt sich auch hier, wie sehr in diesem System alles vom Generalsekretär abhing, sogar die mentale Verfassung der obersten Leitungskader. Das wichtigste Thema neben Honecker waren die Ausreisen über Ungarn. Die Überlegungen kreisten zunächst darum, *das Loch Ungarn zuzumachen* (Mittag, 12. 9.), dabei kam aber nichts anderes als eine Mischung aus Repressionsversuchen und ungeschickten Winkelzügen heraus. Vor allem wollte man die ungarische Regierung veranlassen, die Flüchtlinge zurückzuschicken. Allerdings herrschte insbesondere am 12. September nach dem Ausreisebeschluss Ungarns vom 11. September hilflose Resignation vor, eine Lösung fiel niemandem ein. Man beteuerte ständig, die Gründe für die Flucht ausfindig machen zu wollen: *Intern müssen wir analysieren, warum solche Menschen abhauen* (Stoph, 12. 9.).

An inneren DDR-Faktoren fällt den Diskutanten jedoch einzig die schlechte Versorgungslage ein. Nur sie könne eine Rolle spielen, da die Flüchtlinge *bei uns erzogen und aufgewachsen* (Stoph, 5. 9.) und *das Gros derer, die zum Feind gehen, junge Leute zwischen 17 und 27 Jahren* seien (Keßler, 5. 9.). Als Hauptschuldigen für die Massenflucht sieht das blinde Politbüro denn auch einen übermächtigen äußeren Feind, der die DDR nachhaltig diskreditiere und insbesondere durch seine raffinierte Medienpolitik immer mehr zur Desinformation beitrage, und das sei die Bundesrepublik. Nur ein Beispiel: *Der Gegner hat doch ein großes Konzept, er will bei uns alles zerschlagen. ... Wir müssen den Feind angreifen. Das ist der Imperialismus in der BRD. ... Wir müssen von der Suggestion des Westfernsehens abkommen* (Schabowski, 29. 8.).

Demgemäß sind die Maßnahmen, die das Politbüro in Betracht zieht, ganz überwiegend ideologisch-propagandistischer Art. Zunächst freut man sich über gelungene Artikel im «Neuen Deutschland» und in der «Jungen Welt» oder über eine anscheinend besonders saftige Sendung Karl Eduard von Schnitzlers – offenbar in der Annahme, die DDR-Bevölkerung und besonders diejenigen, die über eine Ausreise oder sogar Flucht nachdenken, ließen sich durch so etwas beeinflussen. Entsprechend werden Vorschläge für den medialen *Stoß gegen den Feind* gemacht, der Schlimmes vorhabe: *Grenzen von 1937, Obhutspflicht für alle Deutschen, Aufrüstung, Neonazismus, Antikommunismus, Druck auf sozialistische Staaten* (Sinder-mann). Mancher fordert *einen Artikel über unseren Rechts-standpunkt zur Staatsbürgerschaft der DDR* (Axen), andere Empfehlungen lauten: *Wir müssen unsere Werte weit stärker darstellen, wie sie Erich Honecker in den sechs Schwerpunkten der ideologischen Arbeit fordert* (Krolikowski), oder auch: *Wir müssen unseren Menschen besser begreiflich machen, was Ka-pitalismus ist* (Stoph).

Diese Beispiele aus nur einer Sitzung dürften vollauf reichen, um den Realitätsverlust des Politbüros zu dokumentieren. In acht Fällen verspricht man sich von dem uralten Mittel des «Entlarvens» Wunderdinge, Günter Mittag meint zweimal, das Verleihen von *Ehrenbannern* an Betriebe würde die Moral stärken, und weiter werden vorgeschlagen *Optimismus*, ver-stärkte *Parteiinformationen, Stärkung der DDR* und *des So-zialismus, starke Aktivierung der Partei, der Gewerkschaft, der Jugend, der Frauen* (so Willi Stoph), *Aktivtagungen zur Eröff-nung des Parteilehrjahres, Kreisparteiaktivtagungen, Bezirks-aktivtagung* – und immer wieder: *Wir brauchen grundsätzliche Artikel. Wir müssen den Marxismus-Leninismus hineintragen.*

Wenn diese Aufzählungen, die sich endlos ausweiten ließen, ermüdend wirken, dann weil die Staatsmacht selbst müde war und sich im Kreis drehte: Das Politbüro nahm die Vorgänge nicht zur Kenntnis, die um es herum geschahen und die bis-her geschildert worden sind. Nichts von den Versammlungen, den Protesten, den Resolutionen, den Forderungen. Nicht der Schimmer einer Vorstellung von dem, was in den nächsten Wochen geschehen würde. Eher nebenbei bemerkte Mielke am 12. September, die westdeutsche SPD sei *sehr gefährlich*, und dann: *Sie sind dabei, in der DDR eine SPD gründen zu wollen.* Das hätte die Genossen alarmieren müssen, zumal es in Wahrheit noch schlimmer war: Die westdeutsche SPD hatte nichts mit der seit Monaten in Vorbereitung befindlichen SDP zu tun. Diese war ein reines DDR-Produkt, was die Angelegenheit noch gefährlicher machte, aber niemand ging darauf ein. Das Politbüro lebte in einer stereotypen Scheinwelt, und das auf nicht gerade höchstem geistigem Niveau.

Dies wurde besonders dann deutlich, wenn ab und zu die Realität durchblitzte. Kurt Hager sprach von *250 000 Alkoholikern in der DDR* und bemerkte bei Schriftstellern *regelrechte Hoffnungslosigkeit.* Horst Dohlus berichtete: *Immer mehr wird die Frage gestellt: Wie geht es mit dem Sozialismus weiter?*, und Günter Schabowski sprach gar von *Selbstauflösungstendenzen im Sozialismus.* Dass die UdSSR und die benachbarten Bruderländer nicht mehr hinter der DDR stünden, klingt gelegentlich an: *Resignation auch wegen der Entwicklungen in der Sowjetunion, Polen und Ungarn* (Dohlus); *Zum ersten Mal in der Geschichte gibt es aber auch große Schwankungen in der KPdSU* (Axen); *Früher hatten wir nur den Frontalangriff in deutscher Sprache von vorn, jetzt entwickelt er sich im Rücken* (Tisch); *Wir haben den Rücken nicht mehr frei* (Herrmann); *Die Entwicklungen in Polen, Ungarn und in der Sowjetunion haben eine große Wirkung und Unsicherheit in unserer Partei ausgelöst* (Dohlus).

Was konkret geschah, wurde mit Schweigen übergangen. *Niemand darf nervös werden*, mahnte Dohlus ins Leere hinein. *Wir müssen unser Schiff in ruhigem Wasser wie in der Brandung sicher steuern. Jetzt befinden wir uns in der Brandung* (Tisch) – aber was macht man da? Die tiefgründigste Erklärung der Massenflucht lautete: *Die weglaufen, sind mit uns unzufrieden* (Keßler). *Man müsste* oder *wir müssen* sind die am häufigsten gebrauchten und völlig folgenlosen Ausdrücke, mit denen auf die Situation reagiert wurde. Günter Mittag charakterisierte die Stimmungslage der Parteiführung und die Mittel zur Bewältigung der Krise am anschaulichsten: *Ich möchte auch manchmal den Fernseher zerschlagen, aber das nützt ja nichts* (29. 8.). *Wenn man bestimmte Sendungen sieht, muss man erst einmal 1/2 Std. Luft holen* (12. 9.).

Wolfgang Herger hatte deshalb von der zweiten Lösungsvariante des Ausreiserproblems, der Schließung der Grenzen bei gleichzeitiger Ankündigung erweiterter Reisemöglichkeiten, abgeraten, weil sie *die Lage im Inneren bis zur Nichtbeherrschbarkeit anheizen* könnte. Honecker schlug nicht nur diese Warnungen in den Wind, sondern verschärfte durch seine Entscheidung, die Ausreiserzüge über das Staatsgebiet der DDR rollen zu lassen, die revolutionäre Stimmung in der Bevölkerung, zumal noch eine weitere, letzte Provokation hinzukam: die Jubelfeiern zum 40. Jahrestag der DDR. Nachdem Honecker am 25. September seine Arbeit offiziell wieder aufgenommen hatte, hätte endlich wieder kompetent geführt werden können. Doch das Gegenteil war der Fall. Abgesehen von der Entscheidung, die Repression zu verstärken, wurde nur das besonders intensiviert, was neben der Unterdrückung schon immer im Vordergrund gestanden hatte, der Versuch der propagandistischen Beeinflussung der Bevölkerung. Die Feiern zum 40. Jahrestag der DDR boten dazu eine scheinbar ideale Gelegenheit.

Republikgeburtstag zwischen Fiktion und Wirklichkeit

Honecker war offenbar überzeugt, der Pomp und das Feuern aus allen Rohren der staatlichen Propaganda könnten alles andere übertönen, und gab sich ganz dem Rausch des selbst-

Republikgeburtstag zwischen Fiktion und Wirklichkeit 93

inszenierten Dröhnens hin. Es schien ja auch alles großartig zu laufen. Alle Generalsekretäre der Bruderparteien des sozialistischen Lagers waren gekommen: Gorbatschow, Ceauşescu, Schiwkow, Jaruzelski, Jakeš, aber aus Ungarn bezeichnenderweise kein Parteimann, sondern der Staatspräsident. Der Nachmittag des 6. Oktober brachte die offizielle Festveranstaltung mit den Reden Honeckers und Gorbatschows, Honecker pries die großen Erfolge der DDR, *herangereifte Fragen* würden auf dem 12. Parteitag 1990 entschieden werden; Gorbatschow sprach in zurückhaltender Weise über die Perestroika. Am Abend zogen nahezu hunderttausend – die Zahlenangaben schwanken – FDJler in einem Fackelzug an den Ehrengästen vorbei. Am 7. Oktober paradierte die Nationale Volksarmee auf der Karl-Marx-Allee, es gab sogar eine Flottenparade der Volksmarine vor der Küste Warnemündes. Am Nachmittag fand ein Vieraugengespräch der beiden Generalsekretäre im Schloss Niederschönhausen statt; beim festlichen Empfang am 7. Oktober im Palast der Republik tanzte das Ballett der Staatsoper, es sangen Theo Adam und Peter Schreier, Ludwig Güttler spielte Trompete. Es sah also alles nach der üblichen Jubelfeier einer stabilen DDR aus, die im Gegensatz zu manchen anderen Ländern des sozialistischen Lagers fest gefügt und ein Bollwerk gegen aufweichende Tendenzen war. Es sah aber bloß so aus, und eigentlich nicht einmal das.

Dieser 7. Oktober, oft süßlich-vertraulich «Republikgeburtstag» genannt, war nämlich gleichzeitig Höhepunkt der äußerlichen Machtentfaltung der Parteidiktatur, dann aber auch der Beginn ihres Abbröckelns und des auch nach außen weithin sichtbaren revolutionären Widerstandes, dessen das Regime sehr bald nicht mehr Herr wurde. Im Land kochte es. Dass Honeckers Reaktion auf die Krise unzureichend war, blieb den führenden SED-Kadern natürlich nicht verborgen, die schon um des Machterhalts willen einsahen, dass auf diese Weise

Die Militärparade zum 40. Jahrestag der DDR auf der Karl-Marx-Allee in Ost-Berlin täuschte über die tatsächlichen Verhältnisse hinweg. Das Land geriet immer mehr in Aufruhr, und zehn Tage später stürzte Honecker.

nicht weiterregiert werden könne. Auch Gorbatschow deutete bei seinem Jubel-Besuch vorsichtig an, dass er die Starrheit Honeckers und dessen an Taktlosigkeit grenzendes Selbstlob der Lage nicht angemessen fand. Zwar bezog sich sein berühmt gewordener Ausspruch «Wer zu spät kommt, den bestraft das Leben» – für den mehrere Übersetzungen aus dem Russischen existieren – auf seine eigenen Erfahrungen beim Durchsetzen der Perestroika, doch wurde der Satz sofort so verstanden, dass er auch die Politik Honeckers meinte, und so wurde er schließlich zum geflügelten Wort.

Die interne Opposition gegen Honeckers Politik verdankte sich nicht der Einsicht in ein politisches Unvermögen oder die Unzulänglichkeit einer Politik, wie es sie immer gibt, sondern war einzig durch die wachsende Unzufriedenheit im Lande existenziell angetrieben, und diese Unruhe erreichte gerade im Zusammenhang mit den Jubelfeiern einen ersten Höhepunkt.

Obwohl die Entwicklung zu diesem Zeitpunkt offen war und nicht notwendig in einer Revolution enden musste, war das Land in einer noch nicht da gewesenen Weise in Aufruhr geraten, und zwar in einem Ausmaß, dass die Staatsmacht ernsthafte Schwierigkeiten hatte, dagegen vorzugehen. Die zeitweilige relative Zurückhaltung des Regimes vor dem Republikgeburtstag war taktisch begründet und verdankte sich der nüchternen Einsicht, in diesen Tagen aus Prestigegründen besser keine besondere Brutalität hervorzukehren. Es blieb daher abzuwarten, ob die Repression anschließend wieder umso stärker zupacken würde. Eines war auf jeden Fall nicht mehr zurückzudrängen: das Ende der Angst und die Offenheit und Direktheit, mit der Widerstand ausgedrückt wurde. Hier zwei Beispiele ganz verschiedener Art und Herkunft.

Vom Ensemble des Staatsschauspiels Dresden wurde am Abend des 6. Oktober eine Resolution verlesen, die auch durch die Ereignisse um den Hauptbahnhof veranlasst war und das Publikum tief bewegte. Sie wurde auch an anderen Abenden verlesen und bleibt ein klassisches Manifest des Mutes und des intellektuellen Widerstands.

Wir treten aus unseren Rollen heraus.
Die Situation in unserem Land zwingt uns dazu.
Ein Land, das seine Jugend nicht halten kann, gefährdet seine Zukunft.
Eine Parteiführung, die ihre Prinzipien nicht mehr auf Brauchbarkeit untersucht, ist zum Untergang verurteilt.
Ein Volk, das zur Sprachlosigkeit gezwungen wurde, fängt an, gewalttätig zu werden.
Die Wahrheit muss an den Tag.
Unsere Arbeit steckt in dem Land. Wir lassen uns das Land nicht kaputtmachen.
Wir nutzen unsere Tribüne, um zu fordern:
1. Wir haben ein Recht auf Information.
2. Wir haben ein Recht auf Dialog.

3. Wir haben ein Recht auf selbständiges Denken und auf Kreativität.
4. Wir haben ein Recht auf Pluralismus im Denken.
5. Wir haben ein Recht auf Widerspruch.
6. Wir haben ein Recht auf Reisefreiheit.
7. Wir haben ein Recht, unsere staatlichen Leitungen zu überprüfen.
8. Wir haben ein Recht, neu zu denken.
9. Wir haben ein Recht, uns einzumischen.

Der anschließende letzte Absatz enthielt, in eine Aufzählung von Pflichten gekleidet, weitere Forderungen, die hier weggelassen sind.

Ein ganz anderes Beispiel ist die Tatsache, dass eine große Anzahl von Amtsinhabern der evangelisch-lutherischen Kirche die Teilnahme an den Geburtstagsfeierlichkeiten sehr dezidiert ablehnte. So der Plauener Superintendent Küttler:

> Sehr geehrter Herr Oberbürgermeister! Der Einladung zu dem Festakt am 6. Oktober ... werde ich nicht Folge leisten. ... Für mich ist an sich schon die Teilung unseres Vaterlandes, die mit der Gründung zweier deutscher Staaten verbunden ist, kein rechter Grund zum Feiern. Vielmehr sehe ich die Existenz in zwei Staaten als eine Pflicht an, die unserem Volk aufgrund seiner jüngsten Geschichte um des Friedens willen auferlegt ist. Dieser Pflicht entspricht die DDR nach meiner Überzeugung nur in dem Maße, wie sie ein Staat für alle hier Lebenden wird, unabhängig davon, ob sie den Kommunismus bejahen oder nicht. Weder die Abwanderung in die Bundesrepublik noch die Erklärung Andersdenkender zu Staatsfeinden hilft uns weiter ... Die Teilnahme an der Festveranstaltung zum Gründungstag der DDR würde also ein Maß an problemloser Übereinstimmung zum Ausdruck bringen, das so nicht vorhanden ist. Das Programm dieser Festversammlung und die ... Rückantwortkarte lassen zudem bei mir den Eindruck einer Parteiveranstaltung aufkommen. ...

Es waren aber nicht nur demonstrative Akte dieser Art, mit denen sich Menschen in mutiger, ja bereits provozierender Deutlichkeit vom SED-Staat distanzierten. Punktgenau am republikweit gefeierten 40. Jahrestag der DDR und im ursächlichen Zusammenhang mit den Jubelfeiern nahmen die Demonstrationen an Intensität zu. Und obgleich die Sicherheitskräfte nun doch in aller Brutalität zurückschlugen, musste die Partei- und Staatsführung sehr schnell erkennen, dass Repression abermals und diesmal endgültig das Gegenteil des Beabsichtigten bewirkte. Über Dresden wurde schon berichtet. Am bekanntesten sind daneben die Ereignisse in Berlin, die zugleich von größter Symbolkraft waren, weil sie örtlich und zeitlich in unmittelbarer Nähe zu den Jubelfeiern des Republikgeburtstages stattfanden. Viel Aufmerksamkeit erregten sie, weil die westlichen Medien besonders stark vertreten waren.

Wie am 7. eines jeden Monats waren auch diesmal wieder Jugendliche auf dem Alexanderplatz zusammengekommen, um an die Kommunalwahl zu erinnern. Andere Passanten kamen hinzu, und alsbald hatte sich eine brodelnde Menschenmenge gebildet. Polizei und Unauffällig-Auffällige griffen nicht frontal ein, sondern versuchten sich im Zurückdrängen, insbesondere von westlichen Fernsehteams. Dennoch standen bereits hier Mannschaftswagen bereit, einzelne Teilnehmer wurden von Stasileuten in Zivil herausgegriffen und zugeführt. Videoaufnahmen übermittelten die Vorgänge in verschiedene Staatssicherheits- und Polizeizentralen, die Operationen der Staatsmacht leitete der MfS-General Wolfgang Schwanitz vom Haus des Lehrers am Alexanderplatz aus – an dem umlaufenden Fresko von Walter Womacka zu erkennen. Gegen halb sechs zogen die Demonstranten, denen sich immer mehr Leute anschlossen, in Richtung Palast der Republik. An der Brücke über die Spree hinderte sie Volkspolizei am Weiterziehen, sodass sie auf dem östlichen Spreeufer bleiben mussten, von wo aus die mittlerweile mindestens 2000 Personen Rufe skandierten: *Gorbi – Gorbi* und *Wir sind das Volk.* Drinnen wurde gefeiert, aber Schabowski und Krenz berichten, sie hätten zeitweilig zusammen den festlichen Empfang verlassen und aus dem vierten Stock der Rückfront des Palastes das Geschehen betrachtet – von dort also, wo sich im Neubau des Stadtschlosses von Franco Stella eine aus Loggien bestehende Fassade erheben soll. Als die Demonstranten dann nach einiger Zeit abzogen, seien sie beruhigt gewesen; Krenz behauptet sogar, es sei gar nichts Besonderes zu sehen gewesen, wobei man sich allerdings fragt, warum er diesen Beobachtungsposten bezogen haben mag. Jedenfalls war Beruhigung nicht angebracht, denn von jetzt an wurde massiv geprügelt, und das hatte Folgen für das Regime.

Die Demonstranten zogen nämlich auf verschlungenen Wegen in den Bezirk Prenzlauer Berg zur Gethsemane-Kirche, die traditionell ein Zentrum der friedlichen Manifestationen der Opposition war. Sowohl auf dem Wege dorthin als auch an der Kirche selbst versuchten Volkspolizei und zivile Männer von der Sicherheit die Teilnehmer ungewöhnlich aggressiv hierhin und dorthin abzudrängen, hieben auf sie und auf unbeteiligte Passanten ein, transportierten Herausgegriffene ab und setzten die Quälereien Tag und Nacht an den völlig überfüllten Zuführungspunkten fort. Auch die Tochter des Professors Heinrich Fink von der Humboldt-Universität, eines Inoffiziellen Mitarbeiters der Staatssicherheit, war den Brutalitäten ausgesetzt, was ihn nicht davon abhielt, später PDS-Bundestagsabgeordneter zu werden. Am 8. Oktober ging es weiter, dazu eine exemplarische Schilderung:

Nach Angaben des Präsidiums der Volkspolizei treffen bis 23 Uhr dreiundfünfzig Männer und dreiundzwanzig Frauen ein. Die eingelieferten Bürger, von ihren Bewachern unterwegs mit sadistischen Bemerkungen zu Tode geängstigt («Jetzt fahren wir euch auf die Müllkippe!»), werden im Laufschritt ins Objekt getrieben. Alle erdenklichen Schikanen kommen zur Anwendung, Kniebeugen, Häschen-hüpf-Gang über die Flure und Treppen, Schlafentzug, völliges Entkleiden der Männer auf dem Gang in Anwesenheit von Frauen, Stehen in Fliegerstellung, Lärm und Schläge ...

Zwar dauerte es nicht lange, bis durch den Sieg der Revolution all das an die Öffentlichkeit kam und zur Einleitung von Strafprozessen führte, für den Moment allerdings war das noch nicht absehbar. Die Staatsmacht konnte noch glauben, an Oppositionellen ihr Mütchen kühlen zu können, ohne dass ihre Gewaltaktionen jemals aus dem Dunkel der bleiernen Diktatur an die Öffentlichkeit dringen würden.

Auch an anderen Orten fanden rund um den Republikgeburtstag, an dem Honecker den ausländischen Gästen und der Öffentlichkeit – womöglich auch sich selbst – das geschönte Bild einer erfolgreichen DDR zeichnete, die sogar der UdSSR überlegen wäre, Demonstrationen und konzentrierte oppositionelle Aktivitäten statt. Dabei wurden selbst Demonstrationen kleineren Ausmaßes mit ungewöhnlich überdimensionierter Gewalt aufgelöst. Auch im kühlen Norden braute sich Widerstand zusammen, über den später im Zusammenhang berichtet wird. Immerhin kamen in der alten Hanse- und Universitätsstadt Rostock, der Hauptstadt des gleichnamigen DDR-Bezirks, in der Petrikirche schon am 5. Oktober 600 bis 700 Teilnehmer zu einer «Andacht der Betroffenheit» für die Leipziger Verhafteten zusammen, und auch in Stralsund und Schwerin regte sich bereits Widerstand.

In Arnstadt, wo sich nach der improvisierten Demonstration des 30. September auf dem Holzmarkt eine Woche später gut 600 Teilnehmer versammelten, gab es 32 Zuführungen, und im idyllischen Ilmenau – der deutschen Kulturgeschichte wegen Goethes Wirken bekannt – zogen Jugendliche nach einem Discobesuch mit den Rufen *Gorbi, hilf uns* und *Freiheit für alle* durch die Stadt, die Sicherheitskräfte griffen gewaltsam ein und führten einen Teil der Jugendlichen zu. In Halle an der Saale, berühmt durch seine Universität und die Franckeschen Stiftungen, spielte sich wieder anderes ab. In der Pfarrkirche Unserer Lieben Frau – üblicherweise Marktkirche genannt – neben dem Händeldenkmal gab es nur einen Gottesdienst mit 230 Besuchern, keine überwältigende Zahl für die schon in karolingischer Zeit gegründete und durch die Salzförderung reich gewordene Großstadt. Noch kleiner war die Gruppe, die anschließend auf dem Markt stehen blieb, zwischen 50 und 60 sollen es gewesen sein. Allerdings wurden *aus deren Mitte*, so der Sachstandsbericht der Volkspolizei, *negativ feindliche Parolen «Freiheit, Demokratie, Stasi raus, Bullen raus, Gorbi, Gorbi, Gorbi, wir bleiben hier ...» geschrien.* Folglich wurde eingeschritten:

> Zur Wiederherstellung der öffentlichen Ordnung und Sicherheit sowie zur Auflösung der Störung mussten Schlagstöcke und Diensthunde eingesetzt werden, da die Störer aktiven Widerstand leisteten. Während der aktiven Handlungen wurden 47 Personen, davon 6 weibliche, wegen Störung der öffentlichen Ordnung und Widerstand gegen staatliche Maßnahmen dem zentralen Zuführungspunkt ... zugeführt. 20.45 Uhr war die öffentliche Sicherheit auf dem Obermarkt hergestellt. Der verstärkte Einsatz der Kräfte und Mittel erfolgte bis 22.00 Uhr.

In Leipzig durchbrach der 40. Jahrestag, ein Samstag, den montäglichen Demonstrationsrhythmus. Das befürchtete auch die SED. Daher bestellte sie für die «Leipziger Volkszeitung» Leserbriefe zum Zweck der Einschüchterung. Am 5. Oktober schrieb eine anonyme Kampfgruppenhundertschaft «Gerhard Amm», sie könne *konterrevolutionären Machenschaften ... nicht tatenlos zusehen*, und einen Tag später wurde ein Kampfgruppenkommandeur namens Lutz deutlicher. Er sprach von *gewissenlosen Elementen* und von *konterrevolutionären Ak-*

tionen, die man *endgültig und wirksam unterbinden* wolle, und drohte dann: *Wenn es sein muss, mit der Waffe in der Hand.* Aber auch dieser Versuch der Einschüchterung bewirkte das Gegenteil dessen, was beabsichtigt war: Die offene Empörung war groß und äußerte sich in zahlreichen, furchtlosen Anrufen und Briefen, teils unter voller Namensnennung.

Obwohl nun der MfS-Chef von Leipzig, der Stasigeneral Hummitzsch, alle Aktivitäten insbesondere an der Nikolaikirche verhindern wollte, kam es dort am 7. Oktober den ganzen Tag über zu Demonstrationen von insgesamt 5000 Personen. Unablässig wurde aufgelöst und zugeführt, und immer wieder bildeten sich neue Gruppen. Der Lagefilm der Volkspolizei beschrieb einen dieser Vorgänge so:

Entfalten Schumachergasse, Richtung Grimmaische im Laufschritt; Beginn Maßnahme: Wegdrücken, aufladen, Mittel einsetzen, 1 Zug vorbereiten zur Verhinderung Fluten zum Markt; Räumung in Richtung Grimmaische/Karl-Marx-Platz. Aufladen! ... Die Handlungen der VP zur Auflösung erfolgten mit angelegter Sonderausrüstung unter Anwendung von Hilfsmitteln (Schlagstock/Diensthunde mit und ohne Korb) ...

Insgesamt wurden 210 Personen zugeführt und in die Pferdeställe der Landwirtschaftsausstellung «agra» in Markkleeberg verbracht.

Über Dresden am 7. Oktober wurde schon berichtet, aber wieder etwas Besonderes stellte Karl-Marx-Stadt dar, wie die Industrie- und Kunststadt Chemnitz damals und vorübergehend hieß. Dort ging die Demonstration vom Theater aus. Es waren, wie überall, staatlich organisierte Volksfeste geplant, mit allerlei Würstchen- und sonstigen Buden auf dem Platz vor dem riesigen Marx-Kopf in der Brückenstraße. Auch die Theater hatten für den 7. Oktober einen Tag der Offenen Tür angekündigt, er sollte im Luxor-Palast stattfinden, einem Kino, das aus Platzgründen für diese Veranstaltungen als Spielstätte diente. Als am 3. Oktober in der Johanniskirche der Fürbitt-Gottesdienst für die Leipziger Verhafteten zu Ende gegangen war, kündigte der Schauspieler Hasko Weber an, dass das Ensemble im Anschluss an die Vorführungen am 7. Oktober Texte und Resolutionen der politischen Opposition verlesen werde. Gleichzeitig stellten sich einige Teilnehmer mit Namen und Adresse zur Verfügung, um etwaige Anfragen und Beitrittserklärungen entgegenzunehmen; sie hatten nicht damit gerechnet, dass sie in den folgenden Tagen rund um die Uhr eine wahre Flut von Anfragen würden bewältigen müssen.

Daraufhin zeigte sich die Staatsmacht entschlossen, jeden öffentlichen Ausdruck der Opposition zu verhindern. Es hatte sich herumgesprochen, dass der Zug mit den Flüchtlingen aus der ČSSR auf dem Weg in die Bundesrepublik auch durch Karl-Marx-Stadt fahren werde, sodass sich gegen Abend immer mehr Schaulustige und vielleicht auch solche, die auf den Zug aufspringen wollten, am und im Hauptbahnhof versammelten. Gegen sie wurden Polizei sowie Staatssicherheit in Zivil aufgeboten; Lastwagen standen bereit, um Zugeführte abzutransportieren. Stundenlang dauerten die Auseinandersetzungen, die Demonstranten bekamen immer mehr Zulauf, Hunde wurden eingesetzt, es gab Schläge und Zuführungen, erst um 0.30 Uhr war alles vorbei. Gleichzeitig versuchte die Staatsmacht, die Proklamationen im Theater am Tag der Offenen Tür durch individuelle Gespräche zu verhindern. Zunächst wollte man nicht direkt einschreiten, aber am 6. Oktober nachmittags verbot die Bezirksleitung der SED die Lesungen.

Am Samstag, dem 7. Oktober, verhinderten zunächst Polizisten mit Schlagstock, Schild und Helm sowie Zivilisten, die mit Plastikhelmen als Bauarbeiter verkleidet waren, den Zutritt zum Luxor-Palast; Generalintendant Meyer und Schauspieldirektor Albiro erreichten jedoch, dass sich die Ordnungskräfte etwas zurückzogen. Das vorgesehene Programm konnte

Republikgeburtstag zwischen Fiktion und Wirklichkeit   103

beginnen, als aber immer mehr Menschen in das Luxor hin-
einströmten, trat Meyer vor die Bühne und erklärte die Veranstaltung wegen Überfüllung und aus Sicherheitsgründen
für beendet. Da betrat Hasko Weber die Bühne und rief: *Das
stimmt so nicht! Das Schauspiel darf nicht auftreten – dies war
nicht unsere Entscheidung!* Im Zuschauerraum begann ein Tu-
mult, auch angeheizt durch die Leute von der Staatssicherheit,
die sich unter das Publikum gemischt hatten. Albiro gelang
es, Ruhe zu schaffen. Allmählich verließen die Menschen das
Theater. Aber draußen formierte sich plötzlich ein spontaner
Demonstrationszug. 1500 Personen zogen schweigend durch
die Stadt. Sonst nichts. Doch in einem Staat wie der DDR reich-
te das und galt allein schon als staatsfeindlich. Das Abbiegen
der Demonstranten zum Marx-Monument wurde durch eine
Absperrung verhindert, später, an der Zentralhaltestelle der
Straßenbahnen, wurden sie durch Kampfgruppen und Bereitschaftspolizei eingekesselt, die Staatsmacht setzte Hubschrauber, Wasserwerfer und Schlagstöcke ein, es wurde geprügelt
und zugeführt.

Das war aber noch nicht das Ende. Am Abend gab es ein
Gastspiel des Staatsschauspiels Dresden; die Dresdner hatten
vorher den Kollegen von den Gewalttätigkeiten am Hauptbahnhof, von ihrer Resolution und deren Verbot berichtet.
Nach der Vorstellung betraten 70 Karl-Marx-Städter Ensem-
blemitglieder die Bühne, um ihrerseits eine Resolution zu verlesen. Hartwig Albiro, der sie vortrug, schrieb später:

Ich zwinge mich zur Ruhe. Absolute Stille im Zuschauerraum …
Mein Puls rast, aber ich kriege mich in Griff. Ich lese Wort für Wort,
Satz um Satz, sachlich und langsam. Als ich ende, herrscht einen Au-
genblick Ruhe, dann bricht orkanartig ein frenetischer Applaus los.
Die Zuschauer erheben sich von den Sitzen, eine Welle emotionaler
Energie strömt mir entgegen, wie ich sie noch nie erlebt habe.

Schauspieldirektor Hartwig Albiro spricht am 19. November 1989 in Karl-Marx-Stadt vor dem Marx-Monument in der Brückenstraße. Theaterleute traten in vielen Städten aus ihren Rollen heraus und hatten aktiven Anteil an der Revolution.

Und in der Tat: Diese von 300 Mitarbeitern unterschriebene und maßgeblich von Hasko Weber formulierte Resolution enthält Formulierungen und Reizworte, die bisher nie öffentlich ausgesprochen worden waren:

> gefährlich und unverantwortlich ... ungelöste innen- und außenpolitische Widersprüche ... erzwungenes Schweigen ... Beschönigungen und ängstliche Selbstzensur ... rasanter Verfall gesamtgesellschaftlichen Vertrauens ... Wir protestieren ... Wir protestieren ... Wir protestieren ...

Grotesk komische Züge trägt der Stasibericht vom nächsten Tag, der hier zum Abschluss zitiert werden soll:

> Durch die anwesenden Zuschauer wurde diese Resolution mehrheitlich mit Beifall begrüßt, was sich bis zu «Bravo-Rufen» steigerte.

Daraufhin verließen zirka 15 Zuschauer, darunter der Mitarbeiter der SED-Bezirksleitung, Genosse TITTEL, Reiner, und der Direktor der Festtage «Begegnungen 89» Genosse TRAUTZSCH, Steffen unter «Buh-Rufen» der verbleibenden Personen das Zuschauerhaus.

Sosehr sich die Protestbewegung zum Flächenbrand ausweitete und in der Rückschau wie selbstverständlich als Vorgeschichte der folgenden revolutionären Ereignisse liest, so offen war die Entwicklung Anfang Oktober. Manche vielleicht zu erwartenden Demonstrationen fanden überhaupt nicht statt, so eine bei der offiziellen Liebknecht-Luxemburg-Feier 1989 in Berlin, andere konnten aufgelöst, die Teilnehmer – und Unbeteiligte – zugeführt und blindlings zusammengeschlagen werden. *Wir dürfen nicht vergessen, daß die DDR am 7. und 8. Oktober sehr nahe am «Himmlischen Frieden» war,* wird Hartwig Albiro nach einem MfS-Bericht vom 19. November zitiert. War denn ganz sicher, dass Gorbatschow an der Macht bleiben würde? Dass es keinen Putsch geben würde, wie er kurz darauf in der UdSSR tatsächlich stattfand? Was sollte es bedeuten, wenn Egon Krenz später berichtet, der Oberbefehlshaber der Sowjettruppen habe ihm versichert, sie seien bei *Provokationen bereit, ihre Verpflichtungen gegenüber der DDR zu erfüllen*? Was würde geschehen, wenn Bewaffnete die Nerven verlieren und ein Blutbad anrichten würden? Was sollte man davon halten, dass Krenz am 1. Oktober unter Medienbegleitung wieder in China war und Loyalitätsbekundungen abgab? Die Grenztruppen und die NVA funktionierten nach wie vor, nahezu hunderttausend FDJler defilierten im Fackelzug an den kommunistischen Partei- und Staatsführern vorbei, die Jubelveranstaltungen zum 40. Jahrestag verliefen überall im Land in kompletter Besetzung wie immer, zu den Volksfesten mit Würstchen, Bier und Süßigkeiten strömten die Leute, vergnügten sich Familien mit Kind und Kegel. Allerlei Ehrenbanner wurden verliehen, Margot Honecker weihte noch am 3. Oktober in Neubrandenburg eine neue Pädagogische Hochschule ein. Die Medien funktionierten bestens und berichteten über das, was sich dann als Beginn einer Revolution erweisen sollte, entweder gar nicht oder grob verfälschend, allenfalls bis zur Unkenntlichkeit verkürzt. Warum sollte die Partei, die immerhin einen 17. Juni 1953 siegreich überstanden, die einen 13. August 1961 erfolgreich bewerkstelligt hatte – unter Leitung Erich Honeckers –, nicht auch diese Krise bewältigen können?

Es ging nicht. Die Ereignisse beschleunigten sich, das Tempo der Entwicklung war zu schnell, von Tag zu Tag packte sie immer mehr Menschen, Orte, ganze Landstriche. Karl Marx hatte auch hier wirklich recht, nur, wie so oft, nicht im Sinne der staatssozialistischen Exegeten, sondern genau umgekehrt: *Die Idee wird zur materiellen Gewalt, wenn sie die Massen ergreift.* Dagegen war die Parteidiktatur machtlos.

4. Die Staatsmacht weicht zurück

Gewissheit über das bevorstehende Ende jedoch gab es nicht. Immer noch musste man damit rechnen, dass nackte Gewalt angewendet wurde, dass Panzer auffuhren, dass die Staatssicherheit Massenverhaftungen vornahm. Immer noch musste man Angst haben. Angst davor, niedergeknüppelt zu werden, Angst vor dem spurlosen Verschwinden in MfS-Gefängnissen. Wer auf die Straße ging, tat das, obwohl er allen Grund hatte, sich zu fürchten. Trotzdem kamen die Menschen zu Zehntausenden, täglich wurden es mehr. Womit sie nicht rechnen konnten: Die Staatsmacht wich allmählich zurück.

Plauen

Die erste Massendemonstration, vor der die Staatsmacht kapitulieren musste, fand nun zwar ebenfalls in Sachsen statt, aber nicht an einem der beiden bisherigen Brennpunkte, sondern in Plauen, der Metropole des Vogtlandes – einer schönen, wirtschaftlich tüchtigen Region mit eigener Geschichte und eigener Identität; auch in den vogtländischen Städten Reichenbach und Auerbach erhob sich dem Beispiel Plauens folgend bald Bürgerprotest. In Plauen hatte es vor dem 7. Oktober keine Unruhen gegeben, und auch die bekannten politischen Oppositionsgruppen waren dort anfänglich nicht vertreten. Allerdings konnte es schon als Anzeichen des Kommenden gewertet werden, dass Plauen bei den Kommunalwahlen trotz der sonst bis aufs i-Tüpfelchen präzisen Vertuschungspraxis des Staates ein bemerkenswerter Tiefstand in der Wahlbeteiligung von nur 98,1 Prozent zugeschrieben wurde, offiziell mit Ja hatten sogar nur

96,2 Prozent gestimmt – wie muss da das tatsächliche Abstimmungsverhalten gewesen sein! Immerhin trat dann eine kleine Gruppe «Umdenken durch Nachdenken» in Erscheinung, die nicht nachließ, in Eingaben an den Rat der Stadt gegen die Wahlfälschungen zu protestieren, wieder furchtlos, wieder mit Namen und Adressen.

Der Auslöser für den Massenprotest waren allerdings dieselben Vorgänge, die in Dresden zu den Zusammenstößen geführt hatten. Durch Plauen fuhren nämlich nicht nur die Züge, die auch über Dresden geleitet worden waren, sondern zusätzlich noch die Direktzüge in die Bundesrepublik. Und was in Dresden geschah und wie die Bevölkerung der bayerischen Nachbarstadt Hof die Ausreiser willkommen hieß, das hatte man im leicht zu empfangenden Westfernsehen miterleben können.

Als unmittelbare Folge war am 1. Oktober an der Bahnstrecke in Plauen ein Transparent zu sehen:

Das Vogtland grüßt den Zug der Freiheit

Am 4. Oktober winkten am Plauener Oberen Bahnhof Einwohner den durchfahrenden Zügen zu; die Polizei schritt brutal ein, verletzte viele von ihnen und nahm zahllose Menschen fest. Die Friedensandacht am Donnerstag, dem 5. Oktober, in der Markuskirche wurde wegen Überfüllung zweimal abgehalten, 2000 Menschen kamen zusammen. Das musste der Staat schon als bedrohlich empfinden, aber auch hier geschah erstmals etwas Ungewöhnliches: Der Oberbürgermeister hatte die Andacht verhindern wollen, ordnete aber den Rückzug der Polizei in die Nebenstraßen an, nachdem Superintendent Thomas Küttler versichert hatte, von den Teilnehmern werde keine Gewalt ausgehen. Der Staat hatte also mit der Opposition verhandelt und ein Abkommen getroffen.

Was dann Gewaltiges geschah, ist aber in West und Ost fast unbekannt geblieben, schon damals hatte sich die Nachricht

Plauen

Am 1. Oktober lesen DDR-Bürger nach ihrer Ankunft in Hof Meldungen über ihre Ausreise aus Prag. Bilder wie diese hatten über die elektronischen Medien eine ungeheure Wirkung in der DDR.

davon kaum verbreitet. Der Grund ist einfach: Die Westmedien, insbesondere das Fernsehen, waren nicht dabei, und das Nachrichten- oder besser Verschweigemonopol der SED-Medien hielt noch eisern. Dennoch gelangte die Meldung von der wohl außergewöhnlichsten, weil aus dem Nichts kommenden Massenkundgebung in den Westen, wenn auch auf eine Weise und an eine Stelle, die die Kommunikationsschwierigkeiten innerhalb Deutschlands besonders plastisch werden lässt. Eine Demonstrationsteilnehmerin, die 77-jährige Anneliese Saupe, fotografierte während der Kundgebung, verbarg den Film in der Unterwäsche und fuhr – unter großer Angst – am Dienstag als vermeintlich harmlose Rentnerin über die Grenze nach Hof zur dortigen «Frankenpost». Der Redaktion der Lokalzeitung gebührt das Verdienst, diesen Bericht und vier große Fotos sofort, am Mittwoch, dem 11. Oktober 1989, herausgebracht zu haben, über fast die gesamte Titelseite – als einzige Zeitung in Deutschland. Der Bericht stammt, leicht redigiert, von Anneliese Saupe selbst, die nicht mit Namen genannt wurde. Im Text wurde zudem der Eindruck erzeugt, als stamme dieser von zwei männlichen Personen. Die große Schlagzeile des Tages lautete:

Über 15 000 Menschen demonstrierten in Plauen

Im Bericht stand unter anderem:

Während die DDR am Samstag in Ost-Berlin den vierzigsten Geburtstag der Republik gefeiert hat, sind in Plauen – 28 Straßenkilometer von Hof entfernt – zwischen 15 000 und 20 000 Menschen jeden Alters zur ersten freien Demonstration für mehr Demokratie auf die Straße gegangen. ... Eine Riesenmenschenmasse zog zum Treffpunkt. Hier standen schon Tausende und riefen im Chor: «Deutschland, Deutschland!» ... Und immer kamen neue Menschenmassen heran. «Freiheit, Freiheit, Freiheit» und «Gorbi, Gorbi» riefen sie ... «Wir bleiben hier!» war minutenlang zu hören.

So weit das Erlebnisprotokoll einer alten Frau, die unter persönlicher Gefahr das bleierne Nachrichtenmonopol der Parteidiktatur unterlaufen hatte. Als dann später die Revolution eine freie Berichterstattung möglich machte, folgten weitere Schilderungen von Plauener Ereignissen an diesem Tag, aus denen sich das Folgende ergibt. Für Samstag, den 7. Oktober, den 40. Jahrestag der DDR, war neben anderen Feierlichkeiten um 15 Uhr vor dem Städtischen Theater ein Kinderfest vorgesehen gewesen, aber für dieselbe Zeit und am selben Ort hatte eine bisher nicht in Erscheinung getretene «Initiative zur demokratischen Umgestaltung der Gesellschaft» noch am 4. oder 5. Oktober durch Mundpropaganda und durch Handzettel zu einer Demonstration aufgerufen:

> Bürger der Stadt Plauen! Am 7. Oktober findet auf dem Plauener Theaterplatz eine Protestdemonstration statt!! Beginn: 15.00 Uhr.
> Unsere Forderungen lauten: Versammlungs- und Demonstrationsrecht, Streikrecht, Meinungs- und Pressefreiheit, Zulassung der Oppositionsgruppe «Neues Forum» sowie anderer unabhängiger Parteien und Umweltgruppen, freie, demokratische Wahlen, Reisefreiheit für alle Bürger! Überwindet eure Lethargie und Gleichgültigkeit! Schließt euch zusammen! Es geht um unsere Zukunft! Informiert die Arbeiter in den Betrieben!

Diese auf Schreibmaschine geschriebenen Zettel waren heimlich überall in der Stadt verteilt worden, in Briefkästen, Telefonzellen und anderswo; der Mundfunk tat ein Übriges – durch ihn erst hatte Anneliese Saupe anscheinend von der Demonstration erfahren. Die Staatsmacht war über den Aufruf natürlich auch im Bilde und hatte sich entsprechend vorbereitet. Mit etwa 400 Teilnehmern wurde gerechnet, doch es kamen weit mehr. Zwischen 10000 und 20000, wer wollte das nachträglich genau zählen? Ohne Organisation, ohne eine einzige Ansprache drängten die Menschen zum Rathaus, die ersten wurden durch die Türen gepresst, man kehrte um, durchzog in einem langen Zug die Stadt, kehrte wieder zurück zum Rathaus. Bereitschaftspolizei und Kampfgruppen umstellten die Demonstrierenden, ein Kampfhubschrauber der Volkspolizei kreiste in geringer Höhe über der Menge. In Ermangelung von Wasserwerfern fuhr die Feuerwehr direkt in die Menschenansammlungen hinein und spritzte Wasser auf die Demonstranten, durch ein quergestelltes Auto wurde ein weiteres Vordringen verhindert.

Es gab die ersten Zusammenstöße und Zuführungen, auch von Teilnehmern, die einen Fotoapparat bei sich trugen. Inzwischen konnte sich der Superintendent Thomas Küttler zum Rathaus vorkämpfen, von wo aus er die Demonstranten zur Gewaltlosigkeit aufrief, bevor er sich an den Oberbürgermeister wandte. Der eigentlich Maßgebende war zwar der Erste Sekretär der SED, der aber beobachtete die Vorgänge vom Zimmer eines Eckhauses aus. Alle, Stadtverwaltung und Sicherheitskräfte, waren nervös, hilflos und unsicher: Die Konterrevolution war da, aber was sollte man jetzt machen? Befehle von oben gab es nicht, zudem waren die eigenen Kräfte viel zu schwach angesichts einer solch riesigen Volksmenge. Küttler schlug dem Oberbürgermeister vor, zu den Demonstranten zu sprechen, der traute sich jedoch nicht, sagte allerdings zu, in der kommenden Woche mit Plauener Bürgern zu verhandeln. Das teilte Küttler der Menge auf dem Rathausplatz mit, Hubschrauber und Kampfgruppen wurden abgezogen, der Durchbruch war da. Zwei Tage vor den Ereignissen am 9. Oktober in Leipzig. Die Demonstranten gingen heim, skandierten *Wir kommen wieder!*, und das taten sie auch: jeden Samstag, bis zum 17. März 1990 vor den Volkskammerwahlen.

Bereits am nächsten Tag verbreitete der Wehrleiter der Freiwilligen Feuerwehr, der Schornsteinfegermeister Gerold Kny, eine Erklärung, in der er den vom Polizeichef befohlenen Einsatz der Wasserwerfer scharf verurteilte und versicherte, dass

«Mauer bilden, Koppel fassen!» Bereitschaftspolizei war am 7. Oktober in Plauen bereit zum Zuschlagen, musste sich aber zurückziehen.

Derartiges nicht wieder geschehen werde:

> Die Freiwillige Feuerwehr Plauen distanziert sich und verurteilt auf das schärfste das Vorgehen mit Tanklöschfahrzeugen gegen Bürger anlässlich einer Kundgebung am 7. Oktober ... Das zweckentfremdete Einsetzen von Tanklöschfahrzeugen als Wasserwerfer gegen fast ausschließlich friedliche, unbewaffnete Bürger und Kinder vereinbart sich auf keine Weise mit den Aufgaben der Feuerwehr ...

Drei Tage später versicherte die Feuerwehr durch ein Spruchband

FEUERWEHR FÜR DAS VOLK: JA!
WASSERWERFER GEGEN DAS VOLK:
NIE WIEDER!

Plauener Bürger verlangten im Unterschied zur Oppositions- und Widerstandsbewegung in anderen Teilen der DDR schon am 7. Oktober die Wiedervereinigung: Im Bericht des örtlichen MfS an die vorgesetzte Dienststelle in Karl-Marx-Stadt hieß es, es sei «Deutschland» gerufen worden, was der bereits zitierte Bericht Anneliese Saupes besonders sinnfällig zum Ausdruck bringt. Auch später, als am 29. November im «Neuen Deutschland» der staatstragende Aufruf «Für unser Land» veröffentlicht wurde, beantworteten Plauener Bürger diesen sofort mit einem Gegenaufruf. Er hieß «Für die Menschen in unserem Land» und konstatierte unter anderem, dass die Forderung nach Eigenständigkeit die *verheerenden Ausmaße der vom SED-Regime heraufbeschworenen Krise* verkenne, und verlangte *eine offizielle Volksabstimmung über die Frage der* «*Deutschen Einheit*».

Die Ereignisse in Plauen sind sehr viel weniger bekannt als die in Leipzig und Dresden, obwohl die dortige Massendemonstration den beiden anderen vorausging. Zunächst hat anscheinend sogar die SED-Zentrale in Berlin wenig Kenntnis von den Vorgängen in Plauen genommen. Zwar erwähnte Honecker in seinem Telegramm vom 8. Oktober an die Bezirksleitungen der SED die *rowdyhaften Zusammenrottungen in Leipzig, Dresden und Plauen*, aber weitere Reaktionen der führenden SED-Machthaber auf die Ereignisse im Vogtland gab es nicht. Auch für den Westen standen Dresden und vor allem Leipzig deutlich im Vordergrund. Das mag daran gelegen haben, dass beide Städte in den westlichen Medien ohnehin präsent waren. Es hatte aber auch damit zu tun, dass die Demonstration in Leipzig sehr schnell auf die Plauener folgte und von deutlich größerem Ausmaß war – was übrigens auch erklärt, warum die unter Gefahren in den Westen geschmuggelten Berichte Anneliese Saupes keine überregionale Verbreitung erfahren haben. Die Machtzentrale in Berlin widmete den Vorgängen in Leipzig wegen der schon seit langem andauernden Unruhe größere Aufmerksamkeit, wollte dort mit ihrer gesamten Macht vorgehen und musste eine spektakuläre Niederlage hinnehmen. Dass das vogtländische Plauen zeitlich und inhaltlich voranging, sollte aber nicht vergessen werden. Es ist ein Ruhmesblatt in der Geschichte der Stadt, Sachsens und Deutschlands.

Dresden

Am nächsten Tag dann Dresden. Anders als in Plauen hatte es hier schon tagelang schwere, zunächst sogar gewalttätige Auseinandersetzungen gegeben, die allerdings teilweise in friedlichen Protest übergegangen waren. Nach wie vor jedoch schlugen die Sicherheitskräfte auf Wehrlose ein, knüppelten wahllos Menschen nieder und transportierten sie ab, getreu dem Motto des Mielke-Vertreters Mittig, *diese Bande von Provokateuren auseinanderzuhauen*. Am 8. Oktober bewegten sich, ausgehend von einer Demonstration auf dem Theaterplatz vor der Semperoper, den ganzen Nachmittag und Abend verschiedene Züge vom Zentrum aus in angrenzende Teile der Stadt, wurden von Sicherheitskräften getrennt oder aufgehalten, verstärkten sich und kehrten wieder zurück; dabei kam es immer wieder zu Zuführungen. Schließlich waren um 20 Uhr 3000 bis 4000 Personen auf der Prager Straße eingekesselt, darunter viele MfS-Leute, auch Hundestaffeln. Etliche Demonstranten hatten sich auf die Straße gesetzt; weitere Gruppen hielten sich am Lenindenkmal vor dem Hauptbahnhof auf, wo mittlerweile ein Einkaufszentrum steht, und am Hotel Newa, heute Pullmann Dresden Newa. Nach den bisherigen Erfahrungen musste mit einem Angriff der Staatsmacht gerechnet werden. Da ergriff Kaplan Frank Richter zusammen mit Kaplan Andreas Leuschner die Initiative. Er ging auf die Polizisten zu, fragte sich zu einem Verantwortlichen durch und traf schließlich auf einen

Polizeioffizier in Zivil.

Diesem, einem relativ jungen Mann, trugen wir das Anliegen vor, die Polizei möchte von Gewaltanwendung absehen, da auch von Seiten der Demonstranten keine Gewalt ausging. Wir forderten ihn auf, sich um einen kompetenten Gesprächspartner von staatlicher Seite zu bemühen, wir würden unterdessen mit den Demonstranten sprechen und sie nach ihrer Gesprächsbereitschaft befragen. Auf diesen Vorschlag ließ sich der Beamte nach anfänglichem Zögern ein.

Richter teilte das Ergebnis seiner Verhandlung den Demonstranten mit, und eine spontan gebildete Gruppe von 20 Personen wurde von den Anwesenden durch Akklamation zu Sprechern ernannt. Danach legte man gemeinsam die Themen fest, über die mit dem Staat gesprochen werden sollte:

Reisefreiheit, Pressefreiheit, Einführung eines Zivildienstes, Legalisierung des Neuen Forums, offener und gewaltfreier Dialog in der Gesellschaft, Freilassung der politischen Gefangenen, besonders jener, die in den letzten Tagen in Dresden inhaftiert wurden.

Das wurde den Sicherheitskräften mitgeteilt, verbunden mit der Forderung, das Gespräch schon am nächsten Vormittag, am Montag, dem 9. Oktober, mit Oberbürgermeister Berghofer zu führen; die beiden katholischen Geistlichen trugen das Verhandlungsergebnis auch den anderen Demonstrantengruppen zu, die dem zustimmten. Doch damit nicht genug: Die Gruppe der 20 bat die Polizisten – oder forderte sie diese dazu auf? –, ihre weißen Schilde abzulegen, mit denen sie sonst, knüppeltrommelnd, auf die Demonstranten losgestürmt waren. Das taten die Polizisten, und es ist wohl keine Überinterpretation, darin einen atemberaubenden symbolischen Akt zu sehen. Schließlich wurde mitgeteilt, dass der OB Berghofer am Montag um 9 Uhr zu einem Gespräch bereit sei. Anschließend informierten der evangelische Landesbischof Hempel, Superintendent Ziemer von der Kreuzkirche und Oberlandeskirchenrat Fritz, die gerade mit Berghofer gesprochen hatten, darüber, dass das Ergebnis der Verhandlungen in der Kreuzkirche, der Kathedrale, der Christuskirche und der Versöhnungskirche bekanntgegeben würde – die Frauenkirche war damals noch nicht wieder aufgebaut.

Leipzig

Und dann war es Montag – nicht nur in Dresden, sondern auch in Leipzig, wo an diesem 9. Oktober 70 000 Menschen zusammenströmten, zur bisher gewaltigsten, folgenreichsten und heute bekanntesten Demonstration des Herbstes 1989. So ärgerlich der Republikgeburtstag des 7. Oktober für die Staatsmacht in Leipzig verlaufen sein mochte, die Zahl von gerade einmal 5000 Protestlern war insbesondere im Vergleich zum 2. Oktober verhältnismäßig gering; die Demonstration selbst war nicht einheitlich und zerfaserte sich über mehrere Stunden, sodass es nun doch im Bereich des Möglichen schien, diesem konterrevolutionären Treiben ein für alle Mal ein Ende zu bereiten. Erich Honecker – noch Generalsekretär, obwohl an seiner Absetzung bereits gearbeitet wurde – hatte am 8. Oktober in einem Fernschreiben an die Ersten Bezirkssekretäre zur Wachsamkeit gemahnt und eine klare Leitlinie ausgegeben:

Im Verlauf des gestrigen Tages kam es in verschiedenen Bezirken, besonders in Berlin, Leipzig, Dresden, Karl-Marx-Stadt, Halle, Erfurt und Potsdam, zu Demonstrationen, die gegen die verfassungsmäßigen Grundlagen unseres sozialistischen Staates gerichtet waren. Vor allem in Dresden, Plauen und Leipzig trugen sie den Charakter rowdyhafter Zusammenrottungen und gewalttätiger Ausschreitungen, die unsere Bürger in höchstem Maße beunruhigen. Es ist da-

mit zu rechnen, dass es zu weiteren Krawallen kommt. Sie sind von
vornherein zu unterbinden.

Abgesehen davon, dass Honecker mit diesem Schreiben seine
eigene, zwei Tage zuvor gehaltene Jubelrede dementierte, gab
die Staatsmacht für Leipzig einen strikten Repressionskurs
vor. Die fingierten Leserbriefe der vergangenen Woche im
ND hatten nichts genützt, sodass man jetzt direkter vorging.
Am Vormittag des 8. Oktober fand in Berlin bei Erich Mielke
eine höchstrangige Dienstbesprechung statt, an der auch der
Sicherheits-Sekretär des ZK, Krenz, der Sicherheits-Abtei-
lungsleiter Herger sowie der Innenminister Dickel teilnahmen,
dazu mit dem Ersten Sekretär Schabowski und dem Polizei-
präsidenten Rausch auch für Berlin zuständige Funktionäre.
Es wurden zunächst Technika vom Vortag besprochen, die
Abwicklung der Jubelfeier betreffend, aber ebenso auch die
Strategie für das Leipziger Montagsgebet des kommenden
Tages. Anschließend erging ein Fernschreiben Mielkes an alle
MfS-Dienststellen, in dem volle Dienstbereitschaft wegen zu
erwartender *Zusammenrottung feindlicher, oppositioneller
sowie weiterer feindlich-negativer und rowdyhafter Kräfte*
angeordnet wurde.

Am Abend traf sich die Leipziger Staatssicherheit beim MfS-
Generalleutnant Hummitzsch, dann speziell bei Oberstleutnant
Rosentreter, der die Parallele zum 17. Juni 1953 zog, und am
Morgen des 9. Oktober kam das entscheidende Gremium zusammen: die Bezirkseinsatzleitung. In den Einsatzleitungen
waren auf Bezirks- und Kreisebene die verschiedenen Sicherheitskräfte unter der politischen Leitung des jeweiligen Ersten
Sekretärs konzentriert; da der Erste Sekretär des Bezirks er-
krankt war, führte stellvertretend der Zweite Sekretär Hackenberg das Kommando über 3100 Volkspolizisten, 800 Kampf-
gruppenleute, 1500 NVA-Soldaten, dazu Einheiten des MfS.
Schließlich kamen 5000 Leute der famosen «gesellschaftlichen

Kräfte» zum Einsatz, die gegen die Demonstranten eingesetzt werden sollten, teils staatstreu diskutierend, teils abschreckend allein durch ihre physische Präsenz. Es wurde ein taktischer Einsatzplan dieser Kräfte festgelegt mit dem Ziel *der Auflösung rechtswidriger Menschenansammlungen* und *der dauerhaften Zerschlagung gegnerischer Gruppierungen sowie der Festnahme deren Rädelsführer* (sic!). Die Polizisten wurden durch ihre Politoffiziere und Kommandeure auf die Auseinandersetzungen so vorbereitet: *Genossen, ab heute ist Klassenkampf. Die Situation entspricht dem 17. Juni '53. Heute entscheidet es sich – entweder die oder wir.*

Wieder sollte verhindert werden, dass Westmedien über das bevorstehende Ereignis berichteten. Viele Journalisten wurden abgefangen, aber gegen die Einfallsgabe von Roland Jahn und seinen Mitarbeitern beim SFB half das nichts. Jahn hatte den beiden Ost-Berlinern Siegbert Schefke und Aram Radomski eine Kamera besorgt, listenreich gelang es ihnen, mit ihr nach Leipzig zu kommen – Schefke kletterte über die Dächer an der Schönhauser Allee in Berlin und entkam so seinen MfS-Bewachern, in ihrem Trabi fuhren sie unerkannt nach Leipzig –, und dort gestattete ihnen der Pfarrer Hans-Jürgen Sievers, vom Turm der Reformierten Kirche in der Nähe des Hauptbahnhofs aus zu filmen. Dieser Film wurde dann am 10. Oktober in den westdeutschen «Tagesthemen» gesendet.

Abermals gab es Leserbriefe in der LVZ, diesmal freilich nicht von Kampfgruppen. Am 9. Oktober erschien eine ganze Seite mit abwiegelnden Stellungnahmen von friedlicheren Verfassern, so vom Direktor des Musikalienverlages Peters, von einer Frauengruppe, vom Vorsitzenden eines Zivilsenats des Leipziger Bezirksgerichts oder von einzelnen Personen. Manchmal übrigens nicht ohne unfreiwillige Komik, so wenn eine staatstreue Frau voller Empörung meinte, bei den Demonstranten handele es sich um *Elemente, denn anders kann man diese Leute nicht bezeichnen.* Es wurde aber auch gedroht, manchmal in subtilerer Weise, wenn etwa der Leipziger SED-Justizfunktionär meinte, Demonstranten hafteten für die angerichteten Schäden.

Meistens aber wurde eine sehr konkrete Warnung ausgesprochen. Hackenberg hatte die staatlichen und städtischen Einrichtungen – und was fiel im Sozialismus nicht darunter? – angewiesen, zu diesem Zweck «Aussprachen» zu organisieren, und entsprechend wurden die Kinder in den Schulen, die städtischen Angestellten, die Arbeiter in den Betrieben heuchlerisch davor gewarnt, zur Demonstration zu gehen, denn es könne etwas passieren. Der Chefarzt einer städtischen Klinik, so berichtet eine Ärztin, *bat uns mit besorgniserregenden Worten, an diesem Montag nicht an der Demonstration teilzunehmen. Er begründete diese Bitte damit, dass ihm aus nicht genannter Quelle eine Information zugekommen sei. Diese bestand inhaltlich darin, dass eine gewalttätige Konfrontation mit Schießbefehl seitens der staatlichen Sicherheitsorgane zu befürchten wäre.* Gerüchte machten die Runde, Ärzte hätten Bereitschaftsdienst, es würden Blutkonserven und Krankenhausbetten in Reserve gehalten.

Das alles sollte Angst verbreiten, und das tat es auch. Die Teilnehmer des diesmaligen Friedensgebets freilich hatten keine, denn gekommen waren 2000 «gesellschaftliche Kräfte», meist Genossen und Genossinnen der Karl-Marx-Universität, die nach einem Plan von plumper Bauernschläue die Kirche so weit füllen sollten, dass für die eigentlichen Teilnehmer kein Platz mehr war – Hackenberg resümierte später: *Wir sind in die Kirche gegangen, Genossen, und ich muss sagen, es war falsch, wir saßen drin und die standen draußen.* Ein lustiges Räuber-und-Gendarm-Spiel ergab sich daraus aber nicht. Susanne Rummel, eine der wenigen Teilnehmerinnen am Friedensgebet, die in die Kirche gelangten, sagte dazu:

Leipzig

Ich musste durch ein Heerlager von Polizisten und Staatssicherheit. Die Kirche war regelrecht belagert. In die Kirche gelangt, sagte mir jemand, dass sie schon seit 13.30 so voll sei. Genossen hätten den Auftrag bekommen, sich hineinzusetzen und die Andacht zu stören ... von draußen drangen die gewaltigen Sprechchöre zu uns hinein: neben Pfiffen und Buh-Rufen und Klatschen das «Stasi raus!», «Gorbi, Gorbi» und «Wir bleiben hier!» und das wunderbare «Wir sind das Volk!» Am lautesten aber der Ruf «Keine Gewalt!» Die Atmosphäre in der Kirche war zum Zerreißen gespannt. Irgendwie schienen wir uns alle zu ducken in Erwartung eines fürchterlichen Schlages.

Gudrun Fischer, ebenfalls unter den Teilnehmern, erinnert sich vor allem an die Angst, aber auch an die trotzige Zivilcourage:

Ich wusste, dass nur möglichst viele Menschen Schlimmes verhüten können. Die Alarmbereitschaft der Polizei usw. hat mich dermaßen beeindruckt, dass ich Angst hatte ... Bisher ging es ja 40 Jahre glatt, aber irgendwie muss man doch mal mitreden. Spätestens dann, wenn die Volkspolizei ihr Volk verprügeln will. Das war meine Auffassung.

Nicht nur ihre. 70 000 Menschen kamen. Damit hatte niemand gerechnet. Die Kirchenvertreter nicht, die Staatsmacht nicht und auch nicht die Demonstranten. Die Menschen füllten die ganze Innenstadt. Vom Nikolaikirchhof aus ging es über die Grimmaische Straße zum Karl-Marx-Platz und dann langsam immer weiter. Mehrfach umrundete der Zug den Innenstadtring. *Keine Gewalt!* und *Wir sind das Volk!* wurde gerufen, *Gorbi, Gorbi!* und *Freiheit für die Inhaftierten!* Manchmal ertönte – ganz anders gemeint als über Jahrzehnte eingetrichtert – die «Internationale»: ... *erkämpft das Menschenrecht!* Ab und zu versuchte doch noch eine bewaffnete Einheit, sich den Konterrevolutionären entgegenzustellen, wurde aber fortgespült. Alle schönen Pläne des Wegdrückens, Aufspaltens,

Die Leipziger Demonstration der 70000 am 9. Oktober war ein Wendepunkt der Revolution. So viel freiwillige Teilnehmer hatte noch keine Kundgebung in der DDR gehabt, und der Staat kapitulierte: Gewalt gegen Demonstranten gab es nicht.

Einkesselns, Zusammenschlagens, Zuführens hatten sich als undurchführbar erwiesen, oder im Jargon des MfS-Berichts: *vorbereitete Maßnahmen zur Verhinderung/Auflösung kamen entsprechend der Lageentwicklung nicht zur Anwendung.* Um halb sieben fragte Hackenberg telefonisch bei Krenz an, ob das Nichteingreifen gebilligt werde; Krenz wollte sofort zurückrufen, tat es aber zunächst nicht. Der Einsatzleiter Hackenberg entschied, *keine aktiven Handlungen gegen diese Personen zu unternehmen, wenn keine staatsfeindlichen Aktivitäten und Angriffe auf Sicherungskräfte, Objekte und Einrichtungen erfolgen.* Als Krenz um Viertel nach sieben anrief, war alles schon entschieden, er akzeptierte. Die Staatsmacht hatte kapituliert.

Warum? Zunächst ist es natürlich nicht so, dass überall und mit einem Schlag alle Repression und Behinderung der Demonstrationen aufgehört hätten, davon wird weiter unten die Rede sein. Der VP-Chef des Bezirks Dresden mit dem schönen schweizerischen Namen Nyfenegger fabrizierte, ein weiteres Beispiel, am 13. Oktober ein Bürgerkriegsszenario namens *Aufgabenstellung zur Vorbeugung, Aufklärung und Verhinderung von Handlungen feindlich-negativer Kräfte auf dem Territorium der Bezirksstadt Dresden.*

Weiter zeigen die Lagefilme für Dresden, dass möglicherweise die Vielzahl der Repressionsorgane – VP, MfS, NVA, Kampfgruppen, Innenministerium, dazu noch die Einsatzleitungen – ein zügiges Handeln erschwerte. Außerdem hatte sich in Dresden und in Leipzig gezeigt, dass sowohl die Bereitschaftspolizei, in der viele Wehrpflichtige dienten, als auch die Kampfgruppen nicht gänzlich zuverlässig waren; es gab viele Gewissenskonflikte aus Furcht, gegen eigene nahe Angehörige vorgehen zu müssen. Auch die Entscheidung vieler Demonstranten, auf Polizisten, Soldaten und Kampfgruppenangehörige zuzugehen, mit ihnen zu diskutieren und ihnen klarzumachen, dass sich hier keine Meute von Rowdys zusammengerottet hatte, dürfte nicht wirkungslos geblieben sein. Die umissverständliche Botschaft lautete: Von uns geht keine Gewalt aus – ja, wir sind das Volk, das hier demonstriert.

Für Leipzig kam als Besonderheit hinzu, dass ab halb sieben in den Kirchen und auch über den Stadtfunk – dessen Lautsprecher über die Innenstadt verteilt waren – ein Aufruf verlesen wurde, der vom Gewandhauskapellmeister Kurt Masur, vom Pfarrer Peter Zimmermann und vom Kabarettisten Bernd-Lutz Lange sowie von den drei SED-Bezirkssekretären Roland Wötzel, Kurt Meyer und Jochen Pommert stammte. In diesem forderten sie einen *freien Meinungsaustausch über die Weiterführung des Sozialismus* und riefen zur *Besonnenheit* auf. Dem Aufruf wird vielfach eine Schlüsselrolle für den friedlichen Verlauf des 9. Oktober zugeschrieben, jedoch mussten die Demonstranten nicht zur Besonnenheit ermahnt werden, und ob sie an einer Weiterentwicklung des Sozialismus interessiert waren, darf bezweifelt werden. Entscheidend ist, dass der Appell wegen seiner Verbreitung über den Stadtfunk auch von den Sicherheitskräften gehört wurde. Das musste Unsicherheit hervorrufen, denn wenn sich drei SED-Sekretäre daran beteiligten – ein Sekretär auf Bezirksebene war mit einem kleineren Minister vergleichbar –, statt martialisch die Niederschlagung der Konterrevolution zu fordern, dann stand das in offenem Widerspruch zum gesamten Einsatz überhaupt.

Isolierungslager gibt es nicht

Noch etwas muss erklärt werden. Seit 1967 wurden mit der Direktive 1/67 des MfS-Ministers Pläne gefasst und immer weiter überarbeitet, um verdächtige Personen im Kriegs- oder im Spannungsfall vorbeugend in Lager einzusperren. Für diese «Isolierungslager» waren Sportarenen, Ausstellungshallen und Ähnliches vorgesehen. Auch für die innere Organisation der Lager wurden Regelungen getroffen, die die Selbstverwaltung der Häftlinge bis hin zur Anredeform des Wachpersonals betrafen. Der Personenkreis war in Karteien erfasst, die fortlaufend aktualisiert und um persönliche, zum Teil auch topographische Angaben ergänzt wurden. So wurde etwa notiert, ob Hintereingänge vorhanden waren, durch die man konspirativ in die Wohnung eindringen und die jeweilige Person heimlich festnehmen könnte. Im Ergebnis waren 86 000 DDR-Bewohner auf diese Weise in den Akten der Staatssicherheit für den «politisch-operativen Vorbeugekomplex» erfasst.

Der Herbst 1989 war nun fast der klassische Fall einer solchen Spannungssituation, und in der Tat hatten die polnischen Sicherheitsorgane unter ganz ähnlichen Umständen anlässlich der Ausrufung des Kriegsrechts am 12./13. Dezember 1981 schlagartig Oppositionelle festgenommen und in Lager verbracht. Am 22. September 1989 hatte Honecker in seinem

Fernschreiben an die Ersten Bezirkssekretäre unter anderem verlangt, *dass die Organisatoren der konterrevolutionären Tätigkeit isoliert werden*; sie gaben das an die Kreisleitungen weiter. Am 3. Oktober schickte das MfS an die MfS-Bezirksverwaltungen eine *Studie zur weiteren Vervollkommnung der spezifisch-operativen Vorbeugungsmaßnahmen*, und am 8. Oktober wies Mielke die Leiter der MfS-Diensteinheiten an, *alle Personen herauszuarbeiten, von denen ... feindlich-negative Handlungen und Aktivitäten zu erwarten bzw. nicht auszuschließen sind.*

Aber erst am Abend des 8. Oktober begann man in großer Hast neue Listen zu erarbeiten, die beispielsweise in Leipzig-Stadt «Im Rahmen des Vorbeugekomplexes zuzuführende Personen, die dem politischen Untergrund zuzuordnen sind» hießen. Es geschah aber nichts. Warum nicht? Ein Blick auf die Daten gibt eine erste Antwort. Obwohl in den vorangegangenen Jahren die Listen der verdächtigen Personen immer wieder erneuert und zahlreiche Einrichtungen sehr konkret als Lager ins Auge gefasst und vorbereitet worden waren, nahm die Entwicklung im Herbst 1989 doch einen zu schnellen Verlauf und erreichte eine solche Intensität, dass an einen schlagartigen Zugriff des Staates nicht mehr zu denken war. Das MfS war vollauf mit der Überwachung der politischen Widerstandskräfte beschäftigt, von denen es nicht im Mindesten erwartet hatte, dass sie in kürzester Zeit das ganze Volk mitreißen würden – diese übrigens auch nicht. Die Einrichtung der Lager und das Einsperren von 86 000 Menschen wäre sinnlos und zudem gar nicht mehr durchführbar gewesen; schon der Versuch hätte in der Bevölkerung, die selbst großenteils «feindlich-negativ» dachte, einen noch größeren Aufruhr verursacht. Die Idee der Freiheit wurde zur materiellen Gewalt, weil sie die Massen ergriffen hatte. Das Thema Isolierungslager verschwand sang- und klanglos aus dem Maßnahmenkatalog des MfS, wie alsbald das ganze MfS selbst.

Erste Rückwärtsschritte der Partei

Was für die Frage der Isolierungslager beziehungsweise ihre Aufgabe im Besonderen gilt, lässt sich auch über das Zurückweichen der Staatsmacht im Allgemeinen sagen. Natürlich ist das Ausbleiben von Repressionsmaßnahmen am 7., 8. und 9. Oktober in Plauen, Dresden und Leipzig auch vor dem Hintergrund des mangelnden Rückhalts an der Sowjetunion zu sehen. Denn anders als in Polen, wo sich die Partei bei Ausrufung des Kriegsrechts 1981 immer noch auf die UdSSR verlassen konnte, hätte ein Einsatz von Panzern durch die NVA 1989, wie ihn Honecker einmal zur Sprache gebracht hatte, der sowjetischen Politik widersprochen. Es waren aber vor allem der schlechte Zustand der SED und die weitgehend richtige Beurteilung der Lage in der aufbegehrenden Bevölkerung, die sich mäßigend auf das Verhalten der Parteiführung auswirkten und zur Einschätzung führten, die Alleinherrschaft nicht durch nackte Gewalt behaupten beziehungsweise wiederherstellen zu können. Diese Einschätzung wurde einzig vom Generalsekretär Honecker nicht geteilt, der nur auf Repression setzte. Und das hatte zur Folge, dass allmählich, sehr vorsichtig und konspirativ, seine Absetzung angegangen wurde.

Honeckers starre und realitätsferne Haltung beim DDR-Jubelfest war anscheinend auch Gorbatschow nicht genehm gewesen. Augenzeugen wie die Politbüromitglieder Krenz und Schabowski schlossen das aus Andeutungen in Mimik und Gestik der beiden Generalsekretäre; derartige Indizien waren von erheblicher Bedeutung für politische Entscheidungen in den staatsmarxistischen Parteien. Jedenfalls begann sofort am 8. Oktober die allgemeine Abkehr von Honecker, indem Krenz und Schabowski die Besprechung bei Mielke mit allen Größen des Sicherheitsapparates auch dazu benutzten, sich über eine Erklärung zu verständigen, die vom Politbüro beschlossen werden sollte. In ihr fanden sich neben der üblichen dröhnenden

Propaganda auch Formulierungen, die neu waren. Über die Ausreiser konnte man statt der bösartigen Formulierung, man weine ihnen keine Träne nach, lesen:

Die Ursachen für ihren Schritt mögen vielfältig sein. Wir müssen sie auch bei uns suchen, jeder an seinem Platz, wir alle gemeinsam.

Und von Gewaltmaßnahmen war nicht nur nicht die Rede, es hieß sogar:

Die Probleme der weiteren Entwicklung des Sozialismus in der DDR lösen wir selbst – im sachlichen Dialog und im vertrauensvollen politischen Miteinander.

Natürlich wären den Demonstranten in Dresden und mehr noch denen in Leipzig solche Formulierungs-Feinheiten, die man Wandlitz-Astrologie nennen könnte, mit Recht völlig gleichgültig gewesen, sie haben aber hier ihren Platz als erstes Zeichen für ein taktisches Umdenken der SED-Führung. Immerhin meint man das Neue Forum zu hören, wenn das SED-Politbüro so, als ob nie etwas gewesen wäre, den *Dialog* verkündet. Honeckers Wortwahl war das nun eben nicht. Die Erklärung gelangte an ihm vorbei ins Politbüro, wurde am 10. Oktober gegen seinen Willen verabschiedet und am 12. Oktober auf der ersten Seite des ND veröffentlicht. Und ebenfalls unterschrieb Honecker am 13. Oktober nur auf das Drängen von Krenz und anderen einen auf Leipzig bezüglichen Befehl, dessen Ziffer 5 genau das Verfahren akzeptierte, das am 9. Oktober angewendet worden war:

Der aktive Einsatz polizeilicher Kräfte und Mittel erfolgt nur bei Gewaltanwendung der Demonstranten gegenüber den eingesetzten Sicherheitskräften bzw. bei Gewaltanwendung gegenüber Objekten auf Befehl des Vorsitzenden der Bezirkseinsatzleitung Leipzig. Der Einsatz der Schußwaffe im Zusammenhang mit möglichen Demonstrationen ist grundsätzlich verboten.

Fünf Tage nach dem 8. Oktober waren aus den *rowdyhaften Zusammenrottungen, gewalttätigen Ausschreitungen* und *Krawallen* einfach *Demonstranten* geworden. Es zeigt sich also, dass das Zurückweichen in Plauen, Dresden und Leipzig sowie der Verzicht auf die Isolierungslager auf die allgemeine politische Situation zurückzuführen waren: Die verantwortlichen Funktionäre der Partei hatten eingesehen, dass mit unmittelbarer Unterdrückung nichts mehr zu erreichen war, ja, die Partei hatte aus diesem Grund hingenommen, dass örtliche Funktionäre in Kenntnis der konkreten Lage aus eigenem Entschluss für Gewaltfreiheit eintraten, und billigte nachträglich dieses Verfahren. Die Demonstranten begannen, die Entwicklung zu bestimmen, und die unsicher gewordene Partei versuchte, den Anschluss zu finden. Vergeblich.

5. Die DDR in Aufruhr

So unabdingbar das allmähliche Verschwinden der Angst und die Bildung der ersten politischen Gruppierungen in direkter Konfrontation mit Partei und Staat waren – die Revolution, die binnen weniger Monate die eherne Parteidiktatur zum Einsturz brachte und die nationale Einheit wiederherstellte, hätte es nicht gegeben, wenn nach den ersten großen Demonstrationen nicht in kürzester Zeit das ganze Land, das ganze Volk in Bewegung geraten wären. Daher kommt all den Manifestationen des Widerstandes – Demonstrationen und Kundgebungen, den Resolutionen und Forderungen, den Transparenten und Sprechchören –, die sich in Windeseile ab Anfang Oktober über die gesamte DDR verbreiteten, dieselbe Bedeutung zu wie denjenigen, die den Anfang gemacht hatten. Eine Vorhut allein kann nicht siegen, ein Sieg muss von allen errungen werden. Und ein Sieg war es, ein Sieg aller.

Schon deshalb muss nun in aller Ausführlichkeit von der Fülle der revolutionären Ereignisse berichtet werden, die das ganze Land überzogen. Damit zusammenhängend soll die Entwicklung der ehemals allmächtigen Partei geschildert werden, die dem Geschehen hinterherlief und zusehends zerbröckelte. Die Initiative von unten und die Reaktion der Herrschenden waren ein untrennbarer Vorgang von Wirkung und Gegenwirkung, der sich von Tag zu Tag nachzeichnen ließe. Hier soll es genügen, zunächst die erste Phase des Niedergangs der Partei zu skizzieren, dann ausführlicher das Aufbegehren im ganzen Land an Beispielen zu schildern, um schließlich wieder zur Situation der Partei zurückzukehren.

Die Partei schwankt

Wir hörten bereits, dass unmittelbar nach dem großen Illusionstheater der Jubelfeiern Honecker noch ein letztes Mal versucht hatte, die Unterdrückungsmaschine flächendeckend in Gang zu setzen – sein letzter Fehler, denn die führenden Kader waren nicht mehr bereit, das hinzunehmen. Zunächst versuchten sie noch, ihm eine andere Gangart aufzudrängen, aber die strategischen und auch persönlichen Fehlentscheidungen Honeckers hatten sich so gehäuft, dass eine Ablösung unvermeidlich war. Nach den Strukturprinzipien einer marxistisch-leninistischen Partei musste das konspirativ angegangen werden; Krenz und Schabowski waren die Hauptverschwörer eines überraschend einstimmig akzeptierten Coups. Der Antrag auf Absetzung wurde zu Beginn der Politbürositzung am 17. Oktober vom Altkader Willi Stoph gestellt, dem in der anschließenden Diskussion ausnahmslos alle folgten – einschließlich der Betonköpfe und sogar Mielkes. Das Abstimmungsergebnis war einstimmig, selbst Honecker hob die Hand. Parteidisziplin oder stalinistischer Kadavergehorsam: Wenn die Partei befiehlt ...?

Am nächsten Tag, dem 18. Oktober, kam das Zentralkomitee zu seiner 9. Tagung zusammen. In einer kurzen Erklärung bat Honecker selbst um seine Ablösung und schlug, ein nicht vorgesehener vergifteter Pfeil, Egon Krenz zu seinem Nachfolger vor: Krenz war damit in die Traditionslinie Ulbricht–Honecker gestellt. Mit einer Gegenstimme von altstalinistischer Seite wurde der Machtwechsel sofort akzeptiert, Honecker verließ unter letztem *stürmischem Beifall* den Sitzungssaal. Blitzartig, wie vorher das Politbüro, entledigte sich das ZK der verhassten Politbüromitglieder und ZK-Sekretäre Joachim Herrmann und Günter Mittag, und sofort hielt Krenz seine Rede als neuer Generalsekretär. Einige wenige Passagen reichen, um zu zeigen, wie sehr sich Ansätze zu einer halbwegs realistischen Sicht mit Illusionen über die Zukunft des SED-Staates mischten:

Wir haben in den vergangenen Monaten die gesellschaftlichen Entwicklungen in unserem Lande nicht real genug eingeschätzt und nicht rechtzeitig die richtigen Schlussfolgerungen gezogen – Die kollektive Kraft unserer Partei beruht auf der politischen Erfahrung und auf der Lebenskenntnis der über 2,3 Millionen Kommunisten – Ohne die Sozialistische Einheitspartei Deutschlands gäbe es keine Deutsche Demokratische Republik – wir erleben die Verschärfung von Widersprüchen bei der Verwirklichung des Programms unserer Partei – die Gegner des Sozialismus ... setzen darauf ... die DDR in kapitalistische Verhältnisse zurückzureformieren. Das aber ... wird es niemals geben – Mehr als hunderttausend, darunter nicht wenige junge Leute, sind aus unserem Land weggegangen – Unsere Gesellschaft verfügt über genügend demokratische Foren – Alles ... muss eindeutig in seinem Ziel sein, den Sozialismus in der DDR weiter auszubauen – Wir haben die Zeichen der Zeit zu erkennen und entsprechend zu reagieren, sonst wird uns das Leben dafür bestrafen. Diese Erfahrung ... auf die unser Kampfgefährte Michail Gorbatschow zum DDR-Jubiläum hingewiesen hat – Das Politbüro hat der Regierung der DDR den Vorschlag unterbreitet, einen Gesetzentwurf über Reisen von Bürgern der DDR ins Ausland vorzubereiten – die zeitweilig getroffenen einschränkenden Maßnahmen zum Reiseverkehr in sozialistische Bruderländer aufgehoben bzw. modifiziert ...

Am Abend gab Krenz im Fernsehen eine ähnlich gehaltene Erklärung ab, bei der er die ersten beiden Fehler beging: Er redete, wie im ZK am Vormittag, die Zuschauer versehentlich als *Genossen* an, und er sprach von einer *Wende, die die Partei eingeleitet* habe – das war so offensichtlich unwahr, dass man über diesen täppischen Winkelzug nur den Kopf schütteln kann. Am 24. Oktober schließlich wurde Krenz von der Volkskammer zum Vorsitzenden des Staatsrats und zum Vorsitzenden des Nationalen Verteidigungsrats gewählt, und obwohl durch diesen Akt wieder ganz traditionell alle wichtigen Ämter in einer Hand vereint wurden, gab es doch erste Ansätze zu einer wirklichen Wahl: In dieser undemokratisch durch eine Einheitsliste und ohne vorherigen Wahlkampf zustande gekommenen Volkskammer gab es immerhin 26 Gegenstimmen und 26 Enthaltungen, weshalb sich der Volkskammerpräsident, das Politbüromitglied Sindermann, beim Auszählen denn auch verhedderte, diese ungewohnte Aufgabe aber schließlich doch bewältigte. Inzwischen hatte die Revolution das ganze Land ergriffen. Wie flächendeckend, wird deutlich, wenn man sich die Zahl der Orte vergegenwärtigt, in denen noch vor dem Mauerfall demonstriert wurde. Die Karte auf Seite 130 bildet einige von ihnen ab. Mehr als 325 waren es insgesamt, von der Ostsee bis in die Sächsische Schweiz, und die Proteste an all diesen Orten hatten einiges gemeinsam: Überwindung der Angst, ein Gefühl unendlicher innerer Befreiung, Gegnerschaft zu SED und MfS, die Forderung nach Demokratisierung, nach freien Wahlen und nach Reisefreiheit bis hin zum Abriss der Mauer – und daraus gelegentlich folgend die Forderung nach Wiedervereinigung. Eine vollständige Darstellung aller Proteste setzte umfangreiche, bislang noch nicht geleistete Forschungsarbeiten voraus. Daher werden im Folgenden nur einige Besonderheiten hervorgehoben und die Ereignisse in einigen ausgewählten Orten verhältnismäßig ausführlich erzählt. Um einen Eindruck von der Fülle der bis in die Provinz hineinwirkenden Revolution zu vermitteln, zunächst einige stichwortartige Aufzählungen aus offiziellen internen Berichten. Zuerst die Abteilung Parteiorgane des ZK vom 11. Oktober (Hervorhebungen im Original):

Im Kreis **Ribnitz-Damgarten** führte die evangelische Kirche eine Veranstaltung zum Thema «Gespräche zu Problemen der heutigen Zeit» durch, an der ca. 120 Personen teilnahmen. Auffällig war der hohe Anteil von Teilnehmern aus dem medizinischen Bereich. – In **Merseburg** kam es in den gestrigen Abendstunden in der Stadtkirche zu einer Zusammenkunft, an der etwa 1000 Personen, darunter reaktionäre kirchliche Amtsträger, teilnahmen. Es wurde der «Leipziger Aufruf» verlesen und zur Schaffung von Kontaktadressen aufgerufen. – In **Wittenberg** fand in der Schloßkirche ein sogenannter

Erneuerungsgottesdienst statt, an dem ca. 1000–1100 Personen teilnahmen. Pfarrer Schorlemmer verlas den «Leipziger Appell» und rief
zur Ruhe und Besonnenheit auf. – In der Klosterkirche **Neuruppin**
fand eine Zusammenkunft statt, an der ca. 600 Bürger, vorwiegend
im Alter bis zu 30 Jahren, teilnahmen. An der Veranstaltung beteiligten sich außer Bürgern aus **Neuruppin** auch Bürger aus den Bezirken Halle, Karl-Marx-Stadt, Rostock und Suhl. Die Reden trugen
eindeutig feindlichen Charakter. – In der Paul-Gerhard-Kirche von
Eisenach versammelten sich ca. 250 Personen. Vertreter der Kirche
informierten über die Ziele und Vorstellungen der «demokratischen
Bewegung Neues Forum».

Für die 42. Woche berichtete das MfS unter anderem:

Lindow/Neuruppin, Zusammenrottung von ca. 30 Personen, die
durch das Stadtgebiet marschierten und in Sprechchören riefen:
«Wir protestieren. Wir bleiben hier. Reformen wollen wir»; Auflösung durch Kräfte der DVP unter Anwendung polizeilicher Hilfs-
mittel – **Wernigerode**, Zusammenrottung von ca. 60 Personen auf
dem Marktplatz, die Sprechchöre riefen: «Freiheit», «Weg mit den
Gummiknüppeln», «Wir wollen keine Gewalt», «Die Mauer muß
weg», «Scheiß Bullen» (Absingen der Internationale, brennende
Kerzen); Auflösung durch DVP.

Ebenfalls vom MfS stammt eine stark zusammenfassende Liste
mit knappen Einträgen

9. 10. **Magdeburg**, Dom, 4100 Teilnehmer; 11. 10. **Jena**, Stadtkirche, 1200 Teilnehmer; 12. 10. **Rostock**, Marienkirche, 2000; **Halberstadt**, Martinikirche, 1000; 13. 10. **Karl-Marx-Stadt**, Johannis-
und Lutherkirche, zusammen 5000; **Erfurt**, Augustinerkloster, 850;
15. 10. **Halle**, Pauluskirche, 1100; **Gera**, Stadtkirche, 2200; **Suhl**,
Evangelische Kirche, 1800

aber auch etwas detaillierteren Hinweisen:

11. Oktober 1989, **Markneukirchen/Klingenthal**, Demonstration für Reformen in der DDR; ca. 800 Teilnehmer, darunter Frauen mit Kindern, Schulklassen, Arbeiter des VEB Musima – 13. Oktober 1989, **Oelsnitz**, Ansammlung von ca. 150 Personen vor der Jakobikirche, Entzünden von Kerzen – 13. Oktober 1989, **Klingenthal/ Karl-Marx-Stadt**, Personenansammlung von ca. 400 bis 500 Personen, die durch die Innenstadt zur Kirche marschierten, wo danach eine Veranstaltung feindlich-negativen Charakters stattfand.

Am 27. Oktober zeichnete dann wieder die Abteilung Parteiorgane die Geschehnisse der Revolution auf (Hervorhebungen hier vom Autor):

Parchim – Demonstration durch die Innenstadt, ca. 4000 Teilnehmer – **Hagenow** – Veranstaltung in der Kirche mit 1500 Personen – **Karl-Marx-Stadt** – Veranstaltung in der Lutherkirche mit Bischof Forck aus Berlin, 3500 Zuhörer – **Stendal** – nach Gebet in der Petrikirche Demonstration von 5000 Bürgern durch die Stadt – **Berlin**-Köpenick, Christuskirche, vor ca. 1500 Besuchern nahmen Vertreter des «Neuen Forums», darunter Bärbel Bohley und Professor Reich, Gelegenheit zur Selbstdarstellung – **Gera** – im Anschluß an drei kirchliche Veranstaltungen demonstrierten 5000 Teilnehmer durch die Innenstadt – **Zeulenroda** – Kirchenveranstaltung, anschließend Demonstrationszug mit 3000 Personen – **Neustadt, Kreis Pößneck** – Friedensgebet in der Stadtkirche mit anschließendem Zug von 500 Personen durch die Stadt – In **Erfurt** demonstrierten ca. 15000 Personen, vorwiegend Jugendliche. Es kam zu Störungen der öffentlichen Ordnung ...

Der Norden wacht auf

Der erste Friedensgottesdienst in **Greifswald** fand am 18. Oktober im Dom statt, wodurch die schmachvolle Honecker-Weihestunde im Juni wiedergutgemacht wurde. Der Dom war so voller Menschen, dass man kaum noch stehen konnte. Nach dem Gebet und dem Verlesen einer Erklärung des Neuen Forums begann ohne jede Organisation die öffentliche Demonstration. Ein Ehepaar ging mit Kerzen in der Hand voran, *unter Einsatz von Beruf und Karriere, von Leib und Leben, es strömten die Menschen wie Wasser durch einen Deichbruch,* wie Reinhard Glöckner schreibt.

Auch in der alten Hansestadt **Stralsund,** die Wallenstein im Dreißigjährigen Krieg nicht erobern konnte, begannen die Ereignisse mit Friedensgebeten in St. Nikolai. Zuerst mit geringer Resonanz, am 9. Oktober waren es jedoch schon 400 Teilnehmer, am 16. Oktober 1300, und so ging es weiter, alsbald in die größere Marienkirche, die aber auch zu klein war. Am 7. November bildeten die Teilnehmer des Friedensgebetes sogar eine «Koordinierungsgruppe für den gesellschaftlichen Dialog» aus je 20 Mitgliedern der Opposition und Vertretern der Stadt – ein erster Runder Tisch, noch bevor Runde Tische sich anderswo durchzusetzen begannen.

In der mächtigen See-, Hanse- und Universitätsstadt **Rostock** begann der Aufruhr friedlich am 5. Oktober in der Petrikirche mit einer Fürbittandacht für Demonstranten in Leipzig, mit 600 bis 700 Teilnehmern. Zwei Tage später wurde eine Andacht der Betroffenheit abgehalten, ebenfalls in der Petrikirche, 500 Menschen unterzeichneten eine Solidaritätserklärung, am 11. Oktober stellte sich das NF in der Michaeliskirche vor, am Tag darauf gab es auf Initiative von Heiko Lietz in St. Marien ein Friedensgebet mit Vertretern des Neuen Forums aus allen drei Nordbezirken. Am 19. Oktober folgten dann Gebete in zwei Kirchen und eine anschließende Demonstration durch die Stadt mit 10000 Teilnehmern – den Anstoß dazu gab nach Joachim Gauck, damals Pastor von St. Marien, die Tatsache, dass die Kirchen einfach zu voll waren. Am 26. Oktober fanden dann Gebete in vier Kirchen statt, an die sich eine Demonstration mit 25000 Teilnehmern anschloss,

Der Norden wacht auf

Pastor Joachim Gauck bei einem Fürbittgottesdienst in St. Marien in Rostock im Januar 1990. Von solchen Gottesdiensten nahm die Revolution ihren Anfang.

auf der die Zulassung des Neuen Forums und freie Wahlen gefordert wurden.

Das großzügig gebaute **Wismar** war im Mittelalter zusammen mit Lübeck, Rostock und Stralsund eine der wichtigsten Hansestädte, die Zerstörung im Zweiten Weltkrieg schlug der Stadt tiefe Wunden, die noch nicht geheilt sind. Auch hier hatte die Partei nach der erfolgreichen Gründung des Neuen Forums in scheinbarer Harmlosigkeit den Dialog propagiert, am 31. Oktober trug auf einer weiteren Zusammenkunft in St. Nikolai Monika Stein ein selbst verfasstes Gedicht vor, das hier stellvertretend für viele Manifestationen der politischen Volkspoesie der Zeit zitiert werden soll:

Im Lande weht ein neuer Wind
Geschwind, geschwind
Gleich heute wird zum Dialog geblasen
Dampf ablassen, Dampf ablassen.

Die gestern noch als Staatsfeind Dich heruntermachten,
Die wollen Dich heute schon als Partner achten.
Da ist was faul im Staate!
Warum denn,
Solln wir heute gerade glauben, dass sie es ehrlich meinen?
Vielleicht die einen.
Andere dafür nicht.
Ich habe Angst, dass man zuviel verspricht.
All unsere Gebete in den Wind?
Nein! Nicht solange wir die Massen sind!

Am 7. November schließlich fand mit 50 000 Teilnehmern, die zum Teil aus der Umgebung angereist waren, die größte Demonstration Wismars auf dem großen Marktplatz statt – das waren mehr Menschen, als die Stadt damals Einwohner hatte.

In **Schwerin,** der Haupt- und Residenzstadt des Großherzogtums Mecklenburg-Schwerin mit ihrem historisierend-phantastischen Schloss, das heute den Landtag beherbergt, hatte das Theater keinen geringen Anteil an der Entwicklung. Schon im Februar 1989 begann dort die Revolution unbemerkt und wohl auch unbeabsichtigt mit der Aufführung von Schillers «Wilhelm Tell». Ganz gewiss hatte man kein Revolutionsstück im Sinn, das die Zuschauer zum Sturz des SED-Regimes auffordern wollte, vieles war zurückgenommen und nicht auf politisch verwertbare Verse hin inszeniert, zumal noch nach der Voraufführung einiges geändert werden musste. Aber immerhin stand der Landvogt Gessler von Anfang an auf einem Balkon, der dem des Staatsratsgebäudes in Berlin sehr ähnlich war, und eine Aufschrift verkündete «Grenzgebiet. Betreten verboten». Als es dann im Oktober 1989 ein Gastspiel in der Berliner Volksbühne am Rosa-Luxemburg-Platz gab, war es gar nicht anders möglich, als dass ein Vers nach dem anderen Szenenapplaus hervorrief: *Wer wird hier leben wollen ohne Freiheit? – Der fremde Zauber reißt die Jugend fort – Wir sind umringt von Spähern – Fort muss er, seine Uhr ist abgelaufen! – Was* *läuft das Volk zusammen? Treibt sie auseinander! Schafft das freche Volk mir aus den Augen! Den kecken Geist der Freiheit will ich beugen – Reißt die Mauern ein! Wir haben's aufgebaut, wir wissen's zu zerstören.*

Unmittelbarere Bezüge hatte ein Volksliederabend unter dem Titel «Es kann ja nicht immer so bleiben», der längere Zeit mit Verboten zu kämpfen hatte und erst Anfang November erstmals aufgeführt werden konnte. Allerdings waren die Mitarbeiter des Theaters schon einen Monat zuvor zu einer Vollversammlung zusammengekommen. Ihr Treffen am 4. Oktober sollte der Vorbereitung des Republikgeburtstags dienen, aber dann wurde die oben wiedergegebene Resolution der Unterhaltungskünstler verlesen und schon am 6. Oktober ein Positionspapier ähnlichen Inhalts verfasst, das in den folgenden Tagen zu viel Gezerre zwischen der Belegschaft, Parteisekretären und Stadträten Anlass gab. Selbst ein Aushang in der Kassenhalle sollte verhindert werden, was ebenso erfolglos blieb, wie die Ereignisse der nächsten Tage und Wochen den lächerlichen Widerstand der bisher Maßgebenden gegenstandslos werden ließen.

Inzwischen hatte nämlich längst eine ganz andere Entwicklung eingesetzt, die ihrem vorläufigen Höhepunkt zustrebte. Am 2. Oktober sollte im Gemeindezentrum der St. Paulskirche in der Nähe des Bahnhofes eine Zusammenkunft zur Gründung des Neuen Forums stattfinden; die Veranstalter hatten mit 80 bis 100 Teilnehmern gerechnet, gekommen jedoch waren zwischen 800 bis 1000. Der daher nötige Umzug in die Kirche selbst war völlig ungeplant und daher umso eindrucksvoller. *Das war die eigentliche Initialzündung für Mecklenburg*, so Heiko Lietz später. Die anschließende Protestveranstaltung, der Stadtjugendabend am 6. Oktober, sollte von der Partei gestört werden. 208 *verdiente Genossen* erschienen und terrorisierten die Anwesenden, lärmten und rissen das Mikrophon an sich. Dennoch konnte die Veranstaltung stattfinden, weil die Teilnehmer deutlich in der Überzahl waren. Auch die weitere Entwicklung verlief anders, als es sich die Partei gedacht hatte, und zwar ganz besonders blamabel.

Das Neue Forum hatte für Montag, den 23. Oktober, um 15 Uhr zunächst zu einer Friedensandacht im Dom und anschließend zu einer Kerzendemonstration eingeladen, die erste Demonstration in Schwerin überhaupt. Sie sollte bis zum Alten Garten führen, einem weiten Platz im Zentrum der klassizistischen Anlagen Schwerins neben der Schlossinsel und zwischen Museum, Theater und der heutigen Staatskanzlei, die damals die Bezirksleitung der SED beherbergte. Der Erste Sekretär der Bezirksleitung der SED, Ziegner, glaubte, besonders raffiniert zu sein, und organisierte für denselben Zeitraum ebenfalls am Alten Garten eine Kundgebung zusammen mit dem aus allerlei Satellitenorganisationen bestehenden Demokratischen Block, vorgeblich um den Dialog zu fördern. Aus dem ganzen Bezirk Schwerin wurden Claqueure in Bussen herantransportiert, gleichzeitig marschierten Polizei und Kampfgruppen auf, die alle Vorkehrungen trafen, etwaige Demonstranten des NF festzunehmen und zuzuführen.

Natürlich wollten die Vertreter des Neuen Forums Zusammenstöße vermeiden und erwogen eine Absage, aber die Dynamik der einmal angelaufenen Ereignisse war stärker. Von überall – nicht nur vom Dom her – füllte sich der Platz am Alten Garten mit Demonstranten, denen zunächst nur ein einziges Megaphon zur Verfügung stand, die aber immer mehr Zulauf bekamen – selbst von Teilnehmern der Konkurrenzkundgebung, sodass diese immer dünner wurde. Zum Schluss demonstrierten 40 000 Teilnehmer gegen die Diktatur und zogen nach den Ansprachen in einem riesigen Strom von Kerzenträgern durch die ganze Stadt. Die SED-Kundgebung war zerflossen, und der Erste Sekretär Ziegner hatte, anders als Modrow in Dresden oder Schabowski in Berlin, nicht den Mut aufgebracht, sich den Demonstranten zu stellen. Er verdrückte sich und wurde wenig später gestürzt. Der Gegenangriff der Partei hatte sich in einen Sieg der Bürgerbewegung verwandelt, den auch die Belegschaft des am selben Platz gelegenen Theaters in einem Offenen Brief vom nächsten Tag trefflich charakterisierte:

> Die gestrige offizielle Kundgebung auf dem Alten Garten – als Dialog deklariert – ist anders ausgegangen, als es die Veranstalter beabsichtigten ... In alten Denk- und Verhaltensweisen wurde Dialog behauptet, aber nicht geführt. Offensichtlich vorbereitete Texte gleichen Gehalts wurden aneinandergereiht, eine festgelegte Rednerliste, auf hoher Tribüne, über die Massen hinweg abgearbeitet. Das gesamte Szenarium mit Blaskapelle und Musikbeschallung war dem politischen Ernst völlig unangemessen und entsprach altbekannten aber gescheiterten Jubelfeiern ... Die Veranstalter des gestrigen Dialog-Debakels haben nicht aus den Erfahrungen von Berlin, Leipzig, Dresden und Plauen gelernt. ... Der Großteil der Schweriner Bürger hat gestern eine Abstimmung mit den Füßen gegen die Veranstalter durchgeführt.

Eine halbe Eisenbahnstunde von Schwerin entfernt liegt das 4800 Einwohner zählende **Crivitz**, über das hier stellvertretend für die vielen kleinen Orte ausführlicher berichtet werden soll. Schon lange nahm die Crivitzer Pfarrstelle an all den Aktivitäten teil, die auch anderswo den revolutionären Ereignissen vorangingen. Jeden Herbst fanden die Friedensdekaden unter dem Symbol «Schwerter zu Pflugscharen» statt, es gab einen Umweltkreis, Crivitz beteiligte sich an der Ökumenischen Versammlung und an der sozial-diakonischen Arbeit mit gefährdeten Jugendlichen. Wehrdienstverweigerer und Bausoldaten wurden betreut, der Schaukasten am Pfarrhaus hatte eine wichtige Funktion für den Informationsaustausch.

Dort wurde dann auch über das Neue Forum berichtet. Sofort nach dessen Gründung hatte sich Pastor Heinrich Rathke, früherer Landesbischof von Mecklenburg, mit einigen Initiatoren des NF in Verbindung gesetzt, im Crivitzer Pfarrhaus gab es nach jedem Gottesdienst eine Informationsstunde. Ende

September richtete Pastor Rathke eine Eingabe an den Rat des Bezirkes, in der er für die Zulassung des Neuen Forums eintrat und im Weigerungsfall die Bildung einer Vereinigung zur Verbreitung und Verwirklichung des KSZE-Abschlussdokuments ankündigte; es gab mehrere Gespräche mit dem für Inneres zuständigen Funktionär Schwoerke. Zusammenfassende Protokolle lassen Rückschlüsse auf Rathkes Fragen und Forderungen zu und zeigen zugleich, dass der Genosse Schwoerke diesen nichts als stereotype Antworten entgegenzusetzen hatte:

> ... ging er ausführlich auf die Erklärung des Politbüros der SED vom 11. 10. 1989 ein, die eine gute Grundlage für den Dialog und die breite demokratische Mitwirkung aller Bürger an der Lösung gesellschaftlicher Aufgaben bietet ... Zur KSZE von Wien erklärte Genosse Schwoerke, dass wir als Staat nicht nur über diese Akte reden, sondern sie auch verwirklichen ... Die Behauptung Dr. Rathkes ... wies Genosse Schwoerke scharf zurück ... Genosse Schwoerke wies ... energisch zurück ... Dr. Rathke wurde noch einmal auf die Möglichkeiten hingewiesen, die unser Staat und unsere Gesellschaft für den Dialog und das gesellschaftliche Engagement bieten. Genosse Schwoerke wies nach, wie die Schlussakte von Helsinki in der DDR verwirklicht wird ... gespannten Atmosphäre, die vor allem durch das uneinsichtige und zum Teil erneut aggressive Auftreten Dr. Rathkes verursacht wurde ...

Das Künstlerehepaar Wieland und Heide Kathrein Schmiedel war ebenfalls maßgeblich an der Umwälzung beteiligt. In ihrem Haus, der Rönkendorfer Mühle an der Warnow vor den Toren von Crivitz, wurde am 8. Oktober unter dem Namen Politische Bürgerinitiative Crivitz eine Zweiggruppe des Neuen Forums gegründet, die 57 eingeschriebene Mitglieder zählte und einen eigenen Sprecherrat bildete. Im Crivitzer Kulturhaus wurden große Bürgerversammlungen abgehalten, zu denen Vertreter der Partei, des Rates des Kreises, der Staatssicherheit und der Volkspolizei eingeladen waren, die aber nicht alle kamen. Im

November wurde Einigkeit darüber erzielt, dass der Führungsanspruch der SED unhaltbar sei, es demgemäß einer Verfassungsänderung bedürfe und wahrhaft freie Wahlen stattfinden müssten.

Regelmäßige Demonstrationen wären wegen der geringen Einwohnerzahl des Ortes im Allgemeinen überdimensioniert gewesen, daher wurden die Crivitzer in verschiedenster Weise in Schwerin aktiv. Sie beteiligten sich an der Gründung des Neuen Forums in der Paulskirche und nahmen an der großen Demonstration vom 23. Oktober teil. Rathkes Mitarbeit an der Veranstaltung vom 6. Oktober würdigte die Schweriner Staatssicherheit so, dass sie *mit bekannten Exponenten der Untergrundtätigkeit im Territorium des Bezirkes Schwerin (Lietz, Rathke und andere) ... abgestimmt* gewesen sei. Einmal fand jedoch auch in Crivitz eine große Demonstration statt, am 21. November, eine gute Woche nach der Grenzöffnung. Die Politische Bürgerinitiative Crivitz hatte dazu aufgerufen, 2000 Teilnehmer aus Crivitz und Umgebung erschienen auf dem Marktplatz, die «Schweriner Volkszeitung» berichtete ziemlich ausführlich: Auf Transparenten hieß es: *Schulen ohne ideologischen Druck / Keine Diktatur der SED / Mehr Demokratie statt Bürokratie auch in Crivitz / Reisefreiheit, das war doch nicht etwa schon alles? Oder? / Freigewählte Volksvertreter.*

Auf der Kundgebung wurde ein Offener Brief an den Vorsitzenden des Rates des Kreises verlesen, in dem unter anderem die Rede war von *Trennung von Staat und Partei und damit auch (von der) Arbeit des Rates des Kreises ohne direkte oder indirekte Einflussnahme des Sekretariats der SED-Kreisleitung ... Für freie demokratische Wahlen ist ein neues Wahlgesetz mit Chancengleichheit für alle erforderlich. Die Staatssicherheit muss öffentlich Rechenschaft über Vergehen an Bürgern unseres Landes ablegen und ab sofort demokratisch kontrolliert werden. Weiterhin werden die sofortige Auflösung der Kampfgruppen und der Abbau der Vormachtstellung der NVA sowie*

der Wehrersatzdienst gefordert. ... Wird der Wehrunterricht
abgeschafft? Eine radikale Entmilitarisierung der Schule und
anderer Bildungseinrichtungen sei notwendig. Ebenso die klare
Trennung der Schule von Partei, FDJ, Pionierorganisation ...

Die Kreisstadt **Bützow** nordöstlich von Schwerin ist manchen allenfalls durch Wilhelm Raabes freundlich-ironische Erzählung «Die Gänse von Bützow» bekannt. In jüngerer Zeit allerdings hatte das wie eine Festung ausgebaute Zuchthaus Bützow-Dreibergen zunächst während der NS-Herrschaft und dann im SED-Staat eine furchtbare Rolle gespielt. In der Strafanstalt mit ihren unmenschlichen Haftbedingungen brachen bald nach Beginn der Revolution Streiks aus, die die Leitung so in Schrecken versetzten, dass der bisher verfemte Heiko Lietz als Vermittler gerufen wurde, der dann auch Forderungen der teilweise unmenschlich behandelten Gefangenen durchsetzen konnte – auch das eine Wirkung der Herbstrevolution.

In **Röbel** am Müritzsee – überregional wohl so wenig bekannt wie Crivitz und Bützow – brachte das Neue Forum bereits Ende 1989 einen hektographierten Bericht über die Ereignisse des ablaufenden Jahres heraus. In seiner völlig unprätentiösen Aufmachung auf schlechtem Papier gibt er schon durch seine Einfachheit Kunde davon, wie elementar, wie unmittelbar und ohne jede Hilfe von außen die Revolution begonnen hatte. In Röbel bestand ein Friedenskreis der evangelisch-lutherischen Kirche, der zuerst in Vipperow ansässig gewesen war. 1989 diente er Ausreisern als Zuflucht, nahm aber auch furchtlos zu aktuellen Ereignissen Stellung. So protestierte er am 4. Oktober bei dem Ersten Sekretär von Neubrandenburg, Chemnitzer, gegen dessen Staatsbesuch in China im Gefolge von Egon Krenz. Schon im September 1989 waren ungewöhnliche Plakate in Röbels Stadtbild aufgetaucht. DIE WAHRHEIT WIRD EUCH BEFREIEN brachte beispielsweise der Kaufmann Heinz Meyer im Schaufenster seines Geschäfts für Wirtschaftsartikel an. Der Bäcker Peter Ahrens stellte WENN IHR SCHWEIGT, WER-

DEN DIE STEINE SCHREIEN in das Schaufenster. Und im Schaukasten der Kirche konnte man lesen: BLEIBET IM LANDE UND WEHRET EUCH TÄGLICH. Meyer und Ahrens mussten die Plakate herausnehmen, weil sie keinen Bezug zum Warenangebot hatten, so die Begründung, und der Schaukasten der Kirche wurde schwarz überschmiert. Das waren die letzten Zuckungen der allmächtigen Staatsgewalt.

Zur gleichen Zeit stellten Sympathisanten des Neuen Forums in einem Gesprächskreis Überlegungen zur Demokratisierung im Kreis und im Land an, und schließlich riefen der Tierarzt Bernd Seite – später Ministerpräsident von Mecklenburg-Vorpommern –, der Ingenieur Sander und der Pastor Timm für den 19. Oktober zu einer Versammlung für demokratische Erneuerung in die Nikolaikirche in Röbel auf, zu der auch Partei und Staat eingeladen waren. 1000 Menschen folgten dem Aufruf, die Funktionäre jedoch nicht. Für den 26. Oktober wurde in die Marienkirche eingeladen. Die 3000 Besucher fanden nicht alle Platz, daher zogen sie in einem improvisierten Protestmarsch zum Markt. Sie kritisierten unter anderem mangelnde *Reisefreizügigkeit, Misswirtschaft und Planschwindel, die Privilegien der Funktionäre und die Bevormundung der Gesellschaft durch die SED*. Der 4. November brachte die erste geplante Demonstration, die mit 3500 Teilnehmern durch die Stadt führte. Am 9. November fand eine Versammlung für demokratische Erneuerung mit einer Podiumsdiskussion auf dem Marktplatz statt, zu der etwa 3000 Menschen kamen. Am Ende wurde ein Telegramm an das ZK geschickt, das unter anderem folgende Forderung enthielt: *Die SED hat ihr politisches Vertrauen verloren ... Die SED sollte ihre Bereitschaft zu einer freien, geheimen und öffentlichen Wahl zwischen Parteien und Kandidaten ohne Führungsanspruch einer Partei erklären ...*

In der Bezirkshauptstadt **Neubrandenburg** waren zahlreiche Partei- und Staatsstellen konzentriert, aber trotzdem erhielten die Demonstrationen von Woche zu Woche mehr Zulauf und

Zwei junge Frauen am 4. November 1989 vor dem Eingang des MfS-Gebäudes in Rostock. Während bei Demonstrationen vielfach eine gelöste Stimmung überwog, drücken diese beiden jungen Frauen den Ernst aus, der allem zugrunde lag.

gewannen an Intensität. Am 25. Oktober drängten bereits etwa
35 000 Menschen auf die Straße. Ähnlich wie zwei Tage zuvor
in Schwerin glaubte der Erste Sekretär des Bezirks, Johannes
Chemnitzer, auch in Neubrandenburg eine Gegenkundgebung
veranstalten zu können. Ihm standen aber nur 4500 Leute zur
Verfügung, die auch hier in der Masse untergingen. Ihm schienen allmählich die Nerven durchzugehen: *Wir können auch
anders!*, rief er – und musste daraufhin vor Handgreiflichkeiten
der Zuhörer geschützt werden. Es gab auch Anlass zur Heiterkeit. Am 1. November erklärte der Oberbürgermeister auf dem
Marktplatz, sich dafür einsetzen zu wollen, dass Sat.1 durch
Kabelfernsehen nach Neubrandenburg geholt werde, und wurde ausgelacht.

Ergreifende Stille im ehrwürdigen Dom

In **Magdeburg** änderte sich im Herbst die Situation grundlegend. Etwa zwanzig Personen um den Kirchengemeinderat,
bald darauf Beratergruppe Dom genannt, beschlossen, dass es
zusätzlich zu den Gebeten am Barlachdenkmal jeden Montag
im Hohen Chor ein «Gebet für gesellschaftliche Erneuerung»
geben sollte, das durch einen kleinen Anschlag, mündliche Mitteilungen und am Sonntag im ökumenischen Mauritiusgottes-
dienst im Dom angekündigt wurde. Am 18. September kamen
130 Personen, um der Vorstellung von Oppositionsgruppen
zuzuhören oder sich über aktuelle Texte, Resolutionen und anderes zu informieren, die ausgelegt und mit den kümmerlichen
zur Verfügung stehenden Mitteln vervielfältigt wurden. In den
nächsten Tagen kamen viele Magdeburger, die in diese Texte
Einsicht nahmen oder sie abschrieben, und schon bald hieß es,
sie seien die wichtigste Magdeburger Zeitung. Vorsichtshalber
suchten Kirchenvertreter den für klerikale Fragen zuständigen
städtischen Funktionär Nothe auf. Er signalisierte Verständnis,

hielt aber Zusagen nicht ein. Der anfangs positive Eindruck relativierte sich im Juni 1990 vollends, als herauskam, dass der zeitweilig als Oberbürgermeister amtierende Nothe Offizier im besonderen Einsatz (OibE) des MfS war.

Es kamen immer mehr Menschen zu den Gebeten; am 25. September waren es 450, am 2. Oktober 1300 Teilnehmer, woraufhin das Gebet in das Hauptschiff verlegt werden musste. Aber auch die Kommunikation untereinander brauchte angesichts der riesigen Menschenmenge eine andere Form als bisher, weshalb 26 Gesprächsgruppen gebildet wurden, die einen Forderungskatalog zum gesellschaftlichen Wandel aufstellten. Die Liste, die anschließend dem verständnisvollen Stadtrat Nothe überreicht wurde, war dann wahrhaft revolutionär. Man kann sich nur wundern, dass so weitgehende Forderungen in aller Offenheit ausgesprochen wurden und die Magdeburger ernstlich glaubten, ein SED-Funktionär könne sich darauf einlassen, denn mit der bisherigen Herrschaftspraxis in der DDR war das nicht entfernt vereinbar. Hier eine Auswahl, deren Reihenfolge den jeweiligen Anteil an Zuspruch abbildet:

> Pressefreiheit, Presseunabhängigkeit, ehrliche, offene und aktuelle Berichterstattung – Rede-, Meinungs- und Glaubensfreiheit ohne Diskriminierung – Parlamentarische Mehrparteiendemokratie bei freien Wahlen mit getrennter Liste – Unabhängige, weltanschaulich neutrale Bildungs- und Kulturpolitik ohne Hass- und Feindbilderziehung – Ziviler Wehrersatzdienst ... Strenge Gewaltenteilung in Legislative, Exekutive und Jurisdiktion – Rechtsstaatlichkeit, Unabhängigkeit der Richter ... Kontrolle der Macht im Staat durch das Parlament; Machtmissbrauch, Spitzelunwesen, Privilegien ... Freie Bewegung im In- und Ausland – Demonstrations-, Versammlungs- und Vereinigungsrecht ...

Im Vorfeld des Republikgeburtstags wuchsen die Spannungen. Auf ein Gerücht hin, es werde nach dem Schalom im Dom eine Demonstration stattfinden, tauchten am 5. Oktober zusätzlich zu den Ausreisern weitere Menschen auf, die sich draußen vor dem Dom versammelten. Nach dem Gebet setzten sich beide Gruppen getrennt, auf zwei verschiedenen Straßenseiten, in Bewegung, Richtung Alter Markt. Plötzlich stellte sich ihnen schwerbewaffnete Bereitschaftspolizei entgegen, schlug auf sie ein, bildete einen Kessel und trieb viele Demonstranten und mit ihnen normale Passanten auf Lastwagen und führte sie zu. Die Protestierenden warfen vereinzelt Steine, die aus dem Gleisbett der Straßenbahn stammten, aber vor allem erschollen jetzt die ersten Rufe *Wir sind das Volk!* – *Keine Gewalt!*

Zwei Tage später, am 40. Jahrestag der DDR, wurde wieder zugeschlagen. Partei und Staat hatten Volksfeste angeordnet, trotzdem waren in der Innenstadt Sicherheitskräfte und Lastwagen unübersehbar. Als um 18 Uhr das offizielle Festprogramm beendet war, begann der Bürgerkrieg auf den Straßen. Noch auf der Karl-Marx-Straße in der Innenstadt wurden Kessel gebildet, in denen die Staatsmacht Demonstranten und gewöhnliche Fußgänger zusammentrieb. Zahlreiche Menschen wurden abtransportiert und zugeführt, so etwa an der Wilhelm-Pieck-Allee, wo sich eine Polizeikette und eine Menschenmenge gegenüberstanden. Aus dieser rief jemand *Keine Gewalt!*, aber sofort löste sich ein Bereitschaftspolizist aus der Kette, rannte auf die Menge zu, ergriff eine junge Frau, zerrte sie nach hinten und warf sie auf die Ladefläche eines mit laufendem Motor bereitstehenden Lastwagens, der sofort mit ihr abfuhr. Noch in der Nacht, als Jugendliche Gitarre spielend auf dem Boden saßen, griff die Staatsmacht mit Hundestaffeln ein. Insgesamt 130 Menschen wurden an diesem Tag abgeführt.

Die Beratergruppe Dom und der Staat bereiteten sich auf das «Gebet für gesellschaftliche Erneuerung» am Montag, dem 9. Oktober, recht unterschiedlich vor. In Betrieben, Schulen, Hochschulen lief eine Einschüchterungskampagne auf breiter Front. Kindern wurde gesagt, ihre Eltern würden verhaftet, wenn sie in den Dom gingen, und ein Betriebslautsprecher verkündete: *Heute Abend wird Blut fließen. Die Domprediger werden verhaftet. Heute ziehen wir sie über den Tisch. Im Dom sind die reaktionärsten Kräfte der evangelischen Kirche. Jeder soll den Dom ab Nachmittag weiträumig umgehen!* Jugendliche wurden schon mittags vorgeladen, verhört, abtransportiert und erst nach Mitternacht freigelassen. Die Beratergruppe versprach, es werde keine Demonstration geben, und dafür sicherte die Staatsmacht zu, die Sicherheitskräfte unsichtbar zu postieren und die Gebetsteilnehmer mit Sonderzügen der Straßenbahn nach Hause fahren zu lassen, so hatte man sie ja unter Kontrolle. Vom Dom aus sah man das 6000 Mann starke Bürgerkriegsheer nicht: drei Bataillone Kampfgruppen, drei Kompanien Polizei, drei Bataillone Bereitschaftspolizei in großer Kampfausrüstung, vier selbständige Hundertschaften, Panzerfahrzeuge, Schützenpanzerwagen, Wasserwerfer.

Im Dom hatten sich inzwischen 4100 Menschen eingefunden. Die Versammlung dauerte Stunden. Nach zahlreichen auch frei aus der Gemeinde heraus gesprochenen Gebeten wurde gesungen, dann folgte die politische Diskussion, in deren Verlauf Diskutanten bereits die Legitimation der Beratergruppe in Frage stellten, eigenmächtig mit den Vertretern der Stadt zu verhandeln und Absprachen zu treffen. In vielen Beiträgen ging es um die anwachsende Opposition im Land, Pfarrer Hans-Joachim Tschiche hielt für das Neue Forum eine leidenschaftliche, die Diktatur anklagende Rede, Ulrike Poppe, Hansjürgen Fischbeck und Ehrhart Neubert berichteten über die Arbeit von Demokratie Jetzt und dem Demokratischen Aufbruch. Eine «Erklärung aus dem Magdeburger Dom» wurde verabschiedet, die die Staatsführung dringend zum Dialog ermahnte, Tausende unterschrieben. Die Straßenbahn transportierte die Teilnehmer zurück, die bewaffneten Kräfte verließen ihre Verstecke.

Am 16. Oktober, so zählte die von einem Eckgebäude aus

spionierende Staatssicherheit, strömten 7000 Menschen in den Dom. Zugeführte des 5. und des 7. Oktober berichteten von der ungehemmten Brutalität der Polizei, eine Kollekte ergab 12054 Mark für die verhängten Geldstrafen. Im Verlauf der Diskussion wurden energische Forderungen nach einem politischeren Charakter der Kundgebung erhoben und nach einer Demonstration für die kommende Woche. Das hörten natürlich auch die anwesenden Lauscher, und obgleich man sich fragen durfte, wie die Staatsmacht wohl darauf reagieren würde, fuhren die zukünftigen Revolutionäre auch diesmal wieder friedlich mit der Straßenbahn nach Hause.

Aber dann kam der 23. Oktober. Die Veranstalter hatten einen Appell zur Gewaltlosigkeit herausgegeben, der sogar in der Magdeburger Zeitung, der «Volksstimme», veröffentlicht wurde, die sonst sehr schweigsam gewesen war. Ein breites weißes Tuch mit einer Friedenstaube war vorbereitet, das der Demonstration vorangetragen wurde. Im Dom kamen nun 8000 Menschen zusammen, weitere standen auf dem Platz vor dem Gotteshaus. Nach dem gemeinsamen Gebet wurde den Anwesenden die Route des geplanten Demonstrationszuges mitgeteilt: Dom – Karl-Marx-Straße (heute wieder Breiter Weg) – Wilhelm-Pieck-Allee (heute Ernst-Reuter-Allee) – Otto-von-Guericke-Straße – Danzstraße. Es meldeten sich einige Handwerker, die vorher schon grüne Bänder verteilt hatten, eine aus Hildburghausen stammende Idee, und erklärten jetzt: *Diese Bänder sind 40 Zentimeter lang. Nach 40 Jahren ewigem Rot jetzt das zarte Grün der Hoffnung. Wir haben im Dom diese Hoffnung gelernt. Das grüne Band der Hoffnung soll uns begleiten.* Das grüne Band wurde zum Zeichen auch aller späteren Magdeburger Demonstrationen.

Der Protestzug setzte sich zunächst schweigend in Bewegung. Kerzen wurden mitgeführt, einige Plakate und Spruchbänder. Nach anfänglichem großem Ernst herrschte bald *eine ungeheure Leichtigkeit und Fröhlichkeit*, es war *die fröhlichste und befreiendste Demonstration*, erinnerte sich Domprediger Quast später. Demonstranten rückten mit ihren Plakaten auf die Stufen der Staatsbank (heute Bundesbank) vor, die brennenden Kerzen wurden zum Schluss wieder vor dem Dom abgestellt. Die Staatsmacht hatte ihren Widerstand aufgegeben. Die Volkspolizei regelte den Verkehr.

An der Demonstration vom 30. Oktober nahmen schon 15 000 Personen teil, zudem war die Route erweitert worden. Sie führte weiter über den Bierut-Platz (heute Universitätsplatz) zur im Krieg schwer beschädigten Johanniskirche, die Kerzen wurden an deren Ruine abgestellt. Der Zug war unruhiger als in der Woche zuvor, es gab Sprechchöre und mehr Transparente, und es wurde der Wunsch geäußert, die Demonstration weiterzuführen. Der Verband Bildender Künstler hatte unterdessen zu einer Kundgebung auf dem Domplatz am 4. November aufgerufen, um eine Gemeinsame Erklärung der Künstlerverbände des Bezirks Magdeburg zu verlesen. Der riesige Platz konnte die Menschen kaum fassen; es sprachen Künstler, Schauspieler, Schriftsteller, aber beispielsweise auch ein Handwerker, eine Krankenschwester, ein Eisenbahner, was am gleichen Tag in Berlin nicht geschah. Das Neue Forum vertrat wortgewaltig Hans-Joachim Tschiche. Dem Ersten Bezirkssekretär Werner Eberlein wurde wegen der Verfolgung seiner Familie in der UdSSR unter Stalin Respekt erwiesen, er erntete aber Proteste, als er stereotype SED-Klischees von sich gab, der Oberbürgermeister Werner Herzig wurde ausgepfiffen.

Politisch ging es dann auch auf der Montagsdemonstration vom 6. November zu. Die Beratergruppe Dom hatte zu einem Bürgerforum auf dem Alten Markt eingeladen, das auch der Oberbürgermeister, der Erste Sekretär der SED-Kreisleitung, ein Staatsanwalt, ein Polizeioberst und andere besuchten – bei strömendem Regen kamen 50 000 bis 80 000 Menschen zusammen, die sich dicht an dicht drängten. Auch das MfS war vertreten: Vertretern der Opposition fiel eine Stasitruppe rund um

Die Demonstration der Kunst- und Kulturschaffenden am 4. November in Magdeburg füllte den ganzen Domplatz. Die von Kaiser Otto dem Großen gegründete Stadt fügte ihrer langen Geschichte jetzt auch die der Selbstbefreiung des Herbstes 1989 hinzu.

das Podium unentwegt ins Wort, bis sie zum Abzug genötigt wurde, aber ein MfS-Übertragungswagen zeichnete unbemerkt von den Teilnehmern die Kundgebung auf. Um 22.30 Uhr erst war sie zu Ende.

Haldensleben war seit seinem Bestehen im hohen Mittelalter im Bösen wie im Guten immer auf Magdeburg ausgerichtet. Auch während der Herbstrevolution fuhr man zunächst zu den Gebeten und Demonstrationen dorthin. Hans-Joachim Borchert, Pfarrer von St. Marien, schreibt:

Zum Teil 120 km Fahrt zu einer Gebetsstunde. Weil dort den Menschen etwas mitgegeben wurde, was man nicht in Worte fassen kann. Ja, eine solche Masse von Menschen zu erleben, die auf Veränderung drängen, das war schon bewegend. Lange vor Beginn schon ein überfüllter Dom. Meist Atheisten, die anfangs noch nicht mitsingen und -beten konnten, junge Leute. Und dann diese gespannte, ergreifende Stille. In diesem ehrwürdigen Dom war Geborgenheit und viel Zeit, geistige-geistliche Zucht und Gewaltlosigkeit. Ich vergesse nicht die eine Minute Stille, ehe man zur ersten Demonstration hinausging – ins Ungewisse.

In der Absicht, eine örtliche Gruppe des Neuen Forums zu gründen, wandte sich Pfarrer Borchert zuerst nach Magdeburg. Dann fand am 26. Oktober das erste Gebet zur Erneuerung der Gesellschaft zu St. Marien in Haldensleben statt, 1000 Menschen stauten sich in der Kirche. Am 9. November waren es 1300, der Vorsitzende des Rates des Kreises stellte sich den Fragen, es ging ruhig zu. Borchert schreibt:

> Noch stand dieser Abend unter der Vorstellung eines verbesserlichen Sozialismus. Aber eine tiefe Erregung hatte uns erfasst. Waren wir DDR-Bürger doch seit Jahrzehnten zu Bittstellern erniedrigt worden und hatten unsere Würde und Identität verloren, so ahnten wir an jenem Abend den Beginn einer neuen Freiheit. ... Aus der Kirche an jenem Abend nach Hause gekommen, wurden die Spätnachrichten angeschaltet. Und da überwältigte es uns zum zweiten Mal an diesem Abend: Die Grenzen sind geöffnet!

Auch in **Quedlinburg**, der Stadt des ersten deutschen Königs Heinrichs I., verliefen die Ereignisse – ungeachtet der vielen örtlichen Besonderheiten – so wie in den meisten kleineren Städten der DDR. Dennoch soll von der ersten großen Veranstaltung im Zeichen des Neuen Forums am 26. Oktober ein Spitzelbericht vom nächsten Tag wiedergegeben werden, der besonders plastisch ist:

ich muss sagen, dass bei der Veranstaltung in der Marktkirche schätzungsweise 4000 Menschen im Inneren der Kirche waren, ganz zu schweigen von dieser immensen Zahl, die dann noch außerhalb der Kirche an der Veranstaltung teilgenommen haben ... Was das Fassungsvermögen der Nicolaikirche anbelangt, ist dieses noch weit größer ... ich selber schätze etwa 4500–5000 Leute ... so dass in etwa eine Gesamtzahl ... von 14–15 000 Menschen geschätzt werden muss ... in keiner Form zu irgendwelchen Ausschreitungen oder zu Störungen gekommen, das einzige, was geschehen ist, ist, dass ein riesiger Teil der Teilnehmer ... die mitgeführten Kerzen, die das Symbol des Friedens sein sollten und sind, dann an entsprechenden Stellen aufgestellt haben, wie z.B. auf den Stufen des Rathauses, vor dem Eingangsportal des Rates des Kreises, auf den Brunnenrand des Mathildenbrunnens ... um zu zeigen, dass sie auf friedlichem Wege ohne Gewalt ihre Vorstellungen, ihre Wünsche kund tun möchten und dass sie auch die führenden Leute hier bei uns ... darum bitten, auch ihrerseits auf Aggressivität und Gewalt zu verzichten.

Am 9. November gab es die größte Demonstration mit stattlichen 20 000 Teilnehmern bei gerade einmal 30 000 Einwohnern, und erwähnt werden muss, dass durch die Wiedervereinigung auch der herrliche, auf Ost und West aufgeteilte Domschatz wieder unter ein gemeinsames Dach kam.

Halberstadt, noch in karolingischer Zeit gegründet, erreichte unter den Sachsenkaisern seine erste Blütezeit, in der der mächtige Dom geweiht wurde; im 18. Jahrhundert machte es der Dichter Gleim zu einem Zentrum des deutschen literarischen Lebens; am 8. April 1945 wurde die Altstadt durch einen Luftangriff fast völlig zerstört. Von den vielen Kirchen der Stadt war es dann die Martinikirche, von der die Demonstrationen ausgingen, und es muss hier genügen, die wichtigsten Zahlen und Daten wiederzugeben, die ein improvisiertes Blatt des Neuen Forums am 6. Dezember veröffentlichte: Am 4., 11., 18. und 25. Oktober sowie am 1. und 8. November «Gebet für unser

Land», ab 25. Oktober Demonstrationen mit 10 000, 12 000 und 18 000 Teilnehmern.

Bernburg, seit der Frühen Neuzeit Residenzstadt des Herzogtums Anhalt-Bernburg, wurde im 19. Jahrhundert zur Industriestadt. Die Sodawerke Solvay waren kurz nach Gründung der DDR Gegenstand eines der ersten Schauprozesse im Zuge der landesweiten Verstaatlichungen – Gerichtsvorsitzende war die aus Bernburg stammende spätere Justizministerin Hilde Benjamin. Die Herbstrevolution begann mit einem Offenen Brief zahlreicher Ärzte vom 13. Oktober, auch veranlasst durch die Drohung in der «Leipziger Volkszeitung», *mit der Waffe in der Hand* vorzugehen. Zwar werde eine *Weiterentwicklung und Demokratisierung unserer sozialistischen Gesellschaft* angestrebt, konkret eingefordert wurden aber *Toleranz, Offenheit, Meinungsfreiheit und Rechtssicherheit.* Die Verfasser fühlten sich *durch die Berichterstattung in unseren Medien persönlich verletzt. Wir werden offensichtlich nicht für fähig oder würdig erachtet, in eine Diskussion über wichtige Probleme unseres Landes einbezogen zu werden.* Der Brief wurde mit einfachen Mitteln vervielfältigt und verbreitet und ab dem 22. Oktober in Kirchen verlesen. Am Tag darauf fand in der Martinskirche das erste Friedensgebet mit 120 Teilnehmern statt, auch hier stiegen die Besucherzahlen in den folgenden Wochen schnell an, ebenso bei den ab 30. Oktober einsetzenden Demonstrationen. Seit September 1990 gibt es übrigens wieder Solvay-Werke in Bernburg.

Die anhaltinische Residenz- und Industriestadt **Dessau,** in den zwanziger Jahren des vergangenen Jahrhunderts Zentrum des Bauhauses und berühmt wegen der Junkers-Werke, war im Zweiten Weltkrieg schwer zerstört worden; der teilweise Wiederaufbau zu DDR-Zeiten trug nicht zur Verschönerung der Stadt bei. Das Aufbegehren gegen die kommunistische Herrschaft begann, nachdem die Partei Mitte Oktober fast freiwillig vorgeschlagen hatte, Arbeitsgruppen aus Staatsvertretern und interessierten Bürgern zu bilden, was sich nach Lage der Dinge nur auf die Opposition beziehen konnte. Sie reagierte damit auf die in sächsischen Großstädten ausgebrochenen Unruhen, konnte aber weder die Opposition neutralisieren noch die allgemeine Entwicklung aufhalten; denn auch in Dessau gab es schnell steigende Teilnehmerzahlen an Friedensgebeten und Demonstrationen. Über die Atmosphäre bei dem «Gebet für den Frieden» vom 20. Oktober beispielsweise gibt es einen Bericht von Pfarrer Alfred Radeloff. Nachdem das Mikrophon zum Sprechen angeboten worden sei,

entstand zunächst eine Stille. Dann jedoch trat ein Arbeiter aus der Waggonfabrik nach vorn. Er nannte seinen Namen und seine Adresse und forderte die anwesenden Mitarbeiter der Staatssicherheit auf, sich alles zu notieren. «Schreibt's euch auf.» Sein offenes Wort löste den Bann und andere schlossen sich an, so dass sich eine Schlange von Wartenden bildete. Nachdem sie gesprochen hatten, hatten manche Tränen in den Augen, andere umarmten sich: «Ich habe endlich offen gesagt, was ich denke!»

Schon die nächste Demonstration vom 27. Oktober mit 30 000 Teilnehmern wurde angeführt von Dessauer Bus- und Straßenbahnfahrern, die auch weiterhin eine wichtige Rolle spielten; später stiegen die Teilnehmerzahlen auf 50 000 bis 70 000.

Die **Hallenser** Demonstrationen nahmen sprunghaft zu. Nachdem am 7. Oktober weniger als 60 Personen ausgereicht hatten, um die Aggression der örtlichen Staatsmacht auf sich zu ziehen, kamen am 9. Oktober nach einem Friedensgebet bereits 1200 Demonstranten, unter der Losung *Gewaltfrei widerstehen – Schweigen für Leipzig – Schweigen für Reformen – Schweigen fürs Hierbleiben* zusammen. Sie wurden von bewaffneten Sicherheitskräften umstellt und zum Teil wieder in die Kirche hineingetrieben, gegen die auf der Straße verbliebenen Demonstranten wurde der Schlagstock, so der MfS-Bericht, ca.

«25mal gezielt eingesetzt» – es gab 41 Zuführungen. Das führte am 10. Oktober an der Georgenkirche zu einer dauerhaften Mahnwache für die zu Unrecht Inhaftierten, an der trotz der Behinderung des Zugangs und Ausweiskontrollen durch die Volkspolizei 80 bis 100 Personen beteiligt waren, die Hunderte von Kerzen aufstellten. In der Folgezeit gab es Gespräche mit der Stadt, die von dieser in eisiger Atmosphäre geführt wurden. Es ging um Gewaltfreiheit, Häuserverfall, Umweltverschmutzung, Denkverbote, Pressezensur, Militarisierung der Volksbildung, Erziehung zur Doppelzüngigkeit und Kriminalisierung Andersdenkender.

Am darauffolgenden Montag, dem 16. Oktober, wurde auch gegen die Demonstranten keine Gewalt mehr eingesetzt. 1500 schweigende Teilnehmer versammelten sich unter einem großen Transparent «Für eine gewaltfreie Stadt» vor der Marktkirche. Die Gespräche mit der Stadt wurden fortgesetzt, und nachdem am 23. Oktober mindestens 5000 Menschen ebenfalls vor der Marktkirche laut protestiert hatten, wurde am Abend bekanntgegeben, dass der Oberbürgermeister und andere Funktionäre am 26. Oktober bereit seien, sich einer öffentlichen Diskussion in der Versammlungshalle Volkspark zu stellen. Nachdem noch am 25. Oktober SED-interne Erwägungen zu einer Gegendemonstration zu nichts geführt hatten, begann am 26. Oktober die Diskussion im Volkspark. Im Saal waren 1300, vor der Halle 5000 Menschen, die mit Lautsprechern zuhören konnten. Die kurz zuvor noch verfolgte Katrin Eigenfeld saß zusammen mit anderen Vertretern der Opposition neben SED-Funktionären auf dem Podium und hatte, so der MfS-Bericht,

die Forderung erhoben, zu einem wahrhaft offenen Dialog die erforderlichen juristischen Rahmenbedingungen zu schaffen. Offener Dialog und freie Meinungsäußerung sei jedoch durch die ständige Präsenz der Staatssicherheit unmöglich, sie säe Mißtrauen und Angst. Sie forderte die Zulassung des Neuen Forum und aller anderen Basisgruppen und Bürgerbewegungen, freien Zugang zu den Massenmedien, Abschaffung der Zensur; Presse-, Versammlungs- und Demonstrationsfreiheit, des absoluten Verzichts <sic> auf Gewalt bei Anerkennung der Eigenstaatlichkeit der DDR auf dem Boden der Verfassung sowie die strikte Abweisung jeglicher rechtsradikaler und faschistischer Strömungen.

In seinem Spitzelbericht sprach ein IM von «minutenlangen Ovationen» für diesen Redebeitrag.

Nach einer weiteren, wieder größeren Montagsdemonstration hatte die SED zu einem «Problemgespräch» am 2. November aufgerufen, das wegen des Andrangs von 7000 Teilnehmern wieder auf dem Markt stattfinden musste. Der Erste Bezirkssekretär Böhme blamierte sich heftig, wurde aber dennoch am 3. November in das Berliner Politbüro aufgenommen – allerdings nur für kurze Zeit. Auf der größten Montagsdemonstration am 6. November mit 70000 bis 80000 Teilnehmern wurde Böhme, das frischgebackene Politbüromitglied, nach seinem Auftritt vom 2. November durch Zwischenrufe und Pfiffe am Sprechen gehindert und trat nach heftiger innerparteilicher Kritik am 9. November als Erster Sekretär zurück, wurde aus dem Politbüro entfernt und später aus der Partei ausgeschlossen.

«Unseren Leipziger Montagslauf hält weder Ochs noch Esel auf»

In der nordthüringischen Kreisstadt **Nordhausen**, jahrhundertelang freie Reichsstadt, fanden besonders große Demonstrationen statt. Zuerst angestoßen wurden sie durch Solidaritätsbekundungen für die am 11. September an der Leipziger Nikolaikirche Zugeführten, und weil unter ihnen auch die

Nordhäuserin Kathrin Hattenhauer war, fand zunächst eigens für sie am 20. September in der Altendorfer Kirche der erste Fürbittgottesdienst statt. Sehr bald wurden diese Gottesdienste zu einem Forum der *Klage und Anklage*, wie es ein Teilnehmer formulierte, gleichwohl achtete Pfarrer Peter Kube darauf, dass die *geistliche Besinnung im Mittelpunkt* stehe. In weiteren Andachten wurde ausgiebig über die Oppositionsbewegung in der DDR informiert, so am 4. Oktober durch den konspirativ angereisten Ehrhart Neubert. Allmählich wurden Forderungen erhoben: Demonstrationsfreiheit, Zulassung des Neuen Forums, Abschaffung der Kampfgruppen, Abschaffung des Wehrkundeunterrichts, freie Wahlen, Abbau der Staatssicherheit.

Als nach weiteren Zusammenkünften und einer ersten Demonstration am 31. Oktober eine öffentliche Kundgebung stattfinden sollte, hatte die Stadt die versprochenen Lautsprecheranlagen nicht angebracht. Aber statt einer kleineren Demonstration, die sicher hätte aufgelöst werden können, zog eine unerwartet große Menge von 25 000 Teilnehmern durch die kleine Stadt. Inzwischen hatten Bürgerrechtler eine Übertragungsanlage improvisiert, die öffentliche Diskussion – auch mit Vertretern der Staatsmacht – dauerte bis 23 Uhr. Die Hauptrede, die nicht hatte gehalten werden können, wurde zwei Tage später in der SED-Zeitung abgedruckt. Bemerkenswert ist, was in dem sonst zurückhaltend verfassten und selektiven Bericht über die Demonstration ebenfalls steht:

Auffallend: mehrere schwarz-rot-goldene Fahnen ohne DDR-Emblem mit Bekundungen zu «Deutschland, einig Vaterland» und dem Singen der Nationalhymne.

Die nächste Demonstration fand am 7. November statt, mit 40 000 Teilnehmern die größte in Nordhausen, und dennoch hatte die Bevölkerung noch das Bedürfnis und die Energie, eine weitere Art der Auseinandersetzung mit den Herrschenden zu

«Unseren Leipziger Montagslauf hält weder Ochs noch Esel auf»

führen. So veranstaltete das Neue Forum abendliche Diskussionen zu bestimmten Themen, zu denen ebenfalls zahlreiche Besucher in die Halle der Freundschaft kamen: Am 2. November wurde über Demokratie und Rechtsstaat gesprochen und am 9. November über Bildung und Schule. Gerade dies war ein besonders drängendes Thema, weil die Kinder seit Jahrzehnten durch die Kinder- und Jugendorganisationen und die mit ihnen eng verflochtene staatliche Schule der Indoktrinierung durch die SED besonders ausgeliefert waren.

In **Mühlhausen** wurde die nächste Phase des Aufbegehrens zunächst von fröhlichem Gelächter eingeleitet, als der Superintendent Liesenberg am 20. Oktober die Gottesdienstbesucher einschließlich derer willkommen hieß, die «aus beruflichen Gründen» anwesend seien. Nach diesem Gottesdienst standen die Besucher unschlüssig vor der Kirche und auf der vorbeiführenden Fernstraße 247, sodass Autofahrer verschiedentlich anhalten mussten. Sobald diese jedoch registrierten, worum es sich handelte, solidarisierten sie sich durch Hupen und das V-Zeichen mit den Gottesdienstbesuchern. Dann fingen die Ersten an, Kerzen anzuzünden und langsam in Richtung Innenstadt zu gehen. Unter anschwellenden Sprechchören «Nieder mit der SED», «Wir sind das Volk», «Stasi in die Volkswirtschaft» ging es zunächst zum Kreisgericht, zur Kreisleitung der SED und, mit zögernden Schritten, zur Kreisdienststelle des MfS. Dort hatten sich alle 47 Mitarbeiter bewaffnet und lugten vorsichtig auf die Demonstranten, die ihre Kerzen vor dem SED- und dem MfS-Gebäude abstellten und zum Schluss an der sowjetischen Kaserne vorbeizogen. Burghard John berichtet: *Die russischen Soldaten bekundeten ihre Verbundenheit mit einzelnen brennenden Kerzen hinter den Fensterscheiben. Aus einem Fenster hielten sie ein Bild von Gorbatschow heraus.*

Nach einigen Verhandlungen an den folgenden Tagen ließ sich schließlich auch der eigentliche Stadtherr blicken, der Erste SED-Sekretär Ralf Werner. Er wollte in 30 Minuten fertig sein und vor allem die Rädelsführer ermitteln, denn er wisse noch aus seiner FDJ-Zeit, dass Demonstrationen *immer von einer Führungsspitze geplant und geleitet* würden. Nach einer Protestkundgebung am 27. Oktober fand am 28. in der Marienkirche, dem größten Sakralbau Thüringens nach dem Erfurter Dom, eine Dialogveranstaltung statt. In und vor der Kirche hatten sich 4000 Teilnehmer eingefunden, es wurden Lautsprecher ins Freie gelegt, die Veranstaltung verlief erregt und heftig, danach wurde der Erste Sekretär krank und erschien nie mehr. Am 2. November erhielt die Opposition Rederecht im Stadtrat und gab sich eine eigene Form in der «Initiativgruppe Veränderung jetzt». Nach einer weiteren Demonstration und einem zweiten, noch erregteren Dialoggespräch wurde unter anderem gerufen «Demokratie jetzt und nicht erst morgen» und «Egon, reiß die Mauer ab, bei uns sind die Steine knapp».

In **Erfurt** hatte der Augustinermönch Martin Luther studiert, und Dom und Severikirche über dem Domplatz stellen die herrlichste Stadtbekrönung Deutschlands dar. Erfurt gehörte lange Zeit zum Erzbistum Mainz, war dann bis 1944 preußisch und ist heute Landeshauptstadt des Freistaats Thüringen. Den letzten Anstoß zum offenen Widerstand im Herbst 1989 gaben Bestrebungen, das Andreasviertel in der wunderbaren, durch den Krieg unzerstörten Altstadt zum höheren Ruhme der SED abzureißen und mit Plattenbauten zu versehen; mit dem Bau eines klotzigen Kulturhauses an anderer Stelle hatten die Stadtvertreter schon begonnen. Schon seit längerer Zeit hatte es Mittwochsgottesdienste für Ausreiser und donnerstags Friedensgebete gegeben, es existierten zahlreiche Basisgruppen, unter denen sich besonders die Initiative «Frauen für Veränderung» hervortat. Aber das erste deutliche Anzeichen dafür, dass sich in Erfurt etwas tat, gab es am 26. September in der Augustinerkirche, wo sich der Demokratische Aufbruch und das Neue Forum vorstellten. Man hatte mit nur geringer Resonanz gerechnet, doch tausend Teilnehmer waren gekommen. Am 40. Jahrestag der DDR wurde dann zwar dem örtlichen MfS eines der famosen Ehrenbanner überreicht, aber gleichzeitig fand in der Kaufmännerkirche ein Gegengottesdienst statt, der wegen des großen Andrangs zweimal abgehalten werden musste.

Die zunehmende Unruhe in der Erfurter Bevölkerung sollte durch Bürgerdialoge im Rathaus abgefangen werden, sie konnten jedoch nicht verhindern, dass am 26. Oktober nach den Friedensgebeten in der Lorenz- und Predigerkirche die erste unorganisierte Demonstration mit 10 000 bis 15 000 Teilnehmern zum Domplatz zog. Damit war das Eis gebrochen. Es bildete sich eine Koordinierungsgruppe, die auch für eine Lautsprecherübertragung sorgte, und am 2. November fand die Kundgebung vor jetzt 30 000 bis 40 000 Teilnehmern statt. Mit Ausnahme der SED wurde jedem, vom Punk bis zu Vertretern der Blockparteien, das Wort für einen fünfminütigen Redebeitrag erteilt, und Markus Meckel konnte die SDP vorstellen. Die Oberbürgermeisterin versuchte Kapital daraus zu schlagen, indem sie ihren Bürgerdialog am 3. November ebenfalls auf den Domplatz verlegte, aber diese Kanalisierungsversuche scheiterten. Einen Monat später war Erfurt sogar die erste Stadt, in der die MfS-Dienststelle besetzt wurde.

Weimar spielte zweimal eine besondere Rolle in der Revolution. Das eine Mal war es Schauplatz eines beschämenden Vorfalls, der der sonst meist großartigen Rolle, die evangelische Pfarrer für die Oppositionsbewegung spielten, ein gegenteiliges Verhalten hinzufügt. Am Sonntag, dem 4. Dezember 1988, wurde die Sakristei der Stadtkirche Peter und Paul, oft säkularisierend Herderkirche genannt, von fünf Ausreisern besetzt, die nicht eher gehen wollten, als bis man ihnen die Ausreise erlaube. Dem Superintendenten Hans Reder waren derlei Chaoten schon immer ein Dorn im Auge gewesen, nun ging er so weit, nach einigen Verhandlungen die Staatsmacht zu rufen. Stasileute in Zivil nahmen die Ausreiser fest und führten sie in Handschellen durch die Kirche ab. Der Superintendent musste bald sein Amt niederlegen, später stellte sich heraus, dass er seit 1970 ein IM der Staatssicherheit gewesen war.

Ganz anders am 4. Oktober 1989, als in derselben, bis auf den letzten Platz besetzten Kirche ein Gemeindeabend stattfand. Es wurden Texte des Neuen Forums, der SDP und von Demokratie Jetzt verlesen, die Resolution der Unterhaltungskünstler und anderes mehr, dann wurde diskutiert. Das wirkte tief nach Thüringen hinein. Wegen des starken Andrangs musste die Veranstaltung am nächsten Tag wiederholt werden. Von überall her kamen Besucher, wie wir wissen, auch aus Mühlhausen, und sahen sich durch diesen Abend zu eigenem Handeln ermuntert. Dann folgten auch in Weimar Demonstrationen, Gespräche mit den noch Herrschenden und die Auflösung des MfS, wie hier das kurzzeitig den neuen Namen AfNS führende Sicherheitsministerium weiter genannt werden soll. Am 19. November trugen Goethe und Schiller auf ihrem Denkmal vor dem Nationaltheater ein Schild um den Hals: WIR BLEIBEN HIER. Und das konnten sie auch, denn ihr Geist kehrte nach Weimar zurück.

Die Universitätsstadt **Jena**, jahrhundertelang Inbegriff deutscher Geistesgeschichte, war in den siebziger und achtziger Jahren ein Zentrum der Opposition gewesen, für die die Namen Matthias Domaschk, Jürgen Fuchs, Roland Jahn, Lutz Rathenow, Siegfried Reiprich stehen mögen. Dem SED-Staat war es gelungen, durch radikale Unterdrückung mit Exmatrikulationen, Landesverweisungen, ja, auch MfS-Verhören wahrscheinlich mit späterer Todesfolge vorläufige Ruhe herzustellen. Im Herbst 1989 war auch Jena der Schauplatz von Demonstrationen, Gesprächen mit der schon im Vergehen befindlichen Macht, MfS-Auflösung und Rundem Tisch. So tief bewegend das war, darin glich Jena den anderen Städten in der DDR.

Eine Sonderrolle in der Herbstrevolution kommt aber der Universität Jena zu. Während sich die Universitäten, Studenten und Professoren im Allgemeinen weitaus mehr zurückhielten als die übrige Bevölkerung, sich allenfalls auf Sozialismus-Veränderungen einließen, nahmen die universitären Vorgänge in Jena eine besondere Entwicklung. Zuerst begehrte die Studentenschaft auf. Mit den Nachrichten über die Berliner Gewaltanwendungen um den Republikgeburtstag konstituierte sich eine fakultätsübergreifende Gruppe, die sich den selbstironischen Namen Reformhaus gab und die sogar ein Informationsblatt mit dem Titel «Mut statt Wut» herausgeben konnte. Den Studenten des Reformhauses gelang es, unabhängig zu werden und die FDJ-Hochschulgruppe im Laufe des Herbstes an die Seite zu drängen, allerdings wurden ihre Aktivitäten durch die weiteren tiefer greifenden Ereignisse an der Universität und der in DDR überholt.

Die dauerhafte Umgestaltung der Jenenser Universität geschah vonseiten der Professoren. Ohne irgendjemanden um Erlaubnis zu fragen, kündigte der Mediziner Ulrich Zwiener für den 25. Oktober durch Anschlag und telefonische Benachrichtigung eine Versammlung mit den Studenten des III. Studienjahres an zum Thema: «Politisches Denken und Handeln ohne Dogma – was ist zu tun?» Auf einer weiteren Zusammenkunft von Studenten aller Studienjahre, von Hochschullehrern und Mitarbeitern mit insgesamt 267 Teilnehmern, diesmal unter dem Titel «Ein Haus für morgen – Mediziner im Gespräch» wurde am 31. Oktober eine Resolution verfasst und an den Rektor, die Volkskammer, Ministerien, die Presse, Institute, andere Hochschulen weitergeleitet und durch Anschlag zur Kenntnis gebracht. In dieser Resolution erschien das Wort Sozialismus nirgendwo, stattdessen hieß es:

Wir unterstützen den Anfang der Demokratisierung, sind jedoch besorgt darüber, dass dieser Prozess nicht die notwendige Geschwindigkeit, insbesondere aber nicht die ausreichende Intensität ... um den Erfordernissen der gegenwärtigen Situation gerecht zu werden ... Wir fordern die Zulassung aller neuen demokratischen Gruppen ...

und die uneingeschränkte Möglichkeit ihrer Meinungsäußerung …
Wir fordern Neuwahlen nach demokratischen Prinzipien in Form
von freien, geheimen und direkten Wahlen, um eine Auswahl von
differenzierten Konzepten und verschiedenen Personen zu gewährleisten … Wir fordern Reisefreiheit für alle …

Schon am Tag nach der ersten Versammlung war Zwiener zum
Rektor zitiert und anderthalb Stunden in Gegenwart mehrerer
akademischer Funktionäre, darunter des Kaderleiters, im Stil
sowjetischer Säuberungsrituale verhört und verwarnt worden.
Die weitere Entwicklung war jedoch nicht mehr aufzuhalten,
wenngleich es noch monatelang heftige und quälende Auseinandersetzungen mit den alten Kräften an der Universität
geben sollte. Anfang Dezember wurde auf Initiative Zwieners,
des Mediziners Jorke und anderer die Aktionsgemeinschaft Demokratische Erneuerung der Hochschule (ADEH) gegründet,
die einen Rektorwechsel und die Entmachtung des SED-Filzes
erreichen konnte; ein deutsch-deutsches Wartburgfest im Mai
1990 in Eisenach war ein organisatorischer und emotionaler
Höhepunkt. Anfang 1991 kam schließlich die Gründung des
«Collegium Europaeum Jenense» hinzu.

Rudolstadt war bis 1918 die Haupt- und Residenzstadt des
reichsunmittelbaren Fürstentums Schwarzburg-Rudolstadt, das
mit einem eigenen Bataillon in der preußischen Armee vertreten
war. Der Fürst war der letzte der deutschen Monarchen, der auf
den Thron verzichtete, 1920 ging das Fürstentum in dem neu-
geschaffenen Land Thüringen auf. Die Saale fließt dicht vorbei,
und über der Stadt erhebt sich, breit hingelagert, das fürstliche
Schloss Heidecksburg. Zum 40. Jahrestag der DDR wurde auch
in Rudolstadt gejubelt, mit Festakt und einem Oktobermarkt
mit Bratwurst und Krimskrams auf dem Marktplatz unterhalb der Heidecksburg. Fünf Tage vorher war in Rudolstadt
das Neue Forum gegründet worden, und auch sonst hatte das
MfS oppositionelle Regungen verzeichnen müssen. Im Lagefilm

«Unseren Leipziger Montagslauf hält weder Ochs noch Esel auf» 167

vom 8. Oktober werden einige Wandinschriften festgehalten: *DDR-Frust – Wo bleiben unsere Kinder – Freiheit – Freiheit. Wir wollen «Neues Forum» – Demokratie für East-Germany.* Woher das alles stammen könnte, wurde durch den Einsatz urtümlicher Kriminaltechnik folgendermaßen festgestellt: *Zur Hochzeitsfeier der Tochter des Sup.*(erintendenten) *SCHMITT am 07. 10. waren ca. 70 Gäste anwesend, darunter mehrere BRD-Bürger (privatreisender Journalist* [Name geschwärzt]) *Bei Einsatz des Fährtenhundes wurde eine Spur bis in den Hof des Sup. SCHMITT festgestellt.* Schmitt musste sich wegen dieses Verdachts in einem Gespräch mit der Staatsmacht rechtfertigen, nutzte freilich die Gelegenheit, die Medienpolitik des Staates zu kritisieren.

Einen Tag später wurde vom Rudolstädter Theater die Initiative zu öffentlichem und ernsthaftem Protest ergriffen. Der Oberspielleiter Axel Vornam hatte vorgeschlagen, am 9. Oktober im Anschluss an eine Premierenvorstellung eine Resolution zu verlesen, und die Frage war nur, um welche es sich handeln sollte. In einer Versammlung am Nachmittag entschied sich die Belegschaft nicht für die Protestnote aus Karl-Marx-Stadt, von der bereits berichtet wurde, sondern für die zurückhaltendere der Volksbühne Berlin. Nicht ahnen konnte die Versammlung, dass ihre Entscheidung heimlich gelenkt worden war und wie das zustande kam. Das MfS hielt dazu intern fest:

Ursprünglich war es vorgesehen, eine provozierende Protesterklärung des Karl-Marx-Städter Theaters vorzulesen. Durch Einflussnahme von IM in Schlüsselpositionen konnte dies verhindert werden. Die anschließende Diskussion wurde durch betreffenden IM geleitet, der ihr zielgerichtet jede Schärfe und Konfrontationen zwischen Bevölkerung sowie Partei- und Staatsführung nahm.

Trotzdem konnte ein Teilnehmer später über die Diskussion nach der Verlesung des Textes berichten:

Spürbar befreit und dennoch mit weichen Knien reden sich Besucher und Theaterleute aufgestandenen Frust von der Seele. Kein niveauloses Gemecker, kein vorsichtiges Stammeln wie bekannt, sondern klare Sätze mit zitternder Stimme von ganz normalen Bürgern geäußert. Erste Schritte im aufrechten Gang.

Diese vom Theater initiierten Dialogveranstaltungen wurden Woche für Woche fortgesetzt, Axel Vornam moderierte, obwohl der Intendant – also jemand in einer Schlüsselposition, der auch bei der ersten Diskussion mäßigend gewirkt hatte – Einwände geltend machte. Man solle nicht Öl ins Feuer gießen, aber genau das sollte geschehen, und nicht nur in Rudolstadt. Inzwischen hatte von der Kirche aus eine zweite Entwicklung eingesetzt. Für den 19. Oktober war die erste Friedenskundgebung in der Stadtkirche vorgesehen, bei der sich auch die oppositionellen Gruppen vorstellen sollten. Offizielle Einladungen durften nicht ergehen. Daher war der Superintendent Traugott Schmitt sehr skeptisch und rechnete nicht mit hinreichend vielen Teilnehmern, er hatte schlechte Erfahrungen gemacht. Der Jugenddiakon Karsten Christ beruhigte ihn aber, indem er eine kleine List vorschlug. Und in der Tat: Er informierte mündlich unter dem Siegel der Verschwiegenheit ganz wenige Personen, und in kurzer Zeit wusste es das ganze Schwarzburg-Rudolstädter Land. Natürlich waren auch die Leute von der Sicherheit im Bilde, aber sie blieben ganz ruhig, denn sie rechneten nur mit etwa 70 Teilnehmern.

Es kamen mehr. In der Kirche, die 1000 Sitzplätze hat, waren 1800 Menschen, davor noch einmal 1000 bis 1500, sodass die Veranstaltung noch einmal wiederholt werden musste. Nach der Andacht stellten sich Vertreter des DA, des NF, der SDP und von DJ vor, und die anschließende Diskussion leitete ruhig, auch in der Folgezeit, der Ingenieur Hartmut Franz. Auf die Dialoge im Theater wurde hingewiesen, und umgekehrt nahmen Theaterleute regelmäßig an den Veranstaltungen in der Stadtkirche teil. Im Übrigen war der Jugenddiakon Karsten Christ dem MfS kein Unbekannter. Es hatte eine «Operative Personenkontrolle» der Kreisdirektion Jena gegen ihn eingeleitet, und zudem war er auch als Insasse eines «Isolierungslagers» vorgesehen. Zu diesem Zweck war von ihm eine ausführliche Personenakte angelegt worden, in welcher die Lage seiner Rudolstädter Wohnung – damals an einem Schlossaufgang – mit Zeichnung und Foto genau beschrieben war. Er wurde, wenn man den MfS-Jargon abzieht, nicht unzutreffend so charakterisiert: *Ch. gehört zu den reaktionären kirchlichen Amtsträgern und versucht, feindlich-negative Aktivitäten im Verhältnis Staat–Kirche zu realisieren.*

Zu den allwöchentlichen Friedensgebeten kamen bald Demonstrationen mit 2000 bis 4000 Teilnehmern hinzu, von der Stadtkirche durch die ganze Stadt bis zur Lutherkirche, zuerst am 4. November. Dort wurden die mitgeführten Kerzen abgesetzt, und auf dem Vorplatz fand regelmäßig eine Kundgebung statt. Nach der Grenzöffnung gingen die Zahlen zurück – das VPKA stellte in wenigen Tagen 40000 Visa aus –, als aber zu Beginn des neuen Jahres deutlich wurde, dass die SED/PDS zur «Restauration der DDR» aufrief, alle Positionen wieder einzunehmen versuchte und die Auflösung der Staatssicherheit verzögert wurde, gab es am 15. Januar die größte Demonstration überhaupt. Die Veranstaltungen in der Stadtkirche hatten immer den Charakter von Friedensgebeten, und der politische Teil, zu dem auch Vertreter der alten Mächte geladen waren, wurde, damit er nicht ausuferte, unter bestimmte Themen gestellt. Als es um die Staatsmacht ging, bekam ein Bauer für das Folgende besonders viel Beifall:

Ich habe mal eine Frage an die Herren Uniformierten da vorn. Sie reden von Eid, Verfassung und Volk. So, nun will ich mal wissen, wie viele Offiziere, Unteroffiziere oder Berufsoffiziere sind bei euch, die nicht Mitglieder der SED sind. Die gleiche Frage stell ich an das

VPKA. Wie viele Genossen sind bei euch, die nicht zu der SED gehören? ... Na, nun hört mal zu. Wenn ihr alle zur SED gehört, dann seid ihr nicht Diener vom Staat gewesen, sondern dann seid ihr doch Diener von der SED.

Die Staatssicherheit notierte zur zweiten Runde: *In dieser Veranstaltung trat erneut ein Dr. Franz vom CFK Schwarza in Erscheinung*, der weiter eine wichtige Rolle spielen sollte. Zu den Forderungen gehörten unter anderem: Trennung von Staat und SED, Auflösung der Betriebskampfgruppen, Beendigung der vormilitärischen Ausbildung, Einführung eines zivilen Wehrersatzdienstes, Einstellung des Wehrkundeunterrichts, Abschaffung von Parteisekretären und SED-Kreisleitung, Änderung des Wahlgesetzes und der Verfassung, Beseitigung des Machtmonopols der SED, freie Wahlen, Wiederherstellung des Landes Thüringen. Folgende Transparente, die auf den Demonstrationen mitgeführt wurden, sind noch erhalten:

SED-ade! nimm deinen Hut und geh!/Führungsrolle der SED – Rolle rückwärts!/Mit SED und FDJ sitzen Sie in der letzten Reihe/Stasi-Sumpf und SED tun täglich uns aufs neue weh! Setzt dagegen euch zur Wehr, sonst lohnt sich keine Arbeit mehr!/Sie taten alles für das Volk, sogar an Internierungslager war gedacht!/Nie wieder SED-Macht. Harte Bestrafung für Mordbefehle an Stacheldraht und Mauer!

Neben den Dialogveranstaltungen im Theater sowie den Friedensgebeten mit anschließender Demonstration und Kundgebung gab es noch weitere Veranstaltungen, auf denen Forderungen nach Umwälzung erhoben wurden. Das Theater veranstaltete eine Demonstration auf dem Marktplatz, der Evangelische Gesprächskreis hatte schon eine längere Tradition, neu war jetzt, dass er sich unmittelbar politischen Inhalten zuwandte. Schließlich gab es die von der bei den Kommunal-

«Unseren Leipziger Montagslauf hält weder Ochs noch Esel auf» 171

wahlen ins Amt gekommenen Stadtverwaltung initiierten Rathausgespräche. Sie behandelten nur kommunale Themen, gleichwohl notierte das MfS, das erste habe *emotionsgeladen* stattgefunden, und vom zweiten hieß es: *Festzustellen war, dass die Diskussion der Mitglieder des «Neuen Forum» mit lebhaftem Beifall aufgenommen wurde, während bei Mitarbeitern des Partei- und Staatsapparates Zurückhaltung überwog.*

Die Revolution machte auch vor einer der kleinsten deutschen Residenzstädte nicht halt und erstreckte sich sogar auf deren ganzen Kreis. **Hildburghausen** war die Hauptstadt des zeitweiligen Herzogtums Sachsen-Hildburghausen – einer Herzogin und ihren Schwestern hat der Dichter Jean Paul seinen Roman «Titan» gewidmet – und lange Zeit Sitz von Meyers Bibliographischem Institut; das Städtchen spielte also eine wesentliche Rolle in der deutschen Geistesgeschichte. Wie auch anderswo machte der Erste SED-Sekretär des Kreises mit dem irreführenden Namen Lindenlaub am 6. Oktober zum Republikgeburtstag einem VEB das Geschenk eines Ehrenbanners, aber auch hier dauerte es nicht lange, bis am 13. Oktober zahlreiche Ärzte dem ZK in Berlin einen kritischen Brief schrieben; zwar erklärte das besonders verbohrte Kreisparteiaktiv der SED noch am 20. Oktober seine volle Unterstützung für die Beschlüsse der Partei, aber überall im Kreis fanden zu diesem Zeitpunkt längst Friedensgebete und Demonstrationen statt – auch in sehr kleinen Orten.

In der Stadt Hildburghausen selbst versuchte die Partei die Entwicklung abzufangen, indem sie für den 30. Oktober zu einem Rathausgespräch in das Theater einlud, allerdings mit dem Ergebnis, dass viel mehr Menschen teilnehmen wollten als das vorgesehene handverlesene Publikum und dass zum Schluss eine Demonstration von 1500 Teilnehmern auf dem Marx-Engels-Platz stattfand, der heute wieder Marktplatz heißt. Am 1. November dann zog nach dem Friedensgebet in der Apostelkirche eine weitere Demonstration zum Markt und dann zur

Kreisdienststelle des MfS, ein Transparent «Ohne Gewalt/Für Demokratie» wurde vorangetragen. Bemerkenswert ist, dass die SED-Zeitung «Freies Wort» zwar immer noch gedämpft, aber, wenn man zu lesen verstand, einigermaßen wahrheitsgetreu über das Rathausgespräch vom 6. November berichtete:

> Zur Diskussion standen unter anderem Privilegien, Probleme der Umweltbelastung in der Kreisstadt, die Rolle der Sicherheitsorgane, das Grenzgebiet ... Ablehnende Äußerungen gab es zum Entwurf des Reisegesetzes ... Im Anschluss an den zweistündigen Dialog auf dem Marx-Engels-Platz zogen viele Gesprächsteilnehmer zum Gebäude der SED-Kreisleitung und stellten dort brennende Kerzen auf.

Und über den 9. November war in demselben Organ zu lesen:

> Nach einem Bittgottesdienst in der Apostelkirche formierten sich am vergangenen Donnerstag gegen 21 Uhr die Teilnehmer zu einem Schweigemarsch ... Unter der Hauptlosung OHNE GEWALT/FÜR DEMOKRATIE zogen sie mit brennenden Kerzen vor das Rathaus. ... übergab dort während einer Kundgebung mit über 2500 Bürgern einen offenen Brief ... In diesem Brief, bekräftigt durch über 1000 Unterschriften, wurde die Tätigkeit des «Neuen Forums» und weiterer Basisgruppen und Bürgerinitiativen gefordert.

Auch in **Weißenfels** ging das Volk auf die Straße, und **Leipzig** brodelte. Es quoll fast über von leidenschaftlichen öffentlichen Gesprächen auf allen Ebenen, die Teilnehmerzahlen an den Demonstrationen nahmen ständig zu und gingen – im Einzelnen stark divergierenden Angaben zufolge – in die Hunderttausende, zum Schluss waren es um die 300000. Am 6. November war die Stimmung bereits so gereizt, dass der Erste Sekretär Wötzel erstmals nicht mehr zu Wort kam und ihm ein vielstimmiges «Zu spät, zu spät!» entgegenschlug. Auch auf den an diesem Tag erstveröffentlichten Entwurf zum Reisegesetz wurde reagiert, und ein Sprecher nahm sogar die Entwicklung der nächsten Tage vorweg: «Wir brauchen keine Gesetze – die Mauer muss weg!», wurde skandiert.

Ein ganz ähnliches Bild bot sich in **Dresden**, wo am 6. November schließlich hunderttausend Menschen auf den Beinen waren, darunter auch der Oberbürgermeister Berghofer und der Erste Sekretär Modrow, wohl unter der Fiktion, dass es um einen zu erneuernden Sozialismus gehe. Der KGB-Offizier Wladimir Putin sah das alles mit sehr gemischten Gefühlen und glaubte, sich auf den Sturm seiner Dienststelle einrichten zu müssen, hatte damit aber den Charakter der Revolution verkannt. In **Karl-Marx-Stadt** fand am 20. Oktober die erste Demonstration nach dem Schweigemarsch des 7. Oktober statt, 8000 Teilnehmer forderten freie Wahlen und Pressefreiheit; am 27. Oktober waren es 10000, die für die Zulassung des Neuen Forums und ein Mehrparteiensystem auf die Straße gingen, am 2. November sogar 20000. Und wieder spielte **Plauen** eine Sonderrolle: Es hatte sich nicht nur zeitlich an die Spitze der Bewegung gesetzt, sondern stach für eine Stadt mittlerer Größe mehrfach durch besonders hohe Teilnehmerzahlen auf den regelmäßigen Demonstrationen hervor: 35000 oder gar 40000 waren es am 21. Oktober, 30000 am 28. Oktober.

Berlin

Die Hauptstadt spielte deshalb eine besondere Rolle, weil es ein Demonstrationsgeschehen wie an vielen anderen Orten hier nicht gab, wohl aber eine bemerkenswerte Großkundgebung. Sie fand am 4. November auf dem Alexanderplatz statt und ist nach Leipzig sicher die berühmteste, was sich der ungeheuren Zahl von einer halben Million Teilnehmern verdankt und einer Vielzahl von oft besonders witzigen Spruchbändern und Plakaten. Aufgerufen zur Demonstration, die von der Volks-

Die Demonstration am 4. November 1989 auf dem Alexanderplatz in Berlin verteilte sich auch auf die umliegenden Straßen. Die 500 000 Menschen führten zum Teil recht originelle Plakate mit.

polizei genehmigt worden war, hatte eine Gruppe von Theaterleuten. Die Sicherheitsorgane hatten nicht nur vorgesorgt, möglichen Druck auf die Grenze zu verhindern, sondern waren auch in Zivil an vielen Stellen verteilt: neben der Rednertribüne, wo sie gegebenenfalls mit Zwischenrufen zu stören versuchten, ebenso im Demonstrationszug mit prosozialistischen Transparenten und Plakaten, die aber gegen die anderen nicht aufkamen. Der Versuch, die Veranstaltung im Sinne der SED zu beeinflussen – immerhin sprachen auch Günter Schabowski, Markus Wolf, Gregor Gysi, Manfred Gerlach, Lothar Bisky –, misslang völlig. Bekenntnisse zum realen Sozialismus wurden gnadenlos ausgepfiffen, frenetisch bejubelt wurde alles, was nach Opposition klang.

Dafür standen neben anderen Ulrich Mühe, Marianne Birthler, Jens Reich, Stefan Heym, Friedrich Schorlemmer, Christa Wolf, Heiner Müller, Christoph Hein. Sie sprachen

Dinge sehr laut aus, die bisher nur geflüstert worden waren; das war mitreißend, überwältigend, ein Gefühl der Befreiung überschwemmte die Zuhörerschaft. Und doch darf man nicht vergessen, dass die meisten Redner der Kundgebung Intellektuelle waren, die sich auch bei schneidendster Kritik im großen Rahmen der bestehenden Verhältnisse bewegten. Die Abteilung Parteiorgane des ZK dürfte daher nicht ganz falsch gelegen haben, als sie am 6. November berichtete: *Arbeiter äußern sich empört, dass auf der Berliner Kundgebung insbesondere Intellektuelle zu Wort gekommen sind, die die Privilegien verurteilen, aber selbst über solche verfügen.* Dennoch hätte die Kundgebung epochal wirken können, wenn nicht gleich darauf die Mauer gefallen wäre und wenn sie, wie die anderen Demonstrationen, einen längeren Atem gehabt und nicht nur einmal stattgefunden hätte.

Trotzdem bestätigte auch diese Demonstration, was schon die anderen Einzelberichte und schließlich auch die Zusammenfassungen des MfS deutlich gemacht haben: dass das ganze Land von Nord nach Süd in nicht mehr zu bändigendem Aufruhr war. Dabei zeigte sich, wie sehr es den Demonstranten nicht allein darauf ankam, ihrem Unmut einmal Luft zu machen, sondern konkrete politische Forderungen zu stellen, darunter vor allem die ins Zentrum der Parteidiktatur zielende nach freien Wahlen. Dazu kam das Verlangen nach Reisefreiheit, das sich an manchen Orten bemerkenswerterweise bereits mit dem Wunsch nach Wiedervereinigung verband – am 28. Oktober in Plauen und am 30. Oktober dann auch in Leipzig, wo während der Montagsdemonstration auf Plakaten «Deutschland einig Vaterland» stand. Eine zufällige Zusammenfassung der bisherigen Forderungen bei den landesweiten Protesten lieferte das MfS **Gera** wenige Stunden vor dem Mauerfall, indem es über die Transparente einer Demonstration vom 9. November berichtete und sich so, ohne es zu wollen, um die historische Forschung verdient machte:

Marianne Birthler spricht auf der Berliner Demonstration vom 4. November für die Initiative Frieden und Menschenrechte. Sie gehörte zu den wenigen Rednern, die kurz zuvor noch verfolgt waren.

Berlin 177

Demokratisches Forum – Freie Wahlen/Freie Wahlen/Demokra-
tische Wahlen/Freie Wahlen für freie Bürger/Schluss mit dem
Machtmonopol der SED/SED, nein Danke/Auflösung der Kampf-
gruppen/Egon, reiß die Mauer ein, wir brauchen jeden Ziegel-
stein/Weg mit der SED/Ihr da oben lasst euch Zeit, die Grenze ist
nicht weit/Neues Forum zulassen/Demokratie jetzt oder nie/Ei-
nigkeit, Recht und Freiheit/Stasi in die Produktion, denn nur für
Arbeit gibt es Lohn/Reisegesetz ohne Einschränkung/Freiheit ist
nicht nur Reisefreiheit/Nur freie Wahlen beenden unsere Qua-
len/Lass es <sic> dir zum Guten dienen, Deutschland einig Vaterland

Das ganze Ausmaß der Proteste und ihre erdrückende Wirkung auf die Staatsmacht wird deutlich, wenn man sich noch
einmal vor Augen führt, an wie vielen Orten über die Wochen
Millionen von Teilnehmern für den politischen und gesellschaftlichen Wandel aufgestanden sind: 320 Städte und Ort-
schaften in allen Teilen des Landes waren es, wenn nicht noch
mehr. Dabei kann man nicht häufig genug daran erinnern, dass
es sich keineswegs um harmlose, letztlich beliebige Proteste
handelte. Sie waren vielmehr gegen eine machterprobte, harte,
die ganze Gesellschaft durchdringende Diktatur gerichtet. Sie
waren staatsfeindlich und gefährlich und wurden von starken
Gemütsbewegungen getragen; schon eine harmlose Prozession
weniger Menschen verleiht ein eigenartiges Kraftgefühl und
Bewusstsein der Zusammengehörigkeit, wie viel mehr diese
Demonstrationen von Tausenden, Zehn- und Hunderttausenden, zumal lange damit gerechnet werden musste, dass mit
militärischer Gewalt gegen sie vorgegangen werden könnte.
Und dann das unbeschreibliche Erlebnis, dass man zunächst
in den Kirchen, Theatern und anderswo, dann durch Plakate
und Rufe bei den Kundgebungen erstmals seit Jahren, meist
Jahrzehnten das öffentlich aussprach, was einen existenziell
belastete, dass man, mit einem Wort, zum ersten Mal wieder
frei sprechen konnte.

Die Partei läuft hinterher

Die Partei konnte auf all das nur noch reagieren, sie lief den Entwicklungen hinterher; so war ja schon der Führungswechsel von Honecker zu Krenz zu verstehen. Sie versuchte immer wieder, durch Nachgeben, durch Winkelzüge, manchmal durch ernstgemeinte Veränderungen das Heft in die Hand zu bekommen, und manchmal konnte es so aussehen, als ob ihr das gelänge; ein Selbstläufer war die revolutionäre Entwicklung nicht. Charakteristisch ist eine plötzliche Fernseh- und Rundfunkrede von Egon Krenz, die am 4. November im ND groß veröffentlicht wurde. Sie war gleichzeitig an die DDR-Bevölkerung und an die SED-Mitglieder gerichtet und kündigte viel an, vor allem eine *Reform des politischen Systems* im Interesse des *mündigen Bürgers, demokratische Teilnahme, wahrheitsgetreue Information, Meinungsvielfalt und Meinungsstreit, Toleranz unter Andersdenkenden, gesetzestreues Verhalten der Schutz- und Sicherheitsorgane* – von freien Wahlen war aber nicht die Rede, alles stand unter dem Vorzeichen des Sozialismus, und die Rede wurde von einer Fiktion getragen, indem Krenz von der *politischen Wende, die wir eingeleitet haben*, sprach und behauptete, die Menschen hätten das Ziel, *den Sozialismus für jeden Bürger unseres Landes lebenswerter zu gestalten.*

Der rapide äußere Niedergang zeigte sich jedoch schon in dem allmählichen, aber unübersehbaren Abbröckeln der Partei. Zum einen schmolz natürlich das fiktive Millionenheer von Kommunisten, das Krenz zu sehen geglaubt hatte, zusammen wie Butter an der Sonne, und zum anderen verdünnten sich immer mehr die oberen Ränge des Regimes. Nach den Rücktritten und Absetzungen von Erich und Margot Honecker, Günter Mittag und Joachim Herrmann trat am 1. November Harry Tisch vom Vorsitz des FDGB unfreiwillig zurück, am 2. November folgten Herbert Ziegenhahn, Erster Sekretär des Bezirks Gera, und die Vorsitzenden von CDU und NDPD, Gerald Götting und Heinrich Homann, am 3. und 5. November die Ersten Bezirkssekretäre von Schwerin, Suhl und Leipzig, Heinz Ziegner, Hans Albrecht und Horst Schumann. Leipzigs Oberbürgermeister Bernd Seidel hatte am 3. November seine Demission erklärt. Zahlreiche Kreissekretäre und Bürgermeister traten zurück, und am 7. November schließlich die gesamte Regierung Stoph. Am 5. November sprach die Greifswalder Synode schließlich auch dem Bischof Gienke, der Honecker im Sommer zu einem letzten großen Auftritt verholfen hatte, das Misstrauen aus, sodass er wenige Tage später zurücktrat.

In diesen Rücktritten und Abwahlen spiegelte sich eine generelle Stimmung in der Partei, die immer wieder die mangelnde Anleitung von oben beklagte und immer weiter in Resignation verfiel, auch durch den Anblick der ins Schlingern geratenen Führung. Es gab auch andere Stimmen, zum Teil trotzige, die sich gelegentlich dadurch zeigten, dass die Basis die Führung in spontanen Demonstrationen zur Erneuerung und zum Durchhalten aufforderte, oft beides zugleich. Angesichts einer strikt nach Befehl und Gehorsam aufgebauten Partei musste jedoch schon das als ein Zeichen des Verfalls gewertet werden, denn wenn die Befehlsempfänger die Befehlenden zum Befehlen auffordern mussten, waren die Grundlagen des Systems in Gefahr, wie es die folgenden innerparteilichen Berichte schilderten:

Die große Mehrzahl der Kommunisten bekundet ihre Treue zur Partei und ihre Bereitschaft zu kämpfen – wartet aber auf Signale von «oben», auf Antworten auf die bekannten brennenden Fragen. Es wird eingeschätzt, daß die Kampfkraft vieler Grundorganisationen gelähmt ist. Das widerspiegelt sich in der Zurückhaltung nicht weniger Genossen im offensiven Auftreten. Die Austritte aus der Partei nehmen zu, in einigen Grundorganisationen konzentriert. ... Bei einigen macht sich immer mehr Resignation breit. ... Bedrücktheit und Ratlosigkeit machen sich breit. Bezirksleitungen berichten, daß es vielfach kein Verständnis für längeres Schweigen gibt. [Abt. Parteiorgane des ZK, 11. 10.]

Unzufriedenheit und Verwirrung werden bei Genossen sichtbar, wie sie oppositionellen Gruppen entgegentreten sollen. Es wird die Forderung erhoben, daß es an der Zeit wäre, von der Parteiführung eine einheitliche Strategie übermittelt zu bekommen ... in nicht wenigen Grundorganisationen Genossen ihr Vertrauensverhältnis zur Parteiführung als stark erschüttert betrachten ... *[Abt. Parteiorgane des ZK, Information vom 27. 10.]* Angesichts dieser massierten Angriffe resignieren zunehmend 1. Sekretäre und Mitglieder der Sekretariate von Kreisleitungen sowie Parteisekretäre und äußern, daß sie sich den gegenwärtigen Aufgaben nicht mehr gewachsen fühlen ... noch immer werde keine Konzeption erkannt, nach der die Parteiorganisationen handeln können ... Verstärkt stattfindende Foren und Aussprachen in Betrieben sind gekennzeichnet von einem immer tiefergehenden Vertrauensverlust zur SED. *[Abt. Parteiorgane des ZK, Information vom 6. 11.]*

Obwohl die Journalisten nichts anderes als Parteifunktionäre sein sollten und viele sich auch als solche verstanden und danach handelten, bewirkte die Revolution doch, dass sich die Medien allmählich und teilweise auf ihre eigentliche Aufgabe besannen, die Öffentlichkeit über die wichtigen Vorgänge einigermaßen objektiv zu informieren. Das lag auch daran, dass die Bevölkerung der DDR mehr als ohnehin schon das Westfernsehen als die entscheidende Informationsquelle nutzte, um sich über die grundlegenden Veränderungen in der DDR zu informieren, während das DDR-Fernsehen in der Nachrichtensendung «Aktuelle Kamera» und auch sonst die Scheinwelt der Propaganda verbreitete und uninteressant war. In vielfältiger Weise wurde darüber geklagt, dass Wirklichkeit und Berichterstattung mehr denn je auseinanderklafften. Am 11. Oktober berichtete die Abteilung Parteiorgane des ZK intern:

Viele kritische Äußerungen und Fragen bis in das hauptamtliche Parteiaktiv hinein gibt es darüber, daß in Westmedien und in der

Presse von Blockparteien über Maßnahmen des Dresdner Oberbürgermeisters und Leipziger Parteifunktionären <sic> berichtet wird,
während unsere Medien darüber schweigen und die Partei dazu
keine Orientierung gibt, was Verwirrung und Unsicherheit auslöst.

Am 13. Oktober meldete Erich Mielke an Egon Krenz, es würden von der Bevölkerung nach dem Politbürobeschluss vom
12. Oktober *grundlegende Veränderungen in der Medienpolitik* erwartet, und diese allmählich eintretenden Veränderungen
wurden in der Folgezeit teils begrüßt, dann aber auch zunehmend ängstlich registriert. Die Abt. Parteiorgane meldete am
27. Oktober und dann am 6. November:

> Wachsende Anerkennung finden die Bemühungen unserer Medien,
> eine realere und objektive Berichterstattung zu vermitteln. Einige
> Genossen äußern jedoch Bedenken, daß es bei aller Notwendig-
> keit von Kritik nicht passieren darf, daß unsere erfolgreiche Ent-
> wicklung unter den Tisch gekehrt wird. ... Die Veränderung in der
> Medienpolitik trägt nicht zur Beruhigung der Lage bei. Es gibt viele
> Kritiken, daß in zahlreichen Zeitungen die Linie der Partei nicht
> herauszufinden sei.

Das ging so weit, dass Egon Krenz auf dem 10. Plenum des
ZK am Morgen des 9. November lebhafte Klage über die Journalisten führte. Er glaubte, sie daran erinnern zu müssen, *die
Verantwortung als Parteijournalisten voll wahrzunehmen*, und
dass die *Genossinnen und Genossen, die in den Medien arbeiten, dem Parteistatut unterworfen* seien. Es müsse eine *Politik
der Erneuerung* geben, *aber nicht die Politik der Zulassung der
Opposition in Presse, Rundfunk und Fernsehen.* Auch Günter
Schabowski schloss sich dem an, wertete es aber einen Tag später – nach der Nacht vom 9. auf den 10. November – in seiner
für einen Funktionär ungewöhnlich plastischen Ausdruckswei-
se schon eher behaglich-stolz als ein Zeichen der

Erneuerung, wenn Zeitungen, die vormals im Ruf gedruckter Ladenhüter standen, unversehens zu einer Art Bückware geworden sind, wenn man sich in morgendlichen Schlangen an den Zeitungskiosken über zu wenig Freiverkaufsexemplare der «Jungen Welt», der «BZ», des «Morgen», der «Neuen Zeit» oder des «Neuen Deutschland» beschwert.

Diese langsam beginnende Freiheit auch der Parteizeitungen und des staatlichen Fernsehens – seit dem 30. Oktober war die Nachrichtensendung «Aktuelle Kamera» neu gestaltet – hatte neben der allgemeinen Berichterstattung überhaupt eine ganz konkrete Wirkung in einem Punkt, der bald darauf das ganze Land in Erregung versetzen und damit die Revolution weitertreiben sollte: Allmählich nämlich kamen die ersten Korruptionsfälle von hohen und mittleren Parteifunktionären ans Licht. Am 28. Oktober wurde auf der ersten Dialogveranstaltung in Mühlhausen Mitgliedern der Kreisleitung Amtsmissbrauch und persönliche Bereicherung vorgeworfen, und am 4. November wurde der Erste Sekretär des Kreises beschuldigt, sich unter fragwürdigen Umständen ein Haus zugeschanzt zu haben – eine spätere Untersuchung scheint ergeben zu haben, dass das nur insofern mit rechten Dingen zugegangen war, als er, der Berufsfunktionär, immer noch als «Arbeiter» firmierte. Zu einem Rücktritt kam es auf höherer Ebene in der Hierarchie am 1. November. Der Vorsitzende der IG Metall im FDGB, Gerhard Nennstiel, musste gehen, als herauskam, dass er gerade dabei war, sich aus Gewerkschaftsgeldern ein luxuriöses Eigenheim zu bauen. Ebenfalls am 1. November wurden auf einer Kundgebung in Neubrandenburg erstmals die Staatsjagdgebiete hoher Funktionäre angeprangert. Bald sollten noch weit gravierendere Fälle publik werden, die den Zorn der Bevölkerung erregten und der Revolution eine neue Schubkraft verliehen.

In dem Maße, in dem die Partei ins Taumeln geriet, wich auch der mit ihr verfilzte Staat Schritt für Schritt zurück. Abgesehen davon, dass der «Sputnik» wieder erlaubt wurde – eben noch eine Kernfrage der Politik, jetzt nur noch eine Petitesse –, wurde das Neuen Forum, das anfänglich für staatsfeindlich erklärt worden war, am 8. November offiziell zugelassen. Überhaupt zeigt sich am Neuen Forum, wie der Staat scheibchenweise zurückwich. Zunächst wurde behauptet, für diese Vereinigung gebe es keinen Bedarf, dann durfte sie sich öffentlich darstellen, und schließlich wurde sogar mit ihr verhandelt – beispielsweise am 26. Oktober Günter Schabowski mit Bärbel Bohley, Sebastian Pflugbeil und Jens Reich. Der visumfreie Reiseverkehr in die ČSSR wurde am 27. Oktober wieder eingeführt, und zudem, und viel wichtiger, wurde am 4. November die direkte Ausreise von Flüchtlingen aus Polen, Ungarn und der ČSSR in die Bundesrepublik erlaubt mit der Folge eines weiteren plötzlichen Anstiegs von Flüchtlingen. Außerdem erließ der Staatsrat am 27. Oktober scheinbar großmütig eine Amnestie für Flüchtlinge und für diejenigen, die sich als Demonstranten nach den Gummiparagraphen des politischen Strafrechts wegen Zusammenrottung und ähnlicher angeblicher Delikte strafbar gemacht hatten und meist zu hohen Geldstrafen verurteilt worden waren.

Diese strafrechtlichen Maßnahmen hatten sich nämlich nun auch in den Augen der systemkonformen Öffentlichkeit als reine Unterdrückungsmaßnahmen erwiesen, weshalb mit staatlicher Unterstützung Untersuchungskommissionen zu Übergriffen der Sicherheitsorgane gebildet wurden, deren öffentliche Nachforschungen und anschließende Publikationen in eines der Zentren des SED-Unterdrückungsapparates trafen. Als Erstes entstand die Berliner Kommission, die die massenhaften und natürlich gezielten Brutalitäten am Republikgeburtstag in Berlin untersuchen sollte. Für das revolutionäre Geschehen bemerkenswert war die Art ihrer Entstehung. Gleich nach den Vorfällen wurden in privater Initiative Gedächtnisprotokolle angefertigt, Strafanträge gestellt und Verletzte und Angehörige

Das Politbüromitglied Günter Schabowski stellt sich am 29. Oktober 1989 vor dem Roten Rathaus der Menge. Er war der einzige hohe SED-Funktionär, der eine solche Konfrontation mehrfach wagte.

betreut, und aus diesen Initiativen ging am 3. November eine Unabhängige Untersuchungskommission hervor.

Parallel dazu hatten sich am 22. Oktober bei einem Sonntagsgespräch vor dem Roten Rathaus Günter Schabowski, der Erste Sekretär, und Erhard Krack, der Oberbürgermeister, für eine städtische Untersuchungskommission ausgesprochen, die am 3. November von den Stadtverordneten eingesetzt wurde. Es gab Auseinandersetzungen um das Verhältnis beider Kommissionen zueinander, zumal beide teilweise aus denselben Personen bestanden beziehungsweise bestehen sollten. Im Interesse der Aufklärung erklärte sich die private Kommission bereit, in der städtischen mitzuarbeiten, nachdem belastete Personen entfernt waren. Am 7. November tagte die Kommission zum ersten Mal, in der Folgezeit gab es ausführliche Anhörungen, und schließlich wurde der Öffentlichkeit im Frühjahr 1990 ein Abschlussbericht übergeben, der die Anschuldigungen bestätigte.

6. Der 9. November

Mit Recht wird der Mauerfall als das zentrale Ereignis der Revolution des Jahres 1989 angesehen, und deshalb muss ihm auch ein eigenes Kapitel gewidmet werden. Es war ja nicht nur die Mauer in Berlin, die sich plötzlich öffnete, die gesamte Staatsgrenze West wurde noch in dieser Nacht durchlässig. Die Menschen strömten von Ost und West aufeinander zu und fielen sich in die Arme. Der Mauerfall ging schließlich nicht nur die DDR-Bevölkerung an, sondern alle Deutschen. Was seit dem 13. August 1961 mit blutiger und heimtückischer Gewalt die DDR-Bevölkerung einsperren und vom anderen Deutschland trennen sollte, war in wenigen Stunden wie weggeblasen, wenngleich es noch einige Monate dauern sollte, bis die Imperiumsgrenze, die Deutschland teilte, endgültig zu einer Grenze zwischen Landkreisen und Bundesländern schrumpfte. Dass der Mauerfall aber nicht aus heiterem Himmel kam, sondern im Zuge der Entwicklung lag, ergibt sich zum Teil aus dem bisher Berichteten und wird im folgenden Kapitel und im weiteren Verlauf immer deutlicher werden.

Eine weitere Relativierung ist nötig: Der 9. November 1989 ist auch wegen der unwiderstehlich faszinierenden Bilder vom Brandenburger Tor und von der Jugend, die auf der Mauer steht und, ja, man kann sagen, tanzt, zum fast ausschließlichen Symbol für den Mauerfall und das Ende des Kommunismus geworden und wird es auch in Zukunft bleiben. Darüber darf aber nicht vergessen werden, dass einen Monat vorher, am 9. Oktober in Leipzig, das Ende der kommunistischen Herrschaft unüberhörbar eingeläutet worden war. Obwohl der Weg zum Ende des Kommunismus noch viele Monate erforderte, war es doch jener 9. Oktober, an dem die Staatsmacht erstmals weithin sichtbar darauf verzichtete, mit Gewalt gegen das Volk vorzugehen, eine Entscheidung, die sich einen Monat später am 9. November in Berlin bestätigte. Nimmt man noch den 7. Oktober in Plauen und den 8. in Dresden hinzu, wird deutlich, dass die Geschichte keine Sprünge gemacht hat und die Entwicklung kontinuierlich vor sich gegangen ist. Alle Relativierungen aber nehmen der gloriosen Nacht vom 9. auf den 10. November 1989 nichts von ihrer Größe, im Gegenteil: Wenn die Maueröffnung ein Werk des Zufalls gewesen wäre, gerade dann könnte man die Achseln zucken. So aber ist sie der vorläufige Höhepunkt einer sich Schritt für Schritt vollziehenden Revolution. Das soll nun weitererzählt werden.

Das 10. Plenum und das Reisegesetz

Vor dem Hintergrund der Volkserhebung und der allseitigen immer schnelleren Erosion von Staatspartei und Staat fand vom 8. bis zum 10. November das 10. Plenum des ZK der SED statt. Wie immer war die Öffentlichkeit ausgeschlossen, wie immer wurden die Redebeiträge auf Tonband aufgenommen und für den parteiinternen Gebrauch archiviert – aber es lief nicht wie immer, die Revolution übernahm die Macht, die Bänder wurden gefunden und veröffentlicht. Diese Aufnahmen vermitteln in konzentrierter Form nur auf drei Tage zusammengepresst den Eindruck vom galoppierenden Zerfall einer auch in sich diktatorisch verfassten herrschenden Gruppe; die anschließenden, jeweils nur wenige Stunden dauernden 11. und 12. Tagungen, die letzten überhaupt, vervollständigen dieses Bild nur noch. Es gab erstmals zunehmend spontane Redebeiträge, erstmals reguläre Abstimmungen und erstmals eine einigermaßen gewissenhafte Auszählung der Stimmen (Krenz: *Ich bitte zu zählen. Schön die Hände hoch lassen, Genossen, an solche Situationen sind wir bisher nicht gewöhnt*). Dazu kamen Enthüllungen und verzweifelte Temperamentsausbrüche, die Genossen redeten durcheinander, der Verlauf wurde immer unübersichtlicher. Es gab Rücktritte, Absetzungen, Wahlen, Forderungen nach Bestrafung. Mehrfach wurde die Tagesordnung umgestoßen, Anträge wurden eingebracht und modifiziert, und schließlich endete die Tagung mit ganz anderen Perspektiven, als sie zu Beginn ins Auge gefasst worden waren. All das ließe sich im Detail nachzeichnen, doch hier soll zunächst nur ein einzelner Aspekt interessieren, der sich als besonders folgenreich erwies.

Dieses 10. Plenum erlangte nämlich durch ein Thema historische Bedeutung, das zwar von größter Dringlichkeit war, aber gar nicht im Mittelpunkt der Tagung stehen sollte: die Reisefreiheit. Erst durch Ungeschicklichkeiten und Fehleinschätzungen der Parteiführung rückte sie plötzlich in den Mittelpunkt und ließ alles andere bedeutungslos werden. Ausgiebig beschäftigte sich die Partei nur mit sich selbst, wenn auch angestoßen durch die Entwicklung im Lande. Gelegentlich klagte jemand, er mache ein «Martyrium» durch. Die katastrophale wirtschaftliche Situation wurde erst jetzt enthüllt, weshalb sich mancher empörte, man sei durch die Führung «belogen» worden. Das Plenum widmete sich Kader-, also Personalfragen, verabschiedete hastig ein Aktionsprogramm der Partei, aber im Allgemeinen ging man unausgesprochen davon aus, dass die SED immer noch der entscheidende Faktor der Politik sei. Die politischen Forderungen im Land, die das MfS in Gera so übersichtlich zusammengefasst hatte, wurden nicht diskutiert, auch nicht die unerhörte Situation, dass die Partei tatenlos dabei zusah, wie diese Forderungen in Riesendemonstrationen öffentlich erhoben wurden.

Seit Wochen hatte die Führung angekündigt, sie werde die Reisemöglichkeiten der Bevölkerung erweitern, aber was damit wirklich gemeint war, blieb die ganze Zeit unklar. Schon in seiner Rede als frischgewählter Generalsekretär war Krenz darauf zu sprechen gekommen, ohne Inhaltliches zu sagen, und seitdem nahmen die Medien in der DDR immer wieder darauf Bezug, wie ein Blick in die Spalten des ND bestätigt. Die Partei wusste, dass es sich um ein zentrales Problem handelte – seien es Ausreisen, seien es einfache Besuchsreisen –, aber sie zögerte.

Über Ungarn und die ČSSR konnte man inzwischen ungehindert in die Bundesrepublik gelangen, zahllose DDR-Bürger machten davon Gebrauch. Etwas säuerlich und mit einer leicht irreführenden Zusatzangabe meldete etwa das ND am 7. November: *Im Zuge der Vereinbarung zwischen der DDR, der BRD und der ČSSR sind vom Samstag bis Montag, 12 Uhr, 23 200 Bürger der DDR über die ČSSR in die BRD eingereist.* Es war ein untragbarer Zustand, dass die ČSSR als Transitland fungieren musste, nur weil die DDR immer noch daran festhielt, ihren Bewohnern zu verbieten, die Grenze nach Westen zu überschreiten, und sei es zu Besuchszwecken. Es wurden allerlei Vorlagen erarbeitet und Verordnungen entworfen, aber wie schwer die DDR, also die SED, sich damit tat, ist an dem kaum verständlichen Parteichinesisch der Texte zu erkennen. Vor allem aber blieb bei allen Vorschlägen, die (Aus-)Reisen zu erleichtern, das Grundprinzip erhalten, dass jede Reise genehmigungspflichtig war. Daran sollte sich auch in den folgenden Tagen nichts ändern. Der Staat beanspruchte immer noch das Recht für sich, über die Freizügigkeit der Menschen zu verfügen.

Am 6. November wurde der weiterhin undurchsichtig-restriktive Entwurf eines neuen Reisegesetzes im ND veröffentlicht. Immer noch hielt die Staatsführung am Genehmigungsverfahren und an Ablehnungsgründen fest, immer noch erklärte sie die Finanzierung für das Wichtigste – statt einfach die Reisen nicht mehr zu verbieten –, und immer noch waren die entscheidenden Vorschriften Kannbestimmungen. Der Entwurf stieß auf einhellige Ablehnung im Volk, einschließlich des

Rechtsausschusses der Volkskammer, die sich damit ein bisschen weiter auf dem Weg der Emanzipation vorwagte. Zum Teil verdankte sich das der ungenügend geregelten Frage der Reisezahlungsmittel, aber auch Gründen, die ein im ND abgedruckter Leserbrief treffend wiedergab:

Das Reisegesetz an sich ist eine gute Sache. Es ist aber in solch einer verklausulierten Sprache abgefasst, dass es der normale Bürger nicht durchschauen kann. Allein der § 6 ist wieder dehnbar in jede gewünschte Form. Solche Kategorien wie Moral, Gesundheit, öffentliche Ordnung, den Schutz der Rechte und Freiheiten anderer der subjektiven Beurteilung eines Bearbeiters zu überlassen bietet mir keinen ausreichenden Rechtsschutz vor bürokratischer Willkür und Auslegung gegen den Bürger. Deshalb bedarf dieses besonders sensible Gesetz der Überarbeitung, um klare, eindeutige und überschaubare Rechtssituationen für den Bürger zu schaffen.

Der Gesetzentwurf wurde tatsächlich überarbeitet, mitten während der laufenden ZK-Sitzungen. Am 9. November um 9 Uhr morgens wurde im Innenministerium vor allem von MdI- und MfS-Leuten ein weiterer Entwurf vorbereitet, im sprachlichen Duktus nicht viel verständlicher als der vorherige. Im Kern besagte er, dass man zwar immer noch einen Antrag stellen musste, dieser aber, auch wenn man noch nicht in Besitz eines Passes war, kurzfristig zu genehmigen sei. De facto – und das war politisch gewollt – sollte man also, mit einem nur noch formalen Umweg über die Volkspolizeikreisämter, ohne Einschränkung in den Westen reisen dürfen, ganz gleich, ob zum Zweck eines kurzfristigen Aufenthalts oder auf Dauer; abgelehnt würden solche Reisen nicht mehr. Das war – in der Substanz – die Rücknahme des 13. August 1961. Dieser Entwurf wurde dem neu zusammengesetzten Politbüro vom amtierenden Ministerpräsidenten Stoph um 12 Uhr während einer Raucherpause der ZK-Tagung vorgelegt, es stimmte hastig zu, denn die Sitzung sollte gleich weitergehen.

Da weiter die Fiktion aufrechterhalten werden musste, dass nicht die Partei, sondern staatliche Instanzen über Gesetze bestimmen, musste der Ministerrat auf die Schnelle eine Verordnung erlassen, bis die Volkskammer dem entsprechenden Gesetz zustimmte. Etwa die Hälfte der Minister war bei der ZK-Sitzung, daher sollte der Entwurf im Wege des Umlaufs gebilligt werden, Schweigen galt als Zustimmung. Während der Umlauf noch im Gang war, las Krenz, wieder in Abweichung von der Tagesordnung, den Entwurf zusammen mit einer Pressemitteilung gegen 16 Uhr einmal vor. Die Zuhörer sollten auf der Grundlage der Verlesung urteilen. *Ich kenn' den Gesamttext ja nicht*, bemerkte immerhin der Kulturminister Hoffmann. Einige Zuhörer stellten fest, dass die Regelungen wegen des noch ausstehenden Volkskammerbeschlusses als «zeitweilig» und als «Übergangsregelung» bezeichnet wurden, und sprachen sich durch Zuruf für eine jetzt schon zu treffende endgültige Regelung aus. Das nahm Krenz umgehend auf, strich die beiden Wörter und fragte dann:

Einverstanden, Genossen?
Zurufe: Ja!
Krenz: Gut. Danke schön. Das Wort hat Günther Jahn.

Dann machte dieser Erste Sekretär des Bezirks Potsdam längere Ausführungen zur Lage im Allgemeinen und zu seiner Rolle im Besonderen. Niemand kam auf die Idee, dass mit der dauerhaft geltenden Reisefreiheit der Mauerbau des 13. August 1961 und die ganzen mörderischen Grenzanlagen gegenstandslos geworden waren, niemand wollte diese einschneidendste aller Maßnahmen wenigstens besprechen, niemand verlangte eine Abstimmung.

Die Öffnung

Günter Schabowski, Mitglied des Politbüros und frischbestellter ZK-Sekretär für Medienfragen, war während des Beschlusses nicht im Raum, er hatte gerade außerhalb mit Journalisten zu sprechen. Dennoch war es seine Aufgabe, um 18 Uhr eine internationale, erstmals live im Fernsehen übertragene Pressekonferenz zu geben, um über den Verlauf der ZK-Sitzung zu informieren; erst kurz vor diesem Termin bekam er von Krenz das Papier mit dem Reisebeschluss in die Hand gedrückt. Als er dann gegen Ende der Pressekonferenz danach befragt wurde und zunächst verklausuliert antwortete, schließlich aber doch einigermaßen deutlich den Sinn des Beschlusses wiedergab, tat er nicht mehr und nicht weniger, als den hastigen, unüberlegten und unordentlichen Beschluss des Politbüros, von ZK und Ministerrat wahrheitsgetreu zu übermitteln. Mehr konnte man von einem Verantwortlichen, der das Papier mit dem Wortlaut der neuen Regelung zwischen Tür und Angel zugesteckt bekommen hatte, kaum erwarten.

Als er dann auf die Frage nach dem Inkrafttreten die klassisch gewordenen Worte «sofort, unverzüglich» aussprach, konnte das bestenfalls nur heißen, dass von jetzt an die am nächsten Morgen öffnenden Volkspolizeikreisämter die Genehmigungen sofort und ohne weitere Voraussetzungen erteilen würden. Natürlich war nicht daran gedacht, aus heiterem Himmel an einem Novemberabend ab 19 Uhr alle Grenzübergangsstellen der DDR unvorbereitet und in Sekundenschnelle zu öffnen. So aber mussten es die westlichen Fernsehsender darstellen, die ja über interne Überlegungen nicht informiert waren. Deshalb brach im Laufe der wunderbaren, unvergesslichen Nacht vom 9. auf den 10. November 1989 der Sturm auf die Mauer und auf andere Grenzübergangsstellen los, und so geschahen die ersten Schritte zur Wiedervereinigung Deutschlands. Überall entlang der Sektoren- und Zonengrenze – wie man jetzt all-

Die Jugend hat am 9. November die Mauer am Brandenburger Tor erobert. Die Scheinwerfer, die lange dazu dienten, Flüchtlinge kenntlich zu machen, beleuchten jetzt den Taumel des Glücks – und das Ende von Diktatur und Spaltung.

mählich wieder sagen konnte – gab es die ersten Tränen unfassbaren Glücks, die uns die nächsten Monate bis zum 3. Oktober 1990 und darüber hinaus immer wieder begleiten sollten.

Warum aber öffneten die Grenztruppen, die doch von nichts wussten, schließlich die Grenze, statt, wie es nach der Befehlslage wohl nötig gewesen wäre, zur Maschinenpistole zu greifen und die konterrevolutionären Kräfte bei ihrem Durchbruchsversuch niederzumähen? Man hatte ja ständig damit gerechnet, dass ein solcher Versuch stattfinden könnte, und hatte Vorkehrungen dagegen getroffen, wie zuletzt ein paar Tage zuvor bei der Demonstration vom 4. November.

Die Detailforschung Hans Hermann Hertles hat den Ablauf dieser Nacht und der unmittelbar folgenden Zeit fast auf die Sekunde rekonstruieren können. Das soll hier nicht im Einzelnen wiederholt werden. Es hat sich jedenfalls gezeigt, dass die Diensthabenden insbesondere am Grenzübergang Bornholmer

Straße zunächst versuchten, von Vorgesetzten und anderen übergeordneten Stellen telefonische Auskunft darüber zu bekommen, was überhaupt los sei und wie sie sich zu verhalten hätten. Aber keiner der Generäle war informiert und konnte etwas Genaues sagen. Niemand wusste Bescheid. Die Grenztruppen sahen natürlich, dass die andrängenden Menschen nicht irgendwelche Oppositionelle waren, sondern, kommunistisch gesprochen, die Volksmassen, vor denen sie angesichts der verworrenen Lage schließlich kapitulierten. Und hier liegt die Antwort auf die Frage, warum die Grenztruppen die Menschen «fluten» ließen, wie der Ausdruck lautete, der den Vorgang plastisch und treffend charakterisiert.

Die Grenzsoldaten, deren Vorgesetzte und die politisch Verantwortlichen hatten die Übersicht verloren und waren sich über die Folgen ihres Handelns nicht mehr klar. Seit Wochen war die DDR in Aufruhr, die Fundamente begannen nachzugeben, die Partei- und Staatsautorität nahm mit immer größerer Geschwindigkeit ab, jeder Tag, jede Stunde brachte neue Hiobsbotschaften für die Herrschenden, denen die Kontrolle mehr und mehr entglitt. Dass das ZK beschlossen habe könnte, ganz plötzlich abends um sieben die Grenze zu öffnen, war zwar unwahrscheinlich, aber nach den Ereignissen der vergangenen Wochen auch wieder nicht unmöglich. Daher die vorsichtigen Rückfragen oben, daher die uneindeutigen Antworten nach unten. Alles schien möglich. Es lag im Zug der Entwicklung.

Dass subjektives Unvermögen eine wichtige Rolle spielte, hatte objektive Ursachen. Die staatsmarxistische Diktatur wankte. Die Sekretäre aller Sorten und Stufen, die Genossen des Politbüros, die ZK-Mitglieder und wer nicht noch alles waren von der Entwicklung getrieben und teilweise auch am Ende ihrer physischen Kräfte. Einen wohlüberlegten Kurs gab es nicht. Man versuchte immer hastiger, Löcher zu stopfen und von Tag zu Tag mit Ad-hoc-Maßnahmen auf Notsituationen zu reagieren, in der Hoffnung, das in Aufruhr befindliche Volk so beruhigen zu können.

Wenn die Partei etwas so Einschneidendes wie die Maueröffnung gründlich durchdacht und vorbereitet hätte, dann wäre der Generalsekretär und Staatsratsvorsitzende vor die Fernsehkameras getreten, um die vollständige Reisefreiheit, wenn auch auf dem Umweg der Visumserteilung durch die Volkspolizei, zu verkünden. Das wäre ein gewichtiger Akt gewesen, den die Partei als Wohltat hätte hinstellen können, um vielleicht die Dankbarkeit des Volkes zu gewinnen. Aber die fast beiläufige Bekanntgabe der neuen Reiseregelung am Rande von Schabowskis Pressekonferenz hatte eine ganz andere Wirkung und entsprach vollkommen den konfusen Entscheidungen der vergangenen Wochen, die schließlich noch den gesamten Tages- und Tagungsablauf des 9. November prägten. Irgendwie wollte man die Leute reisen und ausreisen lassen, wollte es aber nicht so deutlich sagen. So wurde der Entschluss dann zwischen Tür und Angel durchgebracht, wobei sogar erst in letzter Sekunde die missverständliche vorübergehende Geltung durch Zuruf in eine dauerhafte verwandelt wurde. Über die existenzielle Bedeutung für das Volk und über die sich notwendig daraus ergebenden Konsequenzen war man sich nicht im Mindesten klar.

In dieser nachlässigen, die Augen fest vor der Wirklichkeit verschließenden Weise ging es weiter. Man sollte doch meinen, dass das ZK der SED der selbst eingeleiteten und dann in der Nacht tumultartig Wirklichkeit gewordenen Rücknahme des 13. August 1961 irgendeine Art von Beachtung schenkte. Doch genau das passierte nicht. Die Sitzung des nächsten Tages begann um 9.05 Uhr, es ging zunächst um Kaderfragen, dann wurde 15 Druckseiten lang selbstkritisch über den wirtschaftlichen Bankrott der DDR gesprochen – «Andere Länder haben die Probleme gelöst ... Es war Selbstbetrug» –, und erst gegen 10 Uhr nahm Krenz auf den Mauerfall Bezug. Aber auch diesmal sprach er die Frage nicht direkt an:

Ich weiß nicht, ob wir alle noch nicht oder viele, da will ich niemandem zu nahe treten, den Ernst der Lage erkannt haben. Der Druck, der bis gestern auf die tschechoslowakische Grenze gerichtet war, ist seit heute Nacht auf unsere Grenzen gerichtet. ... der Druck war nicht zu halten, es hätte nur eine militärische Lösung gegeben, Genossen ... über zwei Drittel derer, die heute Nacht Westberlin besucht haben, sind inzwischen wieder auf ihren Arbeitsplätzen hier. Das ist ein positives Signal. Aber der Druck nimmt weiter zu ...

Nicht einmal jetzt wurde ernsthaft über die Implikationen der neuen Reiseregelung und die Folgen für den SED-Staat gesprochen. Krenz schob es vielmehr auf die lange Bank, indem er sich für die ineffizienteste aller möglichen Vorgehensweisen entschied, die auf Sitzungen immer dann ergriffen wird, wenn niemand mehr weiterweiß: Überweisung an einen Ausschuss. Krenz schlug vor, es solle eine Kommission gebildet werden, *die diese Frage untersucht und der nächsten Tagung des Zentralkomitees ... eine Antwort gibt.* Das ZK fand es anscheinend richtig, dass erst einmal ein Ausschuss langwierig über das welthistorische Ereignis des Mauerfalls nachdachte, und ging sofort zu internen Personalfragen über, die ihm wichtiger erschienen. Nie hat natürlich irgendeine Kommission ihre umständlichen Überlegungen zum Mauerfall irgendeinem ZK einer SED vorgetragen. Wohl selten in der Geschichte ist einer Lebensfrage so wenig Beachtung geschenkt worden. Aber die SED selbst fing ja inzwischen an, nicht mehr so lebensentscheidend zu sein.

Die Symbolik des 9. November

Symbole können geschaffen werden, meistens ergeben sie sich aber ohne besonderes Zutun. Dass es der 9. November war, an dem die Mauer fiel, war von niemandem geplant, am allerwenigsten von der konfusen Staatsmacht, die 28 Jahre zuvor die Mauer errichtet und jetzt nichts durchdacht und geplant hatte. Es war das Volk, das sie in die Lage gebracht hatte, aus Verwirrung die Mauer zu öffnen; und dass das ausgerechnet an einem 9. November geschah, könnte man als eine Wiedergutmachung der Geschichte ansehen. Der 9. November 1918 war nicht nur das Ende der überfällig gewordenen Monarchie, sondern bedeutete auch Niederlage und Bürgerkrieg; der 9. November 1923 mit dem lächerlichen Hitlerputsch und die schmachvolle Pogromnacht 1938 waren inszenierte Schandflecken in unserer Geschichte; erst der 9. November 1989 symbolisiert Befreiung und Überwindung der Diktatur.

Hinzu kommt ein weiteres, ebenso wenig willentlich herbeigeführtes Symbol, freilich nur für den, dem die Örtlichkeit vertraut ist. Der Grenzübergang Bornholmer Straße auf der Bösebrücke, die die vielen Geleise der weiträumigen S-Bahn-Anlage überspannt, war eine der hässlichsten und am unerbittlichsten wirkenden kleinen Maueröffnungen, mit denen die DDR die Verbindung zwischen Ost und West über ein tröpfelndes Rinnsal erhielt. Die Bösebrücke war zudem der Ort, an dem der erste Fluchtversuch gescheitert war. Schon im August 1961 hatten Grenzsoldaten hier den ersten Flüchtling erschossen, Günter Litfin. Jetzt streckten sie hier zuerst die Waffen.

Es gibt ein weiteres Symbol, ein unspektakuläres, sehr unerwartetes, kaum bewusstes, ja kaum gekanntes. Ich zitiere aus dem amtlichen Protokoll einer späten Bundestagssitzung in Bonn. Während der Beratungen über ein Vereinsförderungsgesetz gab der Abgeordnete Spilker außerhalb der Tagesordnung eine Meldung weiter, die ihn gerade erreicht hatte:

Ab sofort können DDR-Bürger direkt über die Grenzstellen zwischen der DDR und der Bundesrepublik ausreisen.

Die Symbolik des 9. November

Ein Spalier für die Trabi-Kolonne am Kontrollpunkt Bornholmer Straße in Berlin am Tag nach der Grenzöffnung. Der Wachturm im Hintergrund hat in der Nacht zuvor seine Funktion auf immer verloren.

Er erhielt *anhaltenden Beifall bei der CDU/CSU, der FDP und der SPD*; die Grünen beteiligten sich nicht daran. Nach einigen weiteren Redebeiträgen, in denen gelegentlich kurz auf das von Spilker bekanntgemachte Ereignis eingegangen wurde, unterbrach die Vizepräsidentin Berger die Sitzung nach dem Wunsch aller Fraktionsvorsitzenden von 20.22 bis 20.46 Uhr. Darauf verlas der Bundesminister und Chef des Bundeskanzleramtes Rudolf Seiters eine Erklärung der Bundesregierung, die mit folgenden Worten begann:

> Die vorläufige Freigabe von Besuchsreisen und Ausreisen aus der DDR ist ein Schritt von überragender Bedeutung. Damit wird praktisch erstmals die Freizügigkeit für die Deutschen in der DDR hergestellt.

Anschließend gaben Vogel für die SPD, Dregger für die CDU/CSU, Lippelt für die Grünen und Mischnick für die FDP ihrerseits Erklärungen ab, in denen sie unter anderem die DDR-Bevölkerung baten, jetzt im Lande zu bleiben. Trotz des zumeist dominierenden sachlichen Tons war manchem der Fraktionssprecher die innere Bewegtheit sehr wohl anzuhören. Nach Mischnicks Rede vermerkt das Protokoll in seiner nüchternen Beamtensprache:

> (Beifall bei allen Fraktionen – Die Anwesenden erheben sich und singen die Nationalhymne)

Wer hätte Bonner Bundestagsabgeordneten diese emotionale Regung zugetraut? Diese jegliche Routine durchbrechende, einzig angemessene, die Lage und ihre Folgen genau bezeichnende Gefühlsaufwallung? Nur die Grünen hatten nicht mitgesungen und sich nur zögernd erhoben. Den Text gibt das Protokoll nicht wieder, hier ist er:

Einigkeit und Recht und Freiheit
Für das deutsche Vaterland!
Danach lasst uns alle streben
Brüderlich mit Herz und Hand!
Einigkeit und Recht und Freiheit
Sind des Glückes Unterpfand –
Blüh' im Glanze dieses Glückes,
Blühe, deutsches Vaterland!

Anschließend wollte die Vizepräsidentin Annemarie Renger in der Tagesordnung fortfahren, doch dagegen erhob sich Protest. Es gab einen Geschäftsordnungsantrag auf Vertagung, und dann wurde vertagt.

Diese Szene im Deutschen Bundestag war das erste parlamentarische Symbol der deutschen Revolution und der daraus folgenden Wiedervereinigung. Das Pendant dazu sollte es neuneinhalb Monate später in Berlin in der Volkskammer der Deutschen Demokratischen Republik geben, zum Abschluss einer Nachtsitzung, davon wird erzählt werden.

Jedermann, die ganze Welt kennt die Bilder von der Nacht vom 9. auf den 10. November und der Folgetage, nicht nur von Berlin, sondern von der gesamten Zonengrenze, die kilometerlangen Autoschlangen, die Tränen, die Umarmungen; manchmal vom Inhalt schnell besorgter Sektflaschen gesteigert. In kürzester Zeit wurden neue Grenzübergänge geschaffen, viele Millionen Deutsche überquerten die Grenze in beiden Richtungen, und obwohl die DDR eine weit geringere Bevölkerungszahl hatte als die Bundesrepublik, war das Verhältnis der Reisenden genau umgekehrt, auch das ist bezeichnend. Gelegentlich sträubten sich die Grenztruppen, viele Kommandeure stellten sich aber schnell auf die neue Situation ein und ließen sich mit Bundesgrenzschutz-Beamten fotografieren, als ob sie eine ganz normale Grenzpolizei wären; auch das übrigens wieder eine der vielen Fiktionen, die ein Charakteristikum der DDR ausmachten.

Oft übersehen wird, dass die Ostsee genau wie die Landgrenze zum Westen schärfstens überwacht war. Spezialeinheiten der Volksmarine hatten die Aufgabe, Flüchtlinge nach Dänemark abzufangen, auch dabei war es zu schrecklichen Szenen gekommen. Und jetzt, auch hier, ganz einfach: Am 13. November wurde die Ostsee freigegeben. Niemand musste mehr, wie noch am 3. September, unter Lebensgefahr das Meer durchschwimmen.

Alles, was sich nun an der Grenze abspielte, hielt das MfS nüchtern fest, so wie es sonst «Vorkommnisse» aufgeschrieben hatte. Es war alles plötzlich überaus harmlos geworden. So steht im MfS-Lagefilm vom 11. November über einen thüringischen Grenzübergang:

Information über die Ein- und Ausreisetätigkeit an den Güst Hirschberg und Probstzella

Am 10. 11. 89 wurden an der Güst Hirschberg 251 und an der Güst Probstzella 70 Personen registriert, die ständig aus der DDR ausreisten.

– am 10. 11. 89 wurden an der Güst Hirschberg 11 792 Personen registriert, die mit DPA aus der DDR ausreisten, an der Güst Probstzella waren es 27 Personen,

– am 10. 11. 89 reisten über die Güst Hirschberg 4597 Personen wieder mit DPA ein, über die Güst Probstzella waren es 2 Personen.

Grenzenlose Freude mitten in Deutschland

Stellvertretend für die zahllosen Ereignisse bei den Grenzöffnungen einschließlich des Sprengens der Wachttürme soll von einigen charakteristischen Vorgängen erzählt werden. Es kamen ja nicht nur ehemalige Nachbarn wieder zusammen, sondern auch Orte und Regionen, die in der Vergangenheit ein besonders enges Verhältnis zueinander gehabt hatten und es nun, nach dem Ende des DDR-Grenzregimes, wieder entwickeln sollten.

Der mecklenburgische Kreis Hagenow war von Niedersachsen mit Lüneburg als nächster größerer Stadt durch die Elbe getrennt, von der Honecker so gerne gehabt hätte, dass sie genau auf der Mitte des Stromes die deutsch-deutsche Grenze bildete. Auf der Elbe waren in der Vergangenheit mehrfach Flüchtlinge von Grenzsoldaten noch im Wasser, ja, noch am anderen Ufer beschossen und zur Strecke gebracht worden. Politisch war die Elbe durch die Besatzungsmächte sozusagen nur aus Bequemlichkeit zur Zonengrenze gemacht worden, denn zur Provinz Hannover hatte hier noch ein Gebiet auf dem östlichen Elbufer gehört, das Amt Neuhaus. Die Beziehungen zwischen beiden Elbufern waren also besonders eng gewesen. Nach dem 9. November verwandelten sich die Grenzsoldaten und ihre Kommandeure gelegentlich in freundliche Händeschüttler, als ob nie etwas anderes gewesen wäre. Vor allen Dingen aber wurden in wenigen Wochen zahlreiche Fährbetriebe über die Elbe wiederaufgenommen: Herrenhof-Hitzacker, Darchau-Neu Darchau, Neu Bleckede-Bleckede, Lenzen, Dömitz-Kaltenhof. Und schließlich kam das Amt Neuhaus wieder nach Niedersachsen, die einzige Grenzverschiebung zwischen der DDR und der Bundesrepublik Deutschland, die es gegeben hat.

Das katholische Eichsfeld im Nordwesten Thüringens mit Heiligenstadt als Hauptort grenzt an das Untereichsfeld Niedersachsens mit Duderstadt als Hauptort und an Hessen. Der Diaspora-Katholizismus des Eichsfeldes hatte es gegenüber der SED-Herrschaft besonders resistent gemacht, die abenteuerlich hohen Prozentzahlen bei den Scheinwahlen fielen im Eichsfeld immer etwas weniger abenteuerlich aus. Nach der Grenzöffnung kam sogar der Gedanke auf, sich ganz aus Thüringen zu verabschieden und eine separate Eichsfeld-Wiedervereinigung vorzunehmen, das gelang aber nicht. Wie eng das Zusammengehörigkeitsgefühl nach wie vor war, zeigte jedoch die «Koffer-

Demonstration» im Januar überdeutlich. In der ganzen DDR fanden damals besonders große Demonstrationen gegen ein gefürchtetes Wiedererstarken der SED statt, und die des Eichsfeldes sah so aus, dass 50 000 Demonstranten mit Koffern nach Hessen zogen und mit Auswanderung drohten: *Kommt die SED wieder an die Macht, gehen wir noch in dieser Nacht.*

Sonneberg, im fränkischsprechenden südlichen Teil Thüringens, lag unmittelbar an der Grenze, auf deren anderer Seite gleich Neustadt bei Coburg. Beide Städte waren eng miteinander verbunden, weil Neustadt an Sonnebergs weltberühmter Spielzeugindustrie stark beteiligt war und in den Jahrzehnten der Trennung sehen musste, wie es zurechtkam. Durch landsmannschaftliche, berufliche und persönliche Verbindungen fühlte man sich einander besonders nahe, und die grausame Grenze mit ihren Minenfeldern war fast täglich spürbar, weil nicht nur Wild, sondern auch Menschen in die Minen gerieten, schwer verletzt wurden oder sterben mussten. In Neustadt und Sonneberg konnte man die Explosionen hören. Gleich nach der Öffnung der Grenze liefen die Bewohner beider Städte aufeinander zu. Schon am Sonntag, dem 12. November, wurde an der «Gebrannten Brücke» der erste Grenzübergang freigegeben, Neustadts Oberbürgermeister durchschnitt sogar, wie es sich gehört, ein Band. Am Montag, dem 13. November, nahmen Neustadter sofort in Sonneberg an der Montagsdemonstration teil; am 25. November kam ein weiterer Übergang hinzu, indem DDR-Pioniere eine Öffnung in den Metallgitterzaun schnitten; am 2. Dezember besuchten Sonneberger den Nikolausmarkt in Neustadt; am 3. Dezember verlangte Sonneberg, dass die Neustadter visumfrei einreisen dürften, was dann erstmals am 23. Dezember geschah.

Am 28. Dezember dankte Neustadt in einem großen Fest mit zahlreichen Sonneberger Kulturgruppen für die Grenzöffnung; am 24. Januar unterzeichneten die Bürgermeister von Neustadt und Sonneberg eine Städtepartnerschaft; am 5. März wurde

Bundesinnenminister Schäuble dankt anlässlich der Abschaffung der Grenzkontrollen am 1. Juli 1990 einem militärischen Musikkorps für eine Darbietung. Genaues Hinsehen zeigt, dass es sich um die Grenztruppen der DDR handelt.

bekanntgegeben, dass die durch die DDR unterbrochene Bahnstrecke zwischen den beiden Städten wiederhergestellt werden solle (das Projekt hieß Lückenschluss) – und am 1. Juli fand in Neustadt sogar ein hochpolitisches Ereignis statt, als das Abkommen für die Aufhebung der Personenkontrollen an der innerdeutschen Grenze vom Bundesinnenminister Schäuble und vom DDR-Innenminister Diestel unterschrieben wurde. Muss im Detail aufgezählt werden, wie oft und in welchen Dörfern dieser ländlichen Teile des thüringischen und bayerischen Franken Musik erklang, wie oft die Südthüringer und die Oberfranken mit Blaskapellen, Jagdhornbläsern, Posaunenchören, Gesangvereinen, Männerchören – sogar ein Musikkorps der Grenztruppen schloss sich an – die Grenzen hin und her überquerten oder bei Freudenfeiern auftraten? Wir waren ja mitten in Deutschland.

Ein Sonderfall ist auch hier wieder Berlin. Abgesehen davon, dass die Bürgermeister Momper und Krack aufeinander zugingen – Momper meinte ja noch nach der Maueröffnung in einem ganzseitigen Interview im ND, dass es durchaus Übereinstimmungen zwischen SPD und SED gebe – und die Menschen zu Hunderttausenden aufeinander zuströmten, schlossen sich auch die Verkehrsnetze aller Art wieder. U- und S-Bahn-Linien, Bus- und später auch Straßenbahnverbindungen kamen wieder zusammen, stillgelegte Bahnhöfe wurden reaktiviert, alles in einer Mischung aus Selbstverständlichkeit und anhaltender großer Freude. Die Grenze gab es allerdings noch, auch die Mauer am Brandenburger Tor kam wieder in die Verfügung der Grenztruppen, aber es wurden neue Übergänge eröffnet. Berlin wuchs in einer derartigen Schnelligkeit und Intensität zusammen, dass schon allein dadurch alle Vorstellungen von einem Weiterbestehen der DDR mehr und mehr ins Reich der Phantasmagorien abdrifteten.

Selbst fern von diesem Kräftezentrum der Wiederbegegnung, in einer an die Schweiz grenzenden südlichen Stadt Deutschlands, fand eine öffentliche Glückskundgebung statt. Ein kleiner Arbeitskreis veranstaltete sie am 11. November auf dem Marktplatz, und während in den Jahren zuvor die Resonanz etwa auf Veranstaltungen am 17. Juni gering gewesen war, gab es jetzt ein lebhaftes Interesse daran, eine kleine Ansprache halten zu dürfen. Das geschah und wurde erfreut aufgenommen. Am meisten bejubelt aber wurde ein junges Paar, das einen ungewohnten Akzent sprach. Es waren Magdeburger, die noch in der Nacht vom 9. auf den 10. November in einem Atlas nachgesehen hatten, welche Stadt im anderen Teil Deutschlands am weitesten entfernt war. Konstanz. Da waren sie hingefahren. Das ging ja jetzt.

7. Die Revolution festigt sich

Zunächst änderte sich am Verlauf der Revolution nichts, dann aber beschleunigte und diversifizierte sie sich. Die Demonstrationen setzten sich alles in allem in derselben Weise fort wie vor dem 9. November. Zwar gingen vielerorts erst einmal die Teilnehmerzahlen stark zurück, weil die Menschen zu Tausenden in den Westen fuhren. Das geschah aber in der Regel nur kurz, und so schwollen die Demonstrationszüge bald wieder an. Die politischen Forderungen verschärften und erweiterten sich dabei langsam. An die Stelle der allgemeinen Forderung nach Reisefreiheit, die ja gegenstandslos geworden war, traten zunehmend Proteste gegen das Weiterbestehen von Mauer und Grenzregime überhaupt. Allmählich wurde der Wunsch nach Wiedervereinigung mit dem Westteil Deutschlands vorherrschend, der vorher nur eine untergeordnete Rolle gespielt hatte. Weitere Enthüllungen, insbesondere über die bisher verheimlichte, für DDR-Verhältnisse unbeschreiblich luxuriöse Lebensführung vieler Angehöriger der Führungsschicht riefen einen wahren Proteststurm hervor. Und schließlich zeigten sich erste Ansätze, die Revolution nicht nur auf Resolutionen und Demonstrationen zu beschränken, sondern ihr durch Institutionenbildung eine Form zu geben und so die Forderungen in die Wirklichkeit umzusetzen.

Doch zunächst noch einmal zu den Straßenprotesten, die ja die Ausdrucksform waren, durch die das Volk seinen Willen nicht nur erklärte, sondern ihm auch kraftvoll Nachdruck verlieh. Die gewaltigsten Demonstrationen fanden nach wie vor in Leipzig statt, wo zudem auch alle zentralen Forderungen erhoben wurden, die das Geschehen bestimmen sollten. Am 20. November demonstrierten 250 000 Menschen, eine Woche

Demonstration am 19. November auf dem von der Semperoper dominierten Theaterplatz in Dresden. Zwischen ihm und der Elbe erhebt sich heute der Sächsische Landtag.

später waren es 200000. Eine Ansprache Herbert Schmalstiegs, des Oberbürgermeisters von Leipzigs Partnerstadt Hannover, wurde mehrfach von Sprechchören unterbrochen; «Deutschland einig Vaterland» wurde gesungen und skandiert. Ein großes Transparent zitierte einen weiteren Vers aus der Becher-Hymne: «Dass die Sonne schön wie nie über Deutschland scheint». Auf den Demonstrationen in den folgenden Wochen wurde von Hunderttausenden mit immer mehr Nachdruck die Wiedervereinigung verlangt.

Auch in Halle, Erfurt, Plauen und Karl-Marx-Stadt, wo am 11. Dezember 40000 Menschen demonstrierten, traten alle anderen Forderungen hinter dem Ruf nach Wiedervereinigung zurück. Für den 3. Dezember hatten die Aktion Sühnezeichen, das Neue Forum und andere Organisationen nach baltischem Vorbild zu einer Menschenkette quer durch die ganze DDR aufgerufen, und obwohl sie Lücken aufwies, war sie doch ein eindrucksvolles Zeichen für den Demokratisierungswillen der Bevölkerung.

Korruption und Privilegien

Einen neuen Anschub bekamen die Demonstrationen und die immer unverrückbarer werdende Ablehnung der SED-Herrschaft durch die zunehmenden Enthüllungen über das ungeahnte Ausmaß an Korruption und Privilegienwirtschaft, deren sich die meisten hohen und viele mittlere und einfache SED-Funktionäre schuldig gemacht hatten. Wie sehr sie sich der Illegitimität ihres Verhaltens bewusst waren, zeigt, dass das alles verheimlicht wurde. Besonders beliebt bis hinunter zu Kreissekretären waren die hochherrschaftlichen Jagden, die oft, wenn nicht meistens, aus einem Abknallen von Wild bestanden, das den angeblichen Waidmännern vor die Flinte getrieben wurde. Dazu brauchte man große Jagdreviere, die aus den Staatswäldern herausgenommen und streng abgeschirmt wurden, hinzu kamen zum Teil prunkvoll ausgestattete Jagdhäuser. Überhaupt waren es Häuser bis hin zu luxuriösen Anwesen, die sich hohe Funktionäre auf Kosten der Allgemeinheit – des Staates, der Partei oder der Gewerkschaft – persönlich aneigneten oder ihren Kindern zuschanzten. Darüber hinaus machten sich hohe Posten immer wieder auch finanziell bezahlt, und das nicht nur für führende Genossen, sondern auch für leitende Funktionäre der Blockparteien, wie das folgende Beispiel zeigt. Ich zitiere aus einer Gesprächsnotiz des CDU-Vorsitzenden Gerald Götting, in der dieser festhält, was ihm Honecker für seine Ablösung als Volkskammerpräsident durch Horst Sindermann versprach:

… zur Regelung der finanziellen Frage: «Es bleibt alles beim Alten.»
Das Gehalt – in Höhe des Präsidenten – übernimmt der Staatsrat.

Der persönliche Verfügungsfonds in Höhe von 50 000,– Mark (fünf-
zigtausend Mark) pro Jahr wird vom Sekretariat der CDU über-
wiesen.

Honecker verfügte also wie selbstverständlich auch über das
Vermögen einer Blockpartei.

Die aus Sicherheitsgründen angelegte Prominentensiedlung
Wandlitz wurde zum Symbol für das Luxusleben der Bonzen.
Zwar konnte man sich bald davon überzeugen, dass die Ausstat-
tung in Relation zum Weststandard verhältnismäßig bescheiden
war, aber nicht im Vergleich zu den DDR-Verhältnissen, zumal
Politbüromitglieder Erzeugnisse westlicher Produktion den
heimischen eindeutig vorzogen. Die Volkskammer setzte daraufhin am 13. November einen Untersuchungsausschuss zur
Prüfung dieses Sachverhalts ein, dem leider der CDU-Abgeordnete Toeplitz vorsaß, der als früherer Präsident des Obersten
Gerichts der DDR maßgeblich an Ausgestaltung und Verwirklichung des SED-Justizunrechts mitgewirkt hatte.

Zum Inbegriff des korrupten Funktionärs wurde Alexander
Schalck-Golodkowski, zum Teil nur als Person, während sich
in Wirklichkeit in ihm die prinzipielle und systematische Korruption des SED-Regimes selbst verkörperte. Als hoher SED-
Funktionär und geheimer MfS-Offizier war Schalck-Golodkowski von der Partei damit beauftragt, auf jede nur mögliche
Weise Devisen zu beschaffen, auch in Verhandlungen mit der
Bundesregierung. Zu diesem Zweck wurde an allen legalen
Institutionen vorbei eine Spezialeinrichtung für ihn gebildet,
die, wie üblich, einen nichtssagenden Tarnnamen trug, Kommerzielle Koordination. Mit dem allmählichen Bekanntwerden
seiner bis heute nicht endgültig aufgeklärten Geschäfte konzentrierte sich der Zorn der Bevölkerung in einer solchen Intensität
auf ihn, dass sowohl die Partei als auch das MfS, die sich zunächst hinter ihn gestellt hatten, ihm erklärten, ihn nicht mehr
schützen zu wollen. Daraufhin floh er am 2. Dezember nach

Korruption und Privilegien

Die vielen Plakate, die bisherige Größen hinter Gittern zeigen, drückten natürlich eine Forderung aus. Sie parodierten aber auch die sowjetische Praxis, Porträts der jeweiligen Parteiführer wie Ikonen auf Umzügen mitzuführen.

West-Berlin, und sofort danach leitete der DDR-Generalstaatsanwalt ein Ermittlungsverfahren gegen ihn ein. All das galt als Beweis seiner Schuld, während er nichts anderes getan hatte, als im Auftrag von Partei und MfS die zum Teil lichtscheuen Geldbeschaffungsgeschäfte des Regimes zu erledigen. Schalck-Golodkowski war ein Bauernopfer, möglicherweise absichtlich als Hauptschuldiger herausgestellt, um die Aufmerksamkeit von den eigentlichen politischen Verantwortlichen im Zentrum der SED abzulenken. Es kam zu weiteren erzwungenen Rücktritten und Abwahlen, ja sogar strafrechtliche Maßnahmen liefen an, die freilich ebenfalls politisch motiviert waren. Am 9. November traten die Ersten Sekretäre von Halle und Neubrandenburg, Hans-Joachim Böhme und Johannes Chemnitzer, zurück, am 13. November Volkskammerpräsident Sindermann, am 14. November Verteidigungsminister Heinz Keßler. Am 30. November wurde gegen das Politbüromitglied Günther Kleiber ein Ermittlungsverfahren eröffnet, am 3. Dezember folgte die Verhaftung Günter Mittags, und am selben Tag wurden ehemals höchste Funktionäre einschließlich Honeckers sogar aus der Partei ausgeschlossen.

Das Privilegienwesen, das in Korruption ausgeartet war, hatte nicht nur deshalb Erregung und Zorn hervorgerufen, weil es das genaue Gegenteil all der Verhaltensweisen bedeutete, die die jetzt Beschuldigten von ihren Untertanen verlangt, ja, die sie durch Reiseverbote und Grenzanlagen gewaltsam durchzusetzen versucht hatten. Es zeigte sich auch, dass sie zum System gehörten. Absolute Herrschaft bei mangelnder Öffentlichkeit und mit gelenkten Medien musste zu diesen Erscheinungen führen. Die Hauptforderung der Opposition nach freien Wahlen wurde neben ihrem Wert an sich auch deshalb erhoben, weil nur mit ihnen und mit der Herstellung von Öffentlichkeit und Freiheit der Meinungsäußerung Auswüchse dieser Art verhindert werden konnten.

Unerschütterlich das DDR-Staatssymbol, harmlos das selbstgemachte Transparent. Und doch haben derartige Plakate das Wappen zum Verschwinden gebracht.

Modrow

Die Partei musste mehr und mehr erkennen, dass freien Wahlen nicht mehr auszuweichen war, und verfolgte jetzt nur noch das Interesse, den sogenannten Sozialismus zu erhalten, weil sie nur so Elemente ihrer Herrschaft würde retten können. In Hans Modrow fand sie den Mann, der ihr treu ergeben war und dennoch Sympathie bei der Bevölkerung hervorrufen konnte. Daher schlug sie ihn der Volkskammer als neuen Ministerpräsidenten vor, zu dem er am 13. November als Nachfolger Willi Stophs gewählt wurde. Modrow entsprach nicht dem Bild des hohen Funktionärs, des Bonzen, das die meisten anderen vollendet abgaben. Er war persönlich bescheiden, in keinen Skandal verwickelt, sprach verhältnismäßig wenig Politjargon und passte sogar physiognomisch nicht in die übliche ZK- und Politbüro-Mehrheit. Wohl auch aus diesen Gründen hatte er immer Schwierigkeiten gehabt, in die höchsten Ränge der Partei aufzusteigen. Erster Sekretär des Bezirks Dresden war er allerdings, obwohl er sich auch in dieser Rolle von manchen Provinztyrannen unterschied. An seiner Parteitreue war nicht zu zweifeln, als Erster Sekretär war er auch Befehlshaber der Bezirkseinsatzleitung und damit verantwortlich für das brutale Durchgreifen in den frühen Oktobertagen.

Wenn Modrow im Westen als Hoffnungsträger bezeichnet wurde, war das eine Leerformel, die auf dem Irrtum beruhte, er vertrete eine liberalere, weichere Form des Staatsmarxismus. Seine gesamte politische Sozialisation, darunter auch seine enge Bindung an die Sowjetunion, sprach dagegen, und das Einzige, was seine Art, Politik zu treiben, deutlich von der anderer hoher Funktionäre unterschied, war eine nüchternere Sicht der Dinge. Weil Modrow zudem in seiner persönlichen, unprätentiösen Art Vertrauen erweckte, war er der geeignete Mann, in dieser Krisensituation für die SED in die Bresche zu springen. Bevor ihn die Volkskammer am 13. November wählen konnte – in offener Abstimmung und mit einer Gegenstimme –, leistete sich die Parteidiktatur noch einen Abgesang, in dem sich Tragödie und Satyrspiel ununterscheidbar vermischten.

Am Vormittag war der bisherige Volkskammerpräsident Sindermann zurückgetreten, und für die Nachfolge kandidierten der LDPD-Vorsitzende Manfred Gerlach, der sich seit einiger Zeit durch zugleich systemverändernde und systemkonforme Äußerungen hervorgetan hatte, und Günter Maleuda, der Vorsitzende der Bauernpartei, einer der beiden Satellitenparteien der SED. Überraschenderweise wurde Maleuda mit 16 Stimmen Vorsprung gewählt, bis dahin ein unbeschriebenes Blatt, später Bundestagsabgeordneter der PDS. Bei der Aussprache über die bisherige Regierung nahm Stoph zwar die Verantwortung für die bisherigen Fehlleistungen auf sich, beklagte sich jedoch über die Eingriffe der Partei in die Regierungsangelegenheiten – ausgerechnet Stoph, der durch seine langjährige Parteikarriere und seine Mitgliedschaft im Politbüro selbst eine Verkörperung ebendieser Partei darstellte. Es gab noch einige andere Tagesordnungspunkte, doch das Hauptereignis war der erstmalige Auftritt des bekanntesten Ministers der Regierung Stoph, Erich Mielkes, der seiner grausamen Karriere vor laufenden Fernsehkameras einen blamablen Schlusspunkt setzte. In offensichtlicher Verkennung des Adressatenkreises redete er die Abgeordneten als «Genossen» an, und obwohl sie sämtlich auf einer SED-Einheitsliste in dieses Scheinparlament gekommen waren, protestierten Mitglieder, die nicht der SED angehörten, lautstark gegen diese Anrede. Daraufhin verfing sich der Genosse Minister endgültig in den Schwierigkeiten, zu Leuten reden zu müssen, die weder Genossen Politbüro-Mitglieder noch ihm untergebene Genossen MfS-Generäle waren:

... Wir haben, Genossen, liebe Abgeordnete, einen außerordentlich hohen Kontakt mit allen werktätigen Menschen [lautes Lachen]. ... ja, wir haben einen Kontakt, wir werden gleich hören, warum ... [Zwischenfrage: In der Kammer nicht nur Genossen] ... Das ist doch eine formale Frage. Ich liebe, ich liebe doch alle, alle Menschen [Lachen]. Ich liebe doch, ich setze mich doch dafür ein. Ich bitte um Verständnis, wenn ich das gemacht haben sollte, dann bitte ich um Verzeihung für diesen Fehler. ...

Bei den Angehörigen des Ministeriums und auch seinen «Kämpfern an der unsichtbaren Front» erregte diese Vorstellung Entsetzen, obwohl das schon bald geflügelte Wort *ich liebe doch alle* so unsinnig nicht war: Mielke wollte damit ausdrücken, dass es für ihn auf die Bezeichnung Genosse nicht ankomme, weil er eben alle Volkskammerabgeordneten als eine Art Genossen betrachtete, und damit hatte er gar nicht einmal Unrecht. Die Empörung jedoch blieb nicht aus. Als ein Beispiel von vielen sei aus einem Lagefilm vom 14. 11. zitiert:

Zahlreiche inoffizielle Kräfte der KD Gera (darunter überwiegender Teil Arbeiter aus dem Bereich der SDAG Wismut) brachten in den Vormittagsstunden des 14. 11. 89 telefonisch gegenüber dem jeweiligen IM-führenden Mitarbeiter ihre Empörung und gleichzeitige Enttäuschung zur Rede des Genossen MIELKE am 13. 11. 89 zum Ausdruck. Die gesamte Rede sei «unfassbar, ein Skandal und unterhalb der Gürtellinie».

Auf Mielkes Selbstdemontage folgte die Wahl Modrows, und schon seine ersten Maßnahmen ließen erkennen, dass er verstanden hatte, worauf es einem großen Teil der DDR-Bevölkerung ankam. Am 14. November trat Heinz Keßler als Verteidigungsminister zurück, und einen Tag später wurde das selbständige Ministerium für Staatssicherheit in ein *Amt für Nationale Sicherheit* verwandelt, das dem Ministerpräsidenten unterstehen und verkleinert werden sollte. Schließlich wurde ebenfalls am 15. November erklärt, dass auch die Jagdreviere für Parteifunktionäre abgeschafft werden würden.

Am 17. November gab Modrow seine Regierungserklärung ab und stellte sein Kabinett vor. Das zukünftige Regierungsprogramm kündigte Liberalisierungen an, die aber sämtlich unter der Grundforderung standen, dem Sozialismus zu dienen, zudem gehörte die Mehrzahl der Minister der SED an; Modrow meinte zwar angesichts der Minister aus anderen Parteien, seine Regierung als Koalitionsregierung bezeichnen zu können, doch muss daran erinnert werden, dass auch in allen früheren DDR-Regierungen Minister aus Blockparteien vertreten waren. Nur waren dieser Regierung ernsthaftere Verhandlungen vorausgegangen, und es stand zu erwarten, dass sich die Nicht-SED-Mitglieder im Kabinett jetzt selbständiger empfinden und verhalten würden. Zudem wurde Lothar de Maizière ein stellvertretender Ministerpräsident, der an der Erklärung der Synode in Eisenach maßgeblich beteiligt und am 10. November vom Hauptvorstand der CDU zum Vorsitzenden gewählt worden war und demokratischer Nachfolger Modrows werden sollte. Vorerst jedoch gehörte auch das Amt für Nationale Sicherheit zu den Ministerien, und dessen Leiter, der MfS-General Schwanitz, nahm an den Sitzungen des Ministerrates teil; Schwanitz hatte bei den Unruhen des 7. Oktober in Berlin die unmittelbare Leitung der staatlichen Unterdrückungsmaßnahmen gehabt. Der wichtigste Punkt aber war der der freien Wahlen, und hier drückte sich Modrow undeutlich aus. Dabei wäre dies – ähnlich wie bei der Grenzöffnung – eine Gelegenheit gewesen, Sympathie und Dankbarkeit der Bevölkerung zu erringen, doch statt eines klaren Kurswechsels kündigte Modrow nur an:

> Reformen des politischen Systems, verbunden mit gesetzgeberischen Schritten, um Rechtsstaatlichkeit und Rechtssicherheit zu stärken. Dazu gehören insbesondere ein Wahlgesetz ebenso wie ein Gesetz über den Ministerrat sowie ein Mediengesetz.

Freie Wahlen waren also in nichtssagenden Formulierungen hinter mehreren anderen Ankündigungen versteckt. Dabei war durchaus daran gedacht: Bereits auf dem 10. Plenum am 8. November hatte Modrow erklärt, er werde womöglich nur *eine sehr beschränkte Zeit* Ministerpräsident sein können, *wenn die Frage von freien Wahlen ... steht*, und sogar Kurt Hager meinte am 10. November, *Wir werden einen Wahlkampf führen müssen, in freien Wahlen, in dem sich zeigen wird, ob wir Vertrauen haben in der Bevölkerung und besonders in den Betrieben, in der Arbeiterklasse.* In dem sonst ziemlich irrelevanten Aktionsprogramm vom 10. November verkündete dann die SED öffentlich:

> Wir sind für ein Wahlrecht, das eine freie, allgemeine, demokratische und geheime Wahl gewährleistet und in jedem Stadium der Wahl öffentliche Kontrolle garantiert.

Obwohl auch die erste Verfassung der DDR von 1949 solche edlen Prinzipien festgeschrieben hatte, die sofort zugunsten der Einheitsliste gebrochen wurden, meinte man es diesmal ernst, denn Modrow stellte intern, auf dem 11. Plenum am 13. November, die für die Partei düstere Prognose: *Wenn wir gegenwärtig Wahlen machen, können wir uns alle ausrechnen, wie hoch der Prozentsatz für die SED sein wird*; in einem «Spiegel»-Interview vom 4. Dezember sprach er dann konkret von 19 oder 20 Prozent. Nicht unerwähnt bleiben soll, dass in Zusammenhang mit der Regierungserklärung doch einmal Klartext gesprochen wurde, nämlich von Manfred Gerlach, der *allgemeine, freie und geheime Wahlen im nächsten Jahr* forderte. Allerdings meinte er das nur in einem bestimmten Rahmen, denn nach seinem längst überholten Geschichtsbild habe *die Geschichte einen Sinn*, nämlich den, *dass sich die Menschheit vorwärts und aufwärts entwickelt, und zwar in sozialistischer Richtung.*

Trotz zu Recht bestehender Vorbehalte gelang es der Regierung Modrow doch, in der Bevölkerung zunächst auf Sympathie zu stoßen. Das lag durchaus an der Person des neuen Regierungschefs, aber auch daran, dass die bisherige Führungsgruppe durch die ständigen Korruptionsenthüllungen und schließlich durch die eigene Desavouierung des MfS-Ministers allmählich selbst begann, sich in die Irrelevanz zu begeben. Ein unübersehbarer Ausdruck dieser Entwicklung wurden die zum Teil erzwungenen Rücktritte sämtlicher Ersten Sekretäre der Bezirke am 15. November und schließlich der Verzicht aller ehemaligen Mitglieder des Politbüros und des ZK als Volkskammerabgeordnete am Tag darauf. Ebenfalls am 16. November wechselte das «Neue Deutschland» sein Redaktionskollegium aus und ersetzte die bisherige, besonders aggressiv bellende Mannschaft durch eine maßvoller auftretende; die «Berliner Zeitung» (SED) und die «Neue Zeit» (CDU) druckten das westdeutsche Fernsehprogramm; bereits am 30. Oktober war

Karl-Eduard von Schnitzler mit seiner hasssprühenden Fernsehsendung «Der Schwarze Kanal» abgesetzt worden, mit der er sich besonders viele Feinde gemacht hatte.

Die Frage allerdings, ob durch manche Auswechselungen und Rücktritte nicht Personen in die Posten einrückten, die als Angehörige der Kaderreserve ohnehin für eine solche Situation vorgesehen waren, muss offenbleiben. Teilen der Basis gingen die Veränderungen ohnehin nicht schnell und radikal genug, daher wurde wieder für eine Erneuerung der Partei demonstriert, diesmal am 23. November im Berliner Lustgarten. Schließlich gab die Partei dem Drängen von Demonstranten und von sich langsam in die Opposition begebenden Politikern ehemals «befreundeter» Blockparteien nach und war einverstanden, dass am 1. Dezember die Volkskammer die politische Führung der SED aus Artikel 1 der Verfassung strich. Die Einheitslisten-Volkskammer brachte es aber immer noch nicht über sich, einem überraschenden Antrag der CDU zu folgen, aus diesem Artikel auch die Bestimmung zu streichen, die da verkündete, «die DDR ist ein sozialistischer Staat».

Die Partei kollabiert

Dennoch: Die Partei war so zerrüttet, die neue Führungsmannschaft so offensichtlich nicht in der Lage, die Krise zu bewältigen, dass vor dem Hintergrund der Vorwürfe wegen schwerer Verfehlungen und der unheilbaren Diskreditierung des neuen Generalsekretärs durch seine ganze bisherige Laufbahn bis in den Oktober hinein nichts anderes übrigblieb als der Rücktritt. Der erfolgte am 3. Dezember durch einen Beschluss des Politbüros und dann durch einen weiteren des Zentralkomitees auf der jeweils letzten Sitzung in der Geschichte dieser Organe. Darin eingeschlossen war auch der Rücktritt des Generalsekretärs. Diese Beschlüsse bedeuteten nicht nur das Eingeständnis schwerer Vergehen und den Ausstoß von Funktionären, die gerade noch das Schicksal der SED und der DDR ausschließlich bestimmt hatten, sondern das Ende der bisherigen SED überhaupt. Die Erklärung des Politbüros lautete:

Das Politbüro akzeptiert die Kritik von großen Teilen der Mitgliedschaft, dass die derzeitige Führung der Partei nicht imstande war, entsprechend dem Auftrag der 9. und 10. Tagung des Zentralkomitees das ganze Ausmaß und die Schwere der Verfehlungen von Mitgliedern des ehemaligen Politbüros aufzudecken und daraus die erforderlichen Konsequenzen zu ziehen. ... Um einer weiteren Gefährdung der Existenz der Partei entgegenzuwirken sowie die politische und organisatorische Vorbereitung des Parteitages zu gewährleisten, hält es das Politbüro für erforderlich, seinen Rücktritt zu erklären.

Der Beschluss des ZK hatte folgenden Wortlaut:

Das Zentralkomitee der SED stellt fest ... rückhaltlose Auseinandersetzung über den Amts- und Machtmissbrauch ehemaliger Mitglieder der Partei- und Staatsführung. ... Empörung und Verurteilung der kriminellen Handlungen und Vergehen ..., durch die unserer Partei und der Deutschen Demokratischen Republik schwerer Schaden zugefügt wurde. Scharf kritisierten die Delegierten, dass das Politbüro des ZK der SED und die Zentrale Parteikontrollkommission den ihnen übertragenen Auftrag, mutmaßliche Gesetzesverletzungen und ungerechtfertigte Inanspruchnahme von Privilegien, das ganze Ausmaß von Korruption und angemaßter Bevorrechtung rückhaltlos aufzuklären, nur unvollkommen erfüllt haben. Die dazu zu leistende Arbeit ist von Inkonsequenz und Halbherzigkeit geprägt. Das Politbüro erkennt die Berechtigung dieser Kritik uneingeschränkt an.
1. Auf Vorschlag des Politbüros und im Ergebnis der bisherigen Untersuchungen der Zentralen Parteikontrollkommission beschließt das Zentralkomitee: Hans Albrecht, Erich Honecker, Werner Krolikowski, Günther Kleiber, Erich Mielke, Gerhard Müller, Alexander Schalck-Golodkowski, Horst Sindermann, Willi Stoph, Harry Tisch,

Herbert Ziegenhahn und Dieter Müller werden aus dem Zentralkomitee ausgeschlossen. Aufgrund der Schwere ihrer Verstöße ... werden sie zugleich aus der SED ausgeschlossen.
2. Das Zentralkomitee in seiner Gesamtheit erklärt seinen Rücktritt.
...

An sich hätten neue Mitglieder von Zentralkomitee und Politbüro gewählt werden können, jedoch scheint es unausgesprochen allgemeine Ansicht gewesen zu sein, die Institutionen selbst hätten damit ihr Ende gefunden. Stattdessen trat auf Initiative der Ersten Sekretäre der Bezirke und mit Einverständnis von Politbüro und ZK ein Arbeitsausschuss zur Vorbereitung des beabsichtigten außerordentlichen Parteitages zusammen. Ihm gehörten unter anderen an: Wolfgang Berghofer, Lothar Bisky, Gregor Gysi und Markus Wolf – ob es sich auch hier um das Aufrücken einer Kaderreserve handelte oder um einen eigenständigen Vorgang, mag dahinstehen. Jedenfalls wurde der Arbeitsausschuss schnell aktiv, ließ die wichtigsten Räume im ZK-Gebäude versiegeln und sorgte auch sonst dafür, dass keine Akten beiseitegeschafft wurden. Am 6. Dezember trat Krenz folgerichtig auch als Vorsitzender des Staatsrats zurück; Manfred Gerlach, einer seiner Stellvertreter, rückte auf und war nun immerhin provisorisches Staatsoberhaupt.

Wiedervereinigung?

Zur selben Zeit wurden die Rufe nach Wiedervereinigung immer vernehmlicher. In Leipzig wehten am 27. November schwarz-rot-goldene Fahnen ohne DDR-Emblem, aber Plauen war wieder an der Spitze. Neben den Hauptforderungen nach freien Wahlen und der strafrechtlichen Verfolgung korrupter Funktionäre wurde die Wiedervereinigung am 18. und 25.

November ebenfalls durch schwarz-rot-goldene Fahnen ohne Emblem sowie aussagekräftige Transparente und Sprechchöre verlangt:

> 18. 11.: Deutschland – einig Vaterland/Egon, reich dem Helmut die Hand und vereint unser Vaterland/Eine deutsche Nation – ein Vaterland!/Vogtland – mein Heimatland, Deutschland – mein Vaterland, Europa – unsere Zukunft 25. 11.: Einigkeit + Recht + Freiheit sind das beste Unterpfand, dass die Sonne schön wie nie, scheint über unserem Vaterland/Einigkeit und Recht und Freiheit statt Ruinen.

Am 2. Dezember wurden die Demonstranten noch konkreter:

> 2. 12.: Helmut, kauf uns auf – bevor es zu spät ist/Kommunismus den Kommunisten – Deutschland den Deutschen/Deutschland – einig Vaterland – drum Entscheid in Volkes Hand/Wir fordern Volksentscheid für die Wiedervereinigung/Deutschland – einig Vaterland/Wir sagen JA zu Deutschland/Nein danke, auch Egon, den wollen wir nicht mehr! Wiedervereinigung muss her!/Sozialisten ohne Konzept – drum deutsche Einheit ist das Rezept!/Kommt unsere Wirtschaft je in Schwung – lieber gleich Wiedervereinigung.

Wie man sieht, wurden die massiven Wiedervereinigungsforderungen im Allgemeinen nicht sofort nach der Grenzöffnung erhoben; dass es sie schon vorher gelegentlich gegeben hatte, wurde bereits gesagt. Aber die Öffnung der ehemals grausam bewachten Grenze und das Kennenlernen der Bundesrepublik auch durch jene, die von den Reisemöglichkeiten der zurückliegenden Jahre ausgenommen waren, darunter viele Funktionäre, ließ eine Vereinigung der künstlich getrennten Volks- und Landesteile allmählich wieder in den Bereich des Möglichen rücken. Durch den millionenfachen Besuch im Laufe der ersten Wochen, durch die ganz konkrete Anschauung dieses anderen Landesteils wurde diese Option zum Wunsch und zum Bedürf-

Wiedervereinigung?

In Plauen fanden seit dem 7. Oktober 1989 jede Woche Demonstrationen statt. Dabei wurde schon früh der Ruf nach Wiedervereinigung laut, den auch diese Kundgebung im Januar 1990 eindrucksvoll unterstreicht.

nis. Gewiss musste auch der Wohlstand Westdeutschlands dazu führen, diesen Wohlstand ebenfalls für sich selbst und bei sich selbst besitzen zu wollen. Dieses Bedürfnis ist nicht im Mindesten abschätzig zu beurteilen. Es ist die reine Selbstverständlichkeit und dürfte gerade denen nicht fremd sein, die es gerne kritisiert haben und noch heute bemängeln.

Die Anschauung nicht nur der wirtschaftlichen, sondern auch der politischen und atmosphärischen Lebensverhältnisse in Westdeutschland hatte zudem das Bewusstsein dafür geschärft, wie sehr man durch die Isolierung und durch die ungehemmte politische Propaganda der SED hinters Licht geführt worden war; man sei «belogen» worden, hieß es nicht ohne Grund selbst im ZK und in der Volkskammer. Die angeblichen Vorzüge des Sozialismus, an die nicht wenige gute Genossen selbst geglaubt hatten, erwiesen sich wenn nicht als schlichte Lüge, so doch als bloße Chimäre. Sollte man dieses Truggebildes wegen auf unabsehbare Zeit freiwillig die Möglichkeit ausschlagen, ein im Rahmen des sozial und menschlich Möglichen selbstbestimmtes Leben zu führen, für das ja die Bundesrepublik das handgreiflichste Beispiel bot? Und wem zuliebe sollte man sich daranmachen, diesen nicht nur gescheiterten, sondern auch grausamen und despotischen Sozialismus zu verbessern, zu demokratisieren – mit ungewissem Ausgang? Gerade wenn man in seiner Heimat bleiben und nicht ausreisen wollte, lag es mehr als nahe, die Bundesrepublik zu sich zu holen, statt in sie auszuwandern.

Im Laufe der folgenden Wochen nahm die Diskussion um die deutsche Wiedervereinigung zu. Nachdem Christa Wolf schon am 8. November im Fernsehen daran appelliert hatte, in der DDR zu bleiben, war dann der Aufruf «Für unser Land» vom 26. November, der zwei Tage später veröffentlicht wurde, besonders bezeichnend. Seine Verfasser sprachen sich für eine *solidarische Gesellschaft in gleichberechtigter Nachbarschaft zu allen Staaten Europas als eine sozialistische Alternative zur Bundesrepublik* aus, *in der Frieden und soziale Gerechtigkeit, Freiheit des einzelnen, Freizügigkeit aller und die Bewahrung der Umwelt gewährleistet* seien.

Der Appell war unter anderen unterzeichnet von Wolfgang Berghofer, dem Regisseur Frank Beyer, den Schriftstellern Volker Braun, Stefan Heym und Christa Wolf, aber auch von Bischof Christoph Demke sowie von Sebastian Pflugbeil, Ulrike Poppe, Friedrich Schorlemmer und Konrad Weiß, also von über jeden Zweifel erhabenen Oppositionellen. Sehr schnell jedoch rief er Gegenstimmen und sogar Gegenaufrufe hervor – bereits am 27. November wurde einer auf dem Markt zu Rudolstadt öffentlich verlesen –, zumal zu der Peinlichkeit seiner Veröffentlichung im «Neuen Deutschland» eine weitere kam, denn auch Egon Krenz, Werner Eberlein, Wolfgang Herger, Heinz Keßler, Günter Schabowski, Markus Wolf und weitere Stützen des bisherigen Regimes unterschrieben ihn am 29. November.

Hans Modrow, der Ministerrat und der Präsident der Volkskammer sowie weitere offizielle und SED-Stellen schlossen sich
ebenfalls an. All das diskreditierte den Aufruf erheblich, gab
aber auch Anlass zu vielfältigen Diskussionen und trug so zur
Klärung bei.

Der Zufall, der ja auch sonst in diesen Tagen und Wochen
merkwürdige symbolische Koinzidenzen schuf, wollte es, dass
am selben Tag, an dem der Text veröffentlicht wurde, Bundeskanzler Helmut Kohl vor dem Bundestag in Bonn ganz zurückhaltend, ohne Fanfarenstöße einen Zehn-Punkte-Plan verkündete, in dem erstmals die Einheit Deutschlands in einem
Bundesstaat über eine Konföderation als konkretes Ziel der
westdeutschen Politik ausgegeben wurde. Kohl hatte diesen
Plan mit niemandem abgesprochen, auch nicht mit den engsten
innen- und außenpolitischen Verbündeten, und bewies damit
ein Gespür für die Entwicklung, das der bisherigen Bonner Politik gefehlt hatte. Er griff damit im rechten Moment zu, und
wie richtig das war, zeigten die zahlreichen oft hilflosen und
ablehnenden Reaktionen, auf die seine Initiative stieß.

Aus der DDR kamen von den neuen politischen Gruppierungen die ersten uneingeschränkt positiven Reaktionen. So
sprach sich der Demokratische Aufbruch am 3. Dezember
für die Wiedervereinigung aus, und gleichzeitig bekannte sich
auch die SDP in mehreren Schritten zur Einheit der Nation.
Andere rieben sich an der Frage der Wiedervereinigung, die
polarisierte, zu Zerwürfnissen und dazu führte, dass viele Mitglieder zu anderen Gruppen überwechselten. Aber so war die
Lage der Dinge, und das erkannten einige wenige Beobachter
schon damals: Alle Debatten dieser Wochen und Monate, so
gegensätzlich sie schienen, standen bereits mitten im Prozess
der Wiedervereinigung – doch dessen waren sich die meisten
nicht bewusst.

Ein Korrelat zur Identitätsfindung oder besser zum Wieder-
finden des eigenen nationalen Selbst unter den Vorzeichen der

Wiedervereinigung war das sich neuerlich zeigende Bewusstsein landsmannschaftlicher Zusammengehörigkeit. Es drückte sich in den allmählich erhobenen Forderungen nach einer Neubildung der Länder aus, so künstlich manche auch nach dem Krieg gebildet worden waren. Am 13. November erschien in Leipzig erstmals wieder eine sächsische Fahne, verbunden mit dem Ruf nach einem Freistaat Sachsen; Thüringen und Mecklenburg folgten. Hin und wieder wurde daran erinnert, dass Görlitz zu Niederschlesien gehört, und besonders intensiv waren die Forderungen aus Stralsund und Greifswald, wo man anstrebte, wieder Pommer sein zu dürfen und nicht Mecklenburger – oder Bewohner eines gesichtslosen Nordbezirks.

Mit der ideologischen Parteidiktatur fand auch ein weiteres ihrer wichtigsten Herrschaftsmittel ein Ende, die kulturelle und geistige Isolation. Das westdeutsche Fernsehen war zwar schon seit Jahren fast überall ungehindert zu sehen, aber jetzt druckten die DDR-Zeitungen auch sein Programm. Gedrucktes musste nicht mehr an den Grenzen versteckt werden, sondern wurde einfach mitgenommen, und es konnte einem den Atem nehmen, wenn man sah, dass in der Ost-Berliner U-Bahn Fahrgäste West-Berliner Zeitungen lasen. Am 23. November machte der Schriftstellerverband auch auf Initiative Joachim Walthers den 1979 verfügten Ausschluss zahlreicher Mitglieder rückgängig und entschuldigte sich: Der frühere Leiter des Aufbau-Verlages, Walter Janka, der zu jahrelanger Haft verurteilt worden war, wurde rehabilitiert und trat mit Lesungen aus seinem Buch an die Öffentlichkeit, in dem er den ungerechten Prozess gegen ihn von 1957 schildert, bei dem er von allen prominenten Intellektuellen der DDR alleingelassen worden war; freilich hatte auch er bei ähnlichen Prozessen, die andere betrafen, geschwiegen. Erich Loest, der zahlreiche nicht auf Linie liegende Romane geschrieben hatte, ebenfalls viele Jahre in Haft verbrachte und in den Westen gehen musste, kehrte in seine Heimatstadt Leipzig zurück. Am öffentlichkeitswirksamsten, um einen MfS-Aus-

druck zu benutzen, war die Aufführung des wunderbaren Films
«Spur der Steine», dessen Ausstrahlung 1966 noch verhindert
worden war; der Film hat ein so kritisches Potenzial, dass man
sich wundert, wie er überhaupt gedreht werden konnte. Zur
jetzigen 23 Jahre verspäteten DDR-Uraufführung waren der
Regisseur Frank Beyer und sein Hauptdarsteller Manfred Krug
erschienen, der aus dem Land gedrängt worden war, aber auch
Egon Krenz in einem wahren Canossagang. Er durfte sich freu-
en, dass Manfred Krug sich mit ihm fotografieren ließ. Wolf
Biermann, der zur Demonstration des 4. November noch nicht
hatte einreisen dürfen, gab am 1. Dezember sein erstes Konzert
in Leipzig, es wurden die ersten neuen Verlage ohne Erlaubnis der Partei gegründet – kurzum, die Luft wurde freier, man
konnte zunehmend wieder atmen.

8. Die Revolution regiert mit

Trotz des beschleunigten Kollabierens der SED hätte die Revolution auf der Stelle getreten und schlimmstenfalls sogar wieder einer Restauration weichen müssen, wenn sie nicht außer dem Kampf gegen die Diktatur, der durch die Demonstrationen auf den Straßen weiterging, auch die konkrete, positive Gestaltung des politischen Lebens in Angriff genommen hätte. Das war nur über ein gewisses Ausmaß an Institutionalisierung möglich, und sie geschah auf zweierlei Weise, durch die Bürgerkomitees und durch die Runden Tische.

Bürgerkomitee ist eine generalisierende Bezeichnung für zahllose Zusammenschlüsse, die sich fast überall bildeten und in denen Personen zusammenkamen, die sich in Eigeninitiative um die Fortführung der Revolution und um örtliche Fragen kümmerten. Sie entstanden aus den schon bestehenden informellen Gruppen oder auch dadurch, dass öffentlich zur Mitarbeit aufgerufen wurde. Schon am 1. November hatte sich bei einem Rathausgespräch in Freital bei Dresden ein Bürgerkomitee von 22 Mitgliedern gebildet, das mit der Stadt über ein öffentlich abzuhaltendes Bürgerforum verhandelte und sich selbst in Arbeitsgruppen gliederte. In Pulsnitz im Kreis Bischofswerda hatte ein Bürgerverein eine Demonstration angemeldet, die dann am 14. November stattfand. In ähnlicher Weise bildete sich am 9. November in Rostock ein Bürgerkomitee, das mit den städtischen Stellen zur Vorbereitung einer Demonstration verhandelte und durch gelbe Armbinden mit den Buchstaben BK kenntlich gemacht wurde. In Gotha wurde am 20. November öffentlich zur Mitarbeit aufgerufen und das Tätigkeitsfeld des Komitees so beschrieben, dass es schon dem eines Runden Tisches gleichkam: Kontrolle der bisherigen politischen Machtstrukturen, Aufbau einer Gegenmacht durch Erarbeitung sachgerechter Vorschläge und gegebenenfalls Widerstand.

Sturm auf das MfS

Den entscheidenden Anstoß zur Bildung von Bürgerkomitees aber lieferten die alten Mächte selbst. Falls je ein Nachlassen des revolutionären Elans zu befürchten gewesen wäre, sorgten sie durch ihr eigenes Verhalten regelmäßig dafür, dass er immer neue Anschübe bekam. Das war der Fall beim Bekanntwerden der Korruptions- und Privilegienwirtschaft, das der alten SED den letzten Stoß versetzt hatte, und wirkte sich nun erneut aus, als ruchbar wurde, dass das in AfNS umgetaufte MfS dabei war, durch Aktenvernichtung planmäßig seine Spuren zu verwischen. Zwar deutete das darauf hin, dass die Staatssicherheit das Spiel jedenfalls vorläufig verlorengab und nicht mehr damit rechnete, von den revolutionären Aktionen verschont zu bleiben. Schon lange aber war auf Demonstrationen und auf Dialogveranstaltungen die Auflösung des MfS gefordert worden, aber die beginnende Beseitigung von Akten war der Auslöser dafür. Damit begann die große Stunde der Bürgerkomitees.

Bereits am 6. November hatte Mielke wegen der «komplizierten Lage» angeordnet, kompromittierende Dokumente der Kreisdienststellen zu vernichten oder an die Bezirksleitungen zu übersenden, und das wurde unter Schwanitz weitergeführt. Wegen der Masse des Papiers konnte das nicht nur nicht zu Ende geführt werden, sondern die sich da und dort abspielenden Vernichtungsorgien fielen allmählich auf. Den Auftakt für die landesweiten Besetzungen der MfS-Dienststellen bildete allerdings etwas anderes, nämlich die Entdeckung, dass in Kavelstorf bei Rostock unter der Scheinfirma einer IMES Import-Export GmbH riesige Waffenbestände einschließlich Munition zum illegalen Waffenverkauf in Spannungsgebiete von Staats wegen gelagert waren. Der Wert betrug 28 Millionen Westmark, und dieser Valuta-Erlös aus den Verkäufen war über die Kommerzielle Koordination dem sozialistischen Staat zugeflossen. Aufgebrachte Bürger versuchten erstmals am 25. November auf die Anlage zu gelangen und erreichten später die Festnahme des Lagerleiters und die Versiegelung der Hallen durch die Staatsanwaltschaft, die Waffen wurden von Neuem Forum und Volkspolizei gemeinsam bewacht und später der Volksmarine übergeben.

Nach diesem Muster kam es dann auch zur Auflösung und Inbesitznahme der Dienststellen der Staatssicherheit. Gerüchte über massenhafte Aktenvernichtungen kursierten schon lange, undefinierbare Transporte verließen die MfS-Stützpunkte, viele Schornsteine rauchten unverhältnismäßig stark. Zur ersten konkreten Aktion, etwas dagegen zu unternehmen, kam es in Erfurt. Sie begann mit einem Anruf von Kerstin Schön bei Almuth Falcke, die sich so daran erinnert:

Du, aus der Andreasstraße werden Container abgefahren, und der Schornstein raucht schwarz. Die bringen Akten auf die Seite. Trommel zusammen, wen du findest und besetz' die Tore. Ich mach' das gleiche.

In den frühen Morgenstunden des 4. Dezember hatte die Erfurter Initiative «Frauen für Veränderung», der die beiden angehörten, so viele Oppositionelle mobilisieren können, dass sie die Bezirksleitung und andere Erfurter MfS-Gebäude zunächst blockieren und dann besetzen konnten. Die Vermutungen massiver Aktenvernichtungen bestätigten sich. Ein Militärstaatsanwalt ließ die Archive versiegeln, die Gebäude wurden weiter bewacht, und es bildete sich ein Bürgerkomitee, das auch in der Folge bei der Aufdeckung geheimer MfS-Untaten tätig war. Dieses Bürgerkomitee gab sich sehr schnell eine feste Form. Es bestand aus je fünf stimmberechtigten Delegierten der neuen Bewegungen und der alten Kräfte mit Ausnahme der SED, zehn stimmberechtigten Parteilosen und je einem Beauftragten der beiden christlichen Kirchen. Es tagte zweimal in der Woche öffentlich im Rathaus und bildete nach einiger Zeit als Exekutive einen Bürgerrat; zusätzlich wurden eine Bürgerwache, ein Bürgerbüro und sechs Untersuchungskommissionen mit verschiedenen Aufgaben gebildet. Das Bürgerkomitee arbeitete so erfolgreich, dass der einige Zeit später entstandene Runde Tisch keine bedeutende Rolle spielen konnte.

Was in Erfurt geschah, verbreitete sich in Windeseile über die ganze DDR und machte Schule. Die Verbindungen untereinander waren jetzt sehr viel effizienter als zu Beginn der Revolution, und zudem wurde auch in den Medien darüber berichtet, noch am 4. Dezember im Radio. Daher waren der 4. und 5. Dezember die ersten Tage, an denen trotz eines Widerstands-Erlasses des MfS-Chefs Schwanitz überall MfS-Dienststellen in verschiedenster Weise besetzt wurden. Manchmal wurden sie gestürmt, meistens aber erreichten die Demonstranten nach oft zähen Verhandlungen, dass man sie hineinließ, und fast immer versuchten die Stasileute durch allerlei Tricks und Verzögerungen so viel zu verschleiern, wie noch möglich war. Die Besetzung geschah durch schon bestehende oder ad hoc gebildete Bürgerkomitees. Es kam auch vor, dass diese Revolutionäre städtische Erlaubnisscheine und Ausweise bekamen.

Weil die langfristige Besetzung und Kontrolle von den Bürgerkomitees allein nicht zu leisten war, nahmen sie staatliche Hilfe in Anspruch, die in der Regel gewährt wurde. Die Oppositionellen erschienen also mit einem Staatsanwalt – manchmal einem Militärstaatsanwalt, weil das MfS nominell Teil der Armee war –, der die Räume versiegelte. Aber Staatsanwälte waren ja SED-Justizfunktionäre, wenn nicht sogar selbst MfS-Leute, steckten oft mit den zu Kontrollierenden unter einer Decke. Ebenso stand es mit den am 8. Dezember von Modrow zur

Auflösung eingesetzten Regierungsbeauftragten in den Bezirken, von denen sich später mehrfach herausstellte, dass sie Offiziere im besonderen Einsatz der Staatssicherheit waren. Wenn Siegel aus Papier bestanden, konnten sie leicht aufgebrochen und wieder ersetzt werden. Aus Heiligenstadt etwa wird berichtet, dass den Vertretern der Demokratischen Initiative bei ihrem Erscheinen in der Kreisdienststelle mitgeteilt wurde, es gäbe kein Archiv, aber immerhin konnten 26 Panzerschränke und drei Räume versiegelt werden. Nach zwei Tagen wurden sie geöffnet – *aber was fanden wir da? Nichts! So gut wie nichts! Die 26 Panzerschränke waren leer bis auf einige Formulare, Bücher über Marxismus-Leninismus und sogar christliche Schriften. Wir waren also zum Narren gehalten worden. Entgegen den Äußerungen vom Mittwoch fanden wir nun ein Archiv. Dies bestand aus 100ten von leeren Ordnern.*

Etwas anders verhielt es sich mit der Polizei: Auch ihre Angehörigen waren zwar SED-Funktionäre, besannen sich aber nicht selten doch darauf, dass sie dem Staat und nicht den dunklen Machenschaften des MfS zu dienen hatten, und verhielten sich hilfreich, zumal sie in der Vergangenheit selbst unter dem Machtanspruch der Staatssicherheit zu leiden hatten. Diese polizeiliche Mithilfe wurde «Sicherheitspartnerschaft» genannt und begann damit, dass Polizisten bei Demonstrationen den Verkehr regelten, und zeigte sich später in dem Eifer, mit dem die Volkspolizei bis in die Nacht hinein Überstunden machte, um Visumsstempel in Ausweise zu drücken. In Weimar wurde sogar das Angebot eines als Staatsfeind vom MfS verfolgten privaten Stempelherstellers angenommen, für die sich jetzt massenhaft abnutzenden Stempel schnellstens Ersatz zu beschaffen. Deutlich sichtbar war die Sicherheitspartnerschaft dann dadurch, dass Volkspolizisten in Uniform zusammen mit Bürgerrechtlern in einer Art Doppelstreife MfS-Dienststellen bewachten und es anscheinend genossen, die ehemals allmächtigen und hochmütigen Stasileute nach dem Ausweis zu fragen oder deren Taschen zu kontrollieren. Ein Vertreter des Bürgerkomitees Magdeburg berichtet, dass eine Wartburg-Fahrerin sich nicht kontrollieren lassen wollte. *Wir bedanken uns und geben dem Volkspolizisten einen Wink. Der legt leicht die Hand an die Mütze und sagt: «Verkehrskontrolle. Bitte zeigen Sie Ihren Dreibock.» Das hilft.* Nicht vergessen wurde freilich, dass es auch Volkspolizisten waren, die Anfang Oktober Zugeführte – wenn auch auf höhere Anweisung – physisch quälten.

Im Übrigen spielten sich die Besetzungen in unterschiedlichster Weise ab. In Rostock beispielsweise wurde das Bezirksamt in der August-Bebel-Straße ab 15 Uhr von Demonstranten blockiert, nachdem der Abtransport von Akten in die Außenstelle Waldeck beobachtet worden war. Allmählich versuchten immer mehr Demonstranten, in das Gebäude einzudringen. Es kam zu einem stundenlangen Hin und Her, bei dem der MfS-Befehlshaber Generalleutnant Rudolf Mittag von der Anwendung von Gewalt abgebracht werden musste. Erst in der Nacht gab er den Forderungen der Belagerer nach, ihnen Zutritt zu gewähren, das Objekt der VP zu übergeben und durch die Staatsanwaltschaft versiegeln zu lassen. Ein Unabhängiger Untersuchungsausschuss wurde eingesetzt, das Pendant zu den Bürgerkomitees in anderen Städten, der dann sehr erfolgreich arbeitete. Das Gebäude wurde über Nacht gesichert und versiegelt, auch mit Hilfe der sich allmählich von der MfS-Einschüchterung befreienden Polizei, und aus Waldeck wurden inzwischen verkohlte Aktendeckel als Beweis für die illegale Aktenvernichtung gebracht. Der Bezirksstaatsanwalt musste trotz anfänglicher Weigerung sogar den Generalleutnant festnehmen und sagte wohl durchaus grimmig: *Hiermit führe ich Sie zu!*, aber kurz darauf ergab sich folgender Dialog: MfS-General: *Fahren wir mit deinem Wagen oder mit meinem?* Staatsanwalt: *Ich bin zu Fuß hier.* MfS-General: *Dann fahren wir mit meinem, ich habe noch meinen Fahrer da.*

In Crivitz war den Einwohnern schon lange ein rätselhaftes Haus am Güterbahnhof aufgefallen. Nun fasste man Mut, eine dreiköpfige Delegation mit Heinrich Rathke begab sich am 8. Dezember dorthin. Die Atmosphäre war inzwischen so weit gediehen, dass sie sofort Zutritt zu diesem allerlei dunklen Zwecken dienenden Haus bekamen. Ebenso kam bald heraus, dass ein weiteres Stasi-Objekt so angelegt war, dass man optisch und durch Abhören das katholische Gemeindezentrum observieren konnte. Sehr viel brisanter war die Situation in Schwerin, wo man am Dienstsitz der Bezirksleitung der SED – die sich übrigens in dem Gebäude befand, in dem heute der Ministerpräsident von Mecklenburg Vorpommern amtiert – am 22. Dezember in den Kellern ein ganzes Lager von Nahkampfwaffen fand, zudem riesige Funk- und Telefonanlagen. Bald stellte sich zudem heraus, dass man die Kabel zur Staatssicherheit, die von den Bürgerrechtlern gerade durchgeschnitten worden waren, wieder angeschlossen hatte.

Die Dekonspirierung des Hauses am Güterbahnhof war der Anfang einer wahren Welle von Enttarnungen und Stilllegungen von MfS-Objekten um Crivitz und Schwerin herum, es wurden schließlich rund vierzig. Die wichtigste Entdeckung machten die Crivitzer, als sich der Ortspolizist – im DDR-Deutsch ABV – einmal verplapperte. Bei dieser Gelegenheit kam heraus, dass sich in der Nähe der ehemaligen Waldgaststätte Waldschlösschen eine ganz besondere Stasi-Einrichtung befand. Es war ein riesiges Gelände von etwa 15 Hektar, durch Elektrozäune und scharfe Hunde gesichert, mit einem oberirdischen Schießstand, vor allem aber mit einem unterirdischen Bunker mit Waffenlager und zahlreichen geheimen Eingängen und Wohnraum für etwa 100 Personen. Zunächst weigerten sich die Genossen von der Sicherheit, der Bürgerinitiative Zutritt zu verschaffen und versuchten mehrfach auch unter konkreter Androhung von Gewalt, die wichtigen Teile weiterhin zu verheimlichen. Die Militärstaatsanwaltschaft kam dem MfS zu Hilfe, aber schließlich fand am 13. Januar eine Demonstration statt, die den Zutritt ertrotzte. Dennoch gab es weiterhin Versuche, Waffen, Akten und weitere Beweismittel beiseitezuschaffen und zu vernichten.

Die Revolutionäre schalteten manchmal die Staatsanwaltschaft ein, bis ein Traktorist aus einer benachbarten LPG mit einer Planierraupe erschien und alle Nebeneingänge durch hohe Erdwälle unbenutzbar machte.

Auch in Magdeburg erforderte die Nachricht von der Aktenverbrennung schnelles Handeln, und so wurde umgehend ein Bürgerkomitee zur Kontrolle der Bezirksdirektion Kroatenweg improvisiert, dessen Angehörige schon am 6. Dezember sogar hochoffizielle Ausweise der Stadt erhielten, die sie autorisierten, *von der Staatsanwaltschaft, den Gerichten, dem Staatlichen Notariat, den Sicherheitsorganen ... Auskünfte und Informationen zu verlangen.* Natürlich sträubten sich die MfS-Angehörigen und natürlich reichten die Kontrolleure nicht aus. So konnten weiter Akten vernichtet werden, aber angesichts der Fülle des Materials konnte längst nicht alles beiseitegeschafft werden. Immerhin musste das MfS 3796 Pistolen, 2217 Maschinenpistolen und 172 Panzerbüchsen abgeben sowie sämtliche konspirativen Wohnungen und Räume offen legen. Allein in der Stadt Magdeburg waren es 49; einer befand sich in der Filiale der Staatsbank in der Schalterhalle des Hauptbahnhofs.

In der thüringischen Bezirkshauptstadt Suhl, berühmt wegen ihrer Waffenproduktion, erfuhr eine Versammlung des Neuen Forums erst am 5. Dezember, dass in der MfS-Bezirksverwaltung Akten vernichtet würden. Die Teilnehmer strömten zum MfS-Gebäude, das durch Soldaten mit Maschinenpistolen, Handgranaten und Wasserwerfern hinter einem Metallzaun martialisch gesichert war. Die inzwischen auf 5000 Personen angewachsene Gruppe der Belagerer drohte, gewaltsam in das Gebäude einzudringen, und konnte schließlich erreichen, dass der MfS-Bezirkschef eine fünfzehnköpfige Verhandlungsdelegation hineinließ. Nach langen Gesprächen – einmal dadurch unterbrochen, dass ein Soldat eine Tränengasgranate auf die Demonstranten warf –, über die die Belagerer alle Viertelstunde von einem der Verhandlungsführer unterrichtet wurden, erhielten sie die Erlaubnis, das Gebäude zu betreten; ein Staatsanwalt versiegelte einen Teil der Räume, allerdings wohl nicht gerade die wichtigsten. Als am nächsten Tag die Busfahrer der Stadt Suhl mit Bussen und Lastwagen die Eingänge blockierten und die Situation wieder brenzlig wurde, bildete sich ein «Bürgerkomitee zur Auflösung der Staatssicherheit», von dem das Kommen, vor allem aber das Gehen, bis tief in die Nacht hinein kontrolliert wurde. Ein Offizier hatte noch am Vortag mit seiner Dienstpistole Selbstmord begangen und einen Zettel hinterlassen mit der Aufschrift: «Ich schieße nicht auf mein eigenes Volk».

In Rudolstadt hatten die Demonstranten früher den Weg zur Kreisdirektion des MfS sorgfältig vermieden, aber als die Aktenvernichtung bekannt wurde, bewegte sich am 4. Dezember ein Protestzug zielbewusst zur örtlichen Dienststelle. Dabei wäre es fast zu einer Gewalttat gekommen, weil einige aus der Menge das unredlich erworbene Haus des früheren MfS-Leiters erstürmen wollten und Superintendent Schmitt Mühe hatte, die Menge davon abzuhalten. Das Neue Forum besetzte das Dienstgebäude, es wurde eine «AG Auflösung Kreisdienststelle MfS» gebildet, und bald darauf stellte sich heraus, dass das MfS sogar eine Außenstelle in der sowjetischen Garnison Rudolstadts unterhalten hatte. Immerhin konnte auch sie in Augenschein genommen und versiegelt werden – im Beisein sowjetischer Offiziere, von KGB-Vertretern, einem deutschen Militärstaatsanwalt und Angehörigen des MfS.

Für Hildburghausen sei die halb verschleiernde Meldung des Lokalteils der SED-Zeitung «Freies Wort» zitiert:

> Entsprechend einer zentralen Anweisung wurde das Gebäude des Amtes für Nationale Sicherheit in Hildburghausen, die ehemalige Kreisdienststelle der Stasi, im Laufe des Donnerstags vom Volkspolizeikreisamt übernommen. Die Räume des Gebäudes, in denen

sich Material und Unterlagen für künftige Untersuchungen befindet, wurden vom Kreisstaatsanwalt versiegelt. Die Mitarbeiter des Amtes dürfen das Gebäude nicht mehr betreten. Einzige Ausnahme: eine technische Kraft. Das Gebäude wird von der Deutschen Volkspolizei bewacht. Seit Donnerstagabend unterstützt das «Neue Forum» die Überwachung in Sicherheitspartnerschaft.

Dass das Blatt immer noch den Eindruck zu erwecken versuchte, als sei die Besetzung der Dienststelle eine staatliche Maßnahme gewesen, zu der das NF gnädigst zugelassen worden sei, kann ihm vielleicht verziehen werden, jeder weiß ja, dass es anders war. Näher an der Wahrheit sind zwei MfS-interne Berichte aus Sachsen über den 4. Dezember:

– Weißwasser:
Ausgehend von dem Aufruf in den Massenmedien der DDR, Akten vor der Vernichtung zu sichern, wurde im Rahmen eines Friedensgebetes der Gedanke geboren, die Panzerschränke der Kreisämter für Nationale Sicherheit zu versiegeln. Daraufhin wurden im Anschluss an das Friedensgebet durch den Vorsitzenden des Kreisvorstandes der LDPD, ein Mitglied des Neuen Forums, die Kreisstaatsanwältin sowie je einen Mitarbeiter der Kriminalpolizei und Schutzpolizei alle Panzerschränke versiegelt. Der genannte Personenkreis hielt sich in der Zeit von 20.00 Uhr bis 21.30 im Kreisamt für Nationale Sicherheit auf.
– Zittau:
In der Zeit von 20.15 Uhr bis 22.05 Uhr wurde auf das hartnäckige Drängen der ca. 35 Vertreter des Neuen Forum vor dem Objekt des Kreisamtes für Nationale Sicherheit Zittau eine Abordnung ... im Besucherzimmer des Kreisamtes für Nationale Sicherheit im Beisein des Kreisstaatsanwaltes empfangen. Mit Hinweis auf den Status eines militärischen Objektes wurde darauf hingewiesen, dass eine Kontrolle bzw. Besichtigung des Archivmaterials nicht möglich ist. Die Vertreter erhoben die Forderung einer Volkskontrolle der Archive. Durch Pfarrer ... wurde ausdrücklich um ein weiteres Gespräch unter Teilnahme des Pfarrers ... am 5. 12. 1989, 10.00 Uhr ersucht.

Wieder anders verlief die Besetzung der Stasi-Bezirksverwaltung Leipzig, der berühmten «Runden Ecke». Eine Abordnung aus DA, NF und VL suchte den stellvertretenden Stasichef Eppich auf und erklärte ihm, dass ein Vorbeiziehen der für diesen Montag wieder angesetzten Demonstration zu einem gewaltsamen Sturm führen könnte, schon weil in Erfurt und an vielen anderen Orten an diesem Tag mit der MfS-Auflösung begonnen wurde. Daher schlugen sie eine gütliche Vereinbarung über die Kontrolle des Gebäudes und der beiden anderen Leipziger Nebenstellen vor. Nach stundenlangem Hin und Her erklärte sich Eppich unter dem Druck der herannahenden Demonstration bereit, 30 Personen in Gegenwart eines Staatsanwalts hineinzulassen. Das geschah, es kamen auch westliche Journalisten hinzu. Unter den willkürlich Ausgewählten könnten auch MfS-Leute gewesen sein, und der Staatsanwalt war ausgerechnet der für politische Strafsachen Zuständige, der in dieser Eigenschaft eng mit dem MfS zusammengearbeitet hatte. Trotzdem konnten in kleineren, von je einem MfS-Offizier begleiteten Gruppen die Etagen des Gebäudes besichtigt und versiegelt werden. Einige der Verhandlungteilnehmer hatten noch in dieser Nacht ein Bürgerkomitee gebildet, und in den frühen Morgenstunden des nächsten Tages war man zunächst der Meinung, mit der Inspektion fertig zu sein.

Nach wenigen Stunden waren Vertreter des Bürgerkomitees wieder da und forderten eine Fortsetzung und Intensivierung der Kontrolle, während die Staatssicherheit – jetzt wieder durch den Leiter, Generalleutnant Hummitzsch – mit zahllosen Winkelzügen hoffte, die Lage noch retten zu können. Der aus Berlin angereiste Regierungsbeauftragte Peter Rosentreter, der ebenfalls an den Verhandlungen beteiligt war, stellte sich später als OibE des MfS heraus. Dennoch: In der Nacht des 6. Dezember um 23 Uhr unterzeichneten Bürgerkomitee und Regierung endlich einen Maßnahmenplan, durch den die MfS-Objekte des gesamten Bezirks aufgegeben wurden und teilweise später

Pastor Rainer Eppelmann diskutiert am 15. Januar 1990 mit Teilnehmern der Besetzung der MfS-Zentrale in der Normannenstraße. Das Gebäude dient heute als Gedenkstätte und bietet mehreren Initiativen Raum, die sich mit der Geschichte der DDR befassen.

in die Verfügungsgewalt des Bürgerkomitees übergingen. Der entscheidende Satz, der eingehalten wurde, lautete:

> Das Bezirksamt und die Kreisämter für Nationale Sicherheit wurden auf Betreiben des Bürgerkomitees auf Entscheidung des Amtes für Nationale Sicherheit geschlossen.

Die Aktionen der verschiedenen Bürgerkomitees führten im Verlauf von nur einer Woche dazu, dass am 12. Dezember kein MfS-Bezirksamt mehr arbeiten konnte, die Auflösung der Kreisämter zog sich weiter hin; ebenso wurden am 12. Dezember die heimlichen Gelasse geräumt, in denen in den Hauptpostämtern und bei der Bahn die Postkontrolle stattgefunden hatte. Dennoch wurde an vielen Stellen der Zugriff auf die kompromittierenden Akten erfolgreich hinausgezögert. Der Ministerratsbeschluss vom 14. Dezember besiegelte dann zwar die Auflösung des AfNS-MfS, allerdings wurde gleichzeitig die Bildung eines Nachrichtendienstes und eines Verfassungsschutzes beschlossen, für die Sicherung nach außen und die nach innen. Was für eine Verfassung sollte da wie und durch wen geschützt werden? Es stellte sich sehr bald heraus, dass das Schutzobjekt weiterhin der Sozialismus sein sollte, und die Verfassungsschützer waren dieselben MfS-Leute wie bisher.

Runde Tische

Die Bürgerkomitees waren – wie die Revolutionsbewegung insgesamt – mangels Infrastruktur und sachlicher Kompetenz nicht in der Lage, die örtliche und gesamtstaatliche Macht zu übernehmen; das Erfurter Komitee konnte kein allgemeines Modell sein. Die Befürchtung bestand zu Recht, dass bei einem solchen Versuch das Land im Chaos versinken würde, aus dem die bisherigen Mächte Vorteil hätten ziehen können. Schon im Sommer hatten beispielsweise Marianne Birthler und Markus Meckel, aber auch Alfred Dregger von der West-CDU in Bonn, angeregt, sich mit den Herrschenden an einen Tisch zu setzen, um anstehende Probleme gemeinsam zu lösen. Ausgehend von den gelungenen Vorbildern in Polen und Ungarn entstand so die Idee zur Bildung einer Kontaktgruppe verschiedener Berliner Oppositionsgruppen, die seit dem 30. Oktober zunächst noch unter konspirativen Bedingungen zusammenkamen, um ein Konzept für die Zusammensetzung und die Kompetenzen eines Runden Tisches zu erarbeiten. Schließlich wurde durch Demokratie Jetzt ein konkreter Vorschlag gemacht, den das Politbüro am 22. November flugs zu seinem eigenen erklärte, abermals ein deutliches Zeichen dafür, dass die SED den Entwicklungen hinterherlief und sie ebenso konzept- wie ideenlos zu ihren eigenen erklärte.

Die alten Mächte hatten nämlich ein Interesse an solchen Runden Tischen, weil sie hofften, sich auf diese Weise stabilisieren und die Opposition vereinnahmen zu können. Daher kam es auf zwei Regelungen wesentlich an, nämlich die Zusammensetzung eines solchen Runden Tisches und auf seine Kompetenzen. Konkret ging es darum, ob außer den Parteien und Oppositionsgruppen auch die alten Massenorganisationen mit gleichem Stimmrecht am Tisch sitzen dürften: FDGB, FDJ, DFD, VdgB oder Kulturbund. Diese waren durch ihre ideologische Ausrichtung und die SED-Mitgliedschaft ihrer wichtigen Funktionäre Hilfstruppen der SED – FDGB- und FDJ-Chefs saßen ja sogar im Politbüro. In verschiedener Weise gelang es den Vertretern der Opposition zwar, diese Organisationen auszuschalten oder zu neutralisieren, aber der Versuch der SED, sie ebenfalls zu beteiligen, zeigte deutlich, was die Partei mit den Runden Tischen anfänglich bezweckt hatte. Die neue politische Institution verbreitete sich sehr schnell über die gesamte DDR, in Berlin entstand sogar ein Zentraler Runder Tisch, doch dazu später mehr.

In Güstrow hatte der Sprecherrat des Neuen Forums mit den Vertretern der bisherigen Macht eine Zusammenarbeit vereinbart, die in Gestalt eines Runden Tisches schon am 6. November zustande kam. Zwar waren die neuen politischen Gruppen deutlich in der Minderheit, da aber das Konsensprinzip vereinbart worden war, konnten die Vertreter des alten Regimes ihre zahlenmäßige Mehrheit nicht zur Geltung bringen. Weil in Güstrow das Volk unermüdlich demonstrierte, entwickelte sich eine gedeihliche Zusammenarbeit. Im Bezirk Neubrandenburg kam die Initiative zu einem Runden Tisch am 14. November von der SED. Die erste Sitzung fand am 7. Dezember statt. Vertreten waren die SED und ihre vier Satelliten sowie das NF, die SDP, die evangelische und die katholische Kirche mit je zwei stimmberechtigten Vertretern; der Rat des Bezirkes stellte die Arbeitsräume zur Verfügung und fungierte als Ansprechpartner. Eine automatische Mehrheit der bisherigen Parteien gab es nicht, weil die Blockparteien sich mehr und mehr von der Dominanz durch die SED befreiten.

Aber erst im Dezember fingen die Runden Tische an, eine maßgebliche politische Rolle zu spielen. Mit den Bürgerkomitees in ihren örtlich unterschiedlichen Erscheinungsformen bestanden nicht nur sich überschneidende personelle Teilidentitäten, sondern viele Runde Tische waren aus solchen Zusammenschlüssen überhaupt erst hervorgegangen. Obwohl der Zentrale Runde Tisch in Berlin die politische Arbeit zusehends zu dominieren begann, bezog er seine Kraft doch auch aus der Vielfalt der örtlichen Entwicklungen. Der am 9. Dezember zum ersten Mal zusammengetretene Runde Tisch Rostocks beispielsweise legte sich in seiner Geschäftsordnung weitreichende Kompetenzen zu:

> Der «Runde Tisch» versteht sich als eine Form des Zusammenwirkens demokratischer Kräfte im Interesse des kommunalen Lebens der Stadt Rostock. Er übernimmt diese Funktion bis zur Wahl einer neuen Stadtverordnetenversammlung. Der «Runde Tisch» gibt Hinweise für die Arbeit der Stadtverordnetenversammlung und des Rates und kontrolliert deren Arbeit. Stadtverordnetenversammlung und Rat treffen ihre Entscheidungen in Übereinstimmung mit den Positionen des «Runden Tisches».

Wismars Runder Tisch trat am 6. Dezember zum ersten Mal zusammen, bestimmte, wie alle Runden Tische, sein Verfahren selbst – es wurde nicht abgestimmt, sondern nach dem Konsensprinzip gearbeitet – und legte auch seine Zusammensetzung fest. So gelangte eine Vertreterin des schon in vorrevolutionärer Zeit verdienstvollen «Ökumenischen Zentrums für Umweltarbeit» in das Gremium, und als es später darum ging, ein Mitglied des Runden Tisches dem Oberbürgermeister als Kontrollinstanz beizuordnen, schlug sie sich selber vor, wurde gewählt und einen Monat später als IM entlarvt. Sie war vom MfS eigens in das ÖZU hineinbugsiert worden.

Wie unterschiedlich die Runden Tische besetzt und mit wie weit reichenden politischen Kompetenzen sie teilweise ausgestattet waren, zeigt sich an Rudolstadt. Der Runde Tisch für Stadt und Landkreis konstituierte sich am 13. Dezember und setzte sich zum einen aus den bekannten politischen Gruppen zusammen, hinzu kamen mit ebenfalls je zwei Vertretern die evangelische und die katholische Kirche sowie die Sieben-Tage-Adventisten, abgelehnt wurden gleich zu Beginn FDGB, FDJ, DFD, Konsum, VdgB und Kulturbund. Sofort wurde ein Untersuchungsausschuss für die Aufklärung von Amtsmissbrauch und Korruption eingesetzt, der berechtigt war, sich unangemeldeten Zutritt bei allen Ämtern und Volkseigenen Betrieben zu verschaffen. Er kümmerte sich um Unregelmäßigkeiten bei der Wohnungsbeschaffung, illegale Verhaftungen, illegale Zusammenarbeit von Partei-, Staats- und Sicherheitsstellen, Schikanen gegen Nichtwähler und Ausreiser. In der Folgezeit wurden durch den Runden Tisch die Waffen der Kampfgruppen, der vormilitärischen Gesellschaft für Sport und Technik sowie höherer Funktionäre eingezogen und der Polizei übergeben. Selbst in kleinen Gemeinden bildeten sich Runde Tische, um örtliche Probleme zielbewusst anzupacken. So erarbeitete der Runde Tisch des thüringischen Bergdorfs Meura etwa einen Dorfentwicklungsplan.

Leipzig entwickelte bei der Bildung von Runden Tischen seltsamerweise weniger Initiative als die meisten anderen Orte. Eine entsprechende Institution für den Bezirk Leipzig wurde erst am 19. Dezember geschaffen, für die Stadt noch später. In Bezug auf das Stimmrecht der Massenorganisationen war man auf eine kluge Idee gekommen: FDGB- und VdgB-Vertreter konnten dem Gremium angehören, wenn sie keine Genossen waren. Eine besondere Variante gab es in der sächsischen katholischen Kleinstadt Wittichenau. Dort hatte Kaplan Gregor am 29. Oktober eine Bürgerinitiative gegründet, die im Dezember einvernehmlich mit dem sich mehr und mehr auflösenden Rat der Stadt Personen auswählte, die bis zu den neuen Kommunalwahlen in den städtischen Kommissionen mitarbeiteten.

Der Zentrale Runde Tisch

Der Zentrale Runde Tisch in Berlin stellte natürlich eine andere Gewichtsklasse dar, wies aber ähnliche Strukturen auf wie die örtlichen Gremien. Die Zusammensetzung machte größere Probleme, weil die anfängliche Nichtzulassung von Massenorganisationen der SED wie des FDGB oder der VdgB zu tumultartigen Szenen durch von außen eindringende Demonstranten führte, die an den Eklat von 1948 erinnern mochten, als die Berliner Stadtverordnetenversammlung gesprengt wurde. Anders als damals stand aber keine sowjetische Besatzungsmacht und auch keine aufstrebende SED dahinter. So fand man einen Kompromiss. Diese Alt-Organisationen wurden zugelassen, aber nur unter der Bedingung, dass ihre Repräsentanten nicht durch politische Doppelmitgliedschaften in Wirklichkeit auch SED-Vertreter wären. Zudem wurden die neuen Gruppen durch den kurz zuvor gegründeten Unabhängigen Frauenverband, UFV, und die Grüne Liga verstärkt, sodass ein ausgeglichenes Verhältnis von 19 zu 19 erreicht war, außerdem handelten die früheren Blockparteien schon von Beginn an immer unabhängiger von der SED. Personell unterlag die SED anfänglich den sichtbarsten Veränderungen: Ursprünglich war an Krenz und Schabowski als Vertreter am Runden Tisch gedacht, nach dem Ende von ZK und Politbüro am 3. Dezember waren es Modrow und zwei weitere, schließlich vertraten Gysi und Berghofer die Partei.

Immerhin zeigte sich, dass auch die SED dem Runden Tisch eine herausragende Bedeutung beimaß, ebenso waren die anderen

Gruppen durch führende Mitglieder in unterschiedlicher Funktion und zu verschiedenen Zeiten vertreten, darunter Angelika Barbe, Lothar Bisky, Bärbel Bohley, Ibrahim (Manfred) Böhme, Rainer Eppelmann, Manfred Gerlach, Martin Gutzeit, Rolf Henrich, Heiko Lietz, Lothar de Maizière, Markus Meckel, Armin Mitter, Ehrhart Neubert, Günter Nooke, Sebastian Pflugbeil, Matthias Platzeck, Gerd Poppe, Ulrike Poppe, Wolfgang Schnur, Richard Schröder, Reinhard Schult, Wolfgang Ullmann, Konrad Weiß, Rosemarie Will, Vera Wollenberger (nach der Scheidung von ihrem Mann, der sie als IM ausgespäht hatte, wieder Lengsfeld); andere Gruppen wie die FDJ bekamen Beobachterstatus ohne Stimmrecht. Personell und zunächst sogar topographisch stand der Runde Tisch unter dem sichtbaren Dach der Kirche, wie es die ganze Widerstandsbewegung in der DDR getan hatte: Die ersten Sitzungen fanden im Dietrich-Bonhoeffer-Haus der Herrnhuter Brüdergemeine in der Ziegelstraße statt, gleich hinter der Weidendammer Brücke über die Spree in der Nähe des Bahnhofs Friedrichstraße, und moderiert wurden sie von drei Geistlichen: Oberkirchenrat Ziegler und Pfarrer Lange für die evangelische und Monsignore Ducke für die katholische Kirche.

Das Selbstverständnis und das Arbeitsprogramm wurden auf der ersten Sitzung durch folgende Erklärung festgelegt:

Die Teilnehmer des Runden Tisches treffen sich aus tiefer Sorge um unser in eine Krise geratenes Land, seine Eigenständigkeit und seine dauerhafte Entwicklung. Sie fordern die Offenlegung der ökologischen, wirtschaftlichen und finanziellen Situation in unserem Land. Obwohl der Rundtisch keine parlamentarische oder Regierungsfunktion ausüben kann, will er sich mit Vorschlägen zur Überwindung der Krise an die Öffentlichkeit wenden. Er fordert von der Volkskammer und der Regierung, rechtzeitig vor wichtigen rechts-, wirtschafts- und finanzpolitischen Entscheidungen informiert und einbezogen zu werden. Er versteht sich als Bestandteil der öffentlichen Kontrolle in unserem Land. Geplant ist, seine Tätigkeit bis zur Durchführung freier, demokratischer und geheimer Wahlen fortzusetzen.

Formulierungen wie «Eigenständigkeit» der DDR und ihre Bezeichnung als «unser Land» klangen nach dem heftig umstrittenen Aufruf vom 26. November und waren bereits im Begriff, durch die Entwicklung überholt zu werden. Dass man sich selbst als Teil der öffentlichen Kontrolle sah, entsprach dem Selbstverständnis aller Runden Tische, doch zeigt sich in der Aufforderung an Regierung und Parlament zur Information zugleich eine Grundschwierigkeit, denn man war auf andere angewiesen. Wichtigste konkrete Aufgabe des Gremiums war es, dass sich die unterschiedlichen Interessenvertreter auf einen Termin für freie Wahlen verständigten, eine Entscheidung, die schon auf der ersten Sitzung fiel. Man einigte sich auf den 6. Mai 1990. Auf derselben Sitzung wurde mit einem einstimmigen Beschluss die Auflösung der Staatssicherheit als wichtigste weitere Aufgabe bezeichnet – allerdings hatten, wie sich später herausstellte, insgesamt 15 Mitglieder in unterschiedlicher Weise mit der Staatssicherheit zusammengearbeitet, darunter als prominenteste die IM und Parteivorsitzenden Ibrahim (Manfred) Böhme der SDP und Wolfgang Schnur vom DA.

Die Runden Tische waren zwar keine demokratisch zusammengesetzten Gremien, aber indirekt dadurch demokratisch legitimiert, dass sie innerhalb einer immer offener werdenden Gesellschaft gelegentlich sogar öffentlich tagten – die Sitzungen des Zentralen Runden Tisches wurden ab Januar live übertragen – und von der Öffentlichkeit akzeptiert wurden. Dennoch waren sich alle darüber im Klaren und handelten auch in diesem Bewusstsein, dass die Runden Tische ihre Tätigkeit in dem Moment einstellen würden, in dem demokratisch gewählte Gremien ihre Arbeit aufnahmen. Sie waren daher Organe des Übergangs von einer parteidiktatorisch geprägten politischen Struktur zur parlamentarischen Demokratie, und schon deshalb hinkt der gern gezogene Vergleich mit der Doppelherrschaft während der russischen Februarrevolution 1917, denn die ursprünglichen Sowjets verfolgten ein anderes Ziel. Als

Der Zentrale Runde Tisch in Berlin am 22. Januar, als er schon Einfluss auf die Steuerung der DDR-Politik zu nehmen begann. Er war ein politisches Instrument des Übergangs von der Diktatur zur parlamentarischen Demokratie.

Transformationsinstanzen waren die Runden Tische auch deshalb besonders geeignet, weil ihr Verfahren durch den maßgeblichen Einfluss der Kirche geprägt war, in deren Gremien es ja immer offene Diskussionen und freie, gegebenenfalls geheime Abstimmungen gegeben hatte. In der ersten Phase ihrer Existenz hatten sie zunächst nur die Aufgabe, die staatlichen Institutionen zu kontrollieren und gegebenenfalls zu steuern. Die Gegenstände der Beratungen richteten sich nach dem Bereich, in dem sie eingesetzt waren, waren also auf kommunale und regionale Probleme abgestimmt, betrafen aber auch die Auflösung des MfS und die Korruption innerhalb der bisherigen Funktionärsschicht ganz allgemein.

Die technischen Probleme waren zunächst gewaltig: Die Mitglieder der neuen politischen Bewegungen betrieben ihr Amt nach Feierabend, sie waren auf Informationen angewiesen, die ihnen von staatlicher oder städtischer Seite zukamen und über die ihre Verhandlungspartner sehr viel mehr verfügten, zudem hatten sie auf den meisten Gebieten fachlich wenige oder überhaupt keine Kompetenz. Folglich waren ihnen die Vertreter der alten Mächte an den Runden Tischen in dieser Hinsicht weit überlegen, und das nutzten sie nicht nur aus, sondern versuchten teilweise planmäßig, die neuen Gruppen an die Wand zu drücken oder sogar zu unterlaufen. Eine wichtige Rolle spielten dabei die Inoffiziellen Mitarbeiter, mit denen die Staatssicherheit die Opposition schon seit langem durchsetzt hatte und die nun auch an die Runden Tische gelangten, die aber schließlich dort im Ergebnis genauso erfolglos blieben wie bei der früheren Bekämpfung der oppositionellen Gruppen.

Die Partei und die Parteien

Es waren vorwiegend Vertreter der neuen und alten Parteien, die an die Runden Tische entsandt wurden, darunter auch solche, die bald wieder von der Bühne verschwanden. Auch die bisher politisch allein maßgebliche SED war plötzlich eine Partei unter vielen und hatte, zum Beispiel, am Zentralen Runden Tisch nicht mehr Stimmen als das Neue Forum. Trotzdem sei ihre Entwicklung nach dem unrühmlichen Ende – was war je rühmlich an ihr? – des 3. Dezember als erste skizziert. Nach diesem Bankrott hielt sie zwei Sonderparteitage ab, zunächst am 8. und 9. und dann am 15. und 16. Dezember. Gregor Gysi wurde, nachdem Wolfgang Berghofer verzichtet hatte, mit ein wenig peinlichen, aber legitim zustande gekommenen 95,32 Prozent zum Parteivorsitzenden gewählt, und die Partei fügte ihrem Namen ein PDS hinzu, Partei des demokratischen Sozialismus, ein Begriff, der noch kurz zuvor als ein besonders übler ideologischer Kunstgriff des Klassenfeindes verpönt war.

Zwei besondere Stützen der SED-Herrschaft waren inzwischen auch gefallen. Nach dem 17. Juni 1953 waren die Betriebskampfgruppen oder «Kampfgruppen der Arbeiterklasse» als eine Parteiarmee gegründet worden, und am 13. August 1961 hatten sie sich vor dem zugesperrten Brandenburger Tor aufbauen dürfen, um die Fiktion zu unterstreichen, die Arbeiterklasse verteidige den bedrohten Sozialismus. Aber im Oktober 1989 zeigten sie Auflösungserscheinungen, weil es allzu deutlich war, dass sie nicht gegen einen konterrevolutionären Putsch, sondern gegen das Volk eingesetzt werden sollten. Sie wurden also fragwürdig und mit dem allmählichen Verlust der Monopolstellung der SED sogar gegenstandslos. Ab Ende November mussten sie nicht mehr geloben, «die Weisungen der Partei zu erfüllen». Ihre Auflösung im Verlauf des Dezember wurde ähnlich wie die des MfS von Bürgerkomitees unter der manchmal problematischen Hilfe der Volkspolizei organisiert, und ähnlich wie dort waren auch hier die Waffen ein Problem. Die Kampfgruppen waren nämlich schwer bewaffnet gewesen, außer mit Gewehren und Maschinenpistolen auch mit Schützenpanzern, Granatwerfern, rückstoßfreien Geschützen und Zwillingsflaks sowie mit der dazugehörigen Munition. Im Allgemeinen wurden die Waffen der Polizei übergeben, es gab jedoch auch symbolische Gesten. In Dessau etwa fuhren Panzerfahrzeuge der NVA in öffentlicher Zeremonie über die Schusswaffen und machten sie unbrauchbar. Aus dem Metall wurde dann eine Friedensglocke gegossen.

Wie in allen öffentlichen Einrichtungen war die Partei auch in den Volkseigenen Betrieben durch besondere auch hauptamtliche Parteistellen vertreten, die oft die eigentliche Macht innehatten. Auf diese Weise hatte die Partei die Gesellschaft zusätzlich im Griff, und folglich war eine häufige Forderung auf Demonstrationen «SED raus aus den Betrieben». Im Zuge des Abbröckelns der Partei lösten sich diese Betriebsparteiorganisationen allmählich auf – mindestens einmal wurde sogar die Rückgabe eines Ehrenbanners beschlossen –, und freigewählte Betriebsräte traten an ihre Stelle.

Mitte Dezember fanden an einem Wochenende zahlreiche Parteitage und politische Neugründungen statt. Lothar de Maizière wollte seine Legitimation als neuer CDU-Vorsitzender nicht allein auf den Hauptvorstand gründen, sodass er sich auf einem Sonderparteitag der CDU am 15./16. Dezember in Berlin demonstrativ noch einmal wählen ließ, und am 16. Dezember konstituierte sich der Demokratische Aufbruch auf einem Parteitag in Leipzig formell als Partei. Grüne und Freie Demokraten formierten sich neu.

Für die Entwicklung des Parteiwesens von großer Bedeutung waren die engen politischen Bande zwischen Ost und West, die im Dezember mit voller Kraft, ja, mit Naturgewalt einsetzten, man kann es nicht anders nennen. Es würde ein eigenes Buch erfordern, sie alle zu würdigen. Es gab sie auf allen politischen Ebenen. Westdeutsche Bundesländer knüpften durch ihre Regierungen Beziehungen zu DDR-Bezirken oder zu historisch gewachsenen Landschaften – Mecklenburg, Pommern oder Thüringen –, Regionen fanden wieder zueinander oder versicherten sich wechselseitig ihrer Solidarität, besonders sichtbar und hilfreich waren Städtepartnerschaften. Begonnen hatte dieser Prozess bereits in den letzten Jahren der DDR, allerdings nur zögernd. Die DDR-Seite fürchtete schädliche Einflüsse auf die SED-Herrschaft auch auf dieser Ebene, die westdeutsche Seite hatte zum einen deshalb Hemmungen, weil Partnerschaften an sich nur mit ausländischen Städten geknüpft werden sollten und die DDR immerhin nicht als Ausland galt; zum anderen sprach dagegen, dass man ja nur mit der Funktionärsschicht in Verbindung kam, die allein die Besucherdelegationen stellte, während die Bevölkerung ausgeschlossen blieb. Das war nun weggefallen, und daher bekamen die Partnerschaften eine neue, völlig ungeahnte Funktion: Die westdeutschen Städte halfen bei den ersten Wiederaufbaumaßnahmen nach dem Ende der kommunistischen Misswirtschaft, und das meistens ohne Großspurigkeit, sondern in herzlicher Hilfsbereitschaft; die DDR-Städte

Die Partei und die Parteien 249

nahmen die Hilfe dankbar an und machten ihre westdeutschen Landsleute nach Kräften mit ihrer regionalen Geschichte und Kultur vertraut, die in Gefahr gewesen war, im Westen in Vergessenheit zu geraten. Einige dieser Partnerschaften auf Gegenseitigkeit werden in diesem Buch genannt.

Es gab auch gezielte politische Interventionen. So musste der Plauener Oberbürgermeister im Oktober einen Brief seines Hofer Kollegen verkraften, der sich nach den Demonstrationen und den staatlichen Unterdrückungsversuchen erkundigte, und am 27. November sprach Hannovers Oberbürgermeister auf der Leipziger Montagsdemonstration. Völlig unübersehbar ist die Zahl der gegenseitigen Besuche, Tagungen, Übereinkommen, Verträge, Austauschprogramme und zunehmend auch der vielen wirtschaftlichen Kooperationen zwischen Körperschaften, Gremien, Berufsverbänden, Industrie- und Handelsunternehmen, schlichten Vereinen und Einzelpersonen. Mitunter wurde damit begonnen, durch die Teilung Aufgespaltenes wieder zusammenzuführen, und insbesondere hier waren die Schwierigkeiten mitunter immens, weil an Früheres einfach nicht mehr angeknüpft werden konnte, zum Teil wurde aber auch Neues angefangen. Jedenfalls legte sich von Tag zu Tag ein immer dichteres Netz über das, was bis vor kurzem noch DDR und BRD gewesen war und nun, auch durch diese Aktivitäten, langsam wieder Deutschland wurde.

Dieser Vorgang spielte sich auch auf der Ebene der politischen Parteien ab, und natürlich machte er bei ihnen besondere Schwierigkeiten. Echte Gemeinsamkeiten, die sich vordergründig konstruieren ließen, gab es nicht mehr. Die SED, aus der Zwangs-(und Betrugs-)Vereinigung der SPD mit der KPD entstanden, war eine kommunistische Partei geworden und dachte natürlich nicht daran, mit der westdeutschen KPD sozusagen gesamtdeutsch zusammenzuarbeiten, die ja das Dasein einer von ihr alimentierten Splitterpartei führte. Die bürgerlichen Parteien CDU und FDP wussten, dass ihr jeweiliges Pendant in der DDR, die dortige CDU und die LDPD ebenfalls durch Zwang und Betrug zu Satelliten der Kommunisten geworden waren. Sehr viel besser stand es um die SDP. Sie hatte sich im Osten neu gegründet und die Traditionen der deutschen Sozialdemokratie wiederaufgenommen, und nichts hätte die SPD und die SDP hindern können, sofort wieder aufeinander zuzugehen. Es war paradox, dass ausgerechnet die West-SPD zauderte, weil starke Kräfte in ihr die ursprünglich nur als Mittel zum Zweck verstandene Zusammenarbeit mit der SED allmählich als Selbstzweck gesehen hatten und sich jetzt nur sehr zögerlich von ihr lösten, lösen mussten, denn mit der SED war ja allmählich kein Staat mehr zu machen.

Willy Brandt, der sich in den letzten Jahren dieser Strömung angepasst hatte, ließ sich aber durch die DDR-Revolution mitreißen und kehrte zu seinen Anfängen, seinem wahren Selbst zurück. Er war der Vorsitzende der Sozialistischen Internationale, in der die sozialdemokratischen Parteien zusammengeschlossen sind, und in dieser Eigenschaft hatte ihn die SDP eingeladen, weshalb dann die SPD als erste westdeutsche Partei in der DDR öffentlich auftrat: Brandt sprach am 6. Dezember in der Marienkirche in Rostock. Seine Partei zog nach, und am 13. Dezember wurde ein paritätischer Kontaktausschuss zwischen SDP und SPD gebildet. Die anderen Parteien folgten, und auf diese Weise fingen die West-Parteien an, in der DDR öffentlich in Erscheinung zu treten. Den westdeutschen Parteien wurde später gerne zum Vorwurf gemacht, sie hätten das politische Leben in der DDR an sich gerissen. Sie waren aber gerufen worden. Die Westmedien waren zu dieser Zeit längst wichtigstes Kommunikationsmittel geworden, SED- beziehungsweise PDS-Politiker gaben dort selbstverständlich an die DDR-Bevölkerung gerichtete Interviews.

Die letzten Demonstrationen des Jahres verliefen meistens schweigend. So am 18. Dezember in Karl-Marx-Stadt mit 30 000 Teilnehmern, in Leipzig zogen am selben Tag 100 000

Die Partei und die Parteien 251

Willy Brandt in Weimar im Wahlkampf für die SPD. In einer DDR sprechen zu können, die sich auf dem Weg zur Wiedervereinigung befand, war eine Lebenserfüllung für den früheren Regierenden Bürgermeister von Berlin.

ohne Transparente und Sprechchöre durch die Straßen, aber die Glocken von Leipzigs Kirchen läuteten. Einen Tag später sprach Willy Brandt auf Magdeburgs Domplatz, und am selben Tag erteilte die SPD der SED/PDS im Hinblick auf zukünftige Zusammenarbeit endlich eine Absage. Das wichtigste Ereignis spielte sich aber in Dresden ab. Zwischen Ministerpräsident Modrow und Bundeskanzler Kohl sollte eine Arbeitsbesprechung stattfinden. Berlin kam aus Statusgründen nicht in Frage, Leipzig schied aus politischen Gründen aus. Beiden Seiten erschien Dresden am geeignetsten, Modrow wohl auch wegen seiner langen Zeit als Erster Sekretär. Es gab deutschlandpolitische Besprechungen, aber es gab auch eine Ansprache Kohls. Hinter ihm die Ruine der Frauenkirche, vor ihm eine glücklich jubelnde Menschenmenge und ein Meer schwarz-rot-goldener Fahnen. Er sprach vorsichtig, nicht aufputschend, denn viele konkrete nationale und internationale Entscheidungen auf dem Weg zur deutschen Einheit waren noch offen. Zum Schluss aber brach es aus ihm heraus, und er endete mit dem Ruf

Gott segne unser deutsches Vaterland.

Mit leichter Ironie wird gelegentlich berichtet, man habe ihm seine Ergriffenheit dabei angemerkt. Ich kann daran nichts finden, was zu belächeln wäre.

Am 22. Dezember wurde im Beisein von Bundeskanzler und Ministerpräsident das Brandenburger Tor geöffnet, und ab Heiligabend brauchten Westdeutsche für das Betreten der DDR kein Visum mehr und mussten kein Geld mehr umtauschen.

9. Die Revolution auf dem Weg in die parlamentarische Demokratie

Die letzte Phase der noch undemokratisch verfassten DDR war bestimmt von mehreren Entwicklungen, die sich überlagerten und sich gegenseitig beeinflussten. Zum einen erhielt die Revolution durch Versuche der SED, wieder Tritt zu fassen, einen letzten Schub, der den bisherigen Trend fortsetzte und verstärkte, nämlich die zunehmende Öffnung gegenüber der Bundesrepublik, den weiteren Rückbau der DDR und das immer eindeutigere Zusteuern auf die Wiedervereinigung. Zum anderen waren es die gegenläufigen Bestrebungen, die darauf abzielten, die DDR reformieren und demokratisieren zu wollen, was voraussetzte, dass es sie noch auf unbestimmte Zeit gab. Beide Bestrebungen waren bedingt durch die von allen politischen Kräften gewollten freien Wahlen, von deren Ausgang alles andere abhing.

Restauration von SED und MfS?

Schon Ende Dezember deutete sich an, dass die inzwischen halb umgetaufte SED dabei war, sich wieder zu fangen, nachdem sie viel Ballast abgeworfen hatte. Zwei Indizien verstärkten diesen Eindruck. Zum einen ging die Auflösung des MfS trotz des Beschlusses des Zentralen Runden Tisches in Berlin nur sehr schleppend voran. Gleichzeitig sollten ja mit demselben Personal zwei Geheimdienste, einer für innen und einer für außen, aufgebaut werden, wobei es zunächst sogar Überlegungen gab, mit den entsprechenden Diensten der – zum Teil schon ehemaligen – Bruderländer zusammenzuarbeiten. Der Leiter des aufzulösenden MfS, General Schwanitz, war nach wie vor

Mitglied des Ministerrates, und zum Auflösungs-Beauftragten war mit Peter Koch ein ehemaliger MfS-Generalmajor bestellt worden, gegen dessen Hinhaltetaktik oder Inkompetenz der Runde Tisch protestierte. Später stellte sich dann heraus, dass Koch OibE gewesen war, und schließlich wurde er wegen Korruptionsverdachts sogar in Untersuchungshaft genommen. Ebenso wurde am Runden Tisch genau wie auf den Demonstrationen im Lande gegen den Beschluss des Ministerrates protestiert, entlassenen MfS-Angehörigen ein nicht geringes Überbrückungsgeld zu zahlen oder sie sogar in den Schuldienst zu übernehmen.

Zum anderen drehte die Partei – wie man sie nun fast wieder mit dem bestimmten Artikel nennen konnte – mächtig an der Antifaschismus-Schraube. Das Auftreten der Republikaner und sich jetzt verhältnismäßig frei äußernder rechtsradikaler Vereinigungen wurden zum Anlass genommen, immer dringender vor einer angeblich aktuellen neonazistischen Gefahr zu warnen, gegen die die SED und ihre alten Bundesgenossen sich als die wahren Retter aufspielen konnten. Der Auslöser waren rechtsradikale Schmierereien am großen sowjetischen Ehrenmal in Berlin-Treptow, die mit einer derart uhrwerkartigen Präzision einen sofortigen entrüsteten Aufschrei der Partei und ihrer Bündnispartner hervorriefen, dass vermutet wurde, es habe sich um eine fingierte Aktion gehandelt. Diese These ist bis heute nicht widerlegt.

Das führte zu einer letzten Riesendemonstration der Partei und ihrer Anhänger, in der sich das ganze langgeübte Pathos offenbarte, das man schon für versunken gehalten hatte. 250000 Menschen demonstrierten, diesmal freiwillig, an ihrer Spitze neben vielen anderen Prominenten aus allen Bereichen Gregor Gysi und der amtierende Staatsratsvorsitzende Manfred Gerlach; das schadete ihm nicht nur bei seiner Partei sehr. Aber wieder hatte, zum letzten Mal, eine SED-Kampagne nicht den von der Führung erhofften, sondern einen genau gegen-

Demonstration in Karl-Marx-Stadt am 15. Januar, aus den Räumen der Bezirksleitung der SED aufgenommen. Es war die größte Demonstration am Platz mit dem Marx-Monument, und sie richtete sich gegen die Restaurationspolitik der SED.

teiligen Effekt. Die Bevölkerung durchschaute die Absicht sehr genau, dieses Aufgebot und seine selbstherrliche Attitüde führten noch einmal deutlich vor Augen, wie die politische Macht verfasst war, die man besiegt zu haben glaubte. In der Folge kam es zu einem Wiederaufflammen der revolutionären Demonstrationen in der ganzen DDR, an vielen Orten kamen gerade jetzt die meisten Menschen überhaupt zusammen, wie etwa in Karl-Marx-Stadt. In Rudolstadt gab es mit 5000 Teilnehmern ebenfalls die größte Demonstration in der Geschichte der Stadt. Am selben Tag, dem 15. Januar, wurde am Gebäude der Kreisleitung der SED das Emblem der Partei entfernt, und am 16. streikten die Busfahrer, um ein Zeichen für die Demokratisierung zu setzen. Im Norden fanden am 15. Januar in 20 Städten Protestaktionen statt, so viel wie noch nie an einem einzigen Tag. Die Antifa-Demo der alten Kräfte war gerade zur rechten Zeit gekommen, um die Revolution vor dem Irrglauben zu bewahren, der Kommunismus sei schon besiegt gewesen. Jetzt erst wurde er es.

Den spektakulären Höhepunkt markierte am 15. Januar die Erstürmung der MfS-AfNS-Zentrale in der Berliner Normannenstraße. Im Verlauf des Tages hatte der Runde Tisch abermals die schleppende Auflösung des Sicherheitsapparates kritisiert, die Bürgerkomitees der Berliner Bezirke hatten am Vormittag dagegen protestiert, dass insbesondere die MfS-Zentrale noch unangetastet war, es wurde mit weiteren Demonstrationen und sogar republikweit mit Streiks gedroht. Am Nachmittag begannen sich Demonstranten vor dem Haupteingang der MfS-Zentrale zu versammeln, während Bauarbeiter anfingen, im Auftrag des Neuen Forums die Eingänge zu dem Komplex zuzumauern. Die Zahl der Demonstranten stieg schnell auf 100000, von denen immer mehr in das Gebäude eindringen konnten. Die Besetzung verlief im Ganzen diszipliniert, jedoch gab es auch Akte sinnloser Zerstörung, über die das DDR-Fernsehen in einer Sondersendung sogleich empört berichtete; auch Modrow erschien und forderte eindringlich zur Gewaltlosigkeit auf. Weder den Bürgerkomitees noch dem Neuen Forum wäre es in den Sinn gekommen, die MfS-Zentrale massenhaft überschwemmen zu lassen. Es gibt nach wie vor Unklarheiten über diese chaotischen Vorgänge. Die Besetzer wurden anscheinend in harmlose Abteilungen geleitet, sodass so wichtige Bereiche wie die Bekämpfung der Opposition und das Archiv unberührt blieben, und zudem waren auch Unbekannte bei der Besetzung tätig, darunter anscheinend auch Angehörige westlicher Nachrichtendienste. Vielleicht spielte insbesondere bei den Gewalttätern wieder die Absicht mit, einen Stimmungsumschwung zugunsten der Sicherheitsorgane zu bewirken. Das jedoch gelang nicht, und das Hauptergebnis ist, dass an diesem Tag endlich die Zentrale lahmgelegt wurde. Am 17. Januar konstituierte sich das Bürgerkomitee Normannenstraße, das bis heute den Gebäudekomplex für seine Arbeit der Erforschung des SED-Staates nutzt. Aufgrund dieser Vorgänge, der neuerlichen Demonstrationswelle sowie der zunehmenden Empörung seitens der politischen Dialogpartner erschien Modrow noch in der Nacht auf der Sitzung des Runden Tisches. Er kündigte nicht nur glaubhaft die endgültige Auflösung der Unterdrückungsorgane an – drei Tage zuvor hatte er bereits vor der Volkskammer auf die Neuschaffung der beiden geplanten Geheimdienste verzichtet –, sondern erklärte auch, mit der am Runden Tisch vertretenen Opposition enger zusammenarbeiten zu wollen.

Eine Regierung der ganz großen Koalition

Nach einigen Verhandlungen, in deren Verlauf wichtige Vertreter der neuen politischen Kräfte immer wieder Bedenken gegen die Unterstützung der Modrow-Regierung äußerten, kam doch am 5. Februar eine «Regierung der nationalen Verantwortung» zustande, in der bisherige Bürgerrechtler Minister zwar ohne Geschäftsbereich wurden, aber doch Mitglieder des Ministerrates und insofern die Beschlüsse mitbestimmen konnten. Diese Entscheidung wurde durch mehrere Faktoren begünstigt. Angesichts der bevorstehenden Wahlen zur Volkskammer am 18. März waren die Tage einer Regierung, die aus Ex-SED, gewendeten Blockparteien und Gruppen des Widerstandes bestand, aller Voraussicht nach gezählt. Zwar waren die Volkskammerwahlen zunächst für den Mai festgesetzt, weil die Opposition mangels organisatorischer Infrastruktur fürchtete, der SED und den Blockparteien unterlegen zu sein. Doch durch die zunehmende Mitwirkung der westdeutschen Parteien hatte sich die Ausgangslage so weit verändert, dass auch die Opposition daran interessiert war, so bald wie möglich eine neue, demokratisch legitimierte Regierung zu wählen; übrigens nach einem am 29. Januar noch von der alten Volkskammer verabschiedeten, aber tadellosen Wahlgesetz.

Begünstigt wurde der Eintritt von Bürgerrechtlern in die Regierung zudem durch eine Wende Modrows in der Deutschlandpolitik, die er nach einem Moskau-Besuch am 1. Februar durch ein Programm namens «Deutschland einig Vaterland» einleitete. Das war ein Schlusspunkt unter die Entwicklung der letzten Monate, in denen so viel Atemberaubendes, Umstürzendes und kaum Glaubliches geschehen war. Träger des Widerstandes, die konspirativ arbeiten mussten und ständig in Gefahr waren, schwere Strafen zu erleiden, waren in dieser Eigenschaft Mitglieder einer Regierung unter einem Ministerpräsidenten geworden, der auf der anderen Seite gestanden hatte und jetzt selbst das Ende des von ihm mitgeschaffenen und mitgetragenen Separatstaates verkündete.

Die Entwicklung war ja aber auch über alles andere hinweggegangen, und so utopisch den meisten vor einem Jahr ein einheitliches Deutschland vorgekommen war, so utopisch wäre jetzt der Versuch gewesen, den Strom der Zeit aufzuhalten und sich dagegenzustemmen. Unterschiede bestanden nur noch in den Modalitäten, die allerdings in der konkreten Ausgestaltung wichtig werden konnten. Die semantischen Spiele der letzten Zeit mit «Vertragsgemeinschaft», «Föderation» und «Konföderation» waren gegenstandslos geworden. Die Demonstrationen kannten kaum noch ein anderes Thema als die deutsche Einheit, und wen das nicht überzeugte, der musste von den nüchternen Zahlen eines Besseren belehrt werden, in denen sich Hunderttausende individuelle Wiedervereinigungen ausdrückten: Im Jahr 1989 hatte es 343 845 Übersiedler in die

Eine Regierung der ganz großen Koalition 259

Bundesrepublik gegeben, vom 1. Januar bis zum 17. Februar
1990 waren es schon 89 000.

Auf den verschiedensten Ebenen näherte sich die DDR der
Bundesrepublik an: Der Staat verkaufte durch eine Firma Li-
mex-Bauteile der Mauer; die Grenztruppen verringerten per-
manent die Zahl ihrer Angehörigen, und zudem wurden sie
veranlasst, die Grenzbefestigungen selbst abzubauen, die sie in
jahrzehntelanger Bösartigkeit errichtet und immer mehr verfeinert hatten; die Zahl der privaten Telefonanschlüsse zur
Bundesrepublik nahm in rasendem Tempo zu; in den elektronischen Medien wurde wieder die erste Strophe der Nationalhymne gesungen: «Deutschland einig Vaterland»; Journalisten
konnten ohne jede Restriktion überall arbeiten; das riesige
SED-Abzeichen am Hause des ZK – vorher Reichsbank, heute
Auswärtiges Amt – wurde abmontiert, ein Vorgang von tief
berührender Symbolik.

Alle politischen Organisationen und Parteien – mit Ausnahme von Demokratie Jetzt – sprachen sich nacheinander für
die Wiedervereinigung aus oder näherten sich dem Gedanken
an: CDU und DA hatten das schon im Jahr zuvor getan; jetzt
folgten endgültig die SDP, die ohnehin ab 13. Januar SPD
hieß; das Neue Forum, ja, im Prinzip sogar die PDS, die am
21. Januar das kompromittierende SED hatte fallen lassen. Die
westdeutschen Grünen akzeptierten die Wiedervereinigung re-
signierend.

Das alles bedeutet weder, dass es keine Widerstände mehr
gab, noch, dass die innere Reform der DDR stockte. Die politische Auseinandersetzung verlief in den bisherigen Bahnen,
wobei sich die im Mai 1989 zusammengestellten Volksvertre-
tungen und die Runden Tische gegenüberstanden. Die Volks-
vertretungen, Stadträte und Bürgermeister blieben zumeist bis
zu den Kommunalwahlen 1990 im Amt, auch deshalb, weil
sonst wie auf Republikebene die staatliche Organisation überhaupt zusammengebrochen wäre. Ihr Gewicht nahm aber im

Ein Angehöriger der Grenztruppen der DDR lugt vorsichtig um ein bereits von einem Mauerstück abmontiertes und freischwebendes Rohr herum. Die Grenztruppen mussten seit dem Sommer 1990 die Anlagen abbauen, die sie selbst errichtet hatten.

Laufe der Wochen und Monate zugunsten der neuen Kräfte immer mehr ab, und nicht selten wurden diese sogar in die städtischen Vertretungskörperschaften oder gar in die Exekutive kooptiert; dass der Stadtrat in Parchim schon im Januar 30 neue Mitglieder hinzunahm, stellt eine Ausnahme dar, die allerdings den allgemeinen Trend deutlich machte: Zehn Mitglieder aus der Kirche, zehn von der SDP und zehn vom Neuen Forum; in Heiligenstadt wurde sogar ein CDU-Mitglied zum Vorsitzenden des Rates des Kreises gewählt.

Der Zentrale Runde Tisch in Berlin wuchs immer mehr in die Rolle einer Volksvertretung hinein, sodass sich der Ministerpräsident mehr und mehr seine Legitimation vom Runden Tisch holte, der sich zudem fast zum De-facto-Gesetzgeber entwickelte. Von den durch die Revolution geschaffenen neuen Institutionen vertrat dieses Gremium allerdings noch am ehesten das Konzept einer eigenständigen DDR. Vielleicht ist darauf auch der Beschluss vom 20. Februar zurückzuführen, nach dem magnetische Datenträger des MfS vernichtet werden sollten, was die spätere Bewältigungsarbeit erheblich erschwerte. Vor allem drückt sich dieses Selbstverständnis in der Erarbeitung einer neuen Verfassung aus. Schon auf der ersten Sitzung war dazu eine Arbeitsgruppe unter der Leitung von Gerd Poppe gebildet worden. Wegen der Vorverlegung des Wahltermins war es nicht mehr möglich, einen vollständig ausgearbeiteten Entwurf vorzulegen, das geschah dann erst Anfang April. Diese DDR-Verfassung hatte durchaus eine gesamtdeutsche Ausrichtung, weil ihre geistigen Väter sie in einen gesamtdeutschen Volksentscheid nach Artikel 146 des Grundgesetzes einbringen wollten. Ihr Geist war der der Basisgruppen, und wegen des Wahlergebnisses vom 18. März, bei dem die Träger dieses Entwurfes eine schwere Niederlage erlitten, konnte er nicht mehr zur Geltung kommen. Der Verfassungsentwurf war aber die letzte wichtige Äußerung der Gruppen, die am Anfang der Herbstrevolution gestanden hatten.

Die Entwicklung der Parteien bewegte sich in immer schnellerem Tempo auf die Dominanz der westdeutschen Schwesterparteien zu, deren Anfänge im vorigen Kapitel geschildert wurden. Das galt der Sache nach nicht für die PDS, die sich im Gegenteil als die einzige Partei gerierte, die ein genuines DDR-Gewächs sei. Allerdings setzte sich ihr Auflösungsprozess trotz neuen Etiketts weiter fort. Es gab Austritte auch wichtiger Mitglieder, so den des ehemaligen Dresdner Oberbürgermeisters Berghofer, und am 20. Januar kam es zur letzten großen Ausschlusswelle, bei der fast alle Reste der bis vor kurzem noch führenden SED-Kader aus der Partei – denn diese Identität hatte sie ja behalten – entfernt wurden. Nach den Parteiausschlüssen vom 3. Dezember waren nun unter anderen Kurt Hager, Heinz Keßler und Egon Krenz an der Reihe. Man denke: Das waren Genossen, die der Partei zum Teil seit Jahrzehnten angehört hatten, die ihretwegen in der NS-Zeit als Kommunisten schweren Verfolgungen ausgesetzt gewesen waren und das Gesicht der Partei so lange Zeit geprägt hatten, dass sie mit ihr fast identisch waren. Auch Günter Schabowski musste die Partei verlassen, obwohl ihm jedenfalls persönliche Verfehlungen nicht angelastet werden konnten und er immerhin derjenige gewesen war, der sich in der Umbruchszeit als Einziger seines politischen Kalibers öffentlichen Diskussionen gestellt hatte. Die Radikalität, mit der sich diese Partei von ihren unlängst noch kultisch verehrten Genossen plötzlich trennte, erinnert sehr an ähnliche Vorgänge aus einer Epoche, mit der sie nichts mehr zu tun haben wollte, der stalinistischen. Auch von dem doch schon ausgeschlossenen Honecker wollte man sich weiter distanzieren. Nachdem er am 10. Januar an einem bösartigen Tumor operiert worden war, wurde er am 29. Januar während der Entlassung aus dem Krankenhaus sofort verhaftet. Nur wegen Haftunfähigkeit wurde er entlassen und fand in einem evangelischen Pfarrhaus Unterschlupf.

Die Überlegenheit ihrer Organisation konnte die PDS nicht mehr gegen die anderen politischen Vereinigungen zur Geltung bringen, weil diese inzwischen Hilfe von den westdeutschen Parteien bekamen. Der SPD hatte die westdeutsche Partei schon lange unter die Arme gegriffen, und mit Ibrahim (Manfred) Böhme hatte sie einen charismatischen Vorsitzenden, in dem viele Beobachter schon den zukünftigen Ministerpräsidenten sahen. Auch in Bezug auf die Staatssicherheit hatte er einen klaren Blick, er kannte sie ja gut von innen her. Das zeigte sich in folgendem Vorgang: Martin Gutzeit, der als anderes SPD-Mitglied mit ihm am Runden Tisch saß, hatte eine Überprüfung aller Mitglieder auf Stasimitarbeit beantragt:

> Der Runde Tisch beauftragt die unabhängige Kontrollkommission zur Auflösung des Amtes für nationale Sicherheit mit der sofortigen Offenlegung der gegen Friedens-, Umwelt- und Menschenrechtsgruppen angewandten Vorgehensweisen sowie die Benennung der in diese Gruppen eingeschleusten Personen.

Der Antrag wurde mit überwältigender Mehrheit abgelehnt, nur zwei Mitglieder stimmten dafür, Gutzeit und I. M. Böhme. Nach der Volkskammerwahl stellte sich heraus, dass Böhme ein hochkarätiger IM war, als angeblicher Freund den Dichter Reiner Kunze an die Staatssicherheit verraten hatte und selbst vom MfS in die SDP «eingeschleust» worden war. Mit Wolfgang Schnur vom Demokratischen Aufbruch wurde kurz vor der Volkskammerwahl ein weiterer Parteivorsitzender als IM enttarnt, was wohl zu dem sehr schlechten Abschneiden seiner Partei führte. Auch hier war die Erschütterung groß, denn Schnur war als Rechtsanwalt ein besonders aktiver Oppositionspolitiker gewesen, der vielen geholfen und viel für den Umbruch in der DDR getan hatte.

Der Demokratische Aufbruch hatte Anfang Februar zusammen mit der neu gegründeten Deutschen Sozialen Union

(DSU) und der ehemaligen Blockpartei CDU ein Wahlbündnis geschlossen, die Allianz für Deutschland. Das war ein kitzliger Vorgang, denn die Ost-CDU hatte objektiv und in den Augen vieler keineswegs alle Merkmale einer Blockpartei abgelegt, während die neu gegründete SPD sozusagen blütenweiß dastand. Entsprechend waren die demoskopischen Prognosen, aber dank der erheblichen Unterstützung durch die West-CDU und insbesondere Helmut Kohls, des «Kanzlers der Einheit», sahen die Wähler weithin über die Blockvergangenheit der Ost-CDU hinweg und empfanden die Allianz als die Parteiengruppe, die noch am ehesten die Wiedervereinigung herbeiführen könnte.

Auf der liberalen Seite gab es zunächst, dem Liberalismus inhärent, mehrere Gruppen, bis sich diese im Bund Freier Demokraten zusammenschlossen. Diesem Vorbild folgten schließlich auch die Oppositionellen der ersten Stunde, und so verbanden sich NF, DJ und IFM zum Bündnis 90. Alle Gruppen entfachten einen ungewöhnlich intensiven Wahlkampf, wobei die Hauptredner auf öffentlichen Plätzen die westdeutschen Politiker waren. Das wurde ihnen, aber auch denen, die sie geholt hatten, vielfach vorgeworfen. Doch dann müsste man auch der DDR-Bevölkerung vorwerfen, dass sie ihnen zu Hunderttausenden zugehört und ihre Auftritte jubelnd begrüßt hat. Zuerst Willy Brandt, dann Helmut Kohl und Hans-Dietrich Genscher und viele andere zogen ungeheure Menschenmassen an und riefen große Begeisterung hervor. Darf man das tadeln? Ihr Auftreten zeigte, dass die Wiedervereinigung Realität werden würde.

Am 13. Februar kamen im Rahmen einer Abrüstungskonferenz von NATO und Warschauer Pakt in Ottawa die Außenminister der vier Siegermächte zusammen und verständigten sich darauf, dass über die Herstellung der deutschen Einheit Beratungen eingeleitet werden sollten; daraus gingen dann die Zwei-plus-vier-Konferenzen hervor, auf denen die interna-

Eine Regierung der ganz großen Koalition 265

Helmut Kohl als Wahlkämpfer der Allianz für Deutschland in Leipzig. Seine Bekenntnisse zur Einheit Deutschlands waren immer auch von innerer Bewegung getragen.

tionalen Modalitäten der Wiedervereinigung ausgehandelt und festgelegt wurden.

Am selben Tag beriet eine Regierungsdelegation der DDR unter Modrow, der auch ehemalige Oppositionsvertreter angehörten, auf einem Arbeitsbesuch mit der Bundesregierung in Bonn. Sie hatte die Absicht, zur Stabilisierung der in rapidem Verfall befindlichen Wirtschaft einen zweistelligen Milliardenkredit aufzunehmen. Die westdeutsche Regierung stellte zwar eine Währungsunion in Aussicht, ein Hilfsprogramm zur Sanierung der DDR-Wirtschaft aber wurde verweigert; aus politischem Kalkül, denn Kohl dachte gar nicht daran, eine schon im Abtreten befindliche Regierung unter einem PDS-Ministerpräsidenten zu unterstützen. Dennoch empfanden auch die neu hinzugekommenen Minister diese Abfuhr als brüskierend und demütigend.

Nicht so anscheinend die Bevölkerung der DDR. Die Volkskammerwahlen am 18. März hatten bei einer freiwilligen Wahlbeteiligung von 93,4 Prozent folgendes Ergebnis:

Allianz für Deutschland	48,1 %
CDU	40,9 %
DA	0,9 %
DSU	6,3 %
Bund Freier Demokraten	5,3 %
SPD	21,8 %
Grüne + Frauenverband	2,0 %
Bündnis 90	2,9 %
PDS	16,3 %
DBD	2,2 %
Sonstige	1,4 %

10. Demokratie und Wiedervereinigung

Die letzte Legislaturperiode der Volkskammer der Deutschen Demokratischen Republik stand im Zeichen eines einzigen Vorhabens: die von den meisten Parteien angestrebte Vereinigung mit der Bundesrepublik Deutschland, also die Wiedervereinigung Deutschlands zu bewerkstelligen. Das war sehr zielstrebig ins Werk gesetzt, dennoch traten einige Hindernisse auf, die einer geradlinigen Entwicklung im Wege standen. Innerhalb der DDR spielte sich das Geschehen nicht nur auf der zentralen Ebene in Berlin ab, sondern auch in den Städten und Regionen; zudem lagen in Berlin unterschiedliche politische Kräfte miteinander in Streit. Auch die politischen Entscheidungen in der Bundesrepublik wurden nicht immer einvernehmlich getroffen, und schließlich mussten beide Teile Deutschlands sich mit den Siegermächten des Zweiten Weltkriegs und den jeweiligen Nachbarn abstimmen, die eines Tages zu gemeinsamen Nachbarn werden sollten.

Kurs auf die Einheit

Klarer Gewinner der Wahlen vom 18. März – übrigens der Tag der Revolution von 1848 in Berlin – waren die in der Allianz für Deutschland verbundenen Parteien CDU, DSU und DA, von denen die CDU mit Abstand die stärkste geworden war. Trotzdem legte die Allianz unter dem CDU-Vorsitzenden Lothar de Maizière Wert darauf, eine möglichst breite parlamentarische Basis zu bekommen, um die anstehenden riesigen Probleme mit einem unzweifelhaften Rückhalt angehen zu können. Daher wurden in die Koalition auch die Sozialdemokraten und die Liberalen aufgenommen. Ein Hauptproblem war die Art und Weise, wie die Wiedervereinigung vonstattengehen sollte. Artikel 146 des Grundgesetzes war diejenige Bestimmung, die eigentlich für die jetzige Situation gedacht war. Er lautete:

> Dieses Grundgesetz verliert seine Gültigkeit an dem Tage, an dem eine Verfassung in Kraft tritt, die von dem deutschen Volke in freier Entscheidung beschlossen worden ist.

Dieser abschließende Artikel war angesichts der Teilung Deutschlands in das Grundgesetz von 1949 aufgenommen worden, das wegen seiner beabsichtigten Vorläufigkeit eigens nicht Verfassung genannt worden war. Zum Zeitpunkt der Wiedervereinigung hätten danach alle Deutschen eine endgültige gesamtdeutsche Verfassung beraten und verabschieden sollen. Für den ersten Bundeskanzler Konrad Adenauer war das der selbstverständliche Weg. Aber auch die Vertreter am Zentralen Runden Tisch dachten so und konzipierten daher einen Verfassungsentwurf auf diese Bestimmung hin.

Auf der anderen Seite gab es aber auch den Artikel 23:

> Dieses Grundgesetz gilt zunächst im Gebiet der Länder Baden, Bayern, Bremen, Groß-Berlin, Hamburg, Hessen, Niedersachsen, Nordrhein-Westfalen, Rheinland-Pfalz, Schleswig-Holstein, Württemberg-Baden und Württemberg-Hohenzollern. In anderen Teilen Deutschlands ist es nach deren Beitritt in Kraft zu setzen.

Nach dieser Bestimmung war 1955 das nach dem Krieg durch Frankreich abgetrennte Saargebiet wieder zu (West-)Deutschland gekommen. Wäre die Wiedervereinigung nach Artikel 146 ins Auge gefasst worden, so hätte das einen unabsehbar langen Prozess bedeutet, der wegen der Unsicherheit der außenpolitischen Situation hätte gefährlich werden können. Deshalb vor allem schlossen sich diejenigen Parteien zu einem Regierungsbündnis zusammen, die den Weg über Artikel 23 wollten und das auch in ihrer Koalitionsvereinbarung ausdrücklich und als einen der ersten Punkte hervorhoben. Die Sozialdemokraten mussten sich dazu überwinden, weil sie mit einem weit besseren Wahlergebnis gerechnet hatten und im Wahlkampf von der DSU besonders hart angegriffen worden waren; auch war der Schock zu verarbeiten, dass ihr Vorsitzender Ibrahim Böhme, der noch am 20. März zum Fraktionsführer gewählt worden war, am 26. März seine Ämter ruhenließ, weil substanziierte Vorwürfe wegen seiner IM-Tätigkeit erhoben wurden; sein endgültiges Eingeständnis erfolgte, wie oft bei IM, erst sehr viel später. Am 15. August musste auch der Generalsekretär der CDU, Kirchner, einer der Unterzeichner des «Briefes aus Weimar», ebenfalls wegen MfS-Tätigkeit zurücktreten. In der Folgezeit gab es Divergenzen in der Koalition, die zunächst zum Austritt der Freien Demokraten und gegen Ende der Legislaturperiode auch der Sozialdemokraten führten, an den entscheidenden Beschlüssen der Regierung und der Volkskammer änderte das aber nur wenig.

Am 12. April wurde Lothar de Maizière zum Ministerpräsidenten gewählt. Präsidentin der Volkskammer wurde die CDU-Abgeordnete Sabine Bergmann-Pohl, eine Ärztin, und gleichzeitig schaffte die demokratische Volkskammer durch Verfassungsänderung den Staatsrat und das Amt des Staatsratsvorsitzenden ab, das seinerzeit auf Ulbricht zugeschnitten gewesen war. Das wollte man nicht mehr, brauchte es auch nicht, die Präsidentin der Volkskammer konnte als Staatsoberhaupt fungieren. Abgeschafft wurde zudem das der sowjetischen Emblematik nachgebildete DDR-Wappen, das von öffentlichen Gebäuden entfernt wurde; am Palast der Republik, wo die Volkskammer tagte, geschah das am 5. Juni. Am 19. September wurde das Gebäude sogar wegen Asbestverseuchung geschlossen, die Volkskammer bezog provisorisch und sehr symbolisch das ehemalige ZK-Gebäude.

Das Identitätsgefühl der Bevölkerung beruhte neben dem, Deutsche und keine DDR-Bürger zu sein, auch auf regionalen Zugehörigkeiten. Deshalb – und nicht nur, um die Kompatibilität mit der Bundesrepublik herzustellen – wurde die Wiederherstellung der 1952 willkürlich abgeschafften Länder in Angriff genommen. Diese Länder waren nun bei genauerer Betrachtung mit der Ausnahme Sachsens nicht historisch gewachsen, sondern Nachkriegsgründungen, wie der Großteil der westdeutschen Länder ja auch. Mecklenburg-Vorpommern und Sachsen-Anhalt waren künstliche Gebilde, Brandenburg war eine preußische Provinz, Thüringen gab es erst seit 1920, aber das Bedürfnis, wieder zu ihnen zurückzukehren, speiste sich auch aus der Aversion gegen die willkürliche Bezirksgliederung der DDR. Immerhin konnten die Pommern erreichen, im Landesnamen und bei der staatlichen Gliederung berücksichtigt zu werden; auch der kleine Rest Schlesiens bekam innerhalb Sachsens eine eigene Stellung. So konnte am 21./22. Juli das Ländereinführungsgesetz beschlossen werden, das sich bewähren sollte, denn das jeweilige Zugehörigkeitsgefühl hat bis heute Bestand.

Ein Jahr nach den amtlich gefälschten Kommunalwahlen fanden am 6. Mai demokratische Wahlen statt, in denen die CDU zwar Stimmenverluste hinnehmen musste, jedoch immer noch die weitaus stärkste Partei blieb. Im Übrigen brachte die Wahl zahlreiche Personen an die Spitze ihrer Städte und Gemeinden, die in den Monaten der Revolution eine zentrale Rolle gespielt hatten, wie zum Beispiel Reinhard Glöckner in Greifswald, Manfred Ruge in Erfurt, Hartmut Franz in Rudolstadt oder Ernst Iffland in Meura. Ebenso symbolisch wie das Datum der Kommunalwahl war am Jahrestag des Aufstandes vom 17. Juni 1953 ein gemeinsamer Festakt von Volkskammer und Bundestag gewählt. Er fand im Konzerthaus am Gendarmenmarkt in Berlin statt, dem früheren Schauspielhaus, und die eindrucksvolle Festrede hielt der charismatische Konsistorialpräsident Manfred Stolpe, der sich später längere Zeit hin-

durch ebenfalls zäh gegen den Vorwurf verteidigen musste, als
IM für die Staatssicherheit tätig gewesen zu sein.

Zum Teil durchaus symbolisch, vorwiegend aber sehr konkret war das Inkrafttreten der Währungs-, Wirtschafts- und
Sozialunion zwischen der Bundesrepublik und der DDR am
1. Juli, die seit zwei Monaten vorbereitet worden war. Gegen
die Einführung der D-Mark in der DDR hatte es vor allem in
der Bundesrepublik meist wirtschaftspolitisch begründeten
Widerstand gegen die Sache selbst, die Modalitäten und den
Zeitpunkt gegeben, die aber sämtlich aus allgemeinpolitischen
Gründen unbeachtet blieben. Die Währungsunion hatte ja
auch den Zweck, die ständige Abwanderung in den Westen zu
bremsen, in Befolgung des Spruches:

Kommt die D-Mark, bleiben wir,
kommt sie nicht, gehn wir zu ihr.

In der DDR war sehr umstritten, zu welchem Kurs die DDR-
Mark eingetauscht werden sollte. Man einigte sich schließlich
darauf, einen kleineren Teil zum Kurs von 1 : 1, den anderen im
Verhältnis 1 : 2 einzutauschen, was alles in allem akzeptiert wurde. Für die meisten war es ein weiteres Glücksgefühl, statt der
wertlosen «Alu-Chips», wie das DDR-Geld polemisch genannt
wurde, überhaupt harte Mark in die Hand zu bekommen, und
es hatte abermals etwas Pharisäisches an sich, wenn DM-Be-
sitzer dieses Bestreben an anderen tadelten. Sehr konkret und
gleichzeitig symbolisch war es, dass mit der Herstellung eines
einheitlichen Wirtschaftsgebietes die Personenkontrollen an der
Grenze gegenstandslos wurden und wegfielen. Gleichwohl gab
es, wie schon berichtet, einen symbolischen Akt, mit dem dies
mitten zwischen Berlin und München, in Neustadt bei Coburg,
besiegelt wurde, wo die beiden deutschen Innenminister Diestel und Schäuble in Gegenwart des bayerischen Innenministers
Stoiber ein entsprechendes Abkommen unterzeichneten.

Siegermächte und Nachbarn

Vor einer symbolisch überhöhten Nabelschau aber blieb Deutschland – wie in seiner gesamten Geschichte – gefeit. Das lag daran, dass die Nachbarn und sehr konkret die Siegermächte ihre politische und rechtliche Zustimmung zur Wiedervereinigung von vielerlei abhängig machten, vor allem die UdSSR. Das gewichtigste politische Problem, das es mit einem Nachbarn zu regeln galt, war die unverrückbare Festlegung der Grenze zwischen Polen und Deutschland, das heißt die endgültige Anerkennung der Vertreibung der Deutschen und der Oder-Neiße-Grenze durch das vereinte Deutschland. Bundeskanzler Kohl hatte sich damit in der Vergangenheit immer schwergetan, und aus dem misstrauischen Polen kamen sogar Einwände dagegen, dass im Namen eines deutschen Bundeslandes die Bezeichnung Vorpommern erscheinen sollte – denn das implizierte noch ein weiteres Pommern. Dieses Hindernis wurde endlich dadurch aus dem Weg geräumt, dass die Bundesrepublik und die demokratische DDR gleichzeitig die Oder-Neiße-Linie als endgültige polnische Westgrenze anerkannten.

Weiter musste die Ablösung der auf sehr wichtigen Teilgebieten immer noch bestehenden Rechte der vier Siegermächte des Krieges geregelt werden. Es war ja ein merkwürdiges Faktum, dass trotz der seit vielen Jahrzehnten anerkannten politischen Existenz der beiden deutschen Staaten einschließlich ihrer UN-Mitgliedschaft immer noch kein Friedensvertrag geschlossen war. Diese Ablösung sollte in einer Art Friedensvertrags-Ersatz durch ein Abkommen zwischen den vier Mächten und den beiden Deutschlands stattfinden, das kokett Zwei-plus-vier-Vertrag genannt wurde; die erste Sitzung fand am 5. Mai in Bonn statt, die letzte, die mit der Unterzeichnung endete, am 12. September in Moskau. Im Vorgriff auf die Wiedervereinigung kam es im Beisein der sechs Minister zunächst zur symbolischen Wiedervereinigung Berlins: Am 22. Juni wurde

Siegermächte und Nachbarn

der Kontrollpunkt für Ausländer zwischen Ost- und West-
Berlin im doppelten Sinne aufgehoben. Ein Kran beseitigte die
Kontrollhäuschen am alliierten Kontrollpunkt C, im amerikanischen Sprachgebrauch «Checkpoint Charlie», in Anwesenheit
der zumeist entspannt heiter lächelnden Außenminister Baker,
Dumas, Genscher, Hurd, Meckel und Schewardnadse.
   Ein schwerwiegendes existenzielles Problem war aber immer noch ungelöst. Die Sowjetunion, nach ihrem propagierten
Selbstverständnis Hauptsieger im Zweiten Weltkrieg, hatte
immer noch mehrere hunderttausend Soldaten in Deutschland
stationiert. Die Sowjetarmee war 1945 bis an die Elbe vor-
gerückt, und diese militärische Präsenz wurde von der militärischen Führung als ihre wichtigste Kriegsbeute betrachtet. Wenn das verlorenginge, würde die UdSSR um den Sieg
im Großen Vaterländischen Krieg gebracht sein. Ein Abzug
der Sowjetarmee war allerhöchstens um den Preis einer Neu-
tralisierung Deutschlands oder wenigstens des DDR-Gebietes
denkbar. Von der westlichen Politik wurde aber mehr und mehr
die Forderung erhoben, dass ganz Deutschland bis zur Oder
NATO-Mitglied werden solle. Bundeskanzler Kohl erreichte
es bei Verhandlungen mit Generalsekretär Gorbatschow in
dessen Heimat im Kaukasusgebiet, dass sich die Sowjetunion
gegen einige marginale Konzessionen und gegen materielle Ent-
schädigungen damit einverstanden erklärte, dass das vereinte
Deutschland demjenigen Bündnis angehören könne, dem es
angehören wolle. Das bedeutete den stufenweisen Abzug der
Sowjetarmee und die Erweiterung der NATO durch den Beitritt der DDR. Dieses Zugeständnis Gorbatschows wurde ihm
in militärischen Kreisen der Sowjetunion schwer verdacht, er
galt immer mehr als Verräter, der die UdSSR verkaufe. Das war
einer der Faktoren, der einige Jahre später zu dem Putschversuch gegen ihn beitragen sollte und der im Sommer 1990 den
zügigen Abschluss des Einigungsprozesses notwendig erscheinen ließ. Für die jedenfalls, die den Einzug der Roten Armee

1945 miterlebt hatten, war es ein unbeschreiblicher Anblick, wie jetzt die Sowjettruppen friedlich ihre Sachen packten und nach Hause fuhren.

Der Beitritt

In der DDR gingen unterdessen die politischen Auseinandersetzungen um technische Aspekte der Wiedervereinigung weiter, in deren Verlauf die SPD sogar die Regierung de Maizière verließ. Die beiden wichtigsten Fragen betrafen den Termin für die Wahlen und den Einigungsvertrag, durch den der Beitritt nach Artikel 23 inhaltlich ausgefüllt werden sollte. Über beide Regelungswerke wurde seit geraumer Zeit zwischen der DDR und der Bundesrepublik verhandelt, und es bleibt eine der großen Leistungen der jeweils damit befassten Delegation und vor allem der ihnen zuarbeitenden Beamten, eine derart komplizierte Materie in kürzester Zeit unter Dach und Fach gebracht zu haben, zumal noch vor wenigen Monaten niemand auch nur einen Gedanken daran verschwendet hatte. Ende August fielen zwei grundlegende Entscheidungen. Am 22. August verabschiedete die Volkskammer den Wahlvertrag für Bundestagswahlen am 2. Dezember, der Bundestag folgte dem am Tag darauf. Wenige Stunden zuvor, morgens um 2.30 Uhr des 23. August, war die DDR durch Beschluss der Volkskammer der Bundesrepublik beigetreten. Dieses für die deutsche Geschichte entscheidende Ereignis muss authentischer belegt werden.

Der Abend des 9. November 1989 hatte in Bonn zu einer völlig ungeplanten und überraschenden parlamentarischen Szene geführt. Auf die Nachricht von der Grenzöffnung hatten sich, wie oben erzählt, die Abgeordneten des Bundestages erhoben und die Nationalhymne gesungen. Das Gegenstück gab es nun sehr bewusst, nach intensiven Vorbereitungen und tiefgehenden Auseinandersetzungen, an diesem 23. August 1990

Der Beitritt   **275**

in der Volkskammer in Berlin; es erhielt zudem noch einen
Zusatz, der, anders als es sich sein Urheber gedacht hatte, das
unmittelbar Vorausgegangene noch unterstrich. Ministerprä-
sident de Maizière hatte eine Sondersitzung mit dem einzigen
Tagesordnungspunkt des Beitritts beantragt, und das amtliche
Protokoll über den Schluss dieser Sitzung lautet:

Präsidentin Dr. Bergmann-Pohl:
... Ich habe das Vergnügen, ein Ergebnis zur Abstimmung bekannt-
zugeben. Es betrifft den gemeinsamen Antrag der Fraktionen der
CDU/DA, DSU, F.D.P. und SPD ...
«Die Volkskammer erklärt den Beitritt der DDR zum Geltungs-
bereich des Grundgesetzes der Bundesrepublik Deutschland gemäß
Artikel 23 des Grundgesetzes mit der Wirkung vom 3. Oktober
1990.»
Abgegeben wurden 363 Stimmen. Davon ist keine ungültige Stimme
abgegeben worden. Mit Ja haben 294 Abgeordnete gestimmt.
   (Starker Beifall der CDU/DA, DSU, F.D.P., teilweise der SPD –
   die Abgeordneten der genannten Fraktionen erheben sich von
   den Plätzen)
Mit Nein haben 62 Abgeordnete gestimmt, und sieben Abgeordnete
haben sich der Stimme enthalten. ...

Darauf erhielt ein Abgeordneter das Wort zu einer persönlichen
Erklärung. Ich zitiere den ersten Satz mit der Reaktion des Par-
laments, an den sich dann noch einige Bemerkungen vorweg-
genommener Ostalgie anschlossen:

Dr. Gysi (PDS):
Frau Präsidentin! Das Parlament hat soeben nicht mehr und nicht
weniger als den Untergang der Deutschen Demokratischen Republik
zum 3. Oktober 1990
   (Jubelnder Beifall bei der CDU/DA, der DSU, teilweise bei der
   SPD)
beschlossen.

Ja, so war es. Gysi hatte recht. Es war der amtliche Untergang dieses durch J. W. Stalins Kalkül in der Mitte Europas gegründeten kommunistisch beherrschten Kunststaates, der seine Existenz nur dadurch hatte verlängern können, dass er seine Bewohner einmauerte, und der zu fallen begann, als diese Mauer löcherig wurde. Und die große Mehrheit war glücklich über diesen Untergang.

Die Volkskammer ruhte sich auf diesen Lorbeeren nicht aus, sondern beschloss am 24. August, anders als es im Einigungsvertrag vorgesehen war, dass die Akten der Staatssicherheit nicht in das Bundesarchiv übernommen werden, sondern in der DDR verbleiben und den Betroffenen zur Einsicht offenstehen sollten. Die einzelnen Modalitäten erfuhren noch verschiedene Änderungen, es gab sogar wieder eine Besetzung der Normannenstraße, aber in diesem Punkt hatten sich die Bürgerbewegungen gegenüber einer verständnislosen Bonner Politik durchsetzen können. Die Stasi-Akten wurden nicht archiviert, und noch die Volkskammer setzte im September einen Sonderbeauftragten für die MfS-Unterlagen ein, den Abgeordneten des Neuen Forums, Pastor an St. Marien zu Rostock, Joachim Gauck. Der gesamtdeutsche Bundestag übernahm später diese Regelung, und im inoffiziellen Sprachgebrauch wurde Gauck sogar zum Inbegriff dieser von ihm geleiteten Behörde; das frühere Mitglied der IFM Marianne Birthler folgte ihm nach zehnjähriger Amtszeit als Leiterin nach. Hätte es die Gauck-Birthler-Behörde und ihre segensreiche Tätigkeit nicht gegeben, hätten auf unabsehbare Zeit Nebel und Unruhe stiftende Unklarheit über die Tätigkeit der DDR-Staatssicherheit geherrscht.

Der Einigungsvertrag wurde am 31. August in Berlin von den beiden Unterhändlern, Bundesminister Wolfgang Schäuble und Staatssekretär Günther Krause, unterschrieben und am 20. September von Volkskammer und Bundestag jeweils mit einer Zweidrittelmehrheit gebilligt, am 24. September trat er in Kraft. Berlin wurde als deutsche Hauptstadt bestimmt, die Frage des Regierungssitzes wurde verschoben – zwischenzeitlich nach heftigen Auseinandersetzungen ebenso für Berlin entschieden –, in der Frage der Abtreibung wurde zugunsten des liberaleren DDR-Rechts ein Kompromiss gefunden, es gab zahlreiche weitere Detailregelungen, die wegen der vierzigjährigen getrennten Entwicklung unabdingbar waren.

Das Grundgesetz musste geändert werden. Artikel 23 fiel weg, weil es ja nun kein Gebiet mehr gab, das noch hätte beitreten können. Artikel 146 wurde nicht etwa auch gelöscht, sondern als Reverenz vor dem Verfassungsentwurf des Runden Tisches, den die Volkskammer gar nicht mehr behandelt hatte, in modifizierter Form beibehalten, jedoch wurde empfohlen, über seine Anwendung und eine Volksabstimmung über eine etwaige neue Verfassung nur innerhalb von zwei Jahren zu entscheiden; die sind längst vergangen. Die Präambel wurde gegenüber der Fassung von 1949 mit ihren späteren Anpassungen letztmalig geändert und zeigt auch hier, dass amtlich-nüchterne Texte ein eigenes Pathos entwickeln können. Der Absatz 3 lautete jetzt:

Die Deutschen in den Ländern Baden-Württemberg, Bayern, Berlin, Brandenburg, Bremen, Hamburg, Hessen, Mecklenburg-Vorpommern, Niedersachsen, Nordrhein-Westfalen, Rheinland-Pfalz, Saarland, Sachsen, Sachsen-Anhalt, Schleswig-Holstein und Thüringen haben in freier Selbstbestimmung die Einheit und Freiheit Deutschlands vollendet. Damit gilt dieses Grundgesetz für das gesamte Deutsche Volk.

Was dann in den wenigen Wochen bis zur Wiederherstellung eines gemeinsamen deutschen Staates geschah, diente fast nur noch dazu, symbolisch oder tatsächlich die Restbestände der deutschen Teilung zu beseitigen und die Entwicklung der letzten Monate zum Abschluss zu bringen. Die zukünftige außenpolitische Stellung Deutschlands wurde durch den Austritt der DDR aus dem Warschauer Pakt vollzogen – der DDR-Minister Eppelmann und der Sowjetgeneral Luschew unterschrieben am 24. September –, entsprechend wurden am 30. September die Sowjetposten an den Interzonen-Kontrollpunkten still und leise abgezogen, am 1. Oktober kamen die Zwei-plus-vier-Außenminister letztmals zusammen und unterschrieben in New York den Vertrag, der dem in zwei Tagen Realität werdenden Deutschland die volle Souveränität verlieh. Am 2. Oktober wurden die drei alliierten Stadtkommandanten West-Berlins verabschiedet.

Die Parteien vereinigten sich wenige Tage vor den Staaten. Am 26. September beschlossen die SPD Ost und die SPD West nach vorbereitenden Absprachen ihre Vereinigung und hielten am 27. September in Berlin ihren ersten einheitlichen Parteitag ab. Am 1. Oktober fand der Vereinigungsparteitag der CDU in Hamburg statt, der Parteivorsitzende Helmut Kohl prognostizierte, aus den Beitrittsgebieten würden in den nächsten zehn Jahren «blühende Landschaften» werden – das war natürlich kein Versprechen, sondern Ausdruck seines begründeten emotionalen Überschwangs. Die DDR schaffte ihre noch verbliebenen amtlichen Institutionen ab. Im Lauf der letzten Wochen waren die diplomatischen DDR-Vertretungen im Ausland geschlossen worden, und am 24. September verabschiedete die Volkskammerpräsidentin Bergmann-Pohl in ihrer Eigenschaft als Staatsoberhaupt das diplomatische Korps im Staatsratsgebäude, in dem einst Ulbricht und Honecker Hausherren gewesen waren. Am 2. Oktober schloss die Ständige Vertretung in Ost-Berlin (das es noch einen Tag geben sollte), der Ost-Berliner Magistrat und der West-Berliner Senat veröffentlichten eine gemeinsame Erklärung über die Gesamtberliner Zukunft, und die Volkskammer löste sich in einer Festsitzung auf, ihr Verschmelzen mit dem anderen deutschen Parlament war ein Grund zur Freude. Überall wurden wie in der Stadtkirche von

Der Beitritt

Die zentrale Kundgebung am 3. Oktober 1990, dem Tag der Wiedervereinigung, vor dem noch kuppellosen Reichstagsgebäude mit seinen rauchgefleckten Säulen. Es ist gewidmet *Dem deutschen Volke*.

Rudolstadt ökumenische Gottesdienste gefeiert, am 3. Oktober gab das Landestheater ein festliches Konzert oben auf der Heidecksburg, deren Glocken läuteten.

Am 3. Oktober 1990 um Mitternacht war Deutschland wiedervereinigt. Nun erst konnte man sich ganz sicher sein: Eine Restauration der SED-Herrschaft war von jetzt an nicht mehr möglich. Vor dem Reichstagsgebäude fand unter einer großen schwarz-rot-goldenen Fahne eine Demonstration statt, die es in der Quantität mit mancher des Vorjahres aufnehmen konnte, und doch, was für ein Unterschied! Vor dem Reichstag standen die Regierungschefs Kohl und de Maizière, die beiden Staatsoberhäupter Sabine Bergmann-Pohl und Richard von Weizsäcker, der frühere Regierende Bürgermeister Brandt, der Außenminister Genscher und andere. Man sah ihnen die innere Bewegung an, die sie mit unendlich vielen Deutschen teilten.

11. Die Gestalt der Revolution

Im bisherigen Verlauf des Buches ist vor allem in zeitlicher Reihenfolge erzählt worden. Es kommt aber auch darauf an, die Revolution als Gesamtvorgang zu betrachten. Bereits die Gliederung der Erzählung lässt erkennen, dass der politische Umbruch in der DDR 1989 in einer für Revolutionen überhaupt charakteristischen Weise ablief: geistige Vorbereitung, die noch gar nicht auf Umsturz zielt; sich immer mehr anstauender Unmut; Starre und Unbeweglichkeit, aber auch Schwäche der Herrschenden; konkrete politische Anstöße, die wie ein Funke im Pulverfass wirken; Übergang der Initiative von den Herrschenden auf die Beherrschten; verzögertes Reagieren der bisherigen Machthaber; schrittweise Festigung der Revolution; Teilhabe der Revolutionäre an der Macht; Zurückweichen und Abdankung des alten Regimes; Sieg der Revolution, deren Ergebnis jedoch von den ursprünglichen Vorstellungen und Erwartungen abweicht und ein anderes Führungspersonal hervortreten lässt als noch zu Beginn der Erhebung. Dieses trockene Schema muss jetzt durch die konkreten und besonderen Erscheinungsformen dieser Revolution aufgefüllt werden.

Das Volk

Die Revolution wurde von ungewöhnlich vielen Menschen getragen. Selbstverständlich war nicht jeder DDR-Bewohner aktiv beteiligt, viele standen abseits oder lehnten die revolutionären Ereignisse ab – die Prozentzahl für die PDS bei den Wahlen 1990 dürften so zu verstehen sein. Doch die Millionen Teilnehmer an den dauerhaften monatelangen Demonstrationen rechtfertigen diese Aussage. Hinzu kommen die Zehntausende, die in den schrittweise sich bildenden revolutionären Institutionen mitarbeiteten, in den politischen Zusammenschlüssen, Initiativgruppen, Bürgerkomitees, Untersuchungsausschüssen, an Runden Tischen, in deren Unterausschüssen, Arbeitsgruppen und vielen anderen. Die meisten dieser Gremien kamen regelmäßig zusammen und erforderten viel Zeit.

Bemerkenswert ist auch die soziale Zusammensetzung der Beteiligten. Der Staatssicherheitsminister Mielke hatte 1989 Statistiken über legale Ausreisen, Antragsteller und Flüchtlinge angelegt, aus denen hervorgeht, dass Facharbeiter überdurchschnittlich stark vertreten waren und dass über die Hälfte der Personengruppe bis 40 Jahren angehörten. Ein Sammelband mit Briefen an das Neue Forum nennt unter den Absendern so gut wie alle Berufsgruppen, ganz überwiegend jedoch solche, die kein Studium erfordern; auch die in diesem Buch genannten Beispiele bestätigen diesen Befund. Intellektuelle sind deutlich in der Minderheit – überrepräsentiert waren sie beim Aufruf «Für unser Land» und als Redner auf dem Alexanderplatz –, und zwei Gruppen, die sonst gern in der Öffentlichkeit von sich reden machen, fehlen fast vollständig: die der Studenten und die der Professoren. Wenn man diesen quantitativen und qualitativen Befund auf einen Begriff bringen will, dann war der Träger der Revolution der Durchschnittsbürger oder eben wirklich: das Volk.

Zu Beginn der Revolution waren aber andere ihre Schrittmacher, und das sind nun doch die Intellektuellen. Die Bürgerbewegungen und -gruppen der ersten Zeit setzten sich fast ausschließlich aus ihnen zusammen. Sie drückten das aus, was die Bevölkerung dachte und wollte. Die Informationsveranstaltungen, auf denen sie über ihre Ziele unterrichteten, waren der Ausgangspunkt für weitere Aktivitäten und Demonstrationen, und von ihnen ging blitzartig die Initiative zur Bildung weiterer politischer Zusammenschlüsse aus. Ohne diese frühen, vor allem aus Intellektuellen und Akademikern gebildeten politischen Gruppen wäre das Volk amorph geblieben, sie waren es, die zunächst die Volksbewegung kanalisierten, ihr eine Richtung gaben und oft auch die Diskussionen der großen Versammlungen strukturierten und prägten. Allein hätte das Volk nicht gegen die Diktatur aufstehen können, und ohne das Volk wären die Intellektuellen wie in den Jahren zuvor unter sich geblieben.

Die langjährige Isolation eines großen Teils der Bürgerbewegung dürfte auch dadurch zu erklären sein, dass sie sich als Subkultur gab, wie beispielsweise in Magdeburg, wo Punks zur oppositionellen Bewegung gehörten und vom Staat verfolgt wurden. Das äußere Erscheinungsbild entsprach dem zahlreicher westdeutscher Systemkritiker, die sich insbesondere nach der Studentenrebellion seit 1967 als Bürgerschreck verstanden und auch so auftraten. In der DDR richtete sich das gegen den SED-Staat, aber auch der Durchschnittsbürger fühlte sich provoziert. In einem mit den Zielen des Neuen Forums sympathisierenden Brief, der nach der Vereidigung der neuen, aus der Opposition hervorgegangenen Minister des Kabinetts Modrow geschrieben wurde, kann man lesen:

> Empört sind wir jedoch über das mangelhafte Äußere eines großen Teils der Minister. Schlaksig und im Pullover, im allgemeinen ungepflegt wirkend, kann man keinen Eid leisten, kein Vertrauen im Volk erreichen, geschweige denn einen Staat wirkungsvoll repräsentieren.

Die Ausreiser kamen dagegen aus der Mitte der Gesellschaft und konnten auch deshalb dazu beitragen, dass der Funke des Aufruhrs auf das ganze Volk übersprang.

Das ganze Land war in Aufruhr, von Nord nach Süd und von West nach Ost. Ein einziges Zentrum gab es nicht. Leipzig war wegen der Frühzeitigkeit der Unruhen, der Anzahl der Teilnehmer und seines Bekanntheitsgrades der wichtigste Ort;

Revolution ohne Helden 283

etwas peinlich war es vielen Leipzigern, dass manche der Stadt in wohlmeinender Absicht nach sowjetischem Muster den Beinamen Heldenstadt geben wollten, was sich glücklicherweise nicht durchgesetzt hat. Im Ostteil Berlins war das politische Geschehen konzentriert, hier fächerte sich die Widerstandsbewegung auch am weitesten auf. Zudem gab es zahlreiche Kirchgemeinden, die der Opposition Schutz boten: die Bartholomäus-, Erlöser-, Gethsemane-, Hoffnungs-, Samariter- und Zionsgemeinde. All das wurde wegen der unmittelbaren Nähe West-Berlins und der dadurch gegebenen Möglichkeiten der Nachrichtenübermittlung besonders bekannt, zumal viele ausgebürgerte Oppositionelle wie Jürgen Fuchs, Ralf Hirsch oder Roland Jahn von dort aus in die DDR wirken konnten. Aber ohne die Hunderte von Städten und Gemeinden in der ganzen DDR, in denen demonstriert wurde und in denen revolutionäre Institutionen arbeiteten, hätte es diese Revolution nicht gegeben.

Revolution ohne Helden

So unabdingbar die Initialzündung durch die politischen Gruppen am Anfang der Erhebung war, so wenig haben sie doch Personen hervorgebracht, die die anderen deutlich überragten, in denen sich die Revolution verkörperte und die als solche dauerhaft im Gedächtnis bleiben. Anders gesagt: Die deutsche Revolution des Jahres 1989 hatte keine charismatischen, überregional wirkenden Revolutionsführer. Bärbel Bohley, Rainer Eppelmann, Christian Führer, Freya Klier, Markus Meckel, Ulrike Poppe, Friedrich Schorlemmer, Wolfgang Templin beispielsweise waren großartige politische Wortführer und sind es zum Teil noch, aber sie waren es zusammen mit anderen und auch mit solchen, die lediglich regional wirkten wie im Norden Heiko Lietz. So wie die Revolution von allen Bevölkerungsgruppen getragen wurde, so waren auch an ihrer Führung ungewöhnlich viele Personen beteiligt. Es war eine demokratische Revolution. Einen Robespierre oder einen Lenin hat sie nicht hervorgebracht, zu ihrem und zu Deutschlands Glück.

Es gab eine bösartige Bezeichnung von westdeutschen Politikern für diejenigen Teilnehmer an der Revolution, die gerade erst anfingen, Politik zu machen: Laienspieler. Ja, natürlich waren sie das, was hätten sie sonst sein sollen? Wer Berufspolitiker von hohen Graden war, gehörte als hauptamtlicher Funktionär der SED an; diejenigen, die sie stürzten, waren eben diese Laien, zum Teil bärtige und ungepflegt wirkende Männer, irgendwie gekleidete Frauen, die in irgendwelchen Räumen zusammenkamen und Pläne schmiedeten, die sich salopp und in Alltagssprache ausdrückten. Aber genau diese Menschen haben die Parteidiktatur zum Einsturz gebracht, während viele Bonner Profispieler eher geneigt waren, sich mit der Diktatur zu arrangieren.

Theater und Kirche

Neben den politischen Bürgergruppen und dem Volk gab es noch zwei Institutionen, die in unterschiedlicher Intensität die Revolution vorbereiteten, unterstützten und förderten. Die ziemlich amorphe Gruppe der Kulturschaffenden hatte einiges bewegt. Jahrzehntelang balancierten Schriftsteller zwischen teilweise überzeugter Anpassung und Versuchen, trotz der Zensur in ihren Werken Kritik am Bestehenden anzudeuten. Wolf Biermann mit seinen fast im Hausarrest geschriebenen, gesungenen und in den Westen geschmuggelten grandiosen Liedern war sehr viel deutlicher und trug durch seine Ausbürgerung 1976 langfristig zum Sturz der Diktatur bei. Wir sind den Unterhaltungskünstlern mit ihrer epochemachenden Resolution begegnet, auch den Initiatoren der großen Demonstrationen vom 4. November auf

Theater und Kirche 285

dem Berliner Alexanderplatz und vor dem Magdeburger Dom; gerade diese hatten die bildenden Künstler initiiert, von denen auch in den Vorjahren zahlreiche oppositionelle Aktivitäten ausgegangen waren. Eine besondere Rolle aber spielte das Theater. Natürlich war es weder in der Personalpolitik noch in der Spielplangestaltung unabhängig von Partei und MfS. Dennoch befanden sich die Schauspieler und Regisseure in einer besonderen Situation, denn jeden Abend richteten sie das Wort von der Bühne aus an das Publikum. Dieser Einfluss konnte zunächst durch kritische Stücke, immer mehr aus der UdSSR und aus Polen, ausgeübt werden, bei denen man freilich oft auf die Zwischentöne achten musste. Mit «Wilhelm Tell» hatte man in Schwerin allerdings einen sehr eingängigen, traditionellen deutschen Text auf die Bühne bringen können. Seit dem Herbst dann wendeten sich viele Theater mit Resolutionen, Aufrufen und Informationen direkt an das Publikum, das seinerseits zur Weiterverbreitung über den Zuschauerraum hinaus beitrug.

Neben den Bühnen, von denen bereits berichtet wurde, haben Theater und ihre Beschäftigten in unterschiedlicher Weise und Intensität auch andernorts offene Briefe, Erklärungen und Resolutionen veröffentlicht: Eine zeitgenössische Publikation noch aus dem Revolutionsjahr nennt Anklam, Bautzen, Berlin, Brandenburg, Cottbus, Dessau, Döbeln, Dresden, Eisleben, Erfurt, Frankfurt (Oder), Freiberg, Gera, Halle, Görlitz, Karl-Marx-Stadt, Leipzig, Magdeburg, Neustrelitz, Nordhausen, Potsdam, Quedlinburg, Rostock, Rudolstadt, Schwedt, Stendal, Stralsund, Weimar, Zittau, viele der Städte sogar mehrfach.

Eine gewachsene, reguläre Institution, die wesentlich zur Revolution beigetragen hat, war die evangelische, hauptsächlich lutherische Kirche; die katholische Kirche agierte zurückhaltend, wo sie in deutlicher Minderheit war, nicht aber dort, wo sie überwog wie im Eichsfeld oder in Wittichenau. Die Kirche war die einzige autonome Institution außerhalb von Partei und Staat. In der ersten Hälfte der fünfziger Jahre war sie mit offener und brutaler Gewalt bekämpft worden, und noch bis zum Schluss mussten Kinder, die sich konfirmieren ließen oder deren Väter Pfarrer waren, damit rechnen, nicht zur weiterführenden Schule oder gar zum Studium zugelassen zu werden. Nachdem die evangelische Kirche der DDR sich organisatorisch von der westdeutschen getrennt, sich auf die ambivalente Formel «Kirche im Sozialismus» eingelassen und ein nach außen hin freundliches Gespräch mit dem Generalsekretär Honecker begonnen hatte, herrschte ein oberflächlicher Burgfriede. Schikaniert wurde die Kirche offen bis hin zur Behinderung der Renovierung von Kirchengebäuden und heimlich durch Zersetzungsmaßnahmen gegen einzelne Pfarrer und Infiltration der Kirche mit Inoffiziellen Mitarbeitern – was nicht nur Kirchen- oder Konsistorialräte betraf, sondern schockierenderweise auch Seelsorger. In jedem Fall musste die Kirche als Institution über die Jahrzehnte hinweg mit der Macht im Staate Politik treiben und lavieren.

Anders verhielten sich viele Seelsorger in verschiedenen Positionen vor und während der Revolutionszeit. Auch sie mussten vorsichtig sein, umso mehr, je höher sie standen, und viele Pfarrer hatten mit ihren Vorgesetzten schwere Auseinandersetzungen zu bestehen. Im Ganzen aber war die Kirche in Gestalt der einzelnen Geistlichen und sehr konkret in Gestalt von Gemeindesälen und Kirchengebäuden der einzige Ort, an dem die Basisgruppen, dann die Ausreiser, schließlich überhaupt die Bürgerbewegung Schutz und Betätigungsmöglichkeiten fanden. Ohne sie hätte die Revolution nicht oder jedenfalls nicht so stattfinden können. Vielen Pfarrern ist es nicht leichtgefallen, die Türen zu öffnen, weil die meisten von denen, die Einlass begehrten, keine Beziehungen zum christlichen Glauben und zur Kirche hatten; aber schutzbedürftig waren sie, und daher musste ihnen geholfen werden. Es wird nie vergessen werden, wie viele Pfarrer und andere Amtsinhaber ein leuchtendes Beispiel für Tapferkeit, Hilfsbereitschaft und Liebe zu ihren Nächsten abgaben.

Die alte Macht

Auf die andere Seite, die bisher Herrschenden, wirkte sich die Revolution in verschiedener Weise aus. Natürlich wurden sie entmachtet – was ich ungern Elitenwechsel nenne, weil Elite immer auch etwas mit Qualität zu tun haben sollte –, und in welchen Phasen das geschah, ist im Text hinreichend beschrieben worden. Hervorheben sollte man noch einmal den Wandel im Ton ihrer öffentlichen Äußerungen. Bis in den Herbst hinein herrschte der schroffe, scheinbar unangreifbare und jede Diskussion a priori ausschließende Tonfall derer, die im Besitz einer glaubensunterfütterten absoluten Macht sind. Das änderte sich. Von einem Tag auf den anderen schalteten die Funktionäre scheinbar auf Mäßigung im Ausdruck um und propagierten «Dialog», «Besonnenheit» und friedliche, akademische Diskussionen in geschlossenen Räumen; «die Straße» wurde als etwas Unwürdiges und Abscheuliches ausgerechnet von Marxisten hingestellt, die sich selbst angeblich als Revolutionäre begriffen. Das durchschaute das Volk natürlich, ebenso die immer offensichtlicher werdende Unwahrheit, die revolutionäre Bewegung mit ihren Massendemonstrationen habe lediglich die Verbesserung des Sozialismus zum Ziel.

Der Marxismus verschwand stillschweigend. Schon längere Zeit war etwa im Parteiorgan «Neues Deutschland» zu bemerken, dass die marxistische Terminologie kaum noch eine Rolle spielte und allenfalls schimpfwortartigen Gebrauch erfuhr, zum Beispiel bei der Verwendung des Begriffs «Imperialismus», doch erst die Revolution bewirkte ihr völliges Verschwinden. Von einer kommunistischen Partei wäre zu erwarten gewesen, dass sie die Revolution mit marxistisch-leninistischen Kategorien erklärt. Mit Ausnahme von Honecker in seinen grobgestrickten Verlautbarungen hat das kein führender Vertreter getan. Nach einer marxistischen Analyse sucht man vergebens, es gab sie einfach nicht, weder in öffentlichen Erklärungen noch in internen Diskussionen. Worum es ging, war die schlichte Selbstbehauptung. «Es geht um die Macht», hieß es immer wieder stereotyp, und der Inhaber dieser Macht, die Partei, war zum Selbstzweck geworden. Von Konterrevolution war anfangs noch die Rede, ein durchaus zutreffender Begriff, wenn denn die DDR ein revolutionärer Staat gewesen wäre. Erregte Sicherheitsoffiziere sahen am 9. Oktober in Leipzig «Klassenkampf» am Werk, aber auch das verschwand. Die Leichtigkeit, mit der das geschah, bezeugt eindringlich die schon lange bestehende Hohlheit all dieser Begriffe.

Die Partei sprach übergangslos und mit eherner Stirn von «freien Wahlen», die sie kurz zuvor noch als bürgerliches Täuschungsmanöver verketzert hatte, als ob sie das Selbstverständlichste wären. Der Begriff «Sozialismus» war auf das Stereotyp Geborgenheit geschrumpft, das zudem nicht zutraf: Konnte ein politisches System Geborgenheit bieten, das gerade dabei war, auch wegen grotesker wirtschaftlicher Inkompetenz zusammenzubrechen? War denn Sozialismus bis vor kurzem nicht ein wissenschaftlich erhärteter Begriff gewesen, der fest zur Entwicklungsgeschichte der Menschheit gehörte und die Vorstufe zum gelobten Land des Kommunismus darstellte? Der angebliche Reformer Gerlach hatte so etwas versehentlich noch nach Modrows Regierungserklärung verkündet.

Neben dem Wandel der Sprache lässt sich das Übergreifen der Revolution auf die Partei am anschaulichsten an der plötzlichen Veränderung ihrer inneren Verfahrensweisen ablesen. Über Jahrzehnte war sie auf Befehl und Gehorsam aufgebaut, nun demonstrierten mehrfach Parteimitglieder gegen die Führung, um sie zu Reformen zu veranlassen, und im ZK, dessen Sitzungsablauf bisher von oben durchgeplant und dessen Redebeiträge vorher genehmigt werden mussten, wurde plötzlich kontrovers diskutiert und abgestimmt.

Für viele Mitglieder brach eine Welt zusammen, und das werden nicht immer die Schlechtesten gewesen sein. Manche

stellten fest, dass sie von ihrer eigenen Partei belogen worden
waren, andere waren so sehr in den Kategorien des Staatsmarxismus befangen, dass sie aus ihnen nicht mehr heraus-
kamen. In jedem Fall wurden viele in ihrem bisherigen Welt-
bild tief erschüttert, worauf sie mit Verbitterung, Verhärtung
oder auch Verzweiflung reagierten. So dürften zum Teil auch
die vielen Selbstmorde zu erklären sein, wenn sie nicht auf der
Furcht vor Enthüllung von Korruption und anderen Vergehen
beruhten. Nur unerfreulich aber waren und sind die früheren
großen und kleinen Funktionsträger der Parteidiktatur, die sich
durch die Revolution um eine Machtposition gebracht sahen
und gelegentlich immer noch so auftreten, als stehe ihnen die
Herrschaft eigentlich zu. Sie sind eine notwendige Folge jeder
Revolution. Man sollte ihnen keine Träne nachweinen.

Ziele der Revolution

Die Ziele der Revolution veränderten sich mit ihrer Träger-
schaft. Basisdemokratische Vorstellungen und die Idee von
einer reformierten DDR wurden durch den Wunsch nach
parlamentarischer Demokratie und nach Wiedervereinigung
abgelöst, weil zu den intellektuellen politischen Gruppen des
Anfangs die Durchschnittsbürger einer Volksbewegung hin-
zukamen. Dieser Wandel der Zielvorstellungen liegt aber auch
in der Sache begründet, nämlich am Zusammenhang zwischen
kommunistischer Herrschaft und Teilung des Landes. Wenn
die SED-Diktatur als Verursacher der Spaltung wegfiel, gab
es keinen Grund mehr, die Teilung länger aufrechtzuerhalten.
Das erkannten sowohl führende SED-Funktionäre als auch
das Volk: Egon Krenz bemerkte auf dem 10. Plenum, dass es
ohne die SED keine DDR gäbe, und der führende Gesellschafts-
wissenschaftler Reinhold sagte am 9. November auf derselben
Tagung: *Ohne Sozialismus in der DDR wird es auf die Dauer*

keine zwei Staaten in Deutschland geben. Beide wollten daraus die Notwendigkeit der SED ableiten. Einfacher und zugleich folgerichtiger sah es das Volk: Ohne SED keine Teilung mehr. Der Fall der Mauer beschleunigte diese Entwicklung.

Wenn man von zum Teil wütenden Stellungnahmen gegen die Wiedervereinigung absieht, die von deutschem Selbsthass zeugten und vor allem aus Westdeutschland kamen, hielt sich die Vorstellung vieler Oppositionsgruppen von einer eigenständigen, reformierten DDR bis an den Zentralen Runden Tisch. Die gegen die Parteidiktatur gerichteten Konzepte einer basisdemokratischen Gesellschaft verselbständigten sich, und ihre Befürworter erhoben mitunter sogar den Anspruch, diese auf die Bundesrepublik zu übertragen. Seltsamerweise wurde übersehen, dass die DDR ein Kind der Sowjetunion war, was zwischen den Führungskadern beider Länder – Honecker und Breschnew, Krenz und Gorbatschow – niemals in Frage stand. Gewiss war es für manche nicht einfach, sich von lange gehegten Vorstellungen und ausgearbeiteten Konzepten zu verabschieden, zudem war die DDR vielen in den vierzig Jahren ihrer Existenz zu einer Selbstverständlichkeit geworden. In Abwandlung des berühmten Satzes des Staatsrechtlers Georg Jellinek von der normativen Kraft des Faktischen könnte man von der normativen Kraft der Dauer sprechen. Schon die vergleichsweise kurze Zeit der Abtrennung des Saargebiets von Deutschland nach den beiden Weltkriegen hatte ja ausgereicht, ein bisher nicht existentes Bundesland mit eigener Identität und einem bis dahin unbekannten deutschen Volksstamm namens Saarländer hervorzubringen.

Das Ziel aller jedoch war Freiheit und wurde auf unterschiedliche Weise ausgedrückt: Befreiung von SED und MfS, Reisefreiheit, Versammlungs- und Meinungsfreiheit und anderes; im Zentrum aber stand die Forderung nach freien Wahlen. In vielen Fällen stammten die zentralen Begriffe der Revolution von den oppositionellen Gruppen, aber das Verlangen nach

Ziele der Revolution 291

politischer und gesellschaftlicher Veränderung war latent auch
in der Bevölkerung vorhanden und brauchte nur einen Anstoß,
um sich im Bewusstsein zu aktualisieren. Gewiss hatte man
sich im Allgemeinen mit der Realität der SED-Herrschaft abgefunden, aber woher kamen auf einmal die Hunderttausende bei
den monatelangen Demonstrationen? Woher die Unzähligen,
die von der Ostsee bis zum Thüringer Wald in den revolutionären Gremien dauerhaft und monatelang mitarbeiteten? Wie
wäre es sonst zu erklären, dass die neuen Gruppen sich über
Nacht vor unerwartetem Zuspruch nicht retten konnten? Wie,
dass die Kirchen den Andrang der Teilnehmer nicht zu fassen
vermochten und die Versammlungen in mehreren Kirchen
gleichzeitig abhalten und sie mit Lautsprechern auch ins Freie
übertragen mussten? Wie kam es, dass die Forderung nach
Wiedervereinigung seit November alles andere überlagerte?
Womit lässt sich die Wahlbeteiligung von über 90 Prozent am
18. März erklären, und woran lag es, dass diejenigen siegten,
die sich am unzweideutigsten für die Wiedervereinigung ausgesprochen hatten? All das verdankte sich keiner Augenblicks-
stimmung, es war latent schon immer da gewesen.

Die Ziele der Revolution wurden manchmal auf eine besondere Weise ausgedrückt, nämlich durch Aneignung von
Propagandaparolen der SED. Sie hätten die Bevölkerung eigentlich täuschen sollen, doch indem man ihren Wortlaut ernst
nahm, wendeten sie sich gegen die Partei und ihre Diktatur.
Das hatte sich schon an der Forderung «Schwerter zu Pflugscharen» gezeigt. Die Deutsche Demokratische Republik war
als sowjetisches Implantat nur bedingt deutsch und vor allem,
auf Einheitslisten und fehlende Meinungsfreiheit gegründet,
vollständig undemokratisch. Der Friede, ein Zentralbegriff
der kommunistischen Propaganda, wurde in Mittel- und Osteuropa erst durch die frühen Friedensgruppen, weitere pazifistische Initiativen und im Ergebnis durch das Verschwinden
der schwerbewaffneten Grenzsicherung und der sowjetischen

Truppen erreicht. Die inflationäre Verwendung des Wortes Volk durch die Diktatur wurde Realität, als das Volk sich gegen den SED-Staat wandte und, beispielsweise, die Einheitslisten-Volkskammer abschaffte und die Volkskammer zu einem demokratischen Gremium machte. Ausgesprochen sinnfällig ist der Widerspruch zwischen Propaganda und Realität im Vers der DDR-Nationalhymne, der im Laufe der Zeit den Wiedervereinigungswunsch am prägnantesten ausdrückte. Diese von Johannes R. Becher verfasste Hymne, die das einige deutsche Vaterland beschwor, war von Anfang an zu Täuschungszwecken gedacht, denn die Sowjetisierung und damit die Spaltung waren zur Zeit ihrer Entstehung 1949 schon weit fortgeschritten. In den letzten Jahren der DDR befürchtete die Partei bereits, dass die Bevölkerung den Text gefährlich ernst nehmen könnte, und ließ öffentlich nur die wortlose Melodie spielen. Durch die Revolution bekam der anfangs unwahrhaftige Text Wahrheit und damit Sprengkraft:

> Auferstanden aus Ruinen
> und der Zukunft zugewandt,
> lass uns dir zum Guten dienen
> Deutschland, einig Vaterland.
> Alte Not gilt es zu zwingen,
> und wir zwingen sie vereint,
> und es muss uns doch gelingen,
> dass die Sonne schön wie nie
> über Deutschland scheint.

Gewaltfrei, nicht friedlich

Das Erscheinungsbild der Revolution war vor allem durch die Demonstrationen geprägt, sie boten einen gewaltigen Anblick. Was mögen Honecker, Mielke, der General Streletz, Krenz und

Gewaltfrei, nicht friedlich

der Innenminister Dickel empfunden haben, als sie am 16. Oktober in Berlin die Leipziger Demonstration in einer Direktübertragung verfolgen konnten? Schon ein langsamer Zug von wenigen hundert Teilnehmern in einem kleinen Ort braucht nicht einmal Transparente mit sich zu führen oder Sprechchöre zu rufen, um unbezwingliche Solidarität und unaufhaltsame Kraft auszustrahlen. Allein schon der Klang der Tritte kann dazu beitragen. Transparente und vor allem Sprechchöre verstärkten das noch, natürlich vor allem das wunderbare «Wir sind das Volk». Aber auch «Jetzt oder nie – Demokratie» hatte bezwingende Wirkung, und dann, in anderem Tonfall, «Deutschland einig Vaterland». Später kam noch der Ruf «Wir sind ein Volk» dazu, der sich übrigens ursprünglich gar nicht auf das gesamte deutsche Volk bezog, sondern auf die anderen DDR-Bewohner, die man so zum Mitdemonstrieren oder zur Gewaltlosigkeit veranlassen wollte. Wenn «Keine Gewalt» gerufen wurde, kam das an Intensität den anderen Rufen gleich und richtete sich wie diese zugleich nach innen und nach außen. Wie «Wir sind das Volk» den Teilnehmern Mut und Selbstgefühl gab und gleichzeitig den Sicherheitskräften das Recht zum Handeln bestritt – also sich selbst legitimierte, die anderen delegitimierte –, so ermahnte «Keine Gewalt» sowohl die Teilnehmer, nicht gewalttätig zu werden, als auch die Staatsmacht, sich zurückzuhalten.

Darf man daher die Revolution wirklich uneingeschränkt «friedlich» nennen? Gewiss wendeten die Demonstranten ganz überwiegend keine physische Gewalt an, und wenn so etwas doch einmal drohte, wurde sofort eingeschritten. Aber natürlich strömten die Demonstrationszüge, die sich unablässig und unaufhaltsam viele Monate lang im ganzen Land durch die Städte bewegten, eine solche Kraft aus, dass der Eindruck der Drohung entstehen musste, was bei der Staatsmacht zunehmend zur Zurückhaltung führte. Zudem bestand die Revolution nicht nur aus Demonstrationszügen. Die Besetzung der

MfS-Dienststellen ab Anfang Dezember war ja ebenfalls kein Vorgang, der nur durch freundliches Anklopfen geschah. Wenn dort Einlass begehrt wurde, stand unausgesprochen oder auch deutlicher oft die Drohung dahinter, notfalls auch gegen den Willen der Stasileute einzudringen. Gewaltfrei war die Revolution, aber harmlos-friedlich zum Glück nicht.

Etwas anderes waren die Kerzen, die mitgeführt und auf den Stufen staatlicher und Parteistellen abgesetzt wurden, weshalb die Revolution auch Revolution der Kerzen genannt wurde. Wer eine brennende Kerze trägt, kann nicht gewalttätig werden, und wenn der Gegner mit diesem Symbol der Friedfertigkeit konfrontiert wird, dann fällt es ihm schwer, seinerseits dagegen Gewalt anzuwenden. Nicht jeder kommt auf eine so schöne Idee wie die verschmitzten Angehörigen der Leipziger Stadtreinigung, denen die Entfernung der Kerzen von der Straße befohlen war und die sie einfach in die Fenster stellten.

Pathos und Glücksgefühl

Fast tragisch war, dass diese Revolution kein Lied hatte. Das Bedürfnis großer Demonstrationen und Volksbewegungen, auch durch Singen einem gemeinsamen Identitätsgefühl Ausdruck zu geben und es zu stärken, konnte nur hilfsweise befriedigt werden. Man kannte ja keine Lieder, die eine Kampfansage an die Parteidiktatur gewesen wären. Das herrlich trotzige «Ein feste Burg ist unser Gott» war zu wenig bekannt, zu prononciert evangelisch-lutherisch und konnte nur ganz gelegentlich gesungen werden. Vorsichtig und hilflos versuchte man, «Einigkeit und Recht und Freiheit» anzustimmen, aber das war noch zu wenig vertraut. So nahm man Zuflucht zu Liedern, die alle kannten, die man lustlos hatte singen müssen, die sich aber nun im Mund der Demonstranten gegen die Diktatur richteten. «We Shall Overcome» gehörte dazu, das von der SED als

Pathos und Glücksgefühl

Kampflied gegen den US-amerikanischen Kapitalismus interpretiert wurde und jetzt seine wahre Bestimmung erfuhr: als Hymne gegen Gewalt und Unterdrückung. Aber bei weitem am eindrucksvollsten und angemessensten war das Revolutionslied der Arbeiterbewegung, die «Internationale». Gewiss hatte die SED gerade auch dieses Lied für sich reklamiert, aber weil sein Text keine eindimensionale Parteilyrik ist und weil es eine mitreißende Melodie hat, konnte es sich im Herbst 1989 mit seiner ganzen Wucht gegen die kommunistische Diktatur wenden, wenn dies auch mancher Genosse in hilflosem Wunschdenken als Beleg für eine Art Sozialismus nehmen wollte:

> Es rettet uns kein höh'res Wesen,
> kein Gott, kein Kaiser, noch Tribun.
> Uns aus dem Elend zu erlösen,
> können wir nur selber tun!
> ...
> Völker, hört die Signale!
> Auf, zum letzten Gefecht!
> Die Internationale
> erkämpft das Menschenrecht!

Das Lied gab die konkrete Situation genau wieder: Den Demonstranten half niemand, sie hatten keine Anführer, es musste zu einer Selbstbefreiung kommen, und sie fand im Zeichen der Menschenrechte statt.

Über die innere Seite, die Empfindungen, die Atmosphäre, lässt sich der Sache nach nur andeutungsweise etwas sagen. Für den Anfang liegen viele Berichte vor, die von dem herrlichen Gefühl der Befreiung zeugen, von dem Gefühl, dass Fenster aufgerissen werden, dass die Unterdrückung weicht, dass man aussprechen kann, was bisher unterdrückt werden musste. Das ist auf dem Hintergrund der Angst zu sehen, die man latent oder aktuell ständig haben musste. Dass sie im Herbst 1989 eines der beherrschenden Gefühle bei den Zusammenkünften und besonders bei den Demonstrationen war, wird vielfach bezeugt. Die Parteidiktatur, besonders das MfS, arbeitete ohnehin immer mit ihr, und es war atemberaubend, als zum ersten Mal Flugblätter und Samisdat-Publikationen auftauchten, auf denen die Verfasser mit vollem Namen und Adresse zeichneten. In den Anfangszeiten der Revolution wurde die Angst durch gezielt gestreute Gerüchte und Warnungen in Schulen und Betrieben besonders geschürt. Sie war auch berechtigt. Vom chinesischen Massaker auf dem Tiananmen-Platz war ständig drohend die Rede, und was man schließlich über die Zuführungen der Oktobertage hörte, bestätigte alle Befürchtungen. Daher zogen die ersten Demonstrationen vorsichtshalber nicht an den SED- und MfS-Gebäuden vorbei. Dann aber änderten sich die Routen. Sie führten direkt darauf zu. Die Angst herrschte plötzlich auf der anderen Seite, diesmal jedoch unberechtigt. Aber konnten das die Stasileute wissen, die aus den abgedunkelten Fenstern hinter den Gardinen hinausspähten und das sahen, was sie in ihrem Jargon «Volksmassen» nannten?

Die Revolution war nicht nur wegen der Angst, die man haben musste, bitterer Ernst. Erstmals in vierzig Jahren wurde die Diktatur wochen- und monatelang direkt angegriffen. Der Ausgang war ungewiss. Entsprechend war der Tenor der Resolutionen, Flugblätter und Programme. Es verschiebt die Sachlage, wenn aus den Demonstrationen vor allen Dingen die witzigen Sprüche und Transparente wiedergegeben werden. Aber natürlich: Nichts tötet so wie Lächerlichkeit. Und man belustigte sich kräftig über die Bonzen und ihr Gehabe. Die Herrschenden taten das Ihre dazu. Selbst die Einheitslisten-Volkskammer aus SED und Mitläufern lachte am 13. November den gefürchteten Mielke aus. Und in Rostock fragte ein Teilnehmer einer der Dialogveranstaltungen den Ersten Sekretär und bisher unangreifbaren Herrscher über den Ostseebezirk, Ernst Timm, was eigentlich die Diktatur des Proletariats sei. Als der nach ei-

nigem Zögern herausbrachte, da müsse er erst bei Lenin nach-
schlagen, wurde er aus vollem Halse ausgelacht. Noch einmal
von jemandem, der es wissen musste: Das MfS berichtete über
die Diskussion im Anschluss an ein Friedensgebet in Eisenach
vom 30. Oktober unter anderem:

> Zum Auftritt der staatlichen Vertreter kann als Reaktion von Teil-
> nehmern eingeschätzt werden, dass sie insgesamt eine «unglückliche
> Figur» abgaben ... Die Reaktion war große Heiterkeit.

Zwischen Lachen und Ernst gibt es viele Zwischenstufen.
Vielleicht kann man sagen, dass nach der Überwindungen der
ersten gefährlichen Phase die Grundstimmung eine gelöste Heiterkeit war. Was es hingegen nur selten gegeben hat, war Euphorie, obwohl das oft gesagt wird. Euphorie ist vor allem ein extremer,
sachlich unbegründeter Seelenzustand, bei dem man nicht mehr
Herr seiner Sinne ist; Alkohol und Rauschgifte rufen Euphorie
hervor. Das Hochgefühl, das oft, anhaltend, in unterschiedlicher Intensität herrschte, war nun gewiss mehr als begründet,
und den Verstand hatte auch niemand verloren. Man freute
sich, war in Hochstimmung, in der inneren Überwältigung
wurden viele Tränen vergossen. Die Monate der Revolution
waren nicht die Zeit der Euphorie, sondern die eines großen
Glücksgefühls, oder noch einfacher: des Glücks.

Ein Hochgefühl kann nicht dauernd anhalten. Die parlamentarische Demokratie, die die Bevölkerung der DDR gewählt
hatte, bietet nur wenige Momente der emotionalen Erhebung.
Politische Enttäuschungen, Alltagssorgen oder auch -glücks-
momente stehen im Vordergrund. Wenn man sich aber klar-
macht, dass es keine Trivialität ist, an der «Gebrannten Brücke»
vorbei von Sonneberg nach Neustadt zu fahren oder zu laufen,
mit einer Fähre über die Elbe zu setzen oder gar zu Fuß – am
Platz des 18. März – durch das Brandenburger Tor zu gehen,

weil all das erkämpft werden musste, gewinnt auch das Triviale an Tiefenschärfe. Und wer erlebt hat, wie man, von Propaganda unablässig belästigt, truppweise zu einer Art Dienststelle gehen und dort ein Blatt Papier offen einwerfen musste, um schließlich am Abend zu hören, man hätte zusammen mit 99 Prozent anderen Leuten begeistert seine Zustimmung gegeben, der sieht den harmlosen Vorgang einer demokratischen Stimmabgabe mit anderen Augen, ganz für sich im Laufe eines Sonntags in ein Wahllokal zu gehen, in einer Kabine unbeobachtet jemanden zu wählen und andere eben nicht.

Der osteuropäische Kontext

Die Revolution in der DDR war auch durch äußere Faktoren bedingt, vor allem durch ihr Verhältnis zur UdSSR und zu den anderen osteuropäischen Staaten. Richtig ist, dass sie nur deshalb stattfinden konnte, weil die Sowjetunion nicht eingriff, jedoch ist dieses *nur* irreführend. Dass sie nicht eingriff, hatte seine Gründe, die denen entsprachen, aus denen der Umsturz in der DDR geschah. Seit geraumer Zeit fand in der UdSSR eine Entwicklung statt, die es ihr in zunehmendem Maße erschwerte, ihr Herrschaftssystem im Inneren aufrechtzuerhalten, geschweige denn die Herrschaft über die ehemaligen Satellitenstaaten in der bisherigen Weise auszuüben. Sie war selbst labil und musste sich um ihre eigene innere Entwicklung sorgen.

Gorbatschows Kurs, der nicht nur das sowjetische Imperium gefährdete, sondern sogar russische Besitzungen des 18. und 19. Jahrhunderts, stieß insbesondere in der Armee auf besonderen Widerstand. Die DDR einschließlich ihrer militärisch gesicherten Westgrenze wurde als das Symbol des Sieges im Zweiten Weltkrieg, wenn nicht sogar als Siegespreis angesehen, der nicht aufgegeben werden dürfe. Es gab gerade bei den in der DDR stationierten Truppen starke Kräfte, die zur Interven-

Der osteuropäische Kontext   299

tion bereit waren und sich den politischen Entscheidungen nur widerwillig fügten. Auf der anderen Seite wird mehrfach von Zeichen der Solidarität einzelner Angehöriger der Sowjetarmee berichtet. Fritz Kalf, ein Gründer des Neuen Forums in Wismar, erzählt: *In Vorbereitung des Neuen Forums im Oktober 1989 in Vosskuhl versicherte mir der Chef der hier ansässigen Garnison: «Wenn Euch die Staatssicherheit jagt, machen wir das Kasernentor auf.»* Aus Ludwigslust wird berichtet, dass sich ein sowjetischer Offizier für die friedliche Revolution bedankt habe; ein Foto zeigt, wie er anschließend vor den aufgestellten Kerzen niederkniete. Soldaten der sowjetischen Garnison Mühlhausens stellten Kerzen in die Fenster und hielten ein Gorbatschow-Bild hoch, als am 20. Oktober die Demonstration vorbeizog. Das war jedoch nicht typisch und auch nur sehr selten möglich. Und doch behielt die Linie Gorbatschows im innenpolitischen Kräfteverhältnis der Sowjetunion die Oberhand, nicht zuletzt deshalb, weil angesichts der Verhältnisse in den anderen, dem sowjetischen Machtbereich entgleitenden Staaten ein militärisches Eingreifen in der DDR katastrophale Folgen auch für die UdSSR selbst hätte haben können.

Die Entwicklung in den Bruderländern hatte nur mittelbare Auswirkungen auf die Herbstrevolution in der DDR. Intellektuelle Verbindungen, nicht selten durch persönliche Kontakte, bestanden schon seit längerem, insbesondere zu Polen und zur ČSSR, aber auch zu Russland und Ungarn. Diese vielfältigen Beziehungen hatten insbesondere die Jahre vor 1989 bestimmt, erschwert durch generelle Reisebehinderungen bis hin zu individuellen Reiseverboten. Impulse gingen zum Beispiel von der Vereinigung Memorial in Russland aus, für die ČSSR ist die Rolle der Charta 77 kaum zu überschätzen, und in Polen war es natürlich die Gewerkschaft Solidarność, die durch ihren Elan, ihre Zähigkeit und ihr wechselvolles, schließlich erfolgreiches Geschick zumindest als Ermunterung und Bekräftigung des eigenen Tuns auf die DDR-Opposition ausstrahlte.

Ähnlich steht es mit dem Einfluss von Vorgängen in Osteuropa auf die konkreten Ereignisse. Dass Runde Tische ihr Vorbild in Polen und Ungarn hatten, ist selbstverständlich, ebenso gab es Einzelaktionen wie die Menschenkette vom 3. Dezember, die auf das Beispiel der baltischen Menschenkette vom 23. August zurückging, und gelegentlich wurden sogar Wahlen nach sowjetischem Muster gefordert. Aber wusste man über andere einschneidende politische Veränderungen in Osteuropa überhaupt Bescheid? War man sich beispielsweise der vollen Tragweite der ungarischen Ereignisse bewusst? Gewiss hatte man von solch spektakulären Vorgängen wie der feierlichen Beisetzung von Imre Nagy ausgerechnet am 16. Juni gehört. Aber was war mit dem Beschluss des ungarischen ZK vom Februar, die kommunistische Herrschaft zu beenden? Was mit der Abschaffung der inneren Struktur wie ZK und Politbüro, eine Entwicklung, die ihren Höhepunkt mit dem Parteitag ausgerechnet vom 6. bis zum 10. Oktober erreichte, an dem sich die Partei in eine sozialdemokratische Partei umwandelte? Von alldem und vielem anderen war nicht die Rede 1989, sodass der Eindruck unabweislich ist, dass all diese Vorgänge den damals Handelnden nur bruchstückhaft bekannt waren und nicht als Vorbild dienten. Das aber ist alles andere als ein Manko. Es zeigt vielmehr abermals, dass die Revolution in der DDR eigenständig war.

Die gewaltfreie Revolution 1989/1990 war eine demokratische Revolution der Freiheit und der Selbstbefreiung. Ihr Verlauf entspricht im Großen und Ganzen dem vieler anderer Revolutionen auch. Sie wies aber in ihrer Eigendynamik viele charakteristische Besonderheiten auf, die bei den parallelen Vorgängen in Russland, im Baltikum, in Polen und Ungarn nicht oder nur teilweise auszumachen sind. Die Herbstrevolution war daher vor allem eine deutsche Revolution: Ihr Träger war das ganze Volk in allen seinen Schichten. Herausragende, die Bewegung beherrschende Leitfiguren gab es nicht. Zudem fand die Revolution

Der osteuropäische Kontext   301

überall statt, im ganzen Land, von Greifswald und Wismar bis
Erfurt und Plauen, ein einziges, ausschließliches Zentrum fehlte
ihr. Sie war keine Angelegenheit nur der Großstädte, sondern
sie hatte, im Verhältnis zur Einwohnerzahl vielleicht sogar noch
mehr, mittlere Städte und Dörfer erfasst. Davon unberührt waren Leipzig und Berlin allerdings die herausragenden und die
Revolution vorwärtstreibenden Orte. Wenn zu einer Revolution
unbedingt ein Revolutionsführer gehören müsste, dann wäre es
die Stadt Leipzig. Aber ohne die anderen Städte und Gemeinden
hätte es diese Revolution nicht gegeben.

Der großen Anzahl der am Umbruch beteiligten Orte entsprach die Vielfalt der regionalen und lokalen Formen. Das
begann schon mit den vielen nach Namen und Konzept ver-
schiedenartigen Gruppen, zeigte sich in den unendlich vielen
verschiedenen Personen, die sich engagierten, und der unterschiedlichen Art, wie Bürgerkomitees und Runde Tische gebildet,
benannt, zusammengesetzt und tätig wurden. Das revolutionäre
Geschehen war anhaltend, steigerte sich sogar gelegentlich, und
gleichzeitig war es sich nicht Selbstzweck. Die Freiheit, die die
Revolution anstrebte, war nicht irgendeine, sondern diejenige,
die sich durch die geistesgeschichtliche und politische Entwicklung Europas als einzig mögliche erwiesen hatte: die der freien
Wahlen, zu denen politische Parteien notwendig gehörten. Die
Revolution, die nicht mehr von einzelnen Gruppen, sondern
vom ganzen Volk, deutlicher gesagt auch vom Durchschnittsbürger getragen wurde, mündete also bewusst und gewollt in
die parlamentarische Demokratie mit ihrem Parteiwesen. Dieses Ergebnis empfanden viele, die am Anfang der Revolution
gestanden hatten und mit anderen Vorstellungen von einer
freien Gesellschaft angetreten waren, als schmerzlich. Zur Freiheit gehörte es aber, dass auch sie den überwältigend deutlich
ausgedrückten Wunsch nach dieser Staatsform nicht nur hin-
nahmen, sondern auch akzeptierten. Es kommt hinzu, dass
auch alle anderen ehemals kommunistisch regierten Staaten die

parlamentarische Demokratie gewählt hatten, ohne dass das durch ein angebliches Übergewicht westlicher Parteien geschehen wäre. Hätte sich die DDR dem widersetzt, dann wäre das wahrlich ein deutscher Sonderweg gewesen.

Symbole der Revolution

Das Jahr der Revolution war angefüllt mit symbolischen Handlungen, teils bewussten, teils unbewussten. Wahrlich unbewusst fiel der Tag der Grenzöffnung und der überglücklichen, langanhaltenden Freude in Deutschland auf einen 9. November. Sehr bewusst war im Dezember 1989 die Aufführung der 9. Symphonie Beethovens in der Berliner Philharmonie für DDR-Bewohner durch Leonard Bernstein mit der – nicht kitschigen – Änderung von «Freude» in «Freiheit, schöner Götterfunken». Die Entfernung der SED-Abzeichen, insbesondere vom ZK-Gebäude in Berlin, war ein kalkulierter, aber auch inhaltlich zutreffender symbolischer Akt, ähnlich dann einige Monate später die Entfernung des DDR-Wappens von den öffentlichen Gebäuden. Überhaupt war der Sommer 1990 voller symbolischer Bezüge, etwa die Terminierung der freien Kommunalwahlen, die genau ein Jahr nach den gefälschten Wahlen vom 6. Mai stattfanden. Die Feier des 17. Juni durch Volkskammer und Bundestag im Schauspielhaus sollte ein Symbol sein, das dann allerdings durch die Streichung des 17. Juni als Nationalfeiertag einiges an Aussagekraft wieder einbüßte. Erfreulicherweise trat der 9. November nicht an seine Stelle. Dadurch wären die anderen revolutionären Ereignisse des Herbstes zu sehr relativiert und abgewertet worden, und vor allen Dingen wäre es mental nicht zu leisten gewesen, glückliche und sehr unglückliche Ereignisse, die sich mit diesem Datum verbanden, gleichzeitig zu feiern und zu betrauern: die ambivalente Revolution 1918, den dilettantischen Putschversuch 1923, die widerliche Kristallnacht

1938 und dann den Fall der Mauer. Der 3. Oktober wird seine symbolische Vitalität erst noch beweisen müssen.

Die symbolischen Handlungen, zu denen es im Verlauf der Revolution und dann der Wiedervereinigung kam, waren nicht immer ausdrücklich positiv besetzt, weil es ja zu einem großen Teil darum ging, die Symbole der kommunistischen Herrschaft zu beseitigen. Diese Selbstbefreiung verband sich natürlich damit, zu der in der ganzen zivilisierten Welt herrschenden Staatsform zurückzukehren. Das ist auch von dem Gegenstand zu sagen, der noch am ehesten als optisch eingängiges Symbol der Revolution geeignet ist: der gemeinsamen deutschen schwarz-rot-goldenen Fahne nämlich, in deren Mitte sich ein rundes Loch befindet. In den Monaten vor den Volkskammerwahlen wurde die DDR wahrhaft überschwemmt von diesen Fahnen, die dadurch entstanden waren, dass man das DDR-Wappen in der Mitte herausgeschnitten hatte; manchmal wurde diese Leerstelle wieder rot hinterlegt, und da das dazu verwendete Tuch meistens noch nicht ausgeblichen war, prangte dort, vielleicht etwas irreführend, ein leuchtend roter Kreis. Die Nationalfahne mit dem runden Loch in der Mitte ist ein prägnantes Sinnbild dessen, was während der deutschen Revolution geschah: Selbstbefreiung vom Kommunismus und Wiederherstellung der nationalen Einheit. Trotzdem ist ein rundes Loch vielleicht doch etwas fraglich, das gültige Symbol einer erfolgreichen Revolution darzustellen.

Die revolutionären Ereignisse selbst werden eindrucksvoll durch die vielen charakteristischen Bilder von den großen Demonstrationen und Kundgebungen vor Augen geführt, und die Spruchbänder mit ihren Losungen sorgen dafür, dass der historische Ort des jeweiligen Bildes festgehalten wird. Es gibt beeindruckende Fotografien aus der Vogelperspektive, zum Beispiel von den riesigen nächtlichen Leipziger Demonstrationszügen vor der Oper am Karl-Marx-Platz, der gleißend hell erleuchtet ist. Oder von einer Demonstration in Karl-Marx-Stadt, die auf das riesige Marx-Monument zuführt und von oben aus der SED-Bezirksleitung aufgenommen wurde. Ganz anders ein Bild von nur zwei jungen Frauen vom 4. November. Sie stehen vor der Eingangstür eines Gebäudes, das durch zwei Schilder gekennzeichnet ist als die Bezirksverwaltung und die Kreisdienststelle für Staatssicherheit Rostock. Aus ihren Gesichtern spricht tiefer Ernst, von gelöster Heiterkeit keine Spur.

So unauslöschlich sich diese Bilder in das Gedächtnis eingraben und sosehr sie verschiedene Dimensionen des revolutionären Geschehens wiedergeben, plastische Symbole der Revolution als Ganzes sind sie nicht. Anders verhält es sich mit dem Foto auf dem Umschlag dieses Buches, das in zahllosen Varianten verbreitet ist. Das Bild von der riesenhohen, steinernen, unübersteigbaren Mauer, auf der junge Leute freudig und heiter stehen, bringt das gewaltfreie Ende der blutigen Grenze in einer Weise zur Anschauung, wie es augenfälliger nicht sein kann. Das Brandenburger Tor im Hintergrund war ohnehin seit zweihundert Jahren das Symbol nicht nur Berlins, sondern Deutschlands mit allen Höhen und Tiefen seiner Geschichte. Auch für die Kommunisten versinnbildlichte es ihre angeblich unumstößliche Herrschaft und zumindest den Anspruch darauf, sie eines Tages über ganz Berlin und ganz Deutschland auszudehnen. Das Bild von der ins Heitere gewendeten Mauer am Brandenburger Tor erscheint seitdem fast überall da, wo das Ende des Kommunismus in Deutschland und teilweise darüber hinaus sprechend und aussagekräftig verknappt symbolisiert werden soll. Das ist richtig und soll so bleiben.

Wir sind das Volk

Und doch gibt es ein anderes Symbol, das die Revolution, ihren Verlauf und ihren Gehalt deutlicher, kürzer und doch inhaltsreicher wiedergibt. Es hat den Nachteil, in unserer bildersüchtigen

Zeit nur aus Worten zu bestehen, aus den vier kurzen Worten *Wir sind das Volk*. In welcher konkreten Situation dieser Ruf zuerst entstanden ist, wurde nicht abschließend geklärt. Martin Jankowski, ein Teilnehmer der Leipziger Demonstration vom 2. Oktober, berichtete von dem Ereignis:

> Da hatte ich ganz große Angst. Aber das allerbeste ist, an diesem Abend hörte ich zum ersten Mal diesen Spruch «Wir sind das Volk». Als die Polizisten den Lautsprecher einschalteten und sagten: «Hier spricht die Volkspolizei», antwortete die Menge: «Wir sind das Volk.» Sie kamen gar nicht dazu, den Spruch zu vollenden. Es gab wirklich so eine Art Wechselgesang, was uns eine Zeitlang sehr amüsierte.

Am 7. Oktober wurde am Spreeufer in Berlin gegenüber vom feiernden Palast der Republik *Gorbi, Gorbi, Wir sind das Volk* und *Gorbi, hilf uns* skandiert, und in Plauen riefen Demonstranten vor dem Rathaus *Wir sind das Volk*. Für den 8. Oktober, 20.47, berichtete das MfS Dresden in einem Lagefilm:

> Marschblock befindet sich auf der Prager Str., ca. 80 Personen haben sich auf die Straße gesetzt, Sprechchöre: «Wir bleiben hier, Reformen wollen wir», «Gorbi, Gorbi», «Dresden erwache»; «Wen wollt ihr schützen?»; «Wir sind das Volk».

Schließlich noch einmal das MfS in einem Bericht über die Leipziger Demonstration vom 9. Oktober:

> Dabei wurden Parolen gerufen wie «Wir sind das Volk – wir sind keine Rowdys», «Keine Gewalt», «Freiheit, freie Wahlen», «Pressefreiheit», «Lasst die Gefangenen frei», «Wir bleiben hier», «Wir wollen Reformen», «Neues Forum zulassen», «Gorbi, Gorbi».

Aus diesen Berichten, die sich um viele vergleichbare ergänzen ließen, ergeben sich zwei Versionen über die Entstehung des Rufes. Einmal war er eine Reaktion auf den Bestandteil «Volk» im Begriff «Volkspolizei» und in den vielen anderen Zusammensetzungen, zum anderen replizierte er auf die Beschimpfung der Demonstranten, insbesondere auf ihre Bezeichnung als Rowdys. Beide Varianten müssen einander nicht ausschließen, es ist nicht unmöglich, dass der Ruf aus verschiedenen Anlässen nahezu gleichzeitig entstanden ist. Er lag bei der Fülle der Gelegenheiten in der Luft und verbreitete sich in Windeseile. Niemand wusste genau, woher er kam, und das ist das Entscheidende: Die Demonstranten, die wie die anderen Revolutionäre auch das Volk wirklich verkörperten und die Revolution unermüdlich vorwärtstrieben, hatten damit eine Selbstbezeichnung gefunden, wie sie treffender nicht hätte sein können und wie es sie sonst nirgendwo gibt.

Bemerkenswert ist auch, wo und wie von diesem Ruf Gebrauch gemacht wurde. Er ertönte im ganzen Land und nicht nur in einzelnen Städten, und er wurde von Demonstranten in Sprechchören den Kräften der Repression entgegengeschleudert, ausgerechnet ihnen, die fingierten, das Volk zu repräsentieren. So wie Demonstrationszüge aus geballter Energie bestanden und sie gleichzeitig entfalteten, wenn sie sich unter Überwindung der Angst der Diktatur entgegenstellten, so hatten auch die Sprechchöre ihre Wirkung. Eine große Kraft ging von ihnen aus, und derjenige unter ihnen, der die deutsche Revolution in der DDR am zutreffendsten und prägnantesten beschreibt, ist der auf den Demonstrationen des Herbstes 1989 gerufene Kampfruf

Wir sind das Volk.

12. Die Bedeutung der Revolution für die deutsche Geschichte

Die deutsche Geschichte hat ein Ereignis wie die Herbstrevolution in der DDR noch nie aufzuweisen gehabt: eine eigenständige Revolution, an der das ganze Volk einschließlich der Durchschnittsbürger wirksam teilhatte, die nach vierzig Jahren Isolation eine fremdbestimmte ideologische Parteidiktatur mit ihrer alle Gesellschaftsbereiche durchdringenden Geheimpolizei ohne Gewaltanwendung zum Einsturz brachte; eine Revolution, die über Monate andauerte, die mit Massendemonstrationen begann und auch endete, sich aber allmählich eigene politische Organisationsformen gab und sich dennoch für die parlamentarische Demokratie entschied. Der ganze Vorgang dauerte nur ein knappes Jahr, was staunenswert ist schon wegen seiner Einmaligkeit. Gewiss, eine Diktatur wie die der SED hatte es ebenfalls noch nie gegeben, ebenso wenig die Spaltung des Landes, die durch diese Diktatur bewirkt worden war und mit deren Ende das Land wieder in die nationale Einheit einmündete. Nach Parallelen oder einem Vorbild für die Erscheinungsformen und Ereignisse dieser Revolution in unserer Geschichte sucht man vergebens. Daher ist es auch müßig, auf die Revolutionen von 1848 und von 1918 einzugehen, denn auch sie haben nur wenig Ähnlichkeit mit 1989.

Anders steht es mit den revolutionären Vorgängen, durch die sich Russland, die baltischen Staaten, Polen, Ungarn und die Tschechoslowakei von der kommunistischen Herrschaft befreiten und mit Ausnahme Russlands zugleich auch von einer Fremdherrschaft, der russischen. Das Grundmuster dieser Revolutionen entsprach dem in der DDR, aber in ihrem konkreten Ablauf waren sie jeweils einzigartig und unterschieden sich insgesamt deutlich von der in der DDR – der Tschechoslowakei gelang die Selbstbefreiung zudem erst nach der DDR. Die im vorigen Absatz skizzierten Charakteristika finden sich in diesen Ländern, von einzelnen Faktoren abgesehen, nicht. Zudem hatten sich die Revolutionäre in der DDR die Vorgänge in Ost- und Ostmitteleuropa nur zu einem geringen Teil als Beispiel dienen lassen. Schon allein deshalb war der politische Umsturz in der DDR eine deutsche Revolution, er war es aber trotz seiner Einzigartigkeit in der deutschen Geschichte auch deshalb, weil er in anderen Beziehungen als denen des konkreten Verlaufs tief in der deutschen Geschichte verwurzelt ist und sich auf sie auswirkt.

Die in diesem Buch ausgiebig geschilderte weite Verbreitung der Volkserhebung über Städte und Landschaften, ihr Vordringen bis in kleine Dörfer, ja, das Fehlen eines eindeutigen Zentrums deckt sich mit dem allgemeinen historischen Befund, dass Deutschland schon immer die meiste politische, gesellschaftliche und kulturelle Kraft aus seiner Kleinteiligkeit und Vielfalt gezogen hat. Die deutsche Geistesgeschichte und die deutsche Literatur stellen die lebendigsten Zeugen dafür dar, und selbst die spätere, ausgeprägte Kleinstaaterei entfaltete sich unter einem gemeinsamen deutschen Dach und wurde schließlich in einem Deutschen Reich überwunden, das den Ländern und Regionen dieses vereinten Deutschland ihre jeweiligen Identitäten beließ.

Genau diese politische Ordnung wurde bald nach Beginn der Revolution angestrebt und dann auch verwirklicht, nämlich die Wiedergründung der durch die DDR-Zentralisierung 1952 zerstörten Länder und sogar Kreise. Auf Demonstrationen tauchten Fahnen der früheren Länder auf, und dieser nie erloschene Wunsch nach Wiederherstellung der lokalen und regionalen, vielleicht sogar staatlichen Identitäten drückte sich auch im improvisierten Überkleben der Ortsschilder mit den alten topographischen Bezeichnungen aus. Zwar hatte die DDR in ihren letzten Jahren noch versucht, etwa Mecklenburg und Sachsen als Gebiete eigenen Charakters wieder ins Bewusstsein zu rücken, aber Konsequenzen wurden daraus nicht gezogen. Erst recht war es nicht möglich, die Reste Pommerns und Schlesiens um Greifswald und Stralsund sowie um Görlitz als solche bewusstzumachen. Das geschah durch die Revolution, sodass Pommern als Vorpommern sogar im Landesnamen erschien und der kleinere Rest Schlesiens wenigstens ein Regierungsbezirk im Freistaat Sachsen wurde; ohne jede Irredenta-Absicht und -Folge, sondern nur als Ausdruck der eigenen geschichtlichen Identität.

Das Eigentümliche daran ist, dass mit Ausnahme von Sachsen alle Länder in der DDR selbst gar nicht historisch gewachsen, sondern meist erst nach dem Zweiten Weltkrieg gegründet worden waren. Mecklenburg-Vorpommern bestand aus den beiden Mecklenburg (Schwerin und Strelitz) und den Resten der preußischen Provinz Pommern, Brandenburg – ohne die östlich der Oder liegende Neumark – war eine preußische Provinz gewesen, Sachsen-Anhalt wurde aus Anhalt und der preußischen Provinz Sachsen zusammengesetzt, und Thüringen war nach dem Ersten Weltkrieg aus den thüringischen Kleinstaaten ohne das preußische Erfurt hervorgegangen, das jetzt hinzukam. Die Länder wurden sehr schnell die Organisationsform, an der sich regionales Zusammengehörigkeitsgefühl unter dem gemeinsamen deutschen Dach am besten festmachen ließ, zumal ihre politischen Grenzen der Verbreitung der jeweiligen Mundarten in ihren unendlich vielen Variationen und Eigenheiten einigermaßen entsprach.

Thüringisch und Sächsisch sind Mundarten eigenen Charakters ohne Fortsetzungen im Westen und Süden, aber in Pommern und Mecklenburg wird Plattdeutsch gesprochen wie in den westlich angrenzenden altbundesdeutschen Ländern, mit denen zusammen sie immer Norddeutschland gebildet haben. In der Altmark, auf der Börde und gar im Harz, der wie ganz Deutschland zweigeteilt gewesen war, hat die Mundart Anklänge an die ihrer westlichen Landsleute. Selbst in West-Berlin wurde ja wie in seiner Umgebung Berlin-Brandenburgisch gesprochen, und so ist es jetzt auch in dieser spezifischen Weise wieder vereint. Die von der DDR erzwungene Nord-Süd-Orientierung war künstlich und falsch und ist jetzt zugunsten der west-östlichen Zusammengehörigkeit wieder beseitigt. Die Wiedergründung der Länder hatte zudem eine spezifische gesamtdeutsche Bedeutung. Die Gliederung nach Ländern entsprach der föderalen Struktur der Bundesrepublik, deren Länder ja auch meistens erst nach dem Zweiten Weltkrieg gegründet worden waren, aber dennoch das jeweilige regionale Identitätsgefühl am besten verkörperten und erfolgreich zur innerstaatlichen Balance beitrugen. Deutschland bezieht seine innere Kraft aus seinen regionalen und örtlichen Verschiedenheiten, und dazu trugen jetzt wieder alle deutschen Länder bei.

Die 40 Jahre DDR waren aber nicht nur durch die politische Trennung charakterisiert, die Teilung bezog sich auch und besonders auf die Kultur, die jeweiligen geistigen Horizonte, die Lebensformen unterhalb des unmittelbar Politischen. Bei fast allen Vergleichen mit der Zeit vor der politischen Einigung Deutschlands im 19. Jahrhundert wird dieser Aspekt zumeist übersehen. Von den täppischen Gesinnungsschnüffeleien abgesehen, wie sie Heinrich Heine oder E. T. A. Hoffmann beschreiben, herrschte in Deutschland ein einheitliches geistiges Leben der freien Kommunikation auf allen Gebieten und allen Ebenen vor. Das hatte der SED-Staat durch physische und geistige Isolation zugunsten einer rigoros aufgezwungenen sowjetisch geprägten marxistisch-leninistischen Kultur abschaffen wollen. Die Revolution hatte dann vom Weimar Goethes bis zur Populärkultur alle ernsthaften und trivialen Marxismen hinweggefegt und nicht nur eine politische, sondern auch eine kulturelle und geistige Einheit Deutschlands wiederhergestellt.

Über die Bedeutung der Regionen hinaus muss auf die Fülle der in die deutsche Geschichte eingebetteten ruhmreichen alten

Städte hingewiesen werden: von den mächtigen Hansestädten an der Ostsee bis zu den kleinen geisterfüllten thüringischen Residenzstädten, von denen Weimar ja nur die berühmteste ist. In all diesen Städten boten die alten Kirchen den Ort, an dem sich die Revolution vorbereiten konnte und von dem die Demonstrationen ihren Ausgang nahmen. Und überall waren es die alten Stadtkerne mit ihren Marktplätzen, auf denen die Kundgebungen stattfanden. Von ihnen ist in dem Buch unablässig die Rede, und stellvertretend sei hier nur noch einmal Magdeburg genannt mit dem Dom Ottos des Großen und dem Alten Markt mit dem Reiterstandbild des Kaisers.

Der Dichter Rudolf Borchardt schrieb 1943 verzweifelt vom «Untergang der deutschen Nation», die Revolution in der DDR hat gezeigt, dass die Nation trotz der Verbrechen, die ihren Untergang herbeigeführt hatten, doch noch einmal und deren eingedenk weiterleben kann. Die Revolution von 1989 hat dazu geführt, dass Deutschland in seinen jetzigen Grenzen zum ersten Mal in seiner Geschichte befriedet ist und weder durch äußere Mächte bedrängt wird noch glaubt, eine Vorherrschaft in Europa anstreben zu müssen.

Isolation und Entfremdung

Das ist aber nur die eine Seite des Vorgangs. Diesen vierzig Jahren nur die vielen Jahrhunderte deutscher Geschichte entgegenzustellen und im Übrigen über die wiedergewonnene Einheit glücklich zu sein verkennt die überproportional intensive Prägung, die beide Teile des deutschen Volkes durch diese spezifische Teilung erhalten hatten. Die Westdeutschen, in die wegen der politischen Akzentuierung dieses geographischen Begriffs immer auch die Nord- und Süddeutschen einbezogen sind, hatten sich alles in allem mit der Teilung nicht nur abgefunden, sondern sie nicht einmal mehr als Problem wahrgenommen;

das überschwängliche Aufeinanderzugehen der ersten Zeit nach dem Mauerfall ist die Ausnahme, die die Regel bestätigt. Noch immer kann man das heiter abgelegte Geständnis hören, westeuropäische Städte stünden einem emotional näher als Weimar oder Dresden, und wenn gelegentlich Stolz empfunden wird, dann ist es der über den wirtschaftlichen Aufschwung Westdeutschlands nach dem Zweiten Weltkrieg.

Die Ignoranz und die Verständnislosigkeit gegenüber dem, was in der DDR geschah, waren bekanntermaßen in der praktischen Politik und in der veröffentlichten Meinung besonders weit verbreitet. Das drückte sich vor allem darin aus, dass die überwältigende Mehrheit der Beobachter das bevorstehende Ende der DDR nicht einmal ahnte und dass die Parteien die Wiedervereinigung entweder für unmöglich hielten oder sogar gegen sie Stellung nahmen. Die Grünen waren die Partei, die die engsten Beziehungen zu den Bürgerrechtsgruppen pflegte, ihnen wurde daher auch häufiger als anderen die Einreise verwehrt; wie ihre Gesprächspartner in der DDR waren sie gegen die Einheit Deutschlands und überhöhten die Teilung in völliger Verkennung ihrer Ursachen als Strafe für deutsche Schuld. Die SPD betrachtete die weitgehende Anerkennung der DDR, die in der Ostpolitik nur als Mittel zum Zweck dienen sollte, allmählich als Selbstzweck. Von den zahlreichen Äußerungen gegen die Wiedervereinigung soll nur eine zitiert werden, die ich selbst hatte anhören müssen. Auf einer Tagung zum 40. Jahrestag des Grundgesetzes im Mai 1989 und im Berliner Reichstagsgebäude wandte sich der frühere Ständige Vertreter in der DDR, Klaus Bölling, im lächelnd-überlegenen Gestus eines Realpolitikers, der gegenüber Illusionisten die einfache Wahrheit ausspricht, gegen die damalige Präambel des Grundgesetzes, soweit sie die Wiedervereinigung betrifft:

Dieser Wiedervereinigungsbegriff, den unsere Verfassung vorschreibt, ist durch und durch entleert ... diese alte Wiedervereini-

Isolation und Entfremdung · 313

gungsphraseologie, die gehört nun wirklich in den Orkus der Geschichte.

Die Bevölkerung der DDR sah das alsbald anders. Aber auch in der damaligen Regierungspartei gab es erschütternd kenntnislose Einschätzungen der Lage. Von der Ministerin für innerdeutsche Beziehungen, Dorothee Willms, berichtet Landesbischof Rathke, sie habe an seiner oppositionellen Tätigkeit Kritik geübt und gemeint, ein politisches und theologisches Argument sprächen dagegen: Die DDR dürfe nicht destabilisiert werden, und im 13. Kapitel des Briefes des Apostels Paulus an die Römer heiße es: *Seid untertan der Obrigkeit, die Gewalt über euch hat.*

Nur durch tiefeingefressene Entfremdung ist die grandiose Fehleinschätzung der Lage von einer Seite zu erklären, die es – wie Klaus Bölling – nun wirklich hätte besser wissen können und müssen: Am 20. September 1989 berichtete der Ständige Vertreter der Bundesrepublik in der DDR, Franz Bertele, in einem amtlichen Fernschreiben an den Chef des Bundeskanzleramtes Bundesminister Seiters von einer Veranstaltung des Neuen Forums in der Berliner Gethsemanekirche. Nach einem abschätzig akzentuierten Bericht heißt es dann in der «Wertung»:

Die Veranstaltung zeigte, dass die Arbeit alter und neuer Gruppen in der DDR weit entfernt ist von effektiver Oppositionsarbeit. Die in unserer Presse veröffentlichten Berichte über die «Opposition» in der DDR sind übertrieben und aufgebauscht ... Selbst einfachste Organisationsformen waren nicht bedacht worden. So war z. B. der Gründungsaufruf vielen Personen nicht bekannt, war aber auch nicht in genügender Anzahl zur Verteilung vorhanden ... Nach der Veranstaltung versuchten viele, Anschriften und Adressen von Organisatoren zu erhalten ... Die Arbeit des Staatssicherheitsdienstes wird auch weiterhin dafür sorgen, dass die Aufbruchstimmung nicht zu einem tatsächlichen Aufbruch wird.

Dieser Schlusssatz hätte unzutreffender nicht sein können. Bundeskanzler Kohl hat sich durch all diese klugen und verfehlten Meinungen nicht bestimmen lassen.

Anders gestaltete sich die Prägung der Bevölkerung der DDR durch das SED-Regime. Der andere Teil Deutschlands, die Bundesrepublik, wurde im Gegenteil sehr beachtet. Partei, Regierung und die von der SED direkt oder mittelbar monopolartig betriebenen Medien waren auf die Bundesrepublik regelrecht fixiert und setzten sich unablässig mit ihr auseinander, natürlich verzerrt durch die kommunistische Sichtweise. Die Bundesrepublik sollte besiegt, mindestens aber überholt werden. Natürlich wurde daran überdeutlich, dass sich die Parteidiktatur unterlegen fühlte, was sie ja auch war, und entsprechend gestaltete sich das Bild der Bevölkerung von der Bundesrepublik. In Ermangelung eines aus eigener Anschauung gewonnenen Bildes formte sie ihre Vorstellung als Gegenbild zur kommunistischen Propaganda und aus dem Westfernsehen, weshalb von den meisten die Bundesrepublik vorwiegend positiv gesehen wurde, positiver als sie es verdient hatte. Es wäre niemandem eingefallen, damit zu prahlen, dass ihm Moskau oder Bukarest näher wäre als München oder Hamburg.

Dennoch war die gesamte Bevölkerung der DDR durch die Herrschaft der marxistisch-leninistischen Partei tief geprägt – und ist es zum Teil noch. Nicht, dass die Menschen irgendwie Kommunisten geworden wären. Das ist ja das tief Beeindruckende an der Revolution, dass ausgerechnet die Altersgruppe, die von Kindheit an nur die DDR gekannt hatte, am aktivsten an ihr beteiligt war. Aber alle waren sie vor die Notwendigkeit gestellt, sich mit dem Regime auseinanderzusetzen, und diese kollektive Erfahrung hat sich tief eingebrannt. Dem Versuch, die Menschen durch physische und geistige Isolation neu zu formen, konnte man nicht entgehen. Die Auseinandersetzung damit war unausweichlich, das wirkte sich auf das gesamte Denken, Fühlen und Verhalten aus, oft bis in die Körpersprache hinein. Die Gesellschaft war in allen ihren Bereichen von der Herrschaft der Partei geprägt, angefangen bei so harmlosen Dingen wie dem Design der Zeitschriften über die fröhlichen Spiele der Jungen Pioniere und die FDJ-Abende bis hin zur Kaderakte, die einem überallhin folgte und durch die die Partei das Berufsleben im Griff hatte. Gerade die alltägliche, teilweise wirklich politikfreie Existenz mit ihrer spezifischen Atmosphäre ist es, die bis in die Gegenwart hinein noch nachwirkt. Aber wohlgemerkt: Alle haben gelebt, gelacht und geliebt, natürlich auch die, die aktiv in der Opposition standen.

Wie sehr die Abtrennung vom übrigen deutschen Gebiet und Isolation prägend sein können, hatte man in Westdeutschland am Beispiel der kurzen Eigenexistenz des Saarlandes schon einmal erlebt. Wie sollte die vierzigjährige, viel intensivere Abtrennung der DDR und ihre Durchdringung durch die sowjetrussisch geprägte marxistisch-leninistische Partei nicht ebenso ein eigenes Lebensgefühl hervorgebracht haben? Wenn man das bedenkt, dann ist es sogar erstaunlich, in wie geringem Ausmaß sich diese Prägung erhalten hat. Das deutsche Volk in den aus der DDR wieder hervorgegangenen Bundesländern hat im Gegenteil durch die Art, wie es seine Revolution, die Wiedervereinigung und die deutsche Einheit gestaltet hat, ein tief beeindruckendes Ausmaß an ruhiger Vernunft gezeigt, das nicht im Entferntesten daran denken ließe, dass demokratisches Verhalten in diesem Teil Deutschlands seit 1933 unbekannt war. Zivilisiertes, aufgeklärtes Verhalten war so fest im gesellschaftlichen Gesamtbewusstsein verankert, dass die Verhaltensformen in diktatorischen Systemen nicht tief und dauerhaft genug eindringen konnten. Freiheit und Demokratie lernten sich wieder schnell.

Wenn man nach den Ursachen für das zeitweilige beiderseitige Auseinanderdriften fragt, dann ist selbstverständlich die rigorose Abtrennungspolitik der SED zuerst dafür verantwortlich, die sie wie ihre ganze Herrschaft als Erfüllungsgehilfe der

UdSSR betrieben hatte. Das war nichts spezifisch Deutsches, denn die Sowjetunion war in ganz Ost- und Ostmitteleuropa ebenso vorgegangen; deshalb sollte man nicht von der zweiten deutschen Diktatur, sondern nur von der zweiten Diktatur in Deutschland sprechen. Aber Westdeutschland nahm diesen Vorgang – abgesehen davon, dass es damals ebenfalls unter Besatzungsrecht stand – verhältnismäßig gleichmütig hin. Es gibt jedoch eine tiefere Ursache, die das Gefühl der nationalen Zusammengehörigkeit in beiden Teilen Deutschlands in den Hintergrund treten ließ. Das ist das nationale Kollektivtrauma des 8. Mai 1945 mit der verheerenden Niederlage, dem «finis Germaniae», und dem Bewusstwerden der unbeschreiblichen Verbrechen der NS-Diktatur. Es gab jetzt unmittelbarere Nöte, und drängende Aufgaben standen an, der Wiederaufbau unter freiheitlichem und unter kommunistischem Vorzeichen. Dass der eine besser gelang als der andere, lag in der Natur der Dinge, und als sich Westdeutschland auch der eigenen nationalsozialistischen Vergangenheit stellte, erfüllte das alles viele Westdeutsche mit zusätzlichem großem Stolz. Aber darüber war ihnen das Bewusstsein abhandengekommen, dass DDR und Bundesrepublik zwei Teile einer Nation darstellten.

Gemeinsames Geschichtsbewusstsein?

Die Wiedervereinigung bot und bietet bis heute die Chance, ein neues Zusammengehörigkeitsgefühl zu entwickeln, das die verschiedenen Erfahrungen und Entwicklungen der 40 Jahre nicht wegwischt, sondern auf ihnen aufbaut. Was die alte Bundesrepublik zu diesem neuen Geschichtsbewusstsein beitragen kann, ist das Selbstwertgefühl einer erfolgreichen Demokratie, zu der eine bewundernswerte wirtschaftliche Erfolgsgeschichte zählt und eine alles in allem gelungene Vergangenheitsaufarbeitung. Das braucht man den Westdeutschen nicht besonders nahezubringen, das ist ihnen sehr bewusst. Die ehemaligen DDR-Bürger blicken auf eine vierzigjährige Geschichte unter einer Diktatur zurück, die natürlich keine permanente Widerstandsgeschichte war. Der Kommunismus hatte sich auf ewig eingerichtet, jedenfalls war ein Ende entweder überhaupt nicht oder allenfalls in einer sehr undurchsichtigen Zukunft vorstellbar. Dennoch hatten sie sich ein latentes Bewusstsein von Freiheit bewahrt, das dann 1989 Wirklichkeit werden konnte. Sie haben eigenständig die Parteidiktatur gestürzt, ohne Hilfe von Ost und West, und sie haben die DDR aus freiem Entschluss in die Demokratie und die nationale Einheit geführt und sich in der Folgezeit so verhalten, als hätten sie nichts anderes gekannt. Wenn es etwas gibt, worauf sie und worauf alle Deutschen stolz sein können, dann ist es das.

Wird es möglich sein, beides zu einem gemeinsamen deutschen Geschichtsbild und der Vorstellung einer zusammengehörenden Geschichte zu vereinen? Dazu müssten, um es nüchtern auszudrücken, jeweils vierzig Jahre entgegengesetzter politischer Sozialisation gegenseitig akzeptiert und in das jeweilige Geschichtsbewusstsein aufgenommen werden. Das ist sehr schwer. Bis jetzt ist die deutsche Revolution im allgemeinen Bewusstsein jedenfalls des Westens nur eine Pflichtübung, Ausnahmen bestätigen auch hier die Regel. Damals, 1989/1990, stieß die Herbstrevolution auf große Sympathie. Es gab beeindruckende Beispiele von Hilfsbereitschaft und Solidarität, die gewiss aus dem Bewusstsein nationaler Zusammengehörigkeit erwuchsen; das Bewusstsein hingegen, dass das, was in der DDR geschah, die Westdeutschen unmittelbar selbst angehe, gab es in weitaus geringerem Maße, als es bei Angehörigen desselben Volkes zu erwarten gewesen wäre. Kaum jemandem ist bewusst, dass der Ruf *Wir sind das Volk* zu den wunderbarsten geistigen Prägungen der deutschen Geschichte gehört.

Das, wovon in diesem Buch die Rede gewesen ist, hat der deutschen Geschichte als Ganzes eine neue Komponente hinzugefügt. Sie könnte alle Deutschen im Innersten bewegen, wenn sie vor sich selbst den Mut dazu aufbrächten. Mit der Revolution des Jahres 1989/1990 haben Deutsche zum ersten Mal aus eigener Kraft, ohne Hilfe von außen und in einzigartiger Weise eine der härtesten Diktaturen der Geschichte abgeschüttelt, sich selbst befreit und die nationale Einheit wieder herbeigeführt. Ohne Revolutionsführer, überall, alle Schichten des Volkes umfassend. Ist das nicht, endlich einmal, ein Ereignis, das ohne jegliche Relativierung ein neues deutsches Selbstgefühl der Freiheit begründen könnte? Das wäre eine glückhafte neue Identität aller Deutschen, die die Höhepunkte früherer deutscher Geschichte in sich einschließen könnte.

Kurzbiographien

HARTWIG ALBIRO, geboren 1931 in Altenburg
Schauspieler und Regisseur, Engagements in Altenburg, Stendal, Dresden, Meißen, Görlitz, Zittau und am Berliner Ensemble in Berlin, 1971 Schauspieldirektor in Karl-Marx-Stadt/Chemnitz. Parteilos. Am 7. Oktober verlas er die Resolution im Luxor-Palast, die zur ersten Demonstration führte, und beteiligte sich an vielen weiteren Aktivitäten und Demonstrationen. Seit seinem Ruhestand 1990 weiter Schauspieler und Regisseur.

THOMAS AUERBACH, geboren 1947 in Leipzig
Auerbach verweigerte den Wehrdienst, konnte einer MfS-Anwerbung widerstehen und half mit dieser Erfahrung anderen in ähnlichen Situationen. Lehre als Elektromonteur. Ausbildung als Diakon, in Jena Stadtjugendwart, u.a. Tätigkeit in der Offenen Arbeit. Er organisierte eine Unterschriftensammlung gegen die Ausweisung Biermanns und wurde mit anderen verhaftet und nach einem Jahr Haft nach West-Berlin abgeschoben. Von dort aus half er weiter der DDR-Opposition und wurde nach der Revolution in der BStU-Behörde tätig.

MICHAEL BELEITES, geboren 1964 in Halle/Saale
Nachdem das MfS durch Zersetzungsaktionen verhindert hatte, dass Michael Beleites das Abitur ablegen und studieren konnte, arbeitete er nach einer entsprechenden Ausbildung als zoologischer Präparator in Gera. Ab 1982 in Friedensgruppen engagiert, wurde er vom MfS weiter überwacht und in seiner Bewegungsfreiheit behindert, später Arbeit in Gruppen, die den Raubbau an der Umwelt dokumentierten und bekämpften. Während der Revolution Beteiligung an der AfNS-Auflösung in Gera, Berater des Neuen Forums am Zentralen Runden Tisch, Studium der Landwirtschaft. 2000 Sächsischer Landesbeauftragte für die MfS-Unterlagen.

MARIANNE BIRTHLER, geboren 1948 in Berlin
Nach dem Erwerb eines Facharbeiterbriefes in der Außenhandelswirtschaft tätig, zudem Ausbildung als Katechetin und evangelische Gemeindehelferin, dann im Berliner Stadtjugendpfarramt. Mitarbeit im AKSK

und in anderen oppositionellen Gruppen, darunter auch der IFM, und Beteiligung an zahlreichen Aktionen. Rednerin auf der Demonstration auf dem Alexanderplatz am 4. November, Mitarbeiterin am Zentralen Runden Tisch, dann Mitglied der Volkskammer für Bündnis 90. Im November 1990 Ministerin für Bildung, Jugend und Sport in Brandenburg, Rücktritt 1992 wegen der MfS-Verwicklung des Ministerpräsidenten Stolpe. Mitarbeiterin Bündnis 90/Die Grünen und 2000 Bundesbeauftragte für die MfS-Unterlagen.

BÄRBEL BOHLEY, geboren 1945 in Berlin
Nach dem Studium an der Kunsthochschule Berlin-Weißensee zunehmend in der Friedensbewegung tätig, 1982 Initiatorin von «Frauen für den Frieden», war unter Beobachtung des MfS und zeitweise in Haft, pflegte enge Beziehungen zur westdeutschen Friedensbewegung, besonders mit Petra Kelly, und war Mitbegründerin der IFM. 1988 wurde sie erneut verhaftet, abgeschoben, konnte aber zurückkehren. 1989 war sie maßgeblich an der Gründung des Neuen Forums beteiligt und wurde zu einer der führenden Oppositionellen; sie hielt die Grenzöffnung des 9. November für übereilt. Nach einigen Jahren als Abgeordnete in Berlin war sie zeitweilig in Hilfsprogrammen der EU in Bosnien und Kroatien tätig.

HEIDI BOHLEY, geboren 1955 in Görlitz
Als Studentin an der Kunsthochschule Giebichenstein Teilnehmerin an oppositionellen Kreisen, Mitglied u. a. von «Frauen für den Frieden», arbeitete als Bibliothekarin, wurde strafversetzt, kündigte und war schließlich an einer kirchlichen Einrichtung tätig. Sie war an den Umwälzungen in Halle aktiv beteiligt, arbeitete als Zeitschriften-Redakteurin und ist heute Projektleiterin beim Verein «Zeit-Geschichte(n)» in Halle.

IBRAHIM (MANFRED) BÖHME, geboren 1944 bei Leipzig
Nach einem Fernstudium zahlreiche unterschiedliche Tätigkeiten meistens im kulturellen Bereich, er änderte selbst seinen Vornamen Manfred in Ibrahim und unterlag gelegentlichen Maßregelungen von Partei und Staat. 1967 Eintritt in die SED, 1968 unter vielen wechselnden Decknamen Inoffizieller Mitarbeiter des MfS. 1976 Austritt aus der SED, 1977/1978 wegen staatsgefährdender Hetze 15 Monate Haft. In vielen oppositionellen Gruppen tätig, darunter der IFM; 1989 einer der Mitgründer der SDP, die er am Zentralen Runden Tisch vertrat. Im Februar 1990 wurde

Kurzbiographien 321

er SPD-Vorsitzender und nach den Märzwahlen Fraktionsvorsitzender. Schon am 1. April legte IM Böhme seine Parteiämter wegen MfS-Vorwürfen nieder, die er weiterhin lange zäh bestritt, 1992 wurde er aus der SPD ausgeschlossen. Er verstarb 1999.

EBERHARD BRECHT, geboren 1950 in Quedlinburg
Studium der Physik in Leipzig, dann Tätigkeit am Zentralinstitut für Molekularbiologie und am Zentralinstitut für Genetik und Kulturpflanzenforschung der DDR-Akademie, 1983 Promotion zum Dr. rer. nat. 1989 zunächst Mitbegründer des Neuen Forums in Quedlinburg, dann Beitritt zur SDP und Mitglied der Volkskammer. Er gehörte bis 2001 dem Bundestag an und war u. a. stellvertretender außenpolitischer Sprecher der SPD-Fraktion. 2001 Wahl zum Bürgermeister Quedlinburgs.

RAINER ECKERT, geboren 1950 in Potsdam
Studium der Geschichte, 1972 von der Humboldt-Universität verwiesen, Haus- und Berlin-Verbot, zur Bewährung in der Produktion im VEB Kombinat Wasserstraßenbau als Hofarbeiter beschäftigt, vertretungsweise Lagerverwalter und -arbeiter, Fuhrparkleiter und Inventursachbearbeiter. Ab 1975 in verschiedenen Funktionen in der Akademie der Wissenschaften tätig. Promotion 1984 nach politischer Behinderung eines früheren Versuchs. 1989/1990 am Institut für Geschichte Aktivitäten gegen altkommunistische Kräfte und Verhinderung von weiteren Aktenvernichtungen; Mitgründer des Unabhängigen Historikerverbandes. Seit 1997 am Zeitgeschichtlichen Forum Leipzig, dessen Direktor er 2001 wurde, seit 2006 auch Professor am Kulturwissenschaftlichen Institut der Universität Leipzig.

ARND EFFENBERGER, geboren 1940 in Arnstadt
Mathematikstudium in Jena, 1968 Promotion, bis August 1989 Abteilungsleiter in einem Rechenzentrum in Arnstadt, danach in einem kleineren Betrieb. Ende September 1989 Teilnahme an der ersten, durch Günther Sattler veranlassten Demonstration in Arnstadt, Gründung des Neuen Forums Arnstadt und weiteres Eintreten für die Demokratisierung. Später Literatur-Fernstudium, nach einigen befristeten Stellen arbeitslos, seit 2001 Rentner. Er wurde für das Neue Forum dreimal in den Arnstädter Stadtrat gewählt.

KATRIN EIGENFELD, geboren 1946 in Halle

Die Präparatorin und spätere Bibliothekarin beteiligte sich seit Beginn der achtziger Jahre an zahlreichen oppositionellen Aktivitäten und Gruppen. Sie arbeitete bei der Offenen Jugendarbeit mit, bei Friedensgottesdiensten und Friedensdekaden, unterschrieb 1982 den «Berliner Appell»; 1983 wurde sie vom MfS verhaftet, auf Drängen vor allem westlicher Fürsprecher jedoch nach drei Monaten wieder freigelassen. Später Tätigkeit für «Frauen für den Frieden» sowie für die IFM und Gründungsmitglied des Neuen Forums in Grünheide. Sie war eine der aktivsten Gestalterinnen der Herbstrevolution in Halle und ist heute vor allem im Umweltschutz aktiv.

RAINER EPPELMANN, geboren 1943 in Berlin

Bis 1966 Maurer, Wehrdienstverweigerung, Bausoldat, wegen Verweigerung des Gelöbnisses acht Monate Haft, ohne Gelöbnis Dienstbeendigung. Predigerschule Paulinum in Berlin, 1975–1989 Pfarrer der Samaritergemeinde Berlin. Begründete die von der Jugend leidenschaftlich aufgenommenen Bluesmessen, vielfältig oppositionell tätig, formulierte mit Robert Havemann den «Berliner Appell»; der Plan des MfS, ihn durch einen künstlich herbeigeführten Autounfall zu ermorden, wurde wegen der Möglichkeit der Gefährdung anderer fallengelassen. Mitgründer des DA, Minister ohne Geschäftsbereich im Kabinett Modrow, 1990 Mitglied der Volkskammer und Abrüstungs- und Verteidigungsminister im Kabinett de Maizière, 1990–2005 Bundestagsabgeordneter der CDU. 1992–1998 Vorsitzender der beiden Enquete-Kommissionen zur Aufarbeitung der SED-Diktatur, 1998 Vorsitzender des Vorstands der Stiftung Aufarbeitung.

HEINO FALCKE, geboren 1929 in Riesenburg in Westpreußen

Flucht 1945 aus Ostpreußen in die Altmark, Theologiestudium, Assistent an der Universität Basel, Promotion und Habilitation 1958 und 1961 in Rostock. 1958–1963 Pfarrer bei Halberstadt, dann Rektor des Predigerseminars in Gnadau, ab 1973 Propst in Erfurt. Falcke, der der DDR sehr kritisch, dabei nicht immer in offener Gegnerschaft gegenüberstand, engagierte sich in der Friedens- und Umweltbewegung, beteiligte sich an der MfS-Auflösung im Bezirk Erfurt und war dort Vorsitzender des Runden Tisches.

Kurzbiographien 323

SIEGMAR FAUST, geboren 1944 in Dohna in der Sächsischen Schweiz
1964 Eintritt in die SED, Literaturstudium und schriftstellerische Tätigkeit
in Leipzig, zweimal exmatrikuliert. Faust weigerte sich, IM zu werden,
schrieb erfahrungsgesättigte oppositionelle Texte; nach Ausschluss aus
der Partei und dem Schriftstellerverband Erwerbstätigkeit u. a. als Nacht-
pförtner. Dann aus unterschiedlichen Gründen in Haft, davon elf Monate
in MfS-Untersuchungshaft. Er wurde zu viereinhalb Jahren wegen staats-
feindlicher Hetze verurteilt, davon 400 Tage in strenger Einzelhaft. 1976
Entlassung nach West-Berlin, von wo aus er, auch über das Fernsehen, in
die DDR wirkte. 1996–2000 Sächsischer Landesbeauftragter für die MfS-
Unterlagen, dann wieder freier Schriftsteller.

HARTMUT FRANZ, geboren 1939 in Rudolstadt
Studium der Chemie und Promotion in Merseburg, 1970–1990 VEB Che-
miefaserkombinat Rudolstadt-Schwarza. Lange Jahre Mitglied des Evangelischen Gesprächskreises der Rudolstädter Kirchengemeinde, der an der
Entstehung der Friedensgebete und der anschließenden Diskussionen in der
Stadtkirche Rudolstadt beteiligt war. Er leitete diese Diskussionen als Moderator und war dann Mitglied des Runden Tisches Rudolstadt. Zunächst
Mitglied des Demokratischen Aufbruchs, dann parteilos beziehungsweise
Mitglied der Freien Wähler, wurde er nach den Kommunalwahlen 1990
zum Bürgermeister von Rudolstadt gewählt. Nach mehrmaliger Wieder-
wahl ist er seit 2006 wegen Erreichens der Altersgrenze im Ruhestand.

CHRISTIAN FÜHRER, geboren 1943 in Leipzig
Studium der Theologie in Leipzig, Pfarrer in Lastau und Colditz, 1980
Pfarrer an der Nikolaikirche in Leipzig. Beteiligung u. a. an Friedensdekaden, Offene Stadtkirche, Hoffnung für Ausreisewillige, Frieden konkret,
Fürbittandachten. Ab 1982 fanden auf seine Initiative hin die Friedensgebete statt, die er gegen staatlichen Widerstand auch 1989 weiter fort-
führte. Seit der Revolution engagiert er sich gegen soziale Missstände.

JOACHIM GAUCK, geboren 1940 in Rostock
Studium der Theologie in Rostock, dort auch 1965–1990 Pastor an
St. Marien, im Nebenamt Stadtjugendpastor, später Leiter der Kirchen-
tagsarbeit der Landeskirche. 1989 Mitgründer des Neuen Forums und
Beteiligung am Widerstand u. a. durch wöchentliche Abendgottesdiens-
te. 1990 Mitglied der Volkskammer, Vorsitzender des Parlamentarischen

324 Kurzbiographien

Sonderausschusses zur Kontrolle der MfS-Auflösung, 1990–2000 Son-derbeauftragter und dann Bundesbeauftragter für die MfS-Unterlagen. Seitdem durch Vorträge und Veröffentlichungen um die Vermittlung von Demokratieverständnis bemüht; Vorsitzender des Vereins «Gegen Ver-gessen – Für Demokratie», u. a. Ehrendoktor seiner Heimatuniversität Rostock und Träger der Imre-Nagy-Gedächtnisplakette.

REINHARD GLÖCKNER, geboren 1933 in Lübeck
Theologiestudium in Greifswald, Leipzig und Hamburg, u. a. als Werk-student im Ruhrgebiet und in Schweden, Vikar in Eisenhüttenstadt, Stu-dentenpfarrer beim Reisedienst der Studentengemeinden in Berlin, Pfarrer in Treuenbrietzen. Von 1974 bis 1990 Pfarrer an St. Marien in Greifswald, 1990–1992 Oberbürgermeister von Greifswald, danach Landespfarrer für Weiterbildung der Pommerschen Evangelischen Landeskirche.

FRIEDEMANN GOSSLAU, geboren 1929 in Frankfurt a. M.
Aufgewachsen in Tangermünde (Altmark), Studium der Theologie an der Kirchlichen Hochschule Berlin-Zehlendorf, in Heidelberg und Basel, Examina 1953 und 1955 in Halle. 1955–1965 Pfarrer in Wanzer im Kir-chenkreis Seehausen (Altmark), das in der Sperrzone an der Grenze zu Niedersachsen lag. 1965–1993 Pfarrer der St. Servatii-Domgemeinde in Quedlinburg. Goßlau wirkte maßgeblich an der Wiedervereinigung des Quedlinburger Domschatzes mit und wurde dort 1998 Ehrenbürger der Stadt.

ULRIKE GROSS, geboren 1962 in Seehausen (Altmark)
Facharbeiter für Industrie-Buchbinderei, Arbeit in Druckereien in Stendal und Magdeburg. Seit Mitte der 1980er Jahre in der Magdeburger Dom-gemeinde engagiert, aktive Teilnahme als Demonstrantin an der Herbst-revolution. Von 1990 bis 1991 im ImPuls-Verlag Magdeburg tätig, der aus der Basisbewegung des Herbstes 1989 heraus entstanden war und in dem mit «Anstiftung zur Gewaltlosigkeit» das bisher einzige umfassende Buch über die Magdeburger Ereignisse erschienen ist. Seit 1992 in der Gedenk-stätte Moritzplatz tätig, seit 2001 als deren stellvertretende Leiterin.

MARTIN GUTZEIT, geboren 1952 in Cottbus
Ausbildung zum Elektromonteur und Arbeit als Relaismechaniker, da ihm als Pfarrerssohn zunächst das Abitur verweigert wurde; später Erwerb der

Kurzbiographien

Hochschulreife, Wehrdienstverweigerung, 1972–1979 Studium der Philosophie und Theologie am Sprachenkonvikt in Berlin. 1980 Vikar, 1982 Pfarrer in Schwarz bei Neustrelitz, bald darauf zusammen mit seiner Frau. Beteiligung an zahlreichen Friedens- und Oppositions-Aktivitäten, die sich allmählich so konkretisierten, dass er 1989 über die Organisationsform Basisgruppen hinaus die Sozialdemokratische Partei gründete, zusammen vor allem mit Markus Meckel; die intensive Bearbeitung durch das MfS war ihm sehr bewusst, er ignorierte sie dennoch. Mit IM Böhme für die SDP/SPD am Zentralen Runden Tisch vertreten, dann Volkskammer-Abgeordneter, seit 1993 Berliner Landesbeauftragter für die MfS-Unterlagen; maßgebliche Mitarbeit an den beiden Enquete-Kommissionen des Bundestages.

STEFFEN HEITMANN, geboren 1944 in Dresden
Studium der Theologie und Klassischen Philologie Leipzig, 1969 und 1972 Erstes und Zweites theologisches Examen, 1971–1973 Pfarrvikar und Pfarrer der Studentengemeinde Dresden, danach kirchenjuristische Ausbildung; 1980/1982 Erstes und Zweites juristisches Examen, ab 1982 Leiter des Bezirkskirchenamtes Dresden, Oberkirchenrat. Im Oktober 1989 trug er als Berater der «Gruppe der 20» wesentlich zum Gelingen der Revolution in Dresden bei. Seit 1991 CDU-Mitglied, seit 1994 Landtagsabgeordneter in Sachsen. Von 1990 bis 2000 Staatsminister der Justiz. Heitmann ist u. a. Mitherausgeber des «Rheinischen Merkur».

RALF HIRSCH, geboren 1960 in Berlin
Seit der Schulzeit in der Opposition tätig, 1977 Einweisung in den Jugendwerkhof Hummelshain, dann in den geschlossenen Jugendwerkhof Torgau, dessen Insassen grausamen Behandlungen ausgesetzt waren, danach Schlosser. Wegen anhaltender, intensiver Oppositionstätigkeit aus der Kirche heraus plante das MfS mehrfach seine Ermordung. Bausoldat, mehrfach wegen Befehlsverweigerung verhaftet, danach Beteiligung u. a. an den Bluesmessen, Mitgründer der IFM und Mitarbeit an der Zeitschrift «Grenzfall». Im Januar 1988 nach der Liebknecht-Luxemburg-Demonstration verhaftet und nach West-Berlin abgeschoben. Von dort aus wirkte er erst recht für die DDR-Opposition; u. a. durch die Herausgabe eines Reprints des «Grenzfalls», wodurch die Zeitschrift im Westen Aufmerksamkeit erfuhr. Nach Mauerfall und Wiedervereinigung in der Senatsverwaltung von Berlin tätig.

ERNST IFFLAND, geboren 1938 in Eisenach
Als Maschinenschlosser zunächst im VEB Carl Zeiss Jena beschäftigt, dann nach seiner NVA-Zeit Ausbildung am Institut für Lehrerbildung in Eisenach. Ab 1963 Sportlehrer in Meura, Unterweißbach und Sitzendorf. 1990 Mitglied des Runden Tisches in Meura, dann nach der Kommunalwahl 1990 als Parteiloser zum Bürgermeister gewählt. 1994 kandidierte er nicht wieder, um ausschließlich seinem Beruf nachgehen zu können. Seit 2000 Rentner.

ROLAND JAHN, geboren 1953 in Jena
1972–1974 Grundwehrdienst bei der Bereitschaftspolizei, Studium der Wirtschaftswissenschaften in Jena, 1977 Exmatrikulation wegen oppositioneller Tätigkeit, insbesondere wegen Protests gegen die Biermann-Ausbürgerung; zur Bewährung als Transportarbeiter in die Produktion beim VEB Carl Zeiss Jena geschickt. Beteiligung an vielen oppositionellen Aktivitäten, insbesondere öffentlicher Protest gegen den auch heute noch ungeklärten Tod von Matthias Domaschk in MfS-Haft sowie für die polnische Gewerkschaft Solidarność. Mehrfach in Haft, Verweigerung der Aussage; wegen internationaler Proteste wurde er entlassen und schließlich 1983 gegen seinen Willen nach West-Berlin abgeschoben. Von dort aus intensive Unterstützung der DDR-Opposition, sehr wirksam als Fernsehredakteur des SFB, insbesondere unter dem Pseudonym Jan Falkenberg durch das Politmagazin «Kontraste», für das er – inzwischen beim rbb – heute noch tätig ist.

CARLO JORDAN, geboren 1951 in Berlin
Zimmermann, Bauingenieur, Bauleiter, nach frühem nicht konformem Verhalten in den siebziger Jahren Beginn oppositioneller Tätigkeit. 1976 kurzzeitig festgenommen, 1982 wegen «ungenügender gesellschaftlicher Betätigung» Ausschluss vom Fernstudium der Philosophie und Geschichte an der Humboldt-Universität. 1980–1989 Bauleiter an kirchlichen Projekten. Seit Mitte der achtziger Jahre in der Umweltbewegung aktiv, u. a. als Mitgründer der Umwelt-Bibliothek des Grün-Ökologischen Netzwerks Arche. Im November 1989 Eintritt in die Grüne Partei, als deren Vertreter er am Zentralen Runden Tisch saß, und Beteiligung an der MfS-Auflösung. Später Abgeordneter in Berlin und 2000 Promotion an der Freien Universität über die Militarisierung in der DDR.

Kurzbiographien

FREYA KLIER, geboren 1950 in Dresden
Ausbildung und Arbeit als Maschinenbauzeichnerin, Postangestellte, Kellnerin und Disponentin. Nachdem schon Vater und Bruder aus politischen Gründen in Haft waren, musste sie wegen Fluchtversuchs selbst für ein Jahr ins Gefängnis. 1970–1975 Schauspiel-Studium in Leipzig, 1978–1982 Regie-Studium in Berlin, Inszenierungen in Schwedt, Bautzen, Halle und am Deutschen Theater in Berlin; Einladungen ins Ausland durfte sie nicht annehmen. Ab 1981 in der Friedensbewegung aktiv, auf eigene Initiative Umfragen über die Lebenssituation von Frauen und über das Bildungssystem der DDR. 1985 aus dem Theaterverband ausgeschlossen; ab 1984 Zusammenarbeit mit ihrem Lebensgefährten, dem Liedermacher Stephan Krawczyk, wobei ihr Auftritte nur in kirchlichen Räumen möglich waren. Nach Zersetzungsmaßnahmen durch das MfS wurde sie im Januar 1988 verhaftet und auf undurchsichtige Weise veranlasst, in die Bundesrepublik zu gehen. Seither umfangreiche Tätigkeit als Autorin, Regisseurin und Filmemacherin.

GEROLD KNY, geboren 1959 in Mittweida
Bezirksschornsteinfegermeister Plauen, seit 1976 Mitglied der Freiwilligen Feuerwehr Mittweida. Grundwehrdienst 1978–1980 in Erfurt, 1982 Meisterprüfung, 1983 Schornsteinfegerbetrieb in Plauen, 1984 Wehrleiter der Freiwilligen Feuerwehr Plauen. In dieser Eigenschaft wurde ihm überraschend der Einsatz an der Demonstration des 7. Oktober befohlen. Schon am nächsten Tag distanzierte er sich öffentlich und in scharfen Worten davon, die Plauener Feuerwehr versicherte, sich nie wieder für Derartiges missbrauchen zu lassen. Später Ausbildung und ehrenamtliche Tätigkeit u. a. im Rettungsdienst, in der Notfallseelsorge und im Kriseninterventionsdienst. 1999 ausgezeichnet mit der Stadtplakette der Stadt Plauen.

KLAUS KRAMER, geboren 1934 in Magdeburg
Studium der Biologie und Promotion an der Humboldt-Universität zu Berlin. Tätigkeit an der Medizinischen Akademie Magdeburg am dortigen Bezirkshygieneinstitut. Er nahm an den Demonstrationen 1989/90 teil, engagierte sich für die Auflösung des MfS und war von 1990 bis 1994 Mitglied des Vereins Bürgerkomitee Sachsen-Anhalt zur Auflösung und Aufklärung der Strukturen des MfS, speziell in der Kommission zur Sicherung ihrer Akten. Jahrelang freier Mitarbeiter der Gedenkstätte Moritzplatz Magdeburg, seit 1992 im Vorruhestand.

THOMAS KÜTTLER, geboren 1937 in Schwarzbach (Sachsen)
Studium der Theologie in Göttingen und Münster, 1962 Vikarsausbildung
in London und im Kloster Loccum. 1965 zog er in die DDR und war
bis 1974 Pfarrer in Marbach (Mittelsachsen), anschließend fünf Jahre am
Predigerseminar in Leipzig und 1979 Superintendent in Plauen. Bei der
ersten großen Demonstration des Herbstes am 7. Oktober 1989 erwirk-
te er den Abzug der Sicherheitskräfte und sprach danach regelmäßig auf
den Plauener Demonstrationen. 1990 Ehrenbürger der Stadt, seit 2002 im
Ruhestand.

HEIKO LIETZ, geboren 1943 in Schwerin
1961–1966 Studium der Theologie in Rostock, 1967–1969 Bausoldat,
vorübergehend in Haft. Zwischen 1970 und 1980 Gemeinde- und Stu-
dentenpfarrer in Güstrow. Sein Freund, der Dichter Ulrich Schacht, kam
während dieser Zeit in Haft und wurde in den Westen freigekauft; Lietz
selbst trat wegen seines von der Kirche abweichenden Amtsverständnisses
schließlich vom Pfarramt zurück. Danach Sozialarbeiter, Hauswirtschafts-
pfleger und Essenträger, gleichzeitig ausgedehnte Tätigkeit in unabhängigen Friedensgruppen Mecklenburgs; 1988–1989 Teilnehmer an der Ökumenischen Versammlung. Nach zutreffender Einschätzung des MfS war er
einer der gefährlichsten Oppositionellen. Im Herbst 1989 Mitbegründer
des Neuen Forums, verschiedene Aktivitäten überwiegend im Norden der
DDR; Mitglied des Zentralen Runden Tisches in Berlin. Seitdem umfas-
sendes Engagement zur weiteren Demokratisierung der Gesellschaft, u. a.
als Sprecher des Bürgerbündnisses für Demokratie in Schwerin.

MARKUS MECKEL, geboren 1952 in Müncheberg (Brandenburg)
Nach Ausschluss von einer staatlichen Schule kirchliches Gymnasium, Verweigerung des Wehrdienstes auch als Bausoldat, Studium der Theologie an
der Kirchlichen Hochschule Naumburg und am Sprachenkonvikt Berlin.
1978 war er Putzhilfe, Nachtwächter, Transportarbeiter, Postangestellter,
1980–1988 Vikar und Pfarrer in Vipperow an der Müritz, 1988–1990
Leiter der Begegnungsstätte Niederdodeleben bei Magdeburg. Stark in der
Friedensbewegung engagiert, 1982 Gründung des Friedenskreises Vipperow. Aus dem Bedürfnis nach konkreter Oppositionsarbeit betrieb er
trotz intensiver Bespitzelung durch das MfS seit Anfang 1989 zusammen
vor allem mit Martin Gutzeit die Gründung einer Sozialdemokratischen
Partei. Er vertrat die Partei am Zentralen Runden Tisch, war zeitweise

Kurzbiographien 329

ihr Vorsitzender und 1990 Außenminister im Kabinett de Maizière. Seit 1990 Bundestagsabgeordneter und in zahlreichen Institutionen zur Aufarbeitung der Geschichte der DDR tätig.

EHRHART NEUBERT, geboren 1940 in Herschdorf in Thüringen
Studium der Theologie 1958–1963 in Jena, 1964–1984 Pfarrer in Thüringen, ab 1973 Studentenpfarrer in Weimar, 1976–1984 Mitglied der CDU, danach Dienst im Bund der Evangelischen Kirchen. Seit den sechziger Jahren in vielfältiger Weise mit kritischen Gruppen verbunden. 1989 Mitgründer des DA, den er am Zentralen Runden Tisch vertritt, dann Rückkehr in den kirchlichen Dienst. 1992–1994 für den Untersuchungsausschuss des Landtages in Potsdam tätig, der die Aktivitäten des Ministerpräsidenten Stolpe für das MfS untersuchte. 1996 Mitglied der CDU, Fachbereichsleiter beim BStU, 1998–2004 im Vorstand der Stiftung Aufarbeitung, jetzt Vorsitzender des Bürgerbüros Berlin. Autor von Standardwerken zur DDR-Opposition und zur Herbstrevolution 1989/1990.

BRIGITTE und SIEGFRIED PIETSCH, geboren 1951 und 1952 in Mühlhausen
Brigitte Pietsch Diplomfachlehrerin für Physik und Mathematik, Siegfried Pietsch Schlossermeister, heute Inhaber einer Metallverarbeitungsfirma. Durch den Pfarrer Thomas Seidel – mittlerweile Leiter der Stiftung Ettersberg – und dessen Frau Cornelia im Herbst mit den Ideen der oppositionellen Gruppen bekannt geworden. Ein zündendes Erlebnis war ein Vorstellungsabend Oppositioneller in der Markuskirche Leipzig am 24. September. Sie traten dem NF bei, konnten aber erst allmählich auch in Mühlhausen Gleichgesinnte finden. Zur Teilnahme an der großen Versammlung in der Weimarer Stadtkirche Peter und Paul (Herderkirche) am 4. Oktober gelang es ihnen, das Pfarrerehepaar und zwei weitere Personen aus Oberdorla zu gewinnen. Im Januar traten beide der SDP bei, arbeiteten am Runden Tisch mit und waren eine Zeit lang in der örtlichen Politik tätig. Sie bedauern, dass der idealistische Schwung der ersten Monate so bald verflogen ist.

GERD POPPE, geboren 1941 in Rostock
Studium der Physik in Rostock und Arbeit in der Industrie. 1968 kommt er als Kritiker des Einmarsches in der ČSSR mit der dortigen Opposition sowie mit der westeuropäischen Studentenbewegung in Kontakt. Ver-

bindung mit Robert Havemann und Wolf Biermann, sechs Monate Bausoldat, Protest gegen Biermanns Ausbürgerung, seitdem Berufsverbot. 1977–1984 Maschinist in einer Berliner Schwimmhalle, anschließend Ingenieur im Diakonischen Werk Berlin. Wegen seiner Verbindungen zur osteuropäischen Opposition ab 1980 Auslandsreiseverbot, später Ausbau auch der Beziehungen zu westlichen Organisationen und Medien. Trotz Kenntnis seiner Bearbeitung durch das MfS war er zusammen mit seiner Frau Ulrike in vielfältiger Weise und offen oppositionell tätig; die Folge waren Zuführungen, Bestrafungen und Zersetzungsmaßnahmen – die aber erst nach 1989 bekannt wurden. Mitgründer der IFM und Autor und Mitherausgeber des «Grenzfalls» sowie anderer Samisdat-Publikationen. Für die IFM am Zentralen Runden Tisch, Minister ohne Geschäftsbereich in der Regierung Modrow, maßgebliche Beteiligung am neuen Verfassungsentwurf. Mitglied der Volkskammer und 1990–1998 Bundestagsabgeordneter, 1998–2003 Beauftragter für Menschenrechte und humanitäre Hilfe im Auswärtigen Amt, danach bis 2005 Berater der Heinrich-Böll-Stiftung.

ULRIKE POPPE, geboren 1953 in Rostock
Studium der Kunsterziehung und Geschichte an der Humboldt-Universität Berlin bis 1973, ein Studienwechsel wurde von der FDJ verhindert; Hilfserzieherin in einem Heim, Hilfspflegerin in der Psychiatrie der Charité, 1976–1988 Assistentin am Museum für Deutsche Geschichte. Sie gehörte zahlreichen Oppositionsgruppen an, u. a. «Konkret für den Frieden» sowie der IFM und als Mitgründerin der Initiative «Frauen für den Frieden». 1983 musste sie für sechs Wochen in Haft. Zusammen mit ihrem Ehemann Gerd Poppe wurde sie Opfer von Zuführungen, Bestrafungen und Zersetzungsmaßnahmen, von denen auch sie erst nach 1989 Kenntnis erhielt. 1989 gehörte sie zu den Mitgründern von Demokratie Jetzt, die sie auch am Zentralen Runden Tisch vertrat. Seit 1991 Studienleiterin an der Evangelischen Akademie Berlin-Brandenburg.

DIETMAR POSSE, geboren 1956 in Bernburg
Zunächst Grundwehrdienst, dann einige Monate Krankenpfleger, 1977–1983 Studium der Medizin in Halle, 1984 Promotion, 1984/1985 Sprecher der Katholischen Studentengemeinde Halle. Mangels Parteizugehörigkeit war eine Facharztausbildung an der Universität nicht möglich. 1983–1986 Ausbildungsassistent am Landesambulatorium Nienburg/Saale, wo er an-

schließend Allgemeinmediziner wurde. Als Initiator eines Offenen Briefes aus der Ärzteschaft gab Posse den Anstoß zur Herbstrevolution in Bernburg. Er arbeitete 1990/1991 im Bürgerkomitee mit und geht seitdem wieder seinem Beruf nach.

GISELHER QUAST, geboren 1951 in Dresden
Verweigerung des Wehrdienstes und des Dienstes als Bausoldat. 1970 Nichtzulassung zum Theologiestudium, Sonderreifeprüfung am kirchlichen Proseminar in Naumburg, Studium der Theologie am Oberseminar. 1975–1977 Vikar in Magdeburg, 1977–1979 Pfarrer in Eilenburg, seit 1979 Domprediger in Magdeburg. Quast wurde vom MfS beobachtet, weil er die Jugend pazifistisch beeinflusste und Ausreiser unterstützte. Er begründete die Magdeburger Friedensgebete und leitete zusammen mit der Dompredigerin Waltraud Zachhuber die Gebete und Versammlungen im Dom sowie die Demonstrationen, die von dort aus durch die Stadt führten. Er engagiert sich bis heute in Menschenrechtsfragen.

HEINRICH RATHKE, geboren 1928 in Mölln in Mecklenburg
Nach Entlassung aus der britischen Kriegsgefangenschaft zunächst Landarbeiter, dann 1949 in Lübeck Abitur. Als Werkstudent Theologiestudium in Kiel, Erlangen, Tübingen und Mainz, Hafen- und Fabrikarbeiter. 1954 Übersiedlung in die DDR, Promotion 1956 in Rostock. Gemeindepastor in Althof-Bad Doberan, Warnkenhagen, Rostock-Südstadt mit einem Zirkuswagen als Kirche und Pastor für Volksmission. 1971–1984 Landesbischof von Mecklenburg, bis 1991 Seelsorger in Crivitz; im Ruhestand Zusatzaufgaben, u. a. Notbischof in Kasachstan für die evangelischen Gemeinden der verschleppten Russlanddeutschen. Seit 1955 im Visier der Staatssicherheit, auf ihn waren insgesamt 70 namentlich bekannte IM angesetzt, darunter ein Pastor, zwei Mitarbeiter im Oberkirchenrat, ein Mitglied der Leitung der evangelisch-lutherischen Synode, der ein guter Freund Rathkes gewesen war. 1999 Ehrendoktor der Universität Rostock.

MANFRED O. RUGE, geboren 1945 in Erfurt
Studium der Elektrotechnik in Ilmenau, danach Diplomingenieur beim VEB Optima Büromaschinenwerk Erfurt. Mitte der siebziger Jahre Eintritt in die CDU, wo er wiederholt seine oppositionelle Gesinnung offenbarte, 1989 sofort Mitgründer des Neuen Forums Erfurt. Beteiligung an zahlreichen Aktivitäten einschließlich der MfS-Auflösung. Nach den

Kommunalwahlen 1990 zum Oberbürgermeister gewählt und immer wiedergewählt. 2006 kandidierte er nicht wieder, seitdem Geschäftsführer in den Stadtwerken Erfurt.

ANNELIESE SAUPE, geboren 1912 in Leipzig
Trat 1947 als Lehrerin in den Schuldienst der Stadt Plauen ein, wurde jedoch 1958 wegen ihrer «kirchlichen Einstellung» entlassen; ab 1972 Rentnerin. Sie fotografierte die Demonstration vom 7. Oktober in Plauen und brachte als scheinbar harmlose Rentnerin ihre Bilder und weiteres Informationsmaterial in ihre Unterwäsche eingenäht über die Grenze nach Hof zur Zeitung «Frankenpost»; unter Pseudonym berichtete sie auch in den Folgewochen von allen 22 Plauener Samstagsdemonstrationen bis zu den ersten freien Wahlen am 18. März. Sie starb 2007.

WALTER SCHILLING, geboren 1930 in Sonneberg
Studium der Theologie in Münster, Heidelberg und Jena, als Werkstudent landwirtschaftlicher Gehilfe in Westfalen und Bergarbeiter im Ruhrgebiet. Als Vikar und Pfarrer in Braunsdorf im Kreis Rudolstadt wirkte er republikweit von dort aus zugunsten unendlich vieler Jugendlicher, die eigenständig leben wollten oder in die Opposition gingen. Er gründete 1957 ein Jugendheim in Braunsdorf, von dessen Leitung er durch unmittelbares und mittelbares Wirken des MfS 1974 abgesetzt und das 1980 geschlossen wurde. Er war besonders aktiv in der Offenen Arbeit und der Kirche von unten tätig und wurde intensiv vom MfS beobachtet und auch durch Zersetzungsmaßnahmen verfolgt. Im Herbst 1989 nahm er an den oppositionellen Aktivitäten in Berlin teil. 1990 wurde er wieder Leiter des Heimes in Braunsdorf, 1995 trat er in den Ruhestand.

HEIDE KATHREIN und WIELAND SCHMIEDEL, geboren 1952 in Kleinmachnow und 1942 in Chemnitz
Heide Kathrein Schmiedel wurde von 1969 bis 1971 als Offsetretuscheurin und an der Fachschule für Werbung und Gestaltung Berlin ausgebildet, danach gestalterische Tätigkeit u. a. für Buchverlage und die Staatsoper Berlin, Keramikmalerin, seit 1986 freiberufliche Graphikerin in Crivitz, seit 1990 zahlreiche Personalausstellungen. Wieland Schmiedel wurde in Dresden zum Steinbildhauer ausgebildet, war 1974/1975 Meisterschüler an der Dresdner Akademie der Künste (Lehrer Ludwig Engelhardt), seit 1976 freischaffend in Crivitz; letzte große Ausstellung 2003 Matthäikir-

Kurzbiographien 333

che am Kulturforum Berlin, zahlreiche Arbeiten im öffentlichen Raum und in Museen und Sammlungen. In ihrem Haus, der Rönkendorfer Mühle bei Crivitz, wurde die Politische Bürgerinitiative Crivitz gegründet, und beide beteiligten sich an vielen weiteren Aktivitäten der Herbstrevolution.

TRAUGOTT SCHMITT, geboren 1931 im Kreis Mohrungen in Ostpreußen 1945 Flucht mit seiner Familie nach Mecklenburg, autodidaktische Weiterbildung, 1949 Theologisches Seminar der Leipziger Mission, dort Abiturreife und Theologiestudium. 1955 Vikariat in Schalkau, Kreis Sonneberg, 1956–1979 Pfarrer in Heubach/Thüringer Wald, 1979–1981 Pfarrer in Rudolstadt-Volkstedt, 1981–1995 Superintendent in Rudolstadt. Er war 1989/1990 Veranstalter der Friedensgebete in der Stadtkirche Rudolstadt, aus denen sich die Demonstrationen entwickelten, der Runde Tisch tagte in seinen Gemeinderäumen. 1990 wurde er Ehrenbürger Rudolstadts.

WOLFGANG SCHNUR, geboren 1944 in Stettin
Nach einer Maurerlehre Studium der Rechtswissenschaften, 1973 Abschluss als Diplomjurist; seit 1965 als Torsten und Dr. Ralf Schirmer IM des MfS. 1978 Rechtsanwalt, u. a. Mitglied der Synode in der Evangelischen Kirche Mecklenburgs. Er wirkte als einer der wichtigsten und bekanntesten Anwälte von Oppositionellen, wurde zum Vorsitzenden des Demokratischen Aufbruchs gewählt und vertrat ihn am Zentralen Runden Tisch. Er trat am 14. März wegen MfS-Vorwürfen zurück, die er zunächst bestritt.

FRIEDRICH SCHORLEMMER, geboren 1944 in Wittenberg
1962 Abitur und Wehrdienstverweigerung, 1962–1967 Theologiestudium in Halle, 1970 Jugendpfarrer in Merseburg, 1967–1971 Studieninspektor an den Franckeschen Stiftungen in Halle, 1971–1978 Pfarrer in Merseburg, 1978–1992 Dozent und Prediger am Evangelischen Predigerseminar Wittenberg. Schorlemmer war an zahlreichen oppositionellen Aktivitäten beteiligt, so auch an dem symbolischen Umschmieden eines Schwertes zu einer Pflugschar auf dem Wittenberger Kirchentag 1983. Er war Mitgründer des Demokratischen Aufbruchs, verließ ihn aber wegen dessen Befürwortung der unmittelbaren Wiedervereinigung; 1990 trat er in die SPD ein und war schließlich von 1992 bis 1999 Studienleiter der Evangelischen Akademie Sachsen-Anhalt in Wittenberg.

WOLFGANG TEMPLIN, geboren 1948 in Jena

Ausbildung als Bibliothekar, ab 1970 Studium der Philosophie an der Humboldt-Universität Berlin, Mitglied der SED und 1971–1975 IM. Arbeit am Zentralinstitut für Philosophie der DDR-Akademie, erste Kontakte zur polnischen Opposition und Anschluss an oppositionelle Basisgruppen. 1983 Austritt aus der SED. Templin wurde entlassen und erhielt Berufsverbot, das MfS nahm seine Zersetzungstätigkeit auf. Arbeit als Putzhilfe, Waldarbeiter, Übersetzer, dann Mitgründer der IFM und Mitherausgeber des «Grenzfalls». Im Januar 1988 wurde Templin in Zusammenhang mit der Liebknecht-Luxemburg-Demonstration verhaftet und in den Westen abgeschoben, wo ihn das MfS weiter beobachtete und verfolgte. 1989, nach Rückkehr in die DDR, Vertreter der IFM am Zentralen Runden Tisch und Mitarbeit im Bündnis 90. Templin ist heute freier Publizist.

HANS-JOACHIM TSCHICHE, geboren 1929 in Kossa bei Bitterfeld

Studium der Theologie an der Kirchlichen Hochschule in Berlin-Zehlendorf, 1956 Rückkehr in die DDR, seit 1960 Pfarrer in Meßdorf in der Altmark; 1975 Studienleiter an der Evangelischen Akademie Sachsen-Anhalt in Magdeburg, 1978 deren Leiter. Seit den achtziger Jahren war er in der kirchlichen Friedensbewegung aktiv, insbesondere bei «Frieden konkret», half unangepassten Jugendlichen und Ausreisern und wurde Opfer der Verfolgung und Zersetzungstätigkeit durch das MfS, die auch seine Kinder betraf. 1989 gehörte er zu den Mitbegründern des Neuen Forums, dessen Vorstellungen er auf vielen Veranstaltungen in der DDR verbreitete. Mitglied der Volkskammer und von 1990 bis 1998 des Landtages von Sachsen-Anhalt; dort Fraktionsvorsitzender von Bündnis 90/Die Grünen in der Koalition mit der SPD, die sich von der PDS tolerieren ließ.

AXEL VORNAM, geboren 1956 in Castrop-Rauxel

Siedelte mit seiner Familie 1967 in die DDR über, Studium der Regie an der Hochschule Ernst Busch in Berlin, 1985–1988 Regisseur in Meiningen, 1988–1995 Oberspielleiter am Theater Rudolstadt. Dort war er der Initiator und Moderator der Dialogveranstaltungen des Theaters. Danach arbeitete er in Greifswald, Stralsund und Schleswig-Holstein. Von 2003 bis 2008 war er Intendant des Theaters Rudolstadt, seit 2008 ist er Intendant des Theaters Heilbronn.

Kurzbiographien

JOACHIM WALTHER, geboren 1943 in Chemnitz
Studium der Literaturwissenschaft und Kunstgeschichte an der Humboldt-
Universität Berlin, 1968–1983 Lektor und Herausgeber im Buchverlag
Der Morgen, erzwungene Kündigung wegen Problemen mit der Zensur;
1976–1978 Redakteur der Literaturzeitschrift «Temperamente» bis zur
Entlassung der gesamten Redaktion aus politischen Gründen, seit 1983
freiberuflicher Schriftsteller; 1984–1989 Rückzug nach Mecklenburg.
1989/1990 Beteiligung an der Demokratisierung des Schriftstellerverban-
des, durch die das ZK-Mitglied Hermann Kant als Vorsitzender abgesetzt
und früher Ausgeschlossene wieder aufgenommen wurden, Walther wurde
Vizevorsitzender. Seit 1990 zahlreiche der Aufarbeitung dienende Tätigkeiten, u. a. als Vorsitzender des «Autorenkreises der Bundesrepublik»,
durch Gründung des «Archivs unterdrückter Literatur in der DDR» und
Herausgabe der Edition «Die Verschwiegene Bibliothek», beides zusammen mit Ines Geipel. Zeitweise wissenschaftlicher Mitarbeiter beim BStU,
daraus ist das Standardwerk «Sicherungsbereich Literatur» über Schriftsteller und MfS entstanden; zuletzt erschien der Roman «Himmelsbrück»,
2009.

CHRISTOPH WONNEBERGER, geboren 1944 in Wiesa im Erzgebirge
Als Pfarrerssohn durfte er zunächst nicht studieren und wurde Maschinenschlosser (Facharbeiter), dann Theologiestudium in Rostock, Totalverwei-
gerung von Wehr- und Bausoldatendienst; besonders enge Kontakte zur
polnischen und tschechischen Opposition. Pfarrstellen in Leipzig, Taucha,
Dresden und wieder Leipzig. Er entwickelte besondere Aktivität in der Offenen Arbeit und war 1980 der Initiator des Sozialen Friedensdienstes, der
dem Wehrdienst eine konkrete Alternative entgegenstellte. Der Kirchen-
leitung gingen seine Aktivitäten oft zu weit, das MfS bearbeitete ihn mit
Zersetzungsmaßnahmen. Er koordinierte über seine private Wohnung viele Aktivitäten des Widerstandes und beteiligte sich an den Friedensgebeten
des Herbstes; so predigte er am 25. September in der Nikolaikirche über
Gewaltfreiheit, Verantwortung und Glaubwürdigkeit. Am 30. Oktober
erlitt er einen Schlaganfall und wurde 1991 in den Ruhestand versetzt.

ULRICH ZWIENER, geboren 1942 in Schweina/Thüringen
Medizinstudium in Jena und Erfurt, 1967 medizinische Promotion an der
Medizinischen Akademie Erfurt, 1975 philosophische Promotion an der
Humboldt-Universität Berlin, 1978 Ordinarius für Pathologische Physio-

logie Jena, 1983 Ablehnung eines Rufes an die Charité. Im Herbst 1989 leitete Zwiener zunächst alleine die Abschüttelung der SED-Herrschaft an der Universität Jena ein, für die er Mitstreiter gewinnen konnte und die nach vielen Kämpfen zum Erfolg führte. Im Mai 1990 fand auf seine Initiative ein deutsch-deutsches Treffen für Studenten und Hochschullehrer unter dem Titel «Ein demokratisches Deutschland für Europa» in Eisenach statt, daraus ging das Collegium Europaeum Jenense zur Förderung des demokratischen europäischen Gedankens im Hochschulwesen hervor. Zwiener verstarb 2004.

Quellenangaben

Kapitel 1 Von der deutschen Teilung bis zur KSZE

S. 22 «Der Kudamm ist einfach Wahnsinn. Man sieht …», Reimann, Brigitte, Alles schmeckt nach Abschied, Berlin 1998, S. 106 f.

S. 30 «Irgendetwas stimmt nicht …», Klier 1988, S. 292, 299.

S. 34 «Die Information wird zur materiellen», Fricke mündlich.

S. 37 «ČSSR/Unterstützen Sie den Kampf der», Aufruf eines Jugendlichen aus Weimar, Herz 2008, S. 93.

S. 38 «Protestresulution <sic!> – Wir, die Unterzeichneten …», Grashoff 2004, S. 77.

S. 39 «Bürger von Halle – Bitte bedenkt, dass …», Grashoff, 2004, S. 76.

Kapitel 2 Vorboten des Herbstes

S. 40 «für das Recht auf freie Meinungsäußerung …», Hollitzer 2000, S. 16.

S. 42 «in 50 oder 100 Jahren», Neues Deutschland, 19.01.1989.

S. 43 «… durch den konzentrierten Einsatz von ca. 850 Angehörigen …», Mielke (Bericht an ZK), Hollitzer 2000, S. 78.

S. 43 «Stasi weg! Laßt uns raus!», Stasibericht, Hollitzer 2000, S. 78.

S. 46. «Die Hauptaufgabe besteht darin», Hollitzer 2000, S. 124 f.

S. 47 «Die Sekretäre der Wahlkommission», Mitter/Wolle 1990, S. 43.

S. 48 «Mit Bestürzung haben wir», Reum/Geißler 1991, S. 21.

S. 49 «an den Rand der Kollaboration», Glöckner 1994, S. 7.

S. 51 «Trittbrettfahrer, mit denen wir nichts zu tun haben», Pressekonferenz des Kirchentages, Hollitzer 2000, S. 124 f.

S. 53 «Die schlechte Versorgungslage», Kupke / Richter 2002, S. 28 f.

S. 54 «29. 8.: Manchmal gibt es bei uns eine regelrechte Versorgungspsychose», Kopie, Archiv Schuller.

S. 55 «Ich schlage … vor, im Aktionsprogramm», Hertle/Stephan 1997, S. 319.

S. 56 «… bei Zurückweisungen von Reiseanliegen, die Hartnäckigkeit», Information des Ministeriums des Inneren an den Stellvertreter des Ministers vom 08.09.1989, Kopie, Archiv Schuller.

S. 56 «streng geheimen Information über die Lage», Mielke, Mitter/Wolle 1990, S. 82–92.

S. 57 «ständig zu rechnen, da sie die», ebd.

S. 57 «Die Ablehnungssituation ist so», Mitter/Wolle 1990, S. 135.

S. 60 «Liebe ... ich mich entschlossen habe», Kopie, Archiv Schuller.

S. 61 «677 Personen in das sozialistische Ausland», Mitter/Wolle 1990, S. 90.

S. 63 «Solange ich auf diesem Stuhl sitze», Gespräch von H. H. Hertle mit Németh, September 2004, Manuskript, Kopie, Archiv Schuller.

Kapitel 3 Der Beginn der Revolution

S. 67 «Bärbel Bohley, Ralf Henrich, Reinhardt Schult», Neues Forum 1989, S. 1.

S. 67 «... die Kommunikation über die Situation», Original, Archiv Schuller.

S. 68 «Staatssozialismus, das Machtmonopol einer zentralistischen», Original, Archiv Schuller.

S. 69 «+ Rechtsstaat und strikte Gewaltenteilung», Original, Archiv Schuller.

S. 70 «demokratische Umgestaltung, Meinungsfreiheit», «Die Menschenrechte hat der Staat nicht ...», Original, Archiv Schuller.

S. 71 «Sie muss unterschiedliche politische Entscheidungen», Original, Archiv Schuller.

S. 72 «sich Durchsetzen der feindlich-negativen Kräfte», Mitter/Wolle 1990, S. 111.

S. 73 «Schon in der Schule wirken Zwänge», Ökumenische Versammlung, 1990, S. 26f.

S. 73 «in unserem Staate herangewachsenen, von der DDR erzogenen», John 2001, Nr. 3, S. 44ff.

S. 74 «Wir ... sind besorgt über ...», Original, Archiv Schuller.

S. 75 «Die Massenauswanderung von Bürgern der DDR», Beratergruppe Dom 1991, S. 64.

S. 77 «durch ihr Verhalten die moralischen Werte mit Füßen», Original, Archiv Schuller.

S. 79 «weil sie auf eine strategische, also dauerhafte Lösung», Kopie, Archiv Schuller.

S. 79 «In der letzten Zeit haben auf verschiedenen Ebenen», Besprechung Erste Bezirkssekretäre, Auerbach 2000, S. 128.

Quellenangaben   339

S. 80 «Für ein offenes Land», Lindner 1994, S. 9 f.

S. 81 «An alle Bürger von Arnstadt!!!», Lindner 1994, S. 194.

S. 84 «außergewöhnlich offene Aussprache über», Das Volk vom 17. 10.

S. 86 «Hauptbahnhof Dresden ca. 800 Personen», Richter/Sobeslavsky 1999, S. 21 ff.

S. 87 «Schließt euch an», Bahr 1990, S. 96.

S. 87 «Vor den Stufen des Kinos Prager Straße», Bahr 1990, S. 109.

S. 89–92 «das Loch Ungarn zuzumachen» bis «muss man erst einmal ½ Std. Luft holen», Politbüroprotokolle, Kopie, Archiv Schuller.

S. 92 «Die Lage im Inneren bis zur Nichtbeherrschbarkeit», O-Ton Herger, Kopie, Archiv Schuller.

S. 95 «Wir treten aus unseren Rollen», Kuberski 1990, S. 39.

S. 96 «Sehr geehrter Herr Oberbürgermeister!», Küttler/Röder 1999, S. 33.

S. 98 «Nach Angaben des Präsidiums der Volkspolizei», Dahn/Kopka 1991, S. 25.

S. 100 «Zur Wiederherstellung der öffentlichen Ordnung und Sicherheit», Grashoff 2004, S. 14.

S. 101 «entfalten Schumachergasse Richtung Grimmaische», Hollitzer 2000, S. 456.

S. 103 «Das stimmt so nicht …», Albiro 2008, S. 160.

S. 103 «Ich zwinge mich zur Ruhe», Albiro 2008, S. 162, 165, 166.

S. 104 «gefährlich und unverantwortlich … ungelöste innen- und außenpolitische Widersprüche …», Reum/Geißler 1991, S. 48 f.

S. 104 «Durch die anwesenden Zuschauer wurde diese», Stasibericht, Albiro 2008, S. 164 f.

Kapitel 4 Die Staatsmacht weicht zurück

S. 108 «Das Vogtland grüßt den Zug der Freiheit», Kopie, Archiv Schuller.

S. 110 «Während die DDR am Samstag in Ost-Berlin», Kopie, Archiv Schuller.

S. 111 «Bürger der Stadt Plauen!», Küttler/Röder 1999, S. 36.

S. 113 «Die Freiwillige Feuerwehr Plauen distanziert sich», Lindner 1994, S. 128 f.

S. 114 «verheerenden Ausmaße der vom SED-Regime», Küttler/Röder 1999, S. 63.

340 Quellenangaben

S. 114 «rowdyhafte Zusammenrottungen», Dahn/Kopka 1991, S. 321.

S. 115 «diese Bande von Provokateuren», siehe Nachweis S. 86.

S. 116 «Diesem, einem relativ jungen Mann», Bahr 1990, S. 125.

S. 116 «Reisefreiheit, Pressefreiheit, Einführung eines Zivildienstes», Bahr, 1990, S. 128.

S. 117 «Im Verlauf des gestrigen Tages», Dahn/Kopka 1991, S. 321.

S. 118 «Zusammenrottung feindlicher, oppositioneller», Mitter/Wolle 1990, S. 201.

S. 119 «der Auflösung rechtswidriger Menschenansammlungen», Hollitzer 2000, S. 462f., 465.

S. 119 «Genossen, ab heute ...», Hollitzer 2000, S. 465.

S. 119 «Elemente», Neues Forum Leipzig 1989, S. 80.

S. 120 «bat und mit besorgniserregenden Worten», Neues Forum Leipzig 1989, S. 82.

S. 120 «Wir sind in die Kirche gegangen», Hollitzer 2000, S. 464.

S. 120 «Ich musste durch ein Heerlager», Neues Forum Leipzig 1989, S. 83.

S. 121 «Ich wusste, dass nur möglichst viele», Neues Forum Leipzig 1989, S. 84.

S. 121 «vorbereitete Maßnahmen zur Verhinderung/Auflösung», Hollitzer, in: Heydemann/Mai/Müller 1999, S. 298.

S. 122 «keine aktiven Handlungen», Hollitzer 2000, S. 466f.

S. 122 «Aufgabenstellung zur Vorbeugung, Aufklärung und Verhinderung», Erin Sosslarsky, in: Heydemann/Mai/Müller 1999, S. 82f.

S. 123 «freien Meinungsaustausch», Neues Forum Leipzig 1989, S. 82f.

S. 125 «alle Personen herauszuarbeiten, von denen», Mitter/Wolle 1990, S. 202.

S. 127 «Die Ursachen für ihren Schritt mögen», Neues Deutschland, 12. 10. 1989.

S. 127 «Der aktive Einsatz polizeilicher Kräfte», Auerbach 2000, S. 140.

Kapitel 5 Die DDR in Aufruhr

S. 132 «Wir haben in den vergangenen Monaten», Hertle/Stephan 1997, S. 106ff.

S. 133 «Im Kreis Ribnitz-Damgarten führte», Neues Forum 1989, S. 30f., 42f., 50f.

S. 136 «Unter Einsatz von Beruf ...», Glöckner 1994, S. 13.

Quellenangaben

S. 137 «Im Lande weht ein neuer Wind», Abrokat 1997, S. 18 f.

S. 141 «Die gestrige offizielle Kundgebung», Mecklenburger Staatstheater Schwerin, Spielzeitheft 1990/91, S. 15.

S. 142–143 «... ging er ausführlich auf die Erklärung» bis «FDJ. Pionier-organisation», Archiv Rathke.

S. 148 «Pressefreiheit, Presseunabhängigkeit, ehrliche, offene und», Bera-tergruppe Dom 1991, S. 73 f.

S. 150 «Heute Abend wird Blut fließen», Beratergruppe Dom 1991, S. 27.

S. 151 «Diese Bänder sind 40 cm lang», Beratergruppe Dom 1991, S. 27.

S. 151 «eine ungeheure Leichtigkeit und Fröhlichkeit», Beratergruppe Dom 1991, S. 28.

S. 154 «Zum Teil 120 km Fahrt zu einer Gebetsstunde», Borchert 1990, S. 5 f.

S. 154 «Noch stand dieser Abend unter», Borchert 1990, S. 7 f.

S. 155 «ich muss sagen, dass bei der Veranstaltung», Petri 1999, S. 76–80.

S. 156 «Weiterentwicklung und Demokratisierung unserer sozialisti-schen», Bürgerkomitee Bernburg 1990, S 9.

S. 157 «entstand zunächst eine Stille», Radeloff 1999, S. 13.

S. 157 «Gewaltfrei widerstehen ...», Grashoff 2004, S. 18 f.

S. 158 «die Forderung erhoben, zu einem wahrhaft offenen», Georg Wag-ner-Kyora, in: Heydemann/Mai/Müller 1999, S. 358 f.

S. 160 «Auffallend: mehrere schwarz-rot-goldene», Das Volk, 02. 11. 1989, S. 5.

S. 161 «Die russischen Soldaten bekundeten», Lütke Aldenhövel/Mestrup/ Remy 1993, S. 152.

S. 162 «immer von einer Führungsspitze geplant», Remy o. J., S. 26.

S. 165 «Wir unterstützen den Anfang der», Kopie, Archiv Schuller.

S. 167 «DDR-Frust ...» bis «Partei- und Staatsführung nahm», Kopien Lagefilme, Archiv Schuller.

S. 168 «Spürbar befreit und dennoch», Frank-Michael Wagner im Land-ratsamt Rudolstadt 1992, S. 41.

S. 169 «Ch. gehört zu den reaktionären», Auerbach 2000, S. 31.

S. 169 «Ich habe mal eine Frage», Manuskript Schmitt, Kopie, Archiv Schuller.

S. 170 «SED-ade! nimm», Archiv Heidecksburg.

342 Quellenangaben

S. 171 «emotionsgeladen. (...) Festzustellen war», Kopie Lagefilme, Archiv Schuller.

S. 172 «Zur Diskussion standen», Salier/Salier 2000, S. 57, 62.

S. 175 «Arbeiter äußern sich empört», Neues Forum 1989, S. 55.

S. 177 «Demokratisches Forum – Freie Wahlen», John 2001, S. 182.

S. 178 «Reform des politischen Systems», Neues Deutschland, 04.11.1989.

S. 179 «die große Mehrzahl der Kommunisten», Neues Forum 1989, S. 29, 48, 53.

S. 180 «Viele kritische Äußerungen», Neues Forum 1989, S. 29, 48, 53.

S. 181 «die Verantwortung», Hertle/Stephan 1997, S. 243.

S. 181 «Erneuerung, wenn Zeitungen», Hertle/Stephan 1997, S. 407.

Kapitel 6 Der 9. November

S. 186 «Ich bitte zu zählen», Hertle/Stephan 1997, S. 143

S. 188 «Im Zuge der Vereinbarung», Neues Deutschland, 07.11.1989.

S. 189 «Das Reisegesetz an sich», Neues Deutschland, 08.11.1989.

S. 190 «Einverstanden, Genossen?», Hertle/Stephan 1997, S. 305 f.

S. 195 «Ich weiß nicht, ob», Hertle/Stephan 1997, S. 394.

S. 196 «die diese Frage untersucht», Hertle/Stephan 1997, S. 394.

S. 196 «Ab sofort können DDR-Bürger», Amtliches Protokoll, 09.11.1989, Herles/Rose 1990, S. 18–20.

S. 200 «Information über», Kopie, Archiv Schuller.

Kapitel 7 Die Revolution festigt sich

S. 213 «... Wir haben, Genossen, liebe Abgeordnete, einen ...», Originalton Mielke, www.youtube.com, «Ich liebe doch alle».

S. 214 «Zahlreiche inoffizielle Kräfte der KD Gera», Kopie, Archiv Schuller.

S. 215 «Reformen des politischen Systems», Neues Deutschland, 18./19.11.1989.

S. 215 «eine sehr beschränkte Zeit», Hertle/Stephan 1997, S. 147.

S. 215 «Wir werden einen Wahlkampf», Hertle/Stephan 1997, S. 404.

S. 215 «Wir sind für ein Wahlrecht», Neues Deutschland, 11./12.11. 1989.

Quellenangaben   **343**

S. 216 «allgemeine, freie», Neues Deutschland, 18./19. 11. 1989.

S. 218 «Das Politbüro akzeptiert», «Das Zentralkomitee der SED», Neues Deutschland, 04. 12. 1989.

S. 220 «18. 11.: Deutschland – einig Vaterland», Schwanitz 1998, S. 372–374.

S. 222 «solidarische Gesellschaft in gleichberechtigter», Borchert/Steinke/Wuttke 1994, S. 10.

Kapitel 8 Die Revolution regiert mit

S. 228 «Du, aus der Andreasstraße», Dornheim 1995, S. 72.

S. 230 «aber was fanden wir da?», Adler 1990, S. 86 f.

S. 231 «Wir bedanken uns und geben», Manuskript, Archiv Schuller.

S. 231 «Hiermit führe ich Sie zu!», Gerhard Rogge in Ammer/Memmler 1991, S. 32.

S. 234 «Ich schieße nicht auf mein», Weißbrodt 2002, S. 58.

S. 234 «Entsprechend einer zentralen Anweisung», Salier/Salier 2000, S. 95.

S. 235 «Weißwasser: Ausgehend von dem», Richter/Sobeslavsky 1999, S. 165.

S. 237 «Das Bezirksamt und die Kreisämter», Hollitzer 2000, S. 606.

S. 240 «Der ‹Runde Tisch› versteht sich», Probst 1993, S. 53.

S. 243 «Die Teilnehmer des Runden Tisches», Thaysen 1990, S. 50 f.

Kapitel 9 Die Revolution auf dem Weg in die parlamentarische Demokratie

S. 263 «Der Runde Tisch beauftragt», Thaysen/Kloth 1995, S. 1755.

Kapitel 10 Demokratie und Wiedervereinigung

S. 275 «Präsidentin Dr. Bergmann-Pohl: ... Ich», Amtliches Protokoll.

Kapitel 11 Die Gestalt der Revolution

S. 282 «Empört sind wir jedoch», Krone 1999, S. 342.

S. 289 «Ohne Sozialismus in der DDR», Hertle/Stephan 1997, S. 108, 334.

S. 299 «In Vorbereitung des Neuen Forums», Abrokat 1997, S. 162.

S. 305 «Da hatte ich ganz große», Hollitzer 2000, S. 439.

S. 305 «Marschblock befindet sich auf der», Richter/Sobeslavsky 1999, S. 68.

S. 305 «Dabei wurden Parolen gerufen», Mitter/Wolle 1990, S. 216.

Kapitel 12 Die Bedeutung der Revolution für die deutsche Geschichte

S. 312 «Dieser Wiedervereinigungsbegriff, den unsere Verfassung», Winkler 2005, S. 76.

S. 313 «Die Veranstaltung zeigte, dass die», Dokumente zur Deutschlandpolitik. Deutsche Einheit. Sonderedition aus den Akten des Bundeskanzleramtes 1989/90, 1998, Nr. 43, S. 409 f.

Literaturverzeichnis

Abrokat, Sven, Politischer Umbruch und Neubeginn in Wismar von 1989 bis 1990, Hamburg 1997.

Adler, Hans-Gerd, Wir sprengen unsere Ketten. Die friedliche Revolution im Eichsfeld. Eine Dokumentation, Leipzig 1990.

Ahbe, Thomas/Hofmann, Michael/Stiehler, Volker/Schwabe, Uwe, Wir bleiben hier!, Leipzig 1999.

Albiro, Hartwig, «Die verbotene und doch verlesene Resolution», in: Verein Kunst für Chemnitz e. V. (Hg.), Nicht ohne Narrheit. Geschichte in Geschichten von und über Hartwig Albiro, Nürnberg 2008, S. 158–66.

Ammer, Thomas/Memmler, Hans-Joachim (Hg.), Staatssicherheit in Rostock. Zielgruppen Methoden Auflösung, Köln 1991.

Andert, Reinhold/Herzberg, Wolfgang, Der Sturz. Erich Honecker im Kreuzverhör, Berlin und Weimar, 3. Aufl. 1991.

Auerbach, Thomas, Vorbereitung auf den Tag X. Die geplanten Isolierungslager des MfS, Berlin, 3. Aufl. 2000.

Bahr, Eckhard, Sieben Tage im Oktober. Aufbruch in Dresden, Leipzig 1990.

Bahrmann, Hannes/Links, Christoph, Chronik der Wende. Die DDR zwischen 7. Oktober und 18. Dezember 1989, Berlin 1994.

Bahrmann, Hannes/Links, Christoph, Chronik der Wende 2. Stationen der Einheit. Die letzten Monate der DDR, Berlin 1995.

Bahrmann, Hannes/Links, Christoph (Hg.), Bilderchronik der Wende. Erlebnisse aus der Zeit des Umbruchs 1989/90, Berlin 1999.

Beleites, Michael, Untergrund. Ein Konflikt mit der Stasi in der Uranprovinz, Berlin 1991.

Beratergruppe Dom des Gebetes um gesellschaftliche Erneuerung im Magdeburger Dom (Hg.), Anstiftung zur Gewaltlosigkeit Herbst '89 in Magdeburg. Gebete um gesellschaftliche Erneuerung, Demonstrationen, Dokumente, Erinnerungen, Magdeburg 1991.

Boock, Christoph, «Vom Bürgerforum in die Stadtverwaltung. Erfahrungen aus Jena», in: Deutschland-Ost vor Ort, S. 49–74, 1995.

Borchert, Hans-J., Die Wende im Grenzkreis Haldensleben, Haldensleben 1990.

Borchert, Hans J., «Wir Menschen nach der Wende». Erfahrungen nicht nur im Kreis Haldensleben, Haldensleben 2003.

Borchert, Konstanze/Steinke, Volker/Wuttke, Carola (Hg.), «Für unser Land». Eine Aufrufaktion im letzten Jahr der DDR, Frankfurt am Main 1994.

Brecht, Eberhard/Jaekel, Hans/Sehmsdorf, Eckhardt (Hg.), Vom Mut des Neuanfangs. Quedlinburger erinnern sich an den Herbst '89, o.O. (Magdeburg) 1999.

Bretschneider, Günter, Grenzen öffnen sich. Neustadt und Sonneberg finden wieder zusammen, Neustadt bei Coburg 1990a.

Bretschneider, Günter, Freiheit ohne Grenzen, Neustadt bei Coburg 1990b.

Bürgerkomitee des Kreises Bernburg, Es galt ein frei Geständnis ... Herbst 1989 in Bernburg, Bernburg 1990.

Bürgerkomitee Sachsen-Anhalt e.V. (Hg.), Was im Herbst begann ... Die Auflösung der Staatssicherheit im ehemaligen Bezirk Magdeburg. Eine Materialsammlung, Magdeburg 1995.

Bürgerkomitee Sachsen-Anhalt e.V. (Hg.), Die Auflösung des MfS – Die Arbeit der Bürgerkomitees in den Bezirken 1989/90, Magdeburg 1998.

Bürgerkomitee des Landes Thüringen (Hg.), Aufbruch '89. Kleine Chronik der Herbstereignisse 1989 in der Bezirksstadt Suhl September bis Dezember, Suhl 1990.

Czok, Karl (Hg.), Nikolaikirche – offen für alle. Eine Gemeinde im Zentrum der Wende, Leipzig 1999.

Dahn, Daniela/Kopka, Jochen (Red.), Und diese verdammte Ohnmacht. Report der unabhängigen Untersuchungskommission zu den Ereignissen vom 7./8. Oktober 1989 in Berlin, Berlin 1991.

DDR Handbuch. Wissenschaftliche Leitung Hartmut Zimmermann, 2 Bde., Köln, 3. Aufl. 1985.

Del Pino, Petra/Meinel, Käte, Die Wende im Kreis Auerbach (Vogtland), Plauen o.J.

Dietrich, Christian/Schwabe, Uwe (Hg.), Freunde und Feinde. Friedensgebete in Leipzig zwischen 1981 und dem 9. Oktober 1989. Dokumentation, Leipzig 1994.

Dornheim, Andreas, Politischer Umbruch in Erfurt 1989/90, Weimar Köln Wien 1995.

Literaturverzeichnis 347

Dornheim, Andreas/Schnitzler, Stephan (Hg.), Thüringen 1989/90. Akteure des Umbruchs berichten, Erfurt 1995.

Der Einigungsvertrag. Vertrag zwischen der Bundesrepublik Deutschland und der Deutschen Demokratischen Republik über die Herstellung der Einheit Deutschlands. Der vollständige Text mit allen Ausführungsbestimmungen und Erläuterungen, o. O., 3. Aufl. 1991.

Einsichten, Stiftung Haus der Geschichte der Bundesrepublik Deutschland / Zeitgeschichtliches Forum Leipzig (Hg.), Einsichten. Diktatur und Widerstand in der DDR, Leipzig 2001.

Ellmenreich, Renate/Matthias Domaschk, Die Geschichte eines politischen Verbrechens in der DDR und die Schwierigkeiten, dasselbe aufzuklären, Erfurt 1996.

Enquete-Kommission I, Materialien der Enquete-Kommission ‹Aufarbeitung von Geschichte und Folgen der SED-Diktatur in Deutschland›, 9 Bände in 18 Teilbänden, Baden-Baden 1995.

Enquete-Kommission II, Materialien der Enquete-Kommission ‹Überwindung der Folgen der SED-Diktatur im Prozess der deutschen Einheit›, 8 Bände in 14 Teilbänden, Baden-Baden 1997.

Eppelmann, Rainer, Fremd im eigenen Haus. Mein Leben im anderen Deutschland, Köln 1993.

Eppelmann, Rainer, Gottes doppelte Spur. Vom Staatsfeind zum Parlamentarier, Holzgerlingen 2007.

Falcke, Heino, Die unvollendete Befreiung. Die Kirchen, die Umwälzung in der DDR und die Vereinigung Deutschlands, München 1991.

Fischer, Alexander/Heydemann, Günther (Hg.), Die politische «Wende» in Sachsen. Rückblick und Zwischenbilanz, Weimar Köln Wien 1995.

Friedrich, Margot, Eine Revolution nach Feierabend. Eisenacher Tagebuch der Revolution. Im Anhang die vollständigen Protokolle des Runden Tisches in Eisenach, Marburg 1991.

Glöckner, Reinhard, Die Wende in Greifswald aus meinem Erleben und in meiner Sicht. Frühjahr 1993, Greifswald, 2. Aufl. 1994.

Gosslau, Friedemann, Verloren, gefunden, heimgeholt. Die Wiedervereinigung des Quedlinburger Domschatzes, Hamburg 1996.

Gottwald Herbert/Ploenus, Michael (Hg.), Aufbruch – Umbruch – Neubeginn. Die Wende an der Friedrich-Schiller-Universität Jena 1988 bis 1991, Rudolstadt 2002.

Grashoff, Udo, Keine Gewalt! Der revolutionäre Herbst 1989 in Halle an der Saale. Dokumente und Interviews, Halle 2004.

Haase, Baldur, Kasper kontra Mielke. Die Geraer Puppenbühne und die unabhängige Friedensbewegung, Erfurt 1999.

Hahn, Annegret/Pucher, Gisela/Schaller, Henning/Scharsich, Lothar (Hg.), 4. Nov '89, Berlin 1990.

Hanisch, Günter/Hänisch, Gottfried/Magirius, Friedrich/Richter, Johannes (Hg.), Dona nobis pacem. Herbst '89 in Leipzig. Friedensgebete, Predigten und Fürbitten, Berlin, 2. Aufl. 1996.

Hecht, Marco/Praschl, Gerald, Ich habe «NEIN!» gesagt. Über Zivilcourage in der DDR, o.O. 2002.

Helwig, Gisela (Hg.), Die letzten Jahre der DDR. Texte zum Alltagsleben, Köln 1990.

Henke, Klaus-Dietmar/Steinbach, Peter/Tuchel, Johannes (Hg.), Widerstand und Opposition in der DDR, Köln Weimar Wien 1999.

Herles, Helmut /Rose, Ewald (Hg.), Parlaments-Szenen einer deutschen Revolution. Bundestag und Volkskammer im November 1989, Bonn 1990.

Hertle, Hans-Hermann, Chronik des Mauerfalls. Die dramatischen Ereignisse um den 9. November 1989, Berlin 1998.

Hertle, Hans-Hermann, Der Fall der Mauer. Die unbeabsichtigte Selbstauflösung des SED-Staates, Opladen 1999.

Hertle, Hans-Hermann/Stephan, Gerd-Rüdiger (Hg.), Das Ende der SED. Die letzten Tage des Zentralkomitees, Berlin, 2. Aufl. 1997.

Herz, Andrea, Thüringen im «Frühling 1968». ČSSR-Okkupation, Jugendproteste, Ordnungsstaat, Erfurt 2008.

Herz, Andrea/Lißner, Bernhard, Vom «Sicherungseinsatz 40. Jahrestag» (Oktober 1989) zur verordneten Polizei-Demonstration (Januar 1990). Dokumente aus dem Bestand des Führungsstabes der Bezirksbehörde der Deutschen Volkspolizei Erfurt, Erfurt 1995.

Herz, Andrea, Wahl und Wahlbetrug im Mai 1989. DDR-Kommunalwahlen im Thüringer Raum, hgg. v. Landesbeauftragten für die MfS-Unterlagen in Thüringen, Erfurt 2004.

Herzberg, Wolfgang/von zur Mühlen, Patrick (Hg.), Auf den Anfang kommt es an. Sozialdemokratischer Neubeginn in der DDR 1989. Interviews und Analysen, Bonn 1993.

Heydemann, Günther/Mai, Gunther/Müller, Werner (Hg.), Revolution und Transformation in der DDR 1989/90, Berlin 1999.

Heydenreich, Fridolf, Herbst 1989/Frühjahr 1990. Die Geschichte unserer friedlichen Revolution. Eine Chronologie der Ereignisse in Neu-

Literaturverzeichnis   349

brandenburg aus der Sicht von Fridolf Heydenreich, Neubrandenburg 1993.

Hirsch, Ralf/Kopelew, Lew (Hg.), Initiative Frieden und Menschenrechte. Grenzfall. Vollständiger Nachdruck aller in der DDR erschienenen Ausgaben (1986/87). Erstes unabhängiges Periodikum, Berlin 1989.

Höffer, Volker, «Der Gegner hat Kraft». MfS und SED im Bezirk Rostock, Berlin 1997.

Hoffmeister, Hans/Hempel, Mirko (Hg.), Die Wende in Thüringen. Rückblick 10 Jahre danach, Arnstadt und Weimar 1999.

Hoffmann, Eckardt/Kratochwil, Reinhard, «Davon hängt unsere Zukunft ab». Die große Demonstration auf dem Gothaer Hauptmarkt am 29. Oktober 1989, Erfurt 2002.

Hoffmeister, Hans/Hempel, Mirko (Hg.), Die Wende in Thüringen. Rückblick 10 Jahre danach, Arnstadt und Weimar 1999.

Hollitzer, Tobias/Bohse, Reinhard (Hg.), Heute vor zehn Jahren. Leipzig auf dem Weg zur Friedlichen Revolution, Bonn u. a. 2000.

Honecker, Erich, Erich Honecker zu dramatischen Ereignissen, Hamburg 1992.

Horch und Guck 2009 – Horch und Guck Heft 63.

Hornbogen, Lothar/Nakath, Detlef/Stephan, Gerd-Rüdiger (Hg.), Außerordentlicher Parteitag der SED/PDS. Protokoll der Beratungen am 8./9. und 16./17. Dezember 1989 in Berlin, Berlin 1999.

Horsch, Holger, «Hat nicht wenigstens die Stasi die Stimmung im Lande gekannt?» MfS und SED im Bezirk Karl-Marx-Stadt, Berlin 1998.

Jaekel, Hans/Kiehl, Ernst/Nover, Hans-Dieter, «Aufbruch '89 – Entwicklung und Dokumente der friedlichen Revolution», in: Quedlinburger Annalen 2, S. 83–104, 1999.

Jankowski, Martin, Der Tag, der Deutschland veränderte. 9. Oktober 1989, Leipzig 2007.

Jarausch, Konrad H./Sabrow, Martin (Hg.), Weg in den Untergang. Der innere Zerfall der DDR, Göttingen 1999.

Jesse, Eckhard (Hg.), Eine Revolution und ihre Folgen. 14 Bürgerrechtler ziehen Bilanz, Berlin 2000.

John, Jürgen (Hg.), Quellen zur Geschichte Thüringens. Thüringen 1989/90, 2 Halbbände, Erfurt 2001.

Jordan, Carlo/Kloth, Hans Michael (Hg.), Arche Nova. Opposition in der DDR. Das «Grün-ökologische Netzwerk Arche» 1988–90. Mit den Texten der Arche Nova, Berlin 1995.

Judt, Matthias (Hg.), DDR-Geschichte in Dokumenten. Beschlüsse, Berichte, interne Materialien und Alltagszeugnisse, Berlin 1997.

Kabus, Klaudius, «Eisenach – Chronik der ‹Wende› (September 1989 bis Mai 1990)», in: Reinhold Brunner (Hg.), Eisenach-Jahrbuch 1992. Historisches und Aktuelles aus der Wartburgstadt, Marburg 1992, S. 116–131.

Kaden, Ursula, «‹Wir haben uns quergestellt› – Die Friedensgebete im Herbst 1989», in: Hansestadt Stralsund 1990–1994. Vier Jahre einer Stadt, hrsg. v. Hansestadt Stralsund. Der Oberbürgermeister, Stralsund, S. 31–37.

Kandler, Karl-Hermann, Die Rolle der ev.-luth. Kirche in Freiberg während der «Wende» 1989/90, Freiberg 1996.

Karls, Kuno, Fiek'n hätt schräb'n ut Hagenow ... Heft 6. Erinnerungen an die «Wende» im ehemaligen Kreis Hagenow (Herbst 1989 bis Herbst 1990), Hagenow 1997.

Karls, Kuno, Fiek'n hätt schräb'n ut Hagenow ... Heft 7. Erinnerungen an die ersten zehn Jahre der Einheit Deutschlands im Altkreis Hagenow 1990 bis 2000, Hagenow 2000.

Kasper, Martin, Die Lausitzer Sorben in der Wende 1989/1990. Ein Abriss mit Dokumenten und einer Chronik, Bautzen/Budysin 2000.

Kirchen in der SED-Diktatur, Band VI von Enquete I, Baden-Baden 1995.

Klier, Freya, Abreiß-Kalender. Ein deutsch-deutsches Tagebuch, München 1988.

Knorr, Heiko, Das Ende und der Anfang. Die Auflösung der Bezirksverwaltung Gera des Ministeriums für Staatssicherheit im Spiegel von Zeitzeugnissen und Erinnerungen, Erfurt 2006.

Kocka, Jürgen, Vereinigungskrise. Zur Geschichte der Gegenwart, Göttingen 1995.

Kohl, Helmut, Ich wollte Deutschlands Einheit, Berlin 1996.

Kowalczuk, Ilko-Sascha (Hg.), Freiheit und Öffentlichkeit. Politischer Samisdat in der DDR 1985–1989, Berlin 2002.

Kowalczuk, Ilko-Sascha, Endspiel. Die Revolution von 1989 in der DDR, München 2009.

Kowalczuk, Ilko-Sascha/Sello, Tom (Hg.), Für ein freies Land mit freien Menschen. Opposition und Widerstand in Biographien und Fotos, Berlin 2006.

Kowalczuk, Ilko-Sascha/Wolle, Stefan, Roter Stern über Deutschland, Berlin 2001.

Literaturverzeichnis 351

Krause, Henry, Wittichenau. Eine katholische Kleinstadt und das Ende der DDR, Dresden 1999.

Kreismuseum Prinzeßhof, Itzehoe (Hg.), Der aufrechte Gang. Malchiner Dokumente der Wendezeit, Itzehoe 1990.

Krenz, Egon, Wenn Mauern fallen. Die friedliche Revolution: Vorgeschichte – Ablauf – Auswirkungen, Wien 1990.

Krenz, Egon, Herbst '89, Berlin 2. Aufl. 1999.

Krenz, Egon, Widerworte. Aus Briefen und Zeugnissen 1990 bis 2005, Berlin, 2. Aufl. 2000.

Krone, Tina (Hg.), «Sie haben so lange das Sagen, wie wir es dulden». Briefe an das Neue Forum. September 1989–März 1990, Berlin 1999.

Kröplin, Eckart/Pachl, Peter P. (Hg.), 200 Jahre Theater Rudolstadt. 200 Jahre Aufregung 1793–1993, Rudolstadt 1994.

Kuberski, Angela (Hg.), Wir treten aus unseren Rollen heraus, Dokumente des Aufbruchs, Herbst '89, Berlin 1990.

Kuhn, Ekkehard, Der Tag der Entscheidung. Leipzig, 9. Oktober 1989, Berlin und Frankfurt/Main 1992.

Kuhrt, Eberhard (Hg), Opposition in der DDR von den 70er Jahren bis zum Zusammenbruch der SED-Herrschaft, Opladen 1999.

Kupke, Martin/Richter, Michael, Der Kreis Oschatz in der friedlichen Revolution 1989/90, Dresden 2002.

Kusch, Reinhard, Kollaps ohne Agonie. Das Ende des SED-Regimes im Bezirk Frankfurt (Oder), Jacobsdorf 1999.

Küttler, Thomas/Röder, Jean Curt, Es war das Volk. Die Wende in Plauen. Eine Dokumentation, Plauen, 6. Aufl. 1999.

Lahann, Birgit, Genosse Judas. Die zwei Leben des Ibrahim Böhme, Berlin 1992.

Land, Rainer/Possekel, Ralf, Fremde Welten. Die gegensätzliche Deutung der DDR durch SED-Reformer und Bürgerbewegung in den 80er Jahren, Berlin 1998.

Landesbeauftragter für Mecklenburg-Vorpommern für die Unterlagen des Staatssicherheitsdienstes der ehemaligen Deutschen Demokratischen Republik (Hg.), Aufbruch '89. Über den Beginn der Wende in Schwerin. Dokumentation, Schwerin 1994.

Landesbeauftragter für Mecklenburg-Vorpommern für die Unterlagen des Staatssicherheitsdienstes der ehemaligen Deutschen Demokratischen Republik (Hg.), Die Lageberichte der Deutschen Volkspolizei im Herbst 1989. Eine Chronik der Wende im Bezirk Neubrandenburg, Schwerin 1998.

Landesfrauenrat Mecklenburg-Vorpommern/Landeszentrale für politische Bildung Mecklenburg-Vorpommern (Hg.), Soviel Freiheit hatten wir nie wieder ... Vom Aufbruch in die Wende. Erinnerungen von Frauen, o. O. 1997.

Landkreis Weißenfels (Hg.), Die Wende in Weißenfels. Dokumente und Erinnerungen, Weißenfels 1994.

Landkreis Weißenfels (Hg.), 10 Jahre danach. Rückblicke, Einblicke, Ausblicke ... Die Wende: Berichte und Erinnerungen aus dem Landkreis Weißenfels, Weißenfels 1999.

Landratsamt Reichenbach (Hg.), Wir sind das Volk! Wir sind ein Volk! Dokumentation über die Herbsttage 1989 in Reichenbach und Umgebung, Reichenbach i. V. 1994.

Landratsamt Rudolstadt/Landkreis Rudolstadt (Hg.), Landkreis Rudolstadt. Jahrbuch 1992 – Geschichte und Gegenwart, Rudolstadt 1992.

Langer, Kai, «Wissen, daß der Norden nicht schläft ...» Zur Geschichte der «Wende» in den drei Nordbezirken der DDR, Bremen 1999.

Lapp, Peter Joachim, Ausverkauf. Das Ende der Blockparteien, Berlin 1998.

Lausitzbotin/Umweltbibliothek Großhennersdorf / Der Sächsische Landesbeauftragte (Hg.), Lausitzbotin. Das Jahr 1989 in der sächsischen Provinz im Spiegel einer Zittauer Oppositionszeitschrift, Bautzen 1999.

Lemke, Christiane, Die Ursachen des Umbruchs 1989. Politische Sozialisation in der ehemaligen DDR, Opladen 1991.

Lexikon Opposition und Widerstand in der SED-Diktatur, hrsg. v. Hans-Joachim Veen u. v. a., Berlin und München 2000.

Lindner, Bernd (Hg.), Für ein offenes Land mit freien Menschen, Leipzig 1994.

Lindner, Bernd, Die demokratische Revolution in der DDR 1989/90, Bonn 1998.

Links, Christoph/Nitsche, Sybille/Taffelt, Antje, Das wunderbare Jahr der Anarchie. Von der Kraft des zivilen Ungehorsams, Berlin 2004.

Lintzel, Detlev, Einhundertneunzig Tage. Der Runde Tisch des Bezirkes Halle 1989–1990, Halle 1997.

Löw, Konrad (Hg.), Ursachen und Verlauf der deutschen Revolution 1989, Berlin 1991.

Lütke Aldenhövel, Josef/Mestrup, Heinz/Remy, Dietmar (Hg.), Mühlhausen 1989/1990. Die Wende in einer thüringischen Kleinstadt, Münster, 2. Aufl. 1993.

Literaturverzeichnis

Maier, Charles S., Das Verschwinden der DDR und der Untergang des Kommunismus, Frankfurt am Main 1999.

de Maizière, Lothar, Anwalt der Einheit. Ein Gespräch mit Christine de Maizières, Berlin 1996.

Meckel, Markus, Selbstbewußt in die deutsche Einheit. Rückblicke und Reflexionen, Berlin 2001.

Meckel, Markus/Gutzeit, Martin, Opposition in der DDR. Zehn Jahre kirchliche Friedensarbeit – kommentierte Quellentexte, Köln 1994.

Mestrup, Heinz/Remy, Dietmar, «Wir können hier ja offen reden ...». Äußerungen vom Politbüro-Kandidaten und Erfurter Bezirks-Chef Gerhard Müller, Erfurt 1997.

Meuschel, Sigrid/Richter, Michael/Zwahr, Hartmut, Friedliche Revolution in Sachsen. Das Ende der DDR und die Wiedergründung des Freistaates, Dresden 1999.

Mitter, Armin/Wolle, Stefan, Ich liebe euch doch alle! Befehle und Lageberichte des MfS Januar–November 1989, Berlin 1990.

Möller, Horst/Cubar'jan, Aleksandr, Mitteilungen der Gemeinsamen Kommission für die Erforschung der jüngeren Geschichte der deutsch-russischen Beziehungen, München 2008.

Mrotzek, Fred, Der Zusammenbruch der DDR am Beispiel der mecklenburgischen Stadt Parchim, Hamburg, 2. Aufl. 1997.

Müller, Werner/Mrotzek, Fred, unter Mitarbeit von Ines Soldwisch, Bilder des Umbruchs. Katalog zur Fotoausstellung, Schwerin 2000.

Münchow, Michael, Die friedliche Revolution 1989/1990 in Magdeburg. Eine Analyse der Ereignisse, Kremkau 2007.

Naimark, Norman M., Die Russen in Deutschland. Die sowjetische Besatzungszone 1945 bis 1949, Berlin 1997.

Neubert, Ehrhart, Geschichte der Opposition in der DDR 1949–1989, Berlin, 2. Aufl. 1998.

Neubert, Ehrhart, Unsere Revolution. Die Geschichte der Jahre 1989/90, München 2008.

Neubert, Ehrhart/Auerbach, Thomas, «Es kann anders werden». Opposition und Widerstand in Thüringen 1945–1989, Köln 2005.

Neubert, Ehrhart/Eisenfeld, Bernd (Hg.), Macht – Ohnmacht – Gegenmacht. Grundfragen zur politischen Gegnerschaft in der DDR, Bremen 2001.

Neues Forum, Das Neue Forum und die Stasi. Von der Gründung des

Neuen Forums bis zur Legalisierung. Kleine Auswahl an MfS-Dokumenten, Hefter mit Kopien, 1989.

Neues Forum Leipzig (Hg.), Jetzt oder nie – Demokratie! Leipziger Herbst '89. Zeugnisse, Gespräche, Dokumente, Leipzig, 2. Aufl. 1989.

Neues Forum Röbel, Die Wahrheit wird euch befreien. Dokumente eines Umbruchs, Röbel/Müritz Herbst 1989, Röbel 1989.

Niemann, Andreas/Süß, Walter, «Gegen das Volk kann nichts mehr entschieden werden». MfS und SED im Bezirk Neubrandenburg, Berlin 1996.

Oktober 1989 – Wider den Schlaf der Vernunft, Berlin 1992.

Ökumenische Versammlung für Gerechtigkeit, Frieden und Bewahrung der Schöpfung. Dresden – Magdeburg – Dresden. Eine Dokumentation, Berlin 1990.

Petri, Holm, Das Wunder der Kerzen, Quedlinburg 1999.

Plate, Klaus, Döbelner Herbst '89. Vom ersten Fürbittgottesdienst bis zur ersten freien Kommunalwahl, Döbeln 1993.

von Plato, Alexander, Die Vereinigung Deutschlands – ein weltpolitisches Machtspiel. Bush, Kohl, Gorbatschow und die geheimen Moskauer Protokolle, Berlin, 2. Aufl. 2003.

Poppe, Ulrike/Eckert, Rainer/Kowalczuk, Ilko-Sascha (Hg.), Zwischen Selbstbehauptung und Anpassung. Formen des Widerstandes und der Opposition in der DDR, Berlin 1995.

Probst, Lothar, «Der Norden wacht auf». Zur Geschichte des politischen Umbruchs in Rostock 1989–1991, o. O. 1993.

Przybylski, Peter, Tatort Politbüro. Die Akte Honecker, Berlin 1991.

Przybylski, Peter, Tatort Politbüro. Band 2: Honecker, Mittag und Schalck-Golodkowski, Berlin 1992.

Radeloff, Alfred W., Die friedliche Revolution in Dessau vom Herbst 1989 bis zur Vereinigung Deutschlands am 3. Oktober 1990 nach den Mitteilungen des Evangelischen Kreisoberpfarramts Dessau, Dessau 1999.

Reich, Jens, Abschied von den Lebenslügen. Die Intelligenz und die Macht, Berlin 1992.

Remy, Dietmar, Die Formierung der Opposition in Mühlhausen/Thür. im Herbst 1989, Erfurt o. J.

Reum, Monika/Geißler, Steffen, «Gullymoy», Auferstanden aus Ruinen – und wie weiter? Chronik der Wende in Karl-Marx-Stadt/Chemnitz 1989/1990, Chemnitz 1991.

Richter, Michael, Die friedliche Revolution. Aufbruch zur Demokratie in Sachsen 1989/90, Göttingen 2009.

Richter, Michael, Die Staatssicherheit im letzten Jahr der DDR, Weimar Köln Wien 1996.

Richter, Michael/Sobeslavsky, Erich, Entscheidungstage in Sachsen. Berichte von Staatssicherheit und Volkspolizei über die friedliche Revolution im Bezirk Dresden. Eine Dokumentation, Dresden 1999.

Rogner, Klaus Michael, Der Verfassungsentwurf des Zentralen Runden Tisches der DDR, Berlin 1993.

Rothe, Aribert, Kirche und gewaltfreie Revolution. Die Wende 1989 am Beispiel Erfurts, hrsg. v. Landesbeauftragten für die MfS-Unterlagen in Thüringen, Erfurt 2004.

Rüddenklau, Wolfgang, Störenfried. DDR-Opposition 1986–1989. Mit Texten aus den «Umweltblättern», Berlin, 2. Aufl. 1992.

Rupieper, Hermann-Josef (Hg.), Die friedliche Revolution 1989/90 in Sachsen-Anhalt, Halle, 2. Aufl. 2004.

Salier, Hans-Jürgen/Salier, Bastian, Es ist Frühling und wir sind so frei! Die 89er Revolution im Kreis Hildburghausen – eine Dokumentation, Hildburghausen 2000.

Schabowski, Günter, Das Politbüro. Ende eines Mythos. Eine Befragung, Reinbek 1990.

Schabowski, Günter, Der Absturz, Berlin 1991.

Schmidtbauer, Bernhard, Tage, die die Bürger bewegten, Rostock 1991.

Schnauze! Gedächtnisprotokolle 7. und 8. Oktober 1989 Berlin Leipzig Dresden, Berlin 1990.

Schöne, Jens, Erosion der Macht. Die Auflösung des Ministeriums für Staatssicherheit in Berlin, Berlin 2004.

Schöne, Jens, Stabilität und Niedergang. Ost-Berlin im Jahr 1987, Berlin, 2. Aufl. 2007.

Schöne, Jens, Die friedliche Revolution. Berlin 1989/90 – Der Weg zur deutschen Einheit, Berlin 2008.

Schroeder, Klaus, Der SED-Staat. Partei, Staat und Gesellschaft 1949–1989, München 1998.

Schumann, Silke, Vernichten oder Offenlegen? Zur Entstehung des Stasi-Unterlagen-Gesetzes. Eine Dokumentation der öffentlichen Debatte 1990/91, Berlin 1995.

Schürer, Gerhard, Gewagt und verloren. Eine deutsche Biographie, Berlin, 4. Aufl. 1998.

Schuller, Wolfgang, Das Sichere war nicht sicher. Die erwartete Wiedervereinigung, Leipzig 2006.

Schulz, Hans-Jürgen, In Mecklenburg ist auch schon heut. Erinnerungen
an die Wende in Neubrandenburg, Neubrandenburg 2004.

Schwanitz, Rolf, Zivilcourage. Die friedliche Revolution in Plauen anhand
von Stasi-Akten sowie Rückblicke auf die Ereignisse im Herbst 1989,
Plauen 1998.

Semtner, Klemens, Der Runde Tisch in der DDR, München, 1992.

Spindler, Anja, Protestkulturen in Nordhausen im Herbst '89, Erfurt 2007.

Spittmann-Rühle, Ilse/Helwig, Gisela (Hg.), Veränderungen in Gesellschaft und politischem System der DDR. Ursachen Inhalte Grenzen.
Einundzwanzigste Tagung zum Stand der DDR-Forschung in der Bundesrepublik Deutschland 24. bis 27. Mai 1988, Köln 1988.

Spittmann-Rühle, Ilse/Helwig, Gisela, Chronik der Ereignisse in der DDR,
Köln, 4. Aufl. 1990.

Stadtverwaltung Großenhain (Hg.), Großenhain im Aufbruch. Die Ereignisse der Wende. Eine Dokumentation des Projektes Zeitgeschichte,
Großenhain 2001.

Stein, Eberhard, Agonie und Auflösung des MfS – Streiflichter aus einem
Thüringer Bezirk, Erfurt 1996.

Stein, Eberhard, «Sorgt dafür, dass sie die Mehrheit nicht hinter sich krie-
gen!» MfS und SED im Bezirk Erfurt, Berlin 1999.

Stephan, Gert-Rüdiger (Hg.), unter Mitarbeit von Daniel Küchenmeister,
«Vorwärts immer, rückwärts nimmer!», Berlin 1994.

Süß, Walter, Staatssicherheit am Ende. Warum es den Mächtigen nicht gelang, 1989 eine Revolution zu verhindern, Berlin 1999.

Tautz, Lothar, Opposition und Widerstand in der mitteldeutschen Provinz,
Magdeburg 2004.

Thaysen, Uwe, Der Runde Tisch. Oder: Wo blieb das Volk? Der Weg der
DDR in die Demokratie, Opladen 1990.

Thaysen, Uwe/Kloth, Hans Michael (Hg.), Wandel durch Repräsentation –
Repräsentation im Wandel. Entstehung und Ausformung der parlamentarischen Demokratie in Ungarn, Polen, der Tschechoslowakei und der
ehemaligen DDR, Baden-Baden 1992.

Thaysen, Uwe/Kloth, Hans Michael, «Der Runde Tisch und die Entmachtung der SED. Widerstände auf dem Weg zur freien Wahl», in: Enquete
1, VII/2 S. 1706–1852, Baden-Baden.

Thüringer Landesbeauftragte für die Unterlagen des Staatssicherheitsdienstes der ehemaligen DDR (Hg.), Der Demokratische Aufbruch. Von einer Bürgerbewegung zur Partei 1989/90, Erfurt 2004.

Thüringer Landesbeauftragte für die Unterlagen des Staatssicherheitsdienstes der ehemaligen DDR/«Gesellschaft für Zeitgeschichte» e.V. (Hg.), Die Geschichte des Bürgerkomitees in Erfurt. Zeitzeugenberichte, Erfurt 2004.

Unabhängiger Untersuchungsausschuß Rostock (Hg.), Arbeitsberichte über die Auflösung der Rostocker Bezirksverwaltung des Ministeriums für Staatssicherheit, Rostock 1990.

Untersuchungsausschuß der Stadt Greifswald, Abschlußbericht des Untersuchungsausschusses der Stadt Greifswald, Greifswald, Privatdruck.

Victor, Christoph, Oktoberfrühling. Die Wende in Weimar 1989, Weimar 1992.

Vogel, Jürgen, Magdeburg, Kroatenweg. Chronik des Magdeburger Bürgerkomitees. Beobachtungen in der Zeit der Wende zwischen Lüge und Wahrheit, Braunschweig/Magdeburg 1991.

Von Weimar nach Bonn. Freiheit und Einheit als Aufgabe. Berliner Kongress Mai 1989, Veranstalter Der Regierende Bürgermeister von Berlin, Der Bundesminister für innerdeutsche Beziehungen, Köln 1989.

Weber, Hermann, Die DDR 1945–1990, München, 3. Aufl. 2000.

Weidenfeld, Werner/Korte, Karl-Rudolf (Hg.), Handbuch zur deutschen Einheit 1949–1989–1999, Frankfurt/New York 1999.

Weißbrodt, Daniel, Die Wende in Suhl. Das Umbruchjahr 1989/90 in der Bezirkshauptstadt Suhl, o.O. 2002.

Wiegand, Wolfgang, «So viel Anfang war noch nie. … Eine Chronik von der Wende bis zur Einheit Deutschlands», in: Förderverein Gedenkstätte Heinersdorf-Welitsch 1, S. 56–85, 1999.

Winkelmann Bernd/Wurschi, Brigitta, Aufbruch '89. Kleine Chronik der Herbstereignisse 1989 in der Bezirksstadt Suhl, September bis Oktober, Hg. NF, Suhl, 1. Aufl. 1990.

Winkler, Heinrich August, Der lange Weg nach Westen. Deutsche Geschichte vom «Dritten Reich» bis zur Wiedervereinigung, Bd. 2, München 2005.

Wolle, Stefan, Die heile Welt der Diktatur. Alltag und Herrschaft in der DDR 1971–1989, Berlin 1998.

Ziegler, Martin, Am Zentralen Runden Tisch, Berlin (Privatdruck) 1997.

Zwahr, Hartmut, Ende einer Selbstzerstörung. Leipzig und die Revolution in der DDR, Göttingen, 2. Aufl.1993.

Abkürzungsverzeichnis

ABV	Abschnittsbevollmächtigter der Polizei
AfNS	Amt für Nationale Sicherheit
AKSK	Arbeitskreis Solidarische Kirche
BStU	Bundesbeauftragte(r) für die Unterlagen des Staatssicherheitsdienstes der ehemaligen Deutschen Demokratischen Republik
CDU	Christlich-Demokratische Union
ČSSR	Tschechoslowakische Sozialistische Republik
DA	Demokratischer Aufbruch – sozial – ökologisch
DBD	Demokratische Bauernpartei Deutschlands
DDR	Deutsche Demokratische Republik
DFD	Demokratischer Frauenbund Deutschlands
DJ	Demokratie jetzt!
DPA	Deutscher Personalausweis
DSU	Deutsche Soziale Union
DVP	Deutsche Volkspolizei
FDGB	Freier Deutscher Gewerkschaftsbund
FDJ	Freie Deutsche Jugend
GST	Gesellschaft für Sport und Technik
GÜSt	Grenzübergangsstelle
IFM	Initiative Frieden und Menschenrechte
JW	Junge Welt
KPdSU	Kommunistische Partei der Sowjetunion
KSZE	Konferenz für Sicherheit und Zusammenarbeit in Europa
LDPD	Liberaldemokratische Partei Deutschlands
LPG	Landwirtschaftliche Produktionsgenossenschaft
LStU	Landesbeauftragte(r) für die Unterlagen des Staatssicherheitsdienstes der ehemaligen Deutschen Demokratischen Republik
LVZ	Leipziger Volkszeitung
MdI	Ministerium des Inneren
MfS	Ministerium für Staatssicherheit
ND	Neues Deutschland
NDPD	Nationaldemokratische Partei Deutschland

NF	Neues Forum
NS	Nationalsozialismus
NVA	Nationale Volksarmee
OibE	Offizier im besonderen Einsatz
OPK	Operative Personenkontrolle
OV	Operativer Vorgang
PDS	Partei des demokratischen Sozialismus
RBB	Rundfunk Berlin-Brandenburg
RIAS	Rundfunk im Amerikanischen Sektor
SDAG	Sowjetisch-deutsche Aktiengesellschaft
SDP	Sozialdemokratische Partei der DDR
SED	Sozialistische Einheitspartei Deutschlands
SFB	Sender Freies Berlin
SPD	Sozialdemokratische Partei Deutschlands
SU	Sowjetunion
taz	Die Tageszeitung
UdSSR	Union der Sozialistischen Sowjetrepubliken
VEB	Volkseigener Betrieb
VL	Vereinigte Linke
VP	Volkspolizei
VPKA	Volkspolizeikreisamt
ZK	Zentralkomitee

Sach- und Ortsregister

13. August 1961 [siehe: Mauer]

17. Juni 1953 [siehe: Volksaufstand]

40. Jahrestag der DDR [siehe: Republikgeburtstag]

7. Oktober 1989 [siehe: Republikgeburtstag]

Akademie der Wissenschaften 321

Aktenvernichtung 45, 227 f., 231, 233 f., 236, 261, 321

Aktionsgemeinschaft Demokratische Erneuerung der Hochschule 166

«Aktuelle Kamera» [siehe: Medien]

Alkoholiker 91

Altenburg 319

Altholf-Bad Doberan 331

Amnestie 183

Anklam 285

Antifaschismus 254

«Archiv unterdrückter Literatur in der DDR» 335

Arnstadt 81–83, 99, 321 f.

Arzt [auch: Ärzte] 64, 83 f., 120, 145, 156, 171, 269, 330 f.

Auerbach 107

Ausbürgerung 34, 37, 39, 283 f., 326, 330

Ausreise [auch: Reisen] 21, 30, 33, 43, 55–57, 60 f., 63, 66, 73, 76–78, 90, 109, 132, 163, 167, 183, 188 f., 194, 198–200, 222, 281

Ausreiser [auch: Ausreisewilliger] 49, 52, 57–59, 61, 66, 84, 86, 89, 92, 108, 126, 144, 149, 162 f., 241, 282, 286, 331, 334

baltische Staaten 62 f., 206, 300, 307

Basel 324

Basisgruppen 28, 35, 40, 44, 51, 73, 159, 162, 172, 261, 286, 325, 334

Bausoldaten 28, 141, 322, 325, 328, 331, 335

Bautzen 285, 327

Beratergruppe Dom 147, 149 f., 152

Bereitschaftspolizei 44, 81 f., 87, 103, 112 f., 123, 149 f., 326

Berlin 15, 18 f., 22, 29, 33 f., 37, 40, 42, 46, 61, 67, 69, 94, 97, 101, 110, 114, 117–119, 135, 140 f., 152, 165, 167, 173–175, 183, 185 f., 197, 203, 209, 217, 224, 236, 238–240, 242, 245, 248, 251, 253, 256, 261, 267, 270 f., 275–277, 283–285, 292, 301 f., 304 f., 310, 312, 319–328, 330, 332, 334 f.

«Berliner Appell» 322

Sach- und Ortsregister

Berliner Blockade 19, 56, 136
Bernburg 156, 330f.
Berufsverbot 330, 334
Betriebskampfgruppen [siehe:
   Kampfgruppen]
Bewährung in der Produktion
   321
Biermann-Ausweisung 37–39,
   225, 284, 319, 326, 330
Bischofswerda 226
Bitterfeld 334
Bleckede 201
Blockpartei [siehe: Parteien]
Bluesmessen 322, 325
blühende Landschaften 278
Bodenreform 18
Bonn 32, 63, 196, 223, 238, 265,
   274, 276, 284
Botschaftsflüchtlinge 42, 57, 61,
   76–79
Brandenburg 285
Brandenburger Tor 13, 21, 185,
   192, 204, 247, 252, 297, 304
Braunsdorf 332
«Brief aus Weimar» 73, 269
Bruderländer 24, 63, 91, 132,
   253, 299
Bukarest 314
Bukarester Konferenz 65
Bundesbeauftragte(r) für die MfS-
   Unterlagen 276, 320, 324
Bundesländer [auch: Länder] 185,
   224, 268, 248, 270, 272, 277,
   290, 308–310, 315
Bundestag 13, 98, 196, 198f.,
   212, 223, 270, 274, 276, 302,
   321f., 325, 329f.
Bürgerkomitee 226–231, 233f.,

236–238, 240, 247, 256f., 281,
   301, 327, 331
Buschfunk [auch: Mundfunk] 84,
   111, 147, 168
Bützow 144

Castrop-Rauxel 334
CDU [siehe: Parteien]
Charta 77 27, 41, 299
Checkpoint Charlie 273
Chemnitz 15, 48, 57, 101, 104,
   114, 117, 134f., 173, 206, 250,
   255, 285, 319, 332, 335
Coburg 202, 271
Colditz 323
Collegium Europaeum Jenense
   166, 336
Connewitz 44
Cottbus 285, 324
Crivitz 15, 141–144, 231f.,
   331–333
ČSSR [siehe: Tschechoslowakei]

Dachau 201
Danzig 27
DDR-Medien [siehe: Medien]
Demokratie Jetzt (DJ) 68, 71,
   150, 162, 164, 168, 177, 238,
   259, 264, 330
Demokratischer Aufbruch (DA)
   70f., 84, 113, 150, 162, 168,
   223, 236, 244, 248, 259,
   263, 266f., 275, 322f., 329,
   333
«Der Morgen» [siehe: Medien]
«Der Schwarze Kanal» [siehe:
   Medien]
Dessau 156f., 247, 285, 305

«Die Verschwiegene Bibliothek»
335
Diktatur des Proletariats 296
D-Mark 33, 55, 63, 151, 208,
271
Döbeln 285
Dohna 323
Dömitz 201
Dresden 29, 49 f., 70 f., 85 f., 95,
97, 101, 108, 114–117, 123,
126–128, 140 f., 173, 181, 186,
206, 212, 226, 251, 285, 312,
319, 325, 327, 331 f., 335
Drewitz 42
Duderstadt 201
Durchschnittsbürger 14, 281 f.,
289, 301, 307

Ehrenbanner 65, 90, 105, 162,
171, 247
Eichsfeld 201 f., 285
Eilenburg 331
Einheitsliste 18, 22, 46, 132, 213,
216 f., 244, 291 f., 296
Einsatzleitung 118, 122 f., 127,
212
Eisenach 75, 134, 166, 326, 336
Eisenhüttenstadt 324
Eisleben 285
«Elemente» 100, 119
Elite [auch: Elitenwechsel] 287
Enquete-Kommissionen des
Bundestages 322, 325
Enteignung 18 f.
Erfurt 36, 83, 117, 134 f., 162 f.,
206, 228 f., 236, 238, 270, 285,
301, 309, 322, 327, 331 f., 335
Erlangen 331

Evangelische Akademie 330,
333 f.

Fahne 160, 192, 219 f., 224, 251,
279, 303, 306
FDJ [siehe: Freie Deutsche Jugend]
Feuerwehr 46, 112 f., 327
Flucht [auch: Fluchtversuch;
Flüchtlinge] 13 f., 20 f., 23, 25,
42, 56, 61–63, 66, 76–79, 85,
89 f., 92, 102, 183, 196, 200 f.,
281, 322, 327, 333
Flugblätter 36 f., 40, 296
«Frankenpost» [siehe: Medien]
Frankfurt (Main) 324
Frankfurt (Oder) 285
Fränkisch 202
Frankreich 17, 268
Frauen für den Frieden 320, 322,
330
Freiberg 285
Freie Deutsche Jugend (FDJ) 18,
55, 73, 93, 105, 144, 162,
165, 170, 239, 241, 243, 315,
330
freie Meinungsäußerung [siehe:
Meinungsfreiheit]
Freier Deutscher Gewerkschafts-
bund (FDGB) 18, 178, 182,
239, 241 f.
freie Wahlen [siehe: Wahlen]
Freikauf [auch: Häftlingsfreikauf]
33, 328
Freital 226
Frieden konkret 323, 334
Friedensdekaden 28, 141, 322 f.
Friedensgebete 43, 52, 58 f., 80,
83 f., 120, 135 f., 156 f., 162 f.,

169f., 235, 297, 322f., 331,
333, 335
Friedensgruppen 28, 291, 319, 328
Fürbittgebete [auch: Fürbitte] 41,
58, 102, 136f., 160, 323
«Für unser Land» 114, 222, 281

geheime Wahl [siehe: Wahlen]
Gemeinsame Erklärung 71, 152,
278
Gera 36, 134f., 175, 178, 187,
215, 285, 319
gesellschaftliche Kräfte 41, 45,
120
Gewaltenteilung 69, 148
Gnadau 322
Görlitz 224, 285, 309, 319
Gotha 36
Göttingen 328
Greifswald 49, 135, 224, 270,
301, 309, 324, 334
Grenze [auch: Grenzregime] 14,
20f., 34, 42f., 57, 61, 76, 79,
85, 110, 174, 177, 185, 188,
192f., 195, 199–205, 220,
271f., 304, 324, 332
    Diensthund 13, 20, 82, 88,
    100–102, 115, 149, 187, 232
    Grenzanlage [auch: Grenz-
    befestigung] 14, 42, 61, 190,
    210, 259
    Grenzübertritt [auch: Über-
    schreiten] 25, 43, 188
    Hunde [siehe: Diensthund]
    Selbstschussanlagen 33
    Todesstreifen 13, 20
    Zonengrenze 20, 33, 191, 199,
    201

«Grenzfall» [siehe: Medien]
Grenzsoldaten [auch: Grenztrup-
pen] 13, 20, 105, 192f., 196,
199, 201, 203f., 259f.
Grenzübergang 19, 191, 193,
196, 199f., 202
Großbritannien 17
Grundgesetz 261, 268, 275, 277,
312
    Art. 23 268f., 274, 277
    Art. 146 261, 268, 277
    Präambel des G. 277, 312
Grüne Partei [siehe: Parteien]
Grünes Band 151, 202
Grünheide 67, 73
Grün-Ökologisches Netzwerk
Arche 326
Güstrow 239, 328

Haft [siehe: Zuführung]
Häftlingsfreikauf [siehe: Freikauf]
Hagenow 135, 201
Halberstadt 134, 155, 322
Haldensleben 153f.
Halle 37, 100, 117, 134, 157,
206, 210, 285, 319f., 322, 324,
327, 330, 333
Hamburg 314, 324
Hannover 201, 206, 249
Hausdurchsuchung [auch: Haus-
suchung] 41, 59
Heidelberg 324, 332
Heilbronn 334
Heiligenstadt 201, 230
Heiterkeit 146f., 273, 297, 304
Helsinki 27, 35, 142
Helsinki-Prozess [siehe: KSZE]
Herrenhof 201, 249

Herschdorf 328
Heubach 333
Hildburghausen 151, 171, 234
Hirschberg 200
Hitlerputsch 1923 196, 302
Hitzacker 201
Hof 108–110

Ilmenau 99, 331
Imperialismus 89, 287
Initiative Frieden und Menschenrechte (IFM) 29, 70f., 176,
   264, 276, 320–322, 325, 330,
   334
«Initiative zur demokratischen
   Erneuerung unserer Gesellschaft» 145
Interzonen-Kontrollpunkte 278
Isolation [auch: Isolierung; Iso-
   lierungslager] 19, 21, 33, 75,
   124f., 128, 169, 221, 224, 282,
   307, 310, 314f.

Jagd 182, 207, 214
Jena 34, 36f., 57, 134, 164f.,
   169, 319, 321, 326, 329, 332,
   334–336
«Jetzt oder nie – Demokratie!»
   [siehe: Parolen]
Journalisten 86, 119, 167, 180f.,
   191, 236, 259
Jugend in der DDR [auch: Jugend-
   liche] 20, 31, 36, 45, 60, 73,
   86, 90, 95, 97, 99f., 135, 138f.,
   141, 149f., 161, 185, 192, 322,
   325, 331f., 334
Jugendweihe 31, 73
Jugendwerkhof 325

Junge Pioniere 55, 202, 315
Justiz 20, 119, 156, 208, 229, 247

Kaderakte 315
Kaltenhof 201
Kampfgruppen 50, 85, 100, 103,
   112, 118f., 123, 140, 143, 150,
   160, 170, 177, 241, 246f.
Karl-Marx-Stadt [siehe: Chemnitz]
Katechet [auch: Katechetin] 38,
   320
katholische Kirche [auch: katho-
   lische Geistliche] 116, 201,
   232, 239, 241, 243, 285, 330
Kavelstorf 227
KGB 173, 234
Kiel 331
Kirche 20, 28, 30f., 42, 44, 47,
   49–52, 58, 66, 80f., 96, 98,
   119–121, 133–135, 139, 144f.,
   150, 154f., 157, 160–164,
   168f., 239, 241, 243, 245, 261,
   284–286, 325, 328, 331–333
Kirche im Sozialismus 286
Kirchentag 1989 50f.
Kirche von unten 28, 332
Kirchliche Hochschule 324, 328,
   334
Klärung eines Sachverhalts 31,
   57, 206
Kleiner Grenzverkehr 33
Kleinmachnow 332
Klingenthal 135
Kommerzielle Koordination 208,
   228
Kommunismus 61f., 64, 90, 96,
   185, 220, 256, 288, 303f., 317
Konstanz 204

Sach- und Ortsregister

Konterrevolution 48, 79, 100,
  112, 117, 121, 124, 192, 247,
  288
«Kontraste» [siehe: Medien]
Kontrollrat 17, 19
Korruption 74, 182, 207f., 210,
  216, 218f., 227, 241, 245, 254,
  289
Kossa 334
KPD [siehe: Parteien]
KPdSU [siehe: Parteien]
Kredite 33f., 63f., 86, 217, 223,
  265
KSZE [auch: Helsinki-Prozess]
  26f., 35, 41, 43, 142
Kulturbund 238, 241

Laienspieler 284
Länder [siehe: Bundesländer]
Landesbeauftragte(r) für die MfS-
  Unterlagen 319, 323, 325
Lastau 323
LDPD [siehe: Parteien]
Leipzig 15, 40f., 43–45, 50–52,
  54, 80f., 84, 99–101, 112, 114,
  117–119, 122f., 125–128, 133,
  136, 141, 157, 172f., 175,
  179, 185, 205f., 219, 224f.,
  236, 241, 248–251, 265, 282,
  285, 288, 292, 294, 301, 303,
  305, 319–321, 323–326, 328f.,
  332f., 335
Leipziger Messe 43, 52
Leipziger Volkszeitung (LVZ)
  [siehe: Medien]
Lenzen 201
Leserbriefe 22, 80, 100, 118f.,
  189

Lieder
  «Auferstanden aus Ruinen»
    292
  «Ein feste Burg ist unser Gott»
    294
  «Einigkeit und Recht und
    Freiheit» 160, 198f., 259,
    274, 294
  «Freude, schöner Götterfunken»
    302
  «Gib uns Frieden» 45
  »Internationale» 121, 134, 295
  »We Shall Overcome» 294
Lindow 134
London 328
LPG 37, 53, 233
Lübeck 76, 137, 324, 331
Ludwigslust 299
Lüneburg 201

Macht [siehe: Staatsmacht]
Machtmissbrauch 148, 182, 218,
  241
Magdeburg 15, 58, 72, 134, 147,
  150–154, 233, 251, 282, 284f.,
  311, 324, 327f., 331, 334
Mahnwache 29f., 158
Mainz 331
Malkwitz 45
Marbach in Sachsen 328
Markkleeberg 101
Marktneukirchen 135
Marxismus-Leninismus 14, 60,
  90, 212, 230, 287, 289
Mauer 20, 24, 34f., 42, 65, 133,
  134, 162, 170, 173, 175, 177,
  185, 191f., 195, 204f., 259,
  276, 290, 303f.

Mauerbau [auch: 13. August
1961] 20, 23, 33, 48, 79, 106,
185, 189 f., 194, 247
Mauerfall 133, 175, 185, 195 f.,
311, 325
Mecklenburg-Vorpommern 145,
270, 277, 309
Medien 20, 33, 44 f., 48, 51, 62,
73, 75, 97, 106, 109 f., 114,
156, 180 f., 188, 210, 229, 259,
314, 330
«Aktuelle Kamera» 180, 182
DDR-Medien 45, 75, 156,
180 f., 188, 210, 235, 256,
314
«Der Morgen» 72, 335
«Der Schwarze Kanal» 217
«Frankenpost» 110, 332
«Frankfurter Rundschau» 45
«Freies Wort» 172, 234
«Grenzfall» 29, 325, 330, 334
«Junge Welt» 90
«Kontraste» 34, 50, 326
«Leipziger Volkszeitung» (LVZ)
80, 100, 119, 156
«Neues Deutschland» (ND) 77,
127, 178, 188 f., 204, 287
Rundfunk im amerikanischen
Sektor (RIAS) 41
«Sputnik» 34, 40, 183
«Süddeutsche Zeitung» 45
«Tagesschau» 41
«Tagesspiegel» 45
«Temperamente» 335
«Volksstimme» 151
West- 20, 44, 51, 97, 114, 330
«ZDF-Magazin» 34
Meiningen 334

Meinungsfreiheit [auch: Mei-
nungsvielfalt; freie Meinungs-
äußerung; freier Meinungsaus-
tausch] 40, 70, 74, 81, 111,
123, 148, 156, 158, 166, 178,
210, 290 f.
Meißen 319
Memorial 299
Menschenkette 63, 206, 300
Menschenrechte 27, 29, 43, 70,
176, 295, 330
Menschenrechtsgruppen 29, 51,
263
Menthol-Zigarette 77
Merseburg 133, 323, 333
Meßdorf 334
Meura 241, 270, 326
MfS [siehe: Ministerium für Staats-
sicherheit]
MfS-Akten [siehe: Ministerium für
Staatssicherheit]
Militär 28, 48, 63, 94, 144, 158,
170, 177, 195, 203, 228 f., 232,
234 f., 241, 273, 298 f., 326
NATO 264, 273
NVA 105, 118, 123, 126, 143,
247, 326
Sowjetarmee [auch: Rote
Armee] 20, 24, 273, 296
Militarisierung 28, 158, 326
Militärstaatsanwalt 228 f., 232,
234
Minenfelder 20, 202
Ministerium für Staatssicherheit
[auch: MfS; Staatssicherheit;
Stasi] 20, 35–38, 40, 43, 45 f.,
49–51, 57, 59, 67, 97, 72,
82 f., 85, 97, 100 f., 105, 107,

Sach- und Ortsregister

114 f., 118 f., 121, 123–125,
133 f., 146, 148, 152 f., 157 f.,
161–164, 166 f., 169–172,
175, 177, 187, 189, 200, 208,
210, 213–216, 224, 227–230,
232–238, 241, 245, 247, 253 f.,
256, 261, 263, 269, 276,
285, 290, 293 f., 296 f., 305,
319–335
AfNS 164, 227, 238, 256, 319
Akten 36 f., 45, 83, 124, 169,
219, 227 f., 231–235, 261,
276, 315, 321, 327
Aktenvernichtung 45, 227 f.,
231, 233 f., 243, 261
Auflösung 164, 169, 227 f.,
234, 236, 238, 244 f., 247,
253, 256 f., 263, 319, 322,
324, 326 f., 331
Berichte 43, 56, 72, 104 f., 114,
158 f., 179, 235, 305, 313
Informeller Mitarbeiter [auch:
Inoffizieller Mitarbeiter; IM]
35 f., 38, 40, 49, 67, 69 f., 71,
74, 98, 148, 154, 159, 164,
167, 214, 241, 243 f., 246,
263, 269, 271, 276, 286,
320 f., 323, 325, 328, 331,
333 f.
Offizier im besonderen Einsatz
148, 230, 236, 254
Operative Personenkontrolle
169
Spitzel [siehe: Informeller Mit-
arbeiter]
Mittweida 327
Mölln 331
Montagsgebet 80, 118, 147–150

Moskau 258, 314
Mühlhausen 36, 83–85, 161, 164,
182, 299, 329
Müncheberg 328
München 271, 314
Mundfunk [siehe: Buschfunk]
Münster 328, 332

Nationalhymne der DDR 292
Nationalsozialismus 144, 262,
316
NATO [siehe: Militär]
Naumburg 328, 331
NDPD [siehe: Parteien]
Neonazismus 90, 254
Neu-Bleckede 201
Neubrandenburg 104, 144 f., 182,
210, 239
Neu-Darchau 201
«Neues Deutschland» (ND) [siehe:
Medien]
Neues Forum (NF) [siehe: Par-
teien]
Neuruppin 134
Neustadt b. Coburg 202 f., 271,
297
Neustrelitz 135, 285, 325
Nienburg 330
Nordhausen 159 f., 285
normative Kraft der Dauer 290
NVA [siehe: Militär]

Oberdorla 329
Oberstes Gericht 208
Oelsnitz 135
Offene Arbeit 319, 332, 335
Öffentlichkeit 21 f., 29, 31, 43,
59, 61, 67, 72 f., 89, 99, 180,

183 f., 186, 210, 224, 239,
243 f., 281
Offizier im besonderen Einsatz
(OibE) [siehe: Ministerium für
Staatssicherheit]
Ökumenische Versammlung 72,
141, 328
Operative Personenkontrolle
(OPK) [siehe: Ministerium für
Staatssicherheit]
Opposition [auch: oppositionelle
Gruppen; Widerstand] 27–32,
34–36, 46 f., 49–51, 57, 66,
68, 71 f., 77, 83–85, 93–95,
98–100, 102, 107 f., 111, 113,
118, 124 f., 129, 136, 147, 150,
153, 156–158, 160, 162–164,
166, 168, 174, 180 f., 193, 210,
217, 222, 227–229, 238 f., 243,
246, 256–259, 263–265, 282 f.,
285, 290, 299, 313, 315 f.,
319–323, 325 f., 328–335
Oschatz 45, 53
Ostpolitik 26, 312
Ost- und Ostmitteleuropa 18,
24, 27, 62, 291, 298–300, 308,
316, 330
Ottawa 264

Palast der Republik 93, 97 f., 269,
305
Parchim 135, 261
parlamentarische Demokratie 69,
148, 199, 243–245, 253, 267,
274, 289, 297, 301 f., 307
Parolen [auch: Sprüche/Rufe der
Revolution]
«Bullen raus» 100

«Egon, reiß die Mauer ein, wir
brauchen jeden Ziegelstein»
177
«Freiheit, freie Wahlen» 177,
305
«Freiheit – Menschenrechte»
[auch: «Freiheit!»] 43, 86 f.,
100, 110, 134, 167, 305
«Gorbi, Gorbi» 98–100, 110,
121, 305
«Jetzt oder nie – Demokratie!»
177, 293
«Keine Gewalt!» 87, 121, 134,
149, 293, 305
«Lasst die Gefangenen frei»
305
«Lasst uns raus» [auch: «Wir
wollen raus»] 43, 66, 86 f.
«Neues Forum!» [auch: «Neues
Forum zulassen»] 68, 87,
167, 177, 305
«Pressefreiheit» 173, 305
«Stasi-Schweine» 43
«Stasi weg!» [auch: «Stasi
raus!»] 43, 100, 121
«Wir bleiben hier» 66, 87, 100,
110, 121, 134, 164, 305
«Wir sind das Volk» 98, 121,
123, 149, 161, 293, 304–
306, 317
«Wir sind ein Volk» 293
«Wir wollen raus» [siehe: «Lasst
uns raus»]
«Wir wollen Reformen» 81,
87, 134, 157, 305
Partei, die [siehe: SED]
Parteiausschluss 83, 262, 323
Parteidiktatur 11, 17, 19, 21,

26 f., 88, 93, 106, 111, 129,
175, 212, 224, 284, 289 f., 294,
296, 307, 314, 317
Parteien
Blockparteien 68, 71, 163, 181,
207 f., 214, 217, 240, 242,
257 f., 264
Bund Freier Demokraten 264,
266
Bündnis 90/Die Grünen 29,
198, 259, 264, 266, 312,
320, 334
CDU [auch: Ost-CDU] 18, 68,
73 f., 178, 196, 207 f., 214,
216 f., 238, 248–250, 259,
261, 264, 266 f., 269 f., 275,
278, 322, 325, 329, 331
DBD 68, 71, 266
DJ 68, 71, 168, 264
DSU 263, 266 f., 269, 275
FDP 198, 249
Grüne Partei + Frauenverband
70, 242, 266, 326
KPD 18, 249
KPdSU 20, 91
LDPD 68, 71 f., 212, 235,
250
NDPD 68, 71, 178
NF 66, 68, 71, 84, 136, 140 f.,
168, 235 f., 239, 261, 264
Parteienbündnis [auch: Wahl-
bündnis; Regierungsbündnis;
Allianz für Deutschland]
264–267, 269, 320, 334
PDS 98, 169, 212, 246, 250 f.,
259, 262 f., 265 f., 275, 280,
334
SDP 68 f., 71, 84, 91, 163 f.,

168, 223, 239, 244, 250, 259,
261, 263
SED [auch: Partei, die] 18–20,
29, 35, 40 f., 48 f., 53, 55, 58,
61 f., 64, 66–69, 71–73, 76–
78, 80, 83 f., 93, 97, 100,
102, 105 f., 110, 112, 114,
119, 123, 126–133, 137 f.,
140, 142–145, 148, 152, 156,
158–164, 166, 169–172,
174, 177 f., 180–184, 186–
188, 190, 193–195, 201 f.,
204, 207 f., 210 –219, 221,
223, 226 f., 229 f., 232, 234,
238–240, 242, 246–251,
253–255, 257–259, 262, 279,
282, 284, 288–292, 294–296,
300, 302, 304, 307, 310, 312,
314 f., 320–323, 334, 336
SPD 18, 51, 68 f., 91, 198, 204,
249–251, 263 f., 266, 274 f.,
278, 312, 321, 325, 333 f.
West- 91, 196, 238, 250, 264,
278
Pazifismus 30, 291, 331
PDS [siehe: Parteien]
Peking 49
Perestroika 93 f.
Pfarrer [auch: Pfarrerin] 38, 49 f.,
119, 123, 133, 150, 153 f.,
157, 160, 163, 235, 243, 286,
322–325, 328 f., 331–335
Platz des Himmlischen Friedens
48, 105
Plauen 96, 107, 110–115, 126,
128, 141, 173, 175, 186, 206,
219, 221, 249, 301, 305, 327 f.,
332

Pleißepilgerweg 44
Pogromnacht 1938 [auch: «Kristallnacht»] 196, 302
Polen 17, 25, 27, 29, 42, 62 f., 68, 91, 126, 183, 238, 272, 285, 297, 300, 307
Politbüro [siehe: SED]
Politische Bürgerinitiative Crivitz 142 f., 333
Pommern 224, 248, 270, 272, 307, 309
Popmusik 74
Pößneck 135
Postkontrolle 237
Potsdam 117, 285, 321, 329
Potsdamer Konferenz 19
Prag 77
Pressefreiheit 40, 111, 116, 148, 173, 305
Preußen 201, 322, 333
Privilegien 145, 148, 172, 175, 207, 210, 218, 227
Probstzella 200
Propaganda 19, 31 f., 79, 90, 92, 111, 126, 180, 221, 291 f., 314
Pulsnitz 226

Quedlinburg 154, 285, 321

Rechtsradikalismus 159, 254
Rechtsstaat 69, 148, 161, 215
Reformation 83
Regierungsbeauftragter 229, 236
Reichenbach 107
Reisen [siehe: Ausreise]
Repression [auch: Unterdrückung] 20, 27, 35, 50–52, 60, 75, 79, 89, 92, 95, 97, 118, 122 f., 126,

129, 164, 182, 215, 249, 257, 294 f., 306, 335
Republikgeburtstag [auch: 40. Jahrestag der DDR; 7. Oktober 1989] 69, 79, 82 f., 86–88, 92–95, 97, 99–102, 105, 107, 111, 113 f., 117, 136, 139, 148 f., 151, 157, 162, 165 f., 171, 173, 183, 186, 215, 221, 305, 319, 327, 360, 364
Reval (Tallinn) 63
Revolution
  1848 267, 307
  der Kerzen 294
  u. Euphorie 297
  friedliche R. [auch: friedlicher/ friedfertiger Protest; friedfertige R.] 115, 123, 155, 294, 299
  u. Gewalt 43, 46, 75, 81, 85 f., 99 f., 103, 107, 115–117, 127, 165, 177, 186, 210, 231–234, 236
  gewaltlose R. [auch: gewaltfreie R.] 75, 87, 112, 116, 128, 151, 154, 157 f., 256, 292–294, 300, 304, 335
Novemberrevolution 1918/19 169, 302, 307
russische Februarrevolution 244
Symbole der 30 f., 141, 156, 185, 192, 196, 199, 247, 259, 294, 302–305, 333
Ribnitz-Damgarten 133
Riesenburg 322
Röbel 144
Rockgruppen 74

Sach- und Ortsregister

Römhild 36
Rostock 15, 99, 134, 136 f., 146,
    226 f., 231, 240, 250, 285, 296,
    304, 322–324, 328–331, 335
Rote Armee [siehe: Militär]
Rowdy 114, 117 f., 128, 305 f.
Rudolstadt 15, 166, 168 f., 223,
    234, 241, 255, 270, 285, 323,
    332–334
Runder Tisch 15, 136, 226 f.,
    238–246, 253 f., 257, 259, 261,
    263, 277, 281, 290, 319–323,
    325 f., 328–330, 333 f.
Rundfunk 20, 48, 86, 178, 181
Rundfunk im amerikanischen
    Sektor (RIAS) [siehe: Medien]

Saalfeld 36
Saarland 277, 290, 315
Sachsen 50, 58, 107, 115, 171,
    224, 235, 270, 277, 308 f., 325,
    328
Sachsen-Anhalt 15, 270, 277,
    309, 327, 333 f.
Samisdat 26, 29, 296, 330
Schalkau 333
Schandau 86
Scheinwahlen [siehe: Wahlen]
Schießbefehl [auch: Mordbefehl]
    43, 120, 127, 170, 192
Schlesien 224, 270, 309
Schriftsteller 22, 26, 27, 39, 91,
    152, 222, 224, 284, 323, 335
Schule 20, 28, 31, 37, 73, 85,
    120, 143 f., 149, 161, 229, 286,
    296, 322, 328, 332
Schwante 69
Schwarz 325

Schwarzbach 328
Schwedt 285, 327
Schweigen [auch: Schweigemarsch]
    39, 52, 58 f., 91, 103 f., 151,
    157 f., 172 f., 179, 181, 190,
    250
Schweina 335
Schwerin 99, 138, 140 f., 143 f.,
    147, 179, 232, 285, 309, 328
Schwerter zu Pflugscharen 30–32,
    141, 291, 333
SDP [siehe: Parteien]
SED [auch: Partei, die] 18–20,
    29, 35, 40 f., 48 f., 53, 55, 58,
    61 f., 64, 66–69, 71–73, 76–78,
    80, 83 f., 93, 97, 100, 102,
    105 f., 110, 112, 114, 119, 123,
    126–133, 137 f., 140, 142–145,
    148, 152, 156, 158–164,
    166, 169–172, 174, 177 f.,
    180–184, 186–188, 190,
    193–195, 201 f., 204, 207 f.,
    210–219, 221, 223, 226 f.,
    229 f., 232, 234, 238–240, 242,
    246–251, 253–255, 257–259,
    262, 279, 282, 284, 288–292,
    294–296, 300, 302, 304, 307,
    310, 312, 314 f., 320–323, 334,
    336
    Machthaber 14, 22, 35, 52,
        114, 280
    Neunte Tagung des ZK 131 f.
    Ohnmacht der 106
    Parteiführung [auch: SED-
        Führung; Staatsführung;
        Führungskader] 34 f., 49,
        53, 55, 65, 71, 74, 79, 92,
        95, 97, 126 f., 167, 178–180,

187f., 216–218, 254, 288, 290

Politbüro 18, 49, 54f., 62f., 65, 77f., 88–91, 126f., 131f., 142, 159, 181, 184, 189, 191, 193, 208, 210f., 213, 216–219, 239, 242, 300

Rücktritte 50, 178f., 182, 187, 210, 216–219, 242

Zehntes Plenum des ZK 181, 186f., 215, 289

Zentralkomitee (ZK) der 24, 41–43, 55, 118, 131–133, 135, 145, 171, 175, 179–181, 186, 189–191, 193–195, 216–219, 221, 242, 259, 269, 288, 300, 302, 335

Zerfall der [auch: Abbröckeln der] 93, 178, 186, 247

Seehausen 324

Selbstmord 38, 234, 289

Sitzendorf 326

Solidarność 27, 42, 62f., 299, 326

Sonneberg 202f., 297, 332f.

Sonntagsspaziergang 59

Sowjetarmee [siehe: Militär]

Sowjetunion [auch: UdSSR] 17–19, 24, 26, 30, 32, 53, 62f., 68, 91, 99, 105, 126, 152, 212, 272f., 285, 290, 298f., 316

Sozialdiakonische Arbeit 141

Sozialer Friedensdienst 28, 335

Sozialismus 20, 38, 68, 73, 90f., 120, 123, 127, 142, 154, 165, 173f., 178, 211, 214, 221f., 238, 246f., 286–290, 295

SPD [siehe: Parteien]

Spitzel [siehe: Informeller Mitarbeiter]

Sprachenkonvikt 325, 328

«Spur der Steine» 225

«Sputnik» [siehe: Medien]

Staatsanwalt 38, 152, 207, 228f., 231–236

staatsfeindliche Hetze 321, 323

Staatsmacht 29, 31, 41–43, 45f., 50, 58, 81f., 84f., 90, 95, 97, 102, 107, 111, 115, 117f., 121f., 125, 149–152, 157, 160, 163, 167, 169, 177, 186, 196, 293

Staatsrat 132, 138, 183, 194, 207, 219, 254, 269, 278

Staatssicherheit [siehe: Ministerium für Staatssicherheit]

Städtepartnerschaft 203, 248

Stalinismus 62, 74, 126, 131, 262

Stalinkult 20

Ständige Vertretung 42, 61, 278

Stasi [siehe: Ministerium für Staatssicherheit]

Statt-Kirchentag 51f.

Stendal 135, 285, 319, 324

Stettin 17, 255

Stralsund 99, 136f., 224, 285, 309, 334

Straßenmusik 45, 141, 202

Streik 69, 111, 144, 256

Strelitz 309

Suhl 134, 179, 233f.

Synode Eisenach 75, 214

Tangermüde 324

Taucha 335

«Temperamente» [siehe: Medien]

Theater 37, 74, 76, 87, 101–104,
    111, 115, 138–141, 164, 167f.,
    170, 174, 177, 279, 284f., 327,
    334
Thüringen 15, 36, 162, 164, 166,
    170, 201f., 224, 248, 270, 277,
    309, 329, 335
Torgau 325
Transitpauschale 33
Treuenbrietzen 324
Tschechoslowakei 24, 27, 29, 77,
    307
Tübingen 331

Übersiedler 56, 60, 258
UdSSR [siehe: Sowjetunion]
Umdenken durch Nachdenken
    108
Umwelt [auch: Umweltbelastung,
    -zerstörung, -verschmutzung;
    Umweltschutz] 22, 49, 52, 70,
    74, 158, 172, 222, 319, 322
Umweltbewegung [auch: Umwelt-
    gruppen] 29, 44, 46, 111, 141,
    240, 263, 322, 326
Umweltbibliothek 29, 326
Umweltblätter 29
Unabhängiger Historikerverband
    321
Ungarn 53f., 61–66, 68, 76, 89, 91,
    93, 183, 188, 238, 299f., 307
Universität 31, 49, 98–100, 136,
    149, 164–166, 321f., 324,
    326f., 330f., 334–336
Unterhaltungskünstler 74f., 139,
    164, 284
Untersuchungskommission 183f.,
    229

Unterweißbach 326
Uranbergbau 48
USA [auch: amerikanisch] 13, 17,
    19, 25, 273, 294

Verfassung des Runden Tisches
    277
Verfassungsschutz 238
Verhaftung [siehe: Zuführung]
Versammlungsfreiheit 40, 111,
    148, 159, 290
Verschweigemonopol 110
Versiegelung 76, 219, 228–231,
    234–236
Versorgung 19, 52–54, 89
Verstaatlichung 18, 156
Vipperow 144, 328
Visum 30, 77, 169, 183, 194,
    202, 230, 252
Volksabstimmung [auch: Volksent-
    scheid] 114, 220, 261, 277
Volksaufstand [auch: 17. Juni
    1953] 20, 24, 48, 106, 118f.,
    204, 246, 270, 302
Volkskammer 18, 48, 74, 112,
    132, 165, 189f., 197, 207f.,
    210–213, 216f., 221, 223,
    243, 257f., 263, 265, 267,
    269f., 274–278, 292, 296,
    302f., 320–323, 325, 330,
    334
Volkskammerwahlen 18. März
    12, 112, 257, 261–263, 266,
    267, 291, 297, 303, 332
Volkskongress 18
Volkspolizei (VP) 31, 43–45, 50,
    59, 83, 85f., 97f., 100f., 112,
    121–123, 134, 142, 152, 158,

169f., 174, 189, 191, 194, 228, 230f., 234f., 247, 305f.
Vosskuhl 299

Waffenhandel 227
Wahl, Wahlen 18, 46–48, 51, 62f., 71, 73–75, 88, 97, 107f., 111f., 132f., 137, 143, 145, 148, 160, 166, 170f., 173, 175, 177–179, 201, 210–212, 214–216, 219, 240–244, 246, 248, 251, 253, 257–259, 261, 263–267, 269f., 274, 280, 288, 290f., 297f., 300–303, 305, 321–323, 326, 331–333
freie W. 47, 62, 137, 143, 160, 170, 173, 177, 215, 244, 305
geheime W. 71, 73, 145, 166, 215f., 243, 245
Kommunalwahlen 7. Mai 1989 46, 97, 107, 170, 242
Kommunalwahlen 6. Mai 1990 259, 270, 302, 323, 326, 331
Landes- und Kommunalwahlen 1946 18
Scheinwahlen 201
Sowjetunion 26. März 1989 62
Polen 18. Juni 1989 63
Ungarn 23./24. Juni 1989 63
Währungsunion 265, 271
Waldeck 231
Wandlitz 208
Wanzer 324
Warnemünde 93
Warnkenhagen 331
Warschau 77
Warschauer Pakt 24, 26, 61, 63, 264, 278

Wehrdienstverweigerung 141, 319, 322, 325, 328, 331, 333, 335
Wehrkunde 28, 160, 170
Weimar 36, 73, 84, 163f., 231, 251, 269, 285, 310–312, 329
Weißenfels 172
weißes Band 57
Weißwasser 235
Werkstudent 324, 331f.
Wernigerode 134
westdeutsche Parteien [siehe: Parteien]
Westfernsehen [auch: Westmedien] 34, 74, 80, 89, 108, 119, 180, 250, 314
Widerstand [siehe: Opposition]
Wiedervereinigung 26, 29, 48, 78, 85, 114, 133, 155, 175, 191, 199, 202, 205f., 219–223, 251, 253, 258f., 264, 267f., 272, 274, 279, 289–292, 303, 312f., 315f., 324f., 333
Wien 43
Wiesa 335
Wilna (Wilnius) 63
Wirtschaft 18–20, 32, 35, 52f., 55, 64, 69, 81, 86, 107, 145, 161, 187, 194, 207, 220f., 227, 243, 248f., 265, 271, 288, 312, 316, 320, 326
Wismar 137f., 240, 299, 301
Wittenberg 133, 255
Wittichenau 241, 285
Wohlenberger Wiek 76
«Wolfspelz» 29

«ZDF-Magazin» [siehe: Medien]
Zeitungen [siehe: Medien]

Sach- und Ortsregister

Zensur 104, 158f., 284, 335
zentrale Weisung 41f., 87, 234
Zentralkomitee der SED (ZK)
  [siehe: SED]
Zersetzung 35, 286, 319, 327,
  330, 332, 334f.
Zeulenroda 135
Zittau 235, 285, 319
Zivildienst 28, 116
ZK [siehe: Zentralkomitee der SED]

Zonengrenze [siehe: Grenze]
Zuführung [auch: Haft; Verhaf-
  tung] 30f., 37f., 40f., 43f., 50,
  52, 58–60, 80, 82, 86, 96–98,
  100, 102, 107, 112, 115, 149f.,
  158, 210, 224, 241, 262, 296,
  319–322, 326–328, 330
Zwangs- und Betrugs-Vereinigung
  18, 249
Zwei-plus-vier 264, 272, 278

Personenregister

Adam, Theo 93
Adenauer, Konrad 268
Ahrens, Peter 144f.
Albiro, Hartwig 102–105, 319
Albrecht, Hans 179, 218
Auerbach, Thomas 37, 319
Axen, Hermann 90f.

Bahro, Rudolf 28
Baker, James 273
Barbe, Angelika 243
Barlach, Ernst 58
Becher, Johannes R. 292
Beleites, Michael 319
Benjamin, Hilde 156
Berger, Lieselotte 198
Berghofer, Wolfgang 116f., 173,
    219, 222, 242, 246, 262
Bergmann-Pohl, Sabine 269, 275,
    278
Bernstein, Leonard 302
Bertele, Franz 313
Beyer, Frank 225
Biermann, Wolf 37–39, 225, 284,
    329f.
Birthler, Marianne 174, 176, 238,
    276
Bisky, Lothar 174, 219, 243
Bohley, Bärbel 30, 67, 135, 183,
    243, 283
Böhme, Hans-Joachim 159,
    210

Böhme, Ibrahim → Böhme, Man-
    fred
Böhme, Manfred 69, 243f., 263,
    269, 325
Bölling, Klaus 312f.
Borchardt, Rudolf 311
Borchert, Hans-Joachim 153f.
Brandt, Willy 26, 250f., 264,
    279
Braun, Volker 222
Breschnew, Leonid 290
Burkhardt, Manfred 85

Ceauşescu, Nicolae 93
Chemnitzer, Johannes 144, 147,
    210
Christ, Karsten 168f.

Degenhardt, Franz-Josef 38
Demke, Christoph 222
Dickel, Friedrich 118, 293
Diestel, Peter-Michael 203, 271
Dohlus, Horst 91
Domaschk, Matthias 164
Dregger, Alfred 198, 238
Dubček, Alexander 36
Ducke, Karl-Heinz 243
Dumas, Roland 273

Eberlein, Werner 152, 222
Effenberger, Arnd 82
Eigenfeld, Frank 67

Personenregister

Eigenfeld, Kathrin 67, 158, 322
Eisenfeld, Bernd 36
Engels, Friedrich 20
Eppelmann, Rainer 237, 243, 278, 283, 322
Eppich, Oberst 236
Eppler, Erhard 51

Falcke, Almuth 228
Falcke, Heino 322
Faust, Siegmar 323
Fechter, Peter 25
Fink, Heinrich 98
Fischbeck, Hansjürgen 150
Fischer, Gudrun 121
Fischer, Matthias 84
Forck, Gottfried 135
Franz, Hartmut 270, 323
Franz, Helmut 168, 170
Fricke, Karl Wilhelm 34
Fritz, Reinhold 116f.
Fuchs, Jürgen 39, 164, 283
Führer, Christian 283, 323

Gauck, Joachim 136, 276, 323
Gehlert, Siegfried 57
Geipel, Ines 335
Genscher, Hans-Dietrich 77, 264, 273, 279
Gerlach, Manfred 72, 174, 212, 216, 219, 243, 254, 288
Gienke, Horst 49, 179
Gleim, Johann Wilhelm Ludwig 155
Glöckner, Reinhard 49, 136, 270, 324
Goethe, Johann Wolfgang von 99, 164, 310

Gorbatschow, Michail 62f., 93f., 98, 105, 126, 132, 161, 273, 290, 298f.
Goßlau, Friedemann 324
Götting, Gerald 74, 179, 207
Gregor, Peter Paul 241
Groß, Ulrike 324
Gueffroy, Chris 42
Güttler, Ludwig 93
Gutzeit, Martin 69, 243, 263, 324, 328
Gysi, Gregor 174, 219, 242, 246, 254, 275f.

Habsburg, Otto von 62
Hackenberg, Helmut 118, 120, 122
Hager, Kurt 91, 215, 262
Hattenhauer, Kathrin 159
Havemann, Katja 67
Havemann, Robert 28, 322, 329
Hein, Christoph 174, 212f.
Heine, Heinrich 310
Heinrich I. 154
Heitmann, Steffen 325
Hempel, Johannes 116
Henrich, Rolf 67, 243
Herger, Wolfgang 54, 78f., 92, 118, 222
Herrmann, Joachim 91, 131, 178
Hertle, Hans-Hermann 192
Herzig, Werner 152
Heym, Stefan 174, 222
Hirsch, Ralf 30, 283, 325
Hitler, Adolf 196
Hoffmann, E. T. A. 310
Hoffmann, Hans-Joachim 190
Homann, Heinrich 179

Honecker, Erich 20, 32–34, 41 f.,
46, 49, 53–56, 64 f., 77–79,
85, 89 f., 92–94, 99, 106, 114,
117 f., 124, 126 f., 131 f., 135,
178 f., 201, 207–210, 218, 262,
278, 286 f., 290, 292
Honecker, Margot 105, 178
Horn, Gyula 61, 63
Hummitzsch, Manfred 46, 101,
118, 236
Hurd, Douglas 273

Iffland, Ernst 270, 326

Jahn, Roland 34, 119, 164, 283,
327
Jakeš, Miloš 93
Janka, Walter 224
Jankowski, Martin 305
Jaruzelski, Wojciech 93
Jean Paul 171
Jellinek, Georg 290
John, Burghard 161
Jordan, Carlo 326
Jorke, Dietfried 166

Kádár, János 63
Kalf, Fritz 299
Kant, Hermann 335
Karl I. 62
Keßler, Heinz 54, 78, 89, 92, 210,
214, 222, 262
Kirchner, Martin 74, 269
Klähn, Martin 67
Kleiber, Günther 210, 218
Klier, Freya 30, 283, 327
Kny, Gerold 112, 327
Koch, Peter 254

Kohl, Helmut 15, 223, 251 f.,
264 f., 272 f., 278 f., 314
Kowasch, Fred 40
Krack, Erhard 184, 204
Kramer, Klaus 327
Krause, Günther 276
Krawczyk, Stephan 30, 327
Krenz, Egon 15, 47, 54 f., 65,
78 f., 98, 105, 118, 122, 127,
131 f., 144, 178, 181, 186, 188,
190 f., 195, 219, 222, 225, 242,
262, 289 f., 292
Krolikowski, Werner 90, 218
Krug, Manfred 225
Kube, Peter 160
Kuhnert, Christian 39
Kunze, Reiner 263
Küttler, Thomas 96, 108, 112,
328

Lange, Bernd-Lutz 123
Lange, Inge 54
Lange, Martin 243
Lengsfeld, Vera → Wollenberger,
Vera
Lenin, Wladimir Iljitsch 20, 63,
284, 297
Leuschner, Andreas 115 f.
Lieberknecht, Christine 74
Liebknecht, Karl 30, 40, 58, 105
Liesenberg, Johannes 161
Lietz, Heiko 66, 136, 139, 143 f.,
243, 283, 328
Lindenlaub, Herbert 171
Lippelt, Helmut 198
Litfin, Günter 196
Loest, Erich 224
Luschew, Pjotr 278

Personenregister

Luther, Martin 28, 162
Luxemburg, Rosa von 30, 40 f.,
    58, 105

Maizière, Lothar de 15, 75, 214,
    243, 248, 267, 269, 274 f., 279,
    322, 329
Maleunda, Günter 212
Marx, Karl 20, 34, 106
Masur, Kurt 123
Mazowiecki, Tadeusz 63
Meckel, Markus 69, 163, 238,
    243, 273, 283, 325, 328
Merkel, Angela 13 f.
Meyer, Gerhard 102 f.
Meyer, Heinz 144 f.
Meyer, Kurt 123
Mielke, Erich 41, 43 f., 46, 56 f.,
    61, 91, 115, 117, 124–126,
    131, 181, 213 f., 216, 218, 227,
    281, 292, 296
Mischnick, Wolfgang 198
Mittag, Günter 65, 89, 92, 131,
    178, 210, 231
Mitter, Armin 243
Mittig, Rudi 44, 86, 115
Mock, Alois 61
Modrow, Hans 15, 86, 140, 173,
    211 f., 214–216, 223, 229, 242,
    251 f., 256–258, 265, 282, 288,
    322, 330
Momper, Walter 204
Mühe, Ulrich 174
Müller, Dieter 219
Müller, Gerhard 54, 218
Müller, Heiner 174
Müntzer, Thomas 42, 83

Nagy, Imre 63, 300
Németh, Miklós 63
Nennstiel, Gerhard 182
Neubert, Ehrhart 150, 160, 243,
    329
Noack, Arndt 69
Nooke, Günter 243
Nothe, Werner 147 f.
Nyfenegger, Willi 122

Otto der Große 58 f., 311

Palme, Olof 30
Panach, Gerulf 39
Pflugbeil, Christine 67
Pflugbeil, Sebastian 67, 183, 222,
    243
Pietsch, Brigitte 84, 329
Pietsch, Siegfried 84, 329
Platzeck, Matthias 243
Pommert, Jochen 123
Poppe, Gerd 243, 261, 329 f.
Poppe, Ulrike 150, 222, 243, 283,
    330
Posse, Dietmar 330
Poßner, Wilfried 55
Pozsgay, Imre 62
Putin, Wladimir 173

Quast, Giselher 59, 152, 331

Raabe, Wilhelm 144
Radeloff, Alfred 157
Radomski, Aram 119
Rathenow, Lutz 164
Rathke, Heinrich 141–143, 232,
    313, 331
Rausch, Friedhelm 118

Reder, Hans 163
Reich, Eva 67
Reich, Jens 67, 135, 174, 183
Reimann, Brigitte 22
Reinhold, Otto 289
Reiprich, Siegfried 164
Renger, Annemarie 198 f.
Richter, Edelbert 70
Richter, Frank 115 f.
Robespierre, Maximilien de 284
Rosentreter, Peter 236
Rosentreter, Robert 118
Ruge, Manfred 270, 331
Rummel, Susanne 120

Sacharow, Andrej 26
Sander, Reinhard 145
Sattler, Günther 81 f.
Saupe, Anneliese 110 f., 114, 332
Schabowski, Günter 15, 89, 91,
    98, 118, 126, 131, 140, 174,
    181, 183 f., 191, 194, 222, 242,
    262
Schacht, Ulrich 328
Schalck-Golodkowski, Alexander
    208, 218
Schäuble, Wolfgang 203, 271, 276
Schefke, Siegfried 119
Schewardnadse, Eduard 273
Schiller, Friedrich 138, 164
Schilling, Walter 332
Schirmer, Ralf 70
Schiwkow, Todor 93
Schmalstieg, Herbert 206
Schmiedel, Heide Kathrein 142,
    332
Schmiedel, Wieland 142, 332
Schmitt, Traugott 167 f., 234, 333

Schnitzler, Karl Eduard von 90,
    216 f.
Schnur, Wolfgang 30, 70, 243 f.,
    263, 333
Schöbel, Frank 74 f.
Schön, Kerstin 228
Schorlemmer, Friedrich 133, 174,
    222, 283, 333
Schreier, Peter 93
Schröder, Richard 243
Schult, Reinhard 243
Schumann, Horst 41, 179
Schwanitz, Wolfgang 97, 215,
    227, 229, 253
Schwoerke, Genosse 142
Seibert, Rosemarie 163
Seidel, Bernd 179
Seidel, Cornelia 329
Seidel, Thomas 329
Seite, Bernd 145
Seiters, Rudolf 198, 313
Sievers, Hans-Jürgen 119
Sindermann, Horst 54, 90, 133,
    207, 210 f., 218
Solschenizyn, Alexander 26
Spilker, Karl-Heinz 196, 198
Stalin, Josef 17, 20, 24, 152,
    276
Stein, Monika 137
Stoiber, Edmund 271
Stolpe, Manfred 30, 270, 329
Stoph, Willi 50, 54, 89 f., 131,
    179, 189, 211, 218
Streletz, Fritz 292

Templin, Lotte 30
Templin, Wolfgang 30, 283, 334
Timm, Ernst 296

Personenregister

Timm, Gottfried 145
Tisch, Harry 54, 91 f., 178, 218
Tittel, Reiner 105
Toeplitz, Heinrich 208
Trautzsch, Steffen 105
Tschiche, Hans-Joachim 67, 150, 152, 334

Ulbricht, Walter 33, 35, 131, 269, 278
Ullmann, Wolfgang 243

Vogel, Hans-Jochen 198
Vogel, Wolfgang 77
Vornam, Axel 167 f., 334

Walther, Joachim 224, 335
Weber, Hasko 102–104
Weber, Hermann 18
Weigel, Isgard 84

Weiß, Konrad 222, 243
Weißflog, Wilfried 50
Weizsäcker, Richard von 279
Werner, Ralf 161
Will, Rosemarie 243
Willms, Dorothee 313
Wolf, Christa 157, 174, 222
Wolf, Markus 174, 219, 222
Wollenberger, Vera 30, 243
Womacka, Walter 97
Wonneberger, Christoph 335
Wötzel, Roland 123, 172

Zachhuber, Waltraud 331
Ziegenhahn, Herbert 178, 219
Ziegler, Martin 243
Ziegner, Heinz 140, 179
Ziemer, Christoph 116
Zimmermann, Peter 123
Zwiener, Ulrich 165 f., 335 f.

Danksagung

Das vorliegende Buch konnte nur entstehen, weil ich die Teilung Deutschlands und die Parteidiktatur in der DDR immer als künstlich empfunden und nie hingenommen habe. Daher versuchte ich vier Jahrzehnte, so viel wie möglich am Leben in der DDR teilzuhaben, zum einen durch enge persönliche Freundschaften, zum anderen im Zuge meiner wissenschaftlichen und publizistischen Tätigkeiten.

Zu den langjährigen Freundschaften und Bekanntschaften sind längst die vielen Beteiligten und anderen Forscher hinzugetreten, die ich durch das Schreiben dieses Buches kennenlernen konnte und die mir in unterschiedlichster Weise, aber sämtlich mit größter Bereitwilligkeit geholfen haben. Ich bin ihnen unendlich dankbar, kann sie aber natürlich nicht im Entferntesten alle namentlich aufführen. Stellvertretend für sie danke ich denen, die mir in besonders selbstloser Weise Materialien zugänglich machten und mich an ihren eigenen Arbeiten teilnehmen ließen: Michael Beleites in Dresden, Rainer Eckert in Leipzig, Hans-Hermann Hertle in Potsdam und Michael Richter in Dresden.

Die Revolution in der DDR 1989 hat an Hunderten von Orten stattgefunden, Millionen Menschen haben aktiv an ihr teilgenommen. In diesem Buch können selbstverständlich nur einige Orte erwähnt und nur wenige Handlungsträger vorgestellt werden. Ich habe mich aber bemüht, eine charakteristische Auswahl zu treffen, um ein getreues Bild der Ereignisse zu schaffen. Eine politische Karte der Revolution und eine Reihe von Kurzbiographien im Anhang unterstreichen diesen Anspruch.

Die Universität Konstanz, mein Nachfolger Ulrich Gotter,

meine frühere Sekretärin Patricia Katterre und die Hilfskräfte meines früheren Lehrstuhls haben mich wieder großzügig unterstützt. Sie wissen, wie dankbar ich ihnen bin. Ebenso danke ich Gunnar Schmidt, Jens Dehning und besonders Matthias Sommer im Verlag Rowohlt · Berlin, die sich mit ungewöhnlich großem Engagement um die Fertigstellung gekümmert haben.

Ich habe durch die Arbeit an dem Buch großartige Menschen und wundervolle Städte kennengelernt. Auch dafür danke ich Alexander Fest, der die Anregung zu diesem Buch gegeben hat.

Bildnachweise

Corbis: 21
Picture Alliance: 23 (dpa), 25 (dpa), 32 (dpa), 78 (dpa),
109 (dpa), 174 (dpa), 184 (dpa), 192 (dpa), 197 (dpa),
206 (ZB), 211 (dpa), 221 (dpa), 237 (ZB), 245 (dpa),
279 (dpa)
Ullstein Bild: 94 (dpa), 122 (Reuters), 209 (Seyboldt), 251,
265 (BPA)
László Farkas: 104
Martin Flach: 113
Siegfried Wittenburg: 137, 146
Fredi Fröschki: 153
Bundesarchiv: 176 (183-1989-1104-043, Link)
Günther Bretschneider: 203
Michael Backhaus: 255
AKG-images: 260